JIM WALLIS

DIE SEELE
DER POLITIK

*Eine Vision
zur spirituellen Erneuerung
der Gesellschaft*

Übersetzt und mit einem Vorwort versehen
von Andreas Ebert

Mit einem Nachwort
von Prof. Dr. Kurt Biedenkopf

CLAUDIUS

Titel der amerikanischen
Originalausgabe:»The Soul of
Politics. A Practical and Prophetic
Vision for Change«
Copyright © 1994 by Jim Wallis

Published jointly by
The New Press, 450 West 41st St., New York, NY 10036
and Orbis Books, Maryknoll, NY 10545

Die Deutsche Bibliothek – CIP-Einheitsaufnahme
Wallis, Jim:
Die Seele der Politik : eine Vision zur
spirituellen Erneuerung der Gesellschaft / Jim Wallis.
Übers. und mit einem Vorw. vers. von Andreas Ebert. –
München : Claudius Verl., 1995
Einheitssacht.: The soul of politics <dt.>
ISBN 3-532-62182-7

© 1995 Claudius Verlag München
Umschlaggestaltung: Werner Richter
Gestaltung: Heidrun Barth
Gesamtherstellung: Ebner Ulm
ISBN 3-532-62182-7

Für die Menschen Südafrikas,
die der Welt die Kraft der
Hoffnung gezeigt haben.

Die deutsche Ausgabe widme ich zugleich
dem Andenken Dietrich Bonhoeffers,
der als Christ gegen den Faschismus
aufgestanden ist und dafür
mit seinem Leben bezahlt hat.

INHALT

DRITTER TEIL
HIN ZU EINER ALTERNATIVEN VISION

VORWORT ZUR DEUTSCHEN AUSGABE

Von Andreas Ebert

Kann Politik moralisch sein? Oder ist und bleibt sie ein schmutziges Geschäft, bei dem es in erster Linie um Macht und Geld geht? Der US-amerikanische Publizist, evangelikale Laientheologe und Friedensaktivist Jim Wallis setzt sich in diesem Buch leidenschaftlich – und auf eine für deutschsprachige Leserinnen und Leser sicherlich ungewohnte Weise – mit dieser Frage auseinander. »Die Seele der Politik« ist eine Bußpredigt an die Kirche und Gesellschaft des Westens. Sie bedient sich einer einzigartigen Mischung von Analyse, ethischem Appell und praktischen Beispielen aus dem Alltag eines heruntergekommenen Stadtteils in Nordamerika, eines armen Dorfes auf den Philippinen, einer Schwarzensiedlung in Südafrika . . .

Wallis ist der herausragendste Sprecher einer kleinen Gruppe religiös motivierter GesellschaftskritikerInnen in den USA, deren Engagement aus einer intensiven Beschäftigung mit der Bibel, insbesondere mit den Propheten und mit der Bergpredigt Jesu, erwächst. Seine Herkunft aus dem »erweckten« und auf Bekehrung zielenden Christentum kann und will er nicht verleugnen. Diese Tradition hat sein Denken und seine Sprache geprägt. Gleichzeitig beweist er, daß ein bibeltreuer Glaube nicht zwangsläufig zu einer reaktionären politischen Sichtweise führen muß.

Wallis ist Mitbegründer der christlichen Lebensgemeinschaft »Sojourners« (etwa: »Pilger, Fremdlinge«), die seit den frühen siebziger Jahren in einem der ärmsten und gewaltträchtigsten Stadtteile der amerikanischen Bundeshauptstadt Washington, D. C., lebt und arbeitet. Zugleich ist er Gründer und Herausgeber der ökumenischen Zweimonatszeitschrift »Sojourners«. Das Magazin ist die Stimme eines geistlich und politisch entschiedenen Christentums und versucht, die Botschaft des Evangeliums inmitten der globalen Widersprüche, Krisen und Konflikte des ausgehenden 20. Jahrhunderts aufzuspüren und nachzubuchstabieren.

Schon Anfang der achtziger Jahre nahm das Nachrichtenmagazin »Time« Wallis in eine Liste der »50 Gesichter für die Zukunft Amerikas« auf. »Newsweek« und die »New York Times« widmeten seinem neuen Buch ausführliche Besprechungen. Howard Kohn schreibt in einem sechsseitigen Artikel im »Los Angeles Time Magazine« vom 6. November 1994 über Jim Wallis und seine Gemeinschaft:

»Jim Wallis sieht aus wie der wandelnde Widerspruch – ein evangelikaler Christ, der für eine progressive Politik Propaganda macht. Von einer Kanzel in Washington ruft er zu Friede, Gerechtigkeit und Toleranz auf. Was noch überraschender ist: Wallis praktiziert, was er predigt . . . Wallis' Idee und die Kraft hinter Sojourners lautet, daß biblischer Glaube geradezu zwingend radikales soziales Handeln erfordert. Während die meisten von uns die Erfolge akzeptieren, die durch öffentliche Maßnahmen für Gerechtigkeit, Frieden und die Armen errungen werden – kleine Erfolge, die im wesentlichen davon ausgehen, daß Ungerechtigkeit, Krieg und Armut immer unter uns sein werden –, ist das für Wallis nicht gut genug. Sein Gewissen führt ihn dazu, sich dieser Themen wieder und wieder anzunehmen, aus erster Hand, jeden Tag.

Er ist sicherlich der einzige Teilnehmer der Gebetsfrühstücke von Präsident Clinton, der den ›Krawall-Korridor der 14. Straße‹, der sich vom Aufstand der Schwarzen nach der Ermordung Martin Luther Kings 1968 nie erholt hat, freiwillig zu seinem Zuhause gemacht hat. Er wird in schöner Regelmäßigkeit bei Aktionen bürgerlichen Ungehorsams festgenommen. In einem donquichottischen Protest gegen den unheimlich populären Golfkrieg fastete er 47 Tage lang. Er steht Begräbnisfeiern für Jugendliche aus der Nachbarschaft vor, die aus nächster Nähe niedergeschossen worden sind, und nimmt sich der aussichtslosen Sache eines landesweiten Waffenstillstands der Straßengangs an. In den späten achtziger Jahren schlich er sich heimlich in Südafrika ein, um über die Anti-Apartheid-Bewegung nach Hause zu berichten. Als die USA die Kontras bewaffneten, mobilisierte er Tausende für das Programm ›Zeugnis für den Frieden‹ und ging mit ihnen nach Nicaragua, um öffentlich die Bereitschaft zu bekunden, unter Umständen selbst eine Kugel in Kauf zu nehmen, damit das Kämpfen beendet werde.

›Eine Vision der Gesellschaftsveränderung braucht mehr als bloßes Schreiben‹, erklärt der 46jährige. ›Du mußt dein Leben dafür einsetzen – und unter Umständen hingeben.‹

Das halbe Jahr über ist er auf Vortragstour. Wenn er zu Hause ist, ist er Laienprediger der ökumenischen Sojourners-›Kirche‹, die sich jeden Sonntag im gemeinschaftseigenen Nachbarschaftszentrum versammelt . . .«

Jim Wallis wuchs in Detroit auf. Seine Eltern gehörten der strenggläubig pietistisch-evangelikalen Gemeinschaft der »Plymouth Brüder« an. In der Pubertätszeit begann Jim, die Haltung seiner weißen Gemeinde in der Rassenfrage zu kritisieren. Er konnte einfach nicht verstehen, wie die praktizierte Rassentrennung und das Bekenntnis zu Jesus Christus, vor dem doch angeblich alle Menschen gleich sind, miteinander vereinbar sein sollten. Auf seine bohrenden Fragen antwortete man ihm, die Trennung der Rassen auch in der Kirche sei für alle Beteiligten besser. Von sich aus suchte Jim Kontakt zu schwarzen Gemeinden, wo er die andere Seite kennenlernte – und liebgewann.

Als in den späten sechziger Jahren der Vietnamkrieg eskalierte, brach Wallis mit seiner Kirche. Sie hatte auch zum Krieg, den er als tiefes Unrecht empfand, nichts Überzeugendes zu sagen. Wallis wurde zum linken Studentenführer, organisierte Protestmärsche und Demonstrationen.

Aber bald begann er, die Widersprüche der Linken zu sehen. Viele von ihnen lebten im Alltagsbereich in keiner Weise das, was sie predigten. In der linken Szene gab es genausoviel Machtkämpfe, Gewalt und sexuelle Ausbeutung wie in jener »Bourgeoisie«, die gestürzt werden sollte. Die christliche Prägung seiner Kindheit machte den Studentenführer sensibel für ethisch-moralische Verantwortung auch im individuellen Bereich. Schließlich wandte er sich erneut der Bibel zu. 1970 schrieb sich der engagierte junge Mann im theologischen Seminar des evangelikal-konservativen Trinity College bei Chicago ein. Diese Einrichtung dämmerte seinerzeit fern von den studentischen Protesten der 68er Zeit in einem unpolitisch-frommen Dornröschenschlaf dahin – bis Jim Wallis auftauchte. Er hatte bewußt keine »liberale« Ausbildungsstätte gewählt, sondern eine, in der man die Bibel erklärtermaßen ernst nahm und als bindende Autorität anerkannte. Denn die Bibel war es, die ihn politisch sensibilisiert hatte. Er hatte entdeckt, daß die Bibel in vielem radikaler ist als die linkesten Linken. Und er ahnte bereits, daß jene Allianz von Frömmigkeit und Staatsraison, die er in der eigenen Kirche kennengelernt hatte, keineswegs biblisch begründet war.

Nach kurzer Zeit hatte Wallis andere Studentinnen und Studenten um sich geschart, die ähnliche Fragen stellten. Man setzte sich intensiv mit der Haltung der Bibel zur sozialen Frage auseinander – und wurde fündig. Kreative Protestaktionen gegen den Vietnamkrieg ließen den frommen Campus hochschrecken. Die Hochschulleitung versuchte bald, die Gruppe loszuwerden – nicht zuletzt, weil reiche Sponsoren der Einrichtung ihre Unterstützung entzogen, als die Aktivitäten der »Radikalen« ruchbar wurden. Die Gruppe ließ sich nicht entmutigen. Man begann beispielsweise, sich um gefährdete Jugendliche zu kümmern. Und man kratzte alle Ersparnisse zusammen, um eine eigene Zeitschrift zu gründen, in der man die Ideen eines bibeltreuen gesellschaftskritischen Christentums verbreiten wollte. Parallel dazu begann der Kern der Gemeinschaft, sich auf ein kommunitäres Experiment einzulassen. Schließlich beschloß man, gemeinsam nach Washington, D. C., umzusiedeln, um in der Machtzentrale Amerikas unter den Ärmsten zu leben – und sich auf diese Weise tagtäglich die Auswirkungen der ökonomischen Weltordnung buchstäblich vor Augen zu halten.[1]

Das Experiment der »Sojourners« hat viele Krisen überdauert und hat bis heute Bestand. Jim Wallis gehört zu denen, die sich treu geblieben sind. Obwohl die »Sojourners« auf den ersten Blick »links« anmuten, entziehen sie sich bei genauerem Hinsehen der ideologischen Einordnung. Das hängt damit zusammen, daß ihre Aktionen nicht aus Theorien erwachsen, sondern von einem intensiven gottesdienstlichen Leben und vom täglichen Umgang mit »real existierenden Armen« inspiriert und getragen sind. So haben sich die »Sojourners« auch nach langem Ringen nicht entschließen können, die vorbehaltlose Bejahung der Abtreibung auf ihre Fahnen zu schreiben, auch wenn das zum Lackmustest linker und feministischer Identität zu gehören scheint. Sie versuchen fortwährend den Spagat zwischen individueller moralischer Verantwortung einerseits und dem Engagement für die Veränderung ungerechter Strukturen andererseits. Dadurch können sie zu BrückenbauerInnen zwischen »Werte-Progressiven« und »Werte-Konservativen« werden, ohne sich von einem ideologischen Lager vereinnahmen zu lassen.

---

1 Vgl. zur Lebensgeschichte von Jim Wallis und zu den geistig-geistlichen Grundlagen der Kommunität und Zeitschrift »Sojourners« seine beiden sehr persönlichen und bewegenden früheren Bücher »Bekehrung zum Leben – Nachfolge im Atomzeitalter«. Moers ⁴1987, und »Wiederbelebung – Meine Pilgerreise«. Moers ³1987.

12

Dieser Brückenschlag ist eines der Hauptanliegen dieses Buches. Die alten ideologischen Schablonen stimmen nicht mehr. Zukunftsfähige Politik wird nur möglich, wenn sich flexible und ethisch motivierte Querdenkerinnen und Querdenker aller politischen Lager begegnen, nach gemeinsamen Grundwerten fragen, nach realistischen und menschlichen Zukunftsvisionen suchen und dabei über ihren jeweiligen bisherigen Horizont hinausdenken. Es muß einen dritten Weg geben, Politik zu betreiben. Nur so werden wir aus der Sackgasse herausfinden. Denn nach dem Scheitern des Staatssozialismus ist offenbar geworden, daß auch der Kapitalismus keine Lösungen für die brennenden Probleme der Menschheit hat, sondern sie im Gegenteil eher verschärft. Beachtenswerte Ansätze dazu gibt es längst und an vielen Orten. Jim Wallis glaubt an diesen dritten Weg und spürt diese hoffnungsvollen Ansätze in aller Welt auf.

Einige der Themen dieses Buches mögen beim flüchtigen Lesen sehr amerikanisch und für MitteleuropäerInnen weniger relevant erscheinen. Schon nach kurzer Lektüre wird man merken, wie sehr der strukturelle Rassismus der USA Jim Wallis auf den Nägeln brennt. So direkt und massiv ist das gewiß kein Thema unserer mitteleuropäischen Situation.

Aber völlig fremd ist das Thema auch uns nicht. Wir Deutschen haben das Erbe eines progermanischen und antisemitischen Rassismus bis heute nicht restlos bewältigt. Übergriffe auf jüdische Einrichtungen und auf die Wohnungen von Ausländern sowie eine flüchtlingsfeindliche Stimmung und Politik könnten über Nacht eskalieren, wenn sich die globale Wirtschaftslage verschlechtert und die Verteilungskämpfe brutaler werden. Umfragen zeigen immer wieder, wieviel latenten Antisemitismus und Rassismus es auch bei uns gibt. Und Tendenzen, eine weiße »Festung Europa« zu errichten, bestimmen schon jetzt weite Teile der Europolitik.

Auch die Probleme von Armut und Massenarbeitslosigkeit, die es bis vor einem Jahrzehnt bei uns kaum gab, eskalieren inzwischen. Die derzeitige Politik eines faktischen Sozialabbaus führt auch bei uns zu wachsender Verelendung im unteren Teil der Gesellschaft. Die Schere zwischen Reich und Arm wird nicht nur international ständig größer.[2] 800 000 Obdachlose gibt es in der Bundesrepublik

---

2 In der Bundesrepublik Deutschland besitzen die ärmeren 50 Prozent der Bevölkerung nur 4 Prozent, die reichere Hälfte dagegen 96 Prozent des Geldvermögens. Die oberen 10 Prozent besitzen 50 Prozent des Gesamtvermögens, die obersten

Deutschland bereits, das ist ein Prozent der Bevölkerung! Wenn sich bestimmte Tendenzen der jetzigen Politik fortsetzen, ist es nur eine Frage der Zeit, bis auch europäische Großstädte ihre Slumgürtel und Elendsviertel haben werden.

Jim Wallis führt uns drastisch vor Augen, wohin ein unkontrollierter, nur noch profitorientierter Kapitalismus zwangsläufig führt, wenn die soziale Verpflichtung des Eigentums mehr und mehr ausgehöhlt wird. Es ist fatal, wenn die »soziale Marktwirtschaft« immer weniger sozial und immer mehr marktorientiert wird und aus dem Gleichgewicht gerät. Die Auffassung, daß die Kräfte des Marktes von sich aus für Gleichheit und Gerechtigkeit sorgen, hat sich als Fiktion im Interesse der reichen NutznießerInnen des Systems erwiesen.

Weltweit sind Menschen dabei, nach wirtschaftspolitischen Alternativmodellen zu suchen, die die gegenwärtigen krassen Ungerechtigkeiten überwinden, ohne jene Zwänge zu wiederholen, die der real existierende Staatssozialismus den Menschen auferlegt hat. Viele religiös und ökologisch orientierte Lebensgemeinschaften erproben neue Formen des Wirtschaftens, die menschlicher sind und die Erde schonen. Der Theologe Ulrich Duchrow spricht von »vernetzten Alternativen im kleinen auf der Basis einer neuen Vision«[3]. Sie zeigen, daß ein neuer Lebensstil nicht zur Minderung der Lebensqualität führen muß, sondern Grundlage eines menschlicheren und erfüllteren Lebens sein kann, in dem nicht mehr alle gegen alle konkurrieren,

---

1 Prozent gar über 20 Prozent. Die 300 reichsten bundesdeutschen Haushalte verfügen über durchschnittlich 500 Millionen DM Geldvermögen.
    Vgl. dazu die überaus aufschlußreiche Broschüre »Kirche und Geld« (Schlußbericht der Arbeitsgruppe der Pfarrkonvente in den Kirchenbezirken Schwetzingen und Wiesloch«, S. 8 f., kostenlos zu beziehen über Evang. Dekanat Wiesloch, Heidelberger Str. 64, 69168 Wiesloch)
    Diese Broschüre zeigt auch, wie die Großkirchen in ungerechte Wirtschaftsstrukturen verstrickt sind, indem sie ihr Vermögen »sicher und ertragbringend« (d. h. ohne ethische Erwägungen) anzulegen pflegen, obwohl zum Beispiel die Grundordnung der badischen Landeskirche ausdrücklich feststellt, daß das »gesamte Vermögen« der Kirche »nur zur rechten Ausrichtung des Auftrags der Kirche verwendet werden« darf. Dieser gesamte Themenbereich bedarf dringend der Aufarbeitung und einer offen geführten innerkirchlichen Diskussion.
3 Ulrich Duchrow, Alternativen zur kapitalistischen Weltwirtschaft – Biblische Erinnerung und politische Ansätze zur Überwindung einer lebensbedrohenden Ökonomie. Mainz 1994.
    Das Buch bietet eine gründliche Analyse der weltwirtschaftlichen Zusammenhänge und eine Fülle von realistischen und zum Teil bereits erfolgreich erprobten Vorschlägen, wie Kirchen, religiöse Gruppen und sozial engagierte Gemeinschaften zu Laboratorien neuer Ansätze werden können.

sondern gemeinsam für das Gemeinwohl wirken. »Global denken, lokal handeln« – Jim Wallis und seine Gemeinschaft leben konsequent nach dieser Devise. Und unzählige Gemeinschaften und Bürgerinitiativen in aller Welt sind auf demselben hoffnungsvollen Weg. Jim Wallis ist Christ und schämt sich seines Glaubens nicht. Er ist überzeugt davon, daß auch politische Hoffnung der spirituellen Verankerung und Vergewisserung bedarf. Deswegen fordert er insbesondere die Kirche heraus, »Vortrupp des Lebens« zu sein, wie es Helmut Gollwitzer einmal genannt hat. Ganz normale Kirchengemeinden könnten der Boden sein, auf dem so etwas wie eine überzeugende »Gegenkultur« wächst. Auch bei uns.

Ich selbst bin seit kurzer Zeit Gemeindemitglied der Münchner lutherischen Innenstadtgemeinde St. Lukas. Bis vor einigen Jahren war St. Lukas eine ganz normale bürgerliche Großstadtpfarrei. Die Veränderung begann damit, daß Ulrike Aldebert, Pfarrerin der Gemeinde, vor etwa vier Jahren zu einer Fortbildungstagung zum Thema »Reichtum und Armut« fuhr. Man beschäftigte sich mit Texten des Propheten Amos, dem leidenschaftlichen Anwalt der Armen in der Bibel. Der Tagungsleiter nahm sich in einem Rollenspiel die Gemeindebriefe der anwesenden PastorInnen vor. Da wurden schöne Gottesdienste und Kaffeekränzchen, Gesprächsgruppen und Busreisen angeboten – aber nirgends kamen die Armen vor. In einer prophetischen Zeichenhandlung zerriß er die Mitteilungsblätter. Die Pfarrerin war erschüttert und mußte dem Mann innerlich recht geben. Gleichzeitig nahm Tilmann Haberer, Pfarrer an derselben Gemeinde, an geistlichen »Exerzitien« teil. Einer der Bibeltexte, die er dort meditierte, war die Stelle, wo Jesus über die Stadt Jerusalem weint, weil sie nicht begreift, was ihrem Frieden wirklich dient. In diesem Zusammenhang verspürte der Pfarrer einen starken Impuls, sich in Zukunft stärker den Armen zuzuwenden.

Als sich die beiden Theologen wieder begegneten, erzählten sie einander von ihren Erlebnissen. Sie beschlossen zu handeln und gingen eines Nachmittags gemeinsam zum nahe gelegenen Isartorplatz, um sich zu den Obdachlosen zu setzen und mit ihnen zu reden. Kurz darauf luden sie die Gemeinde ein, gemeinsam zu überlegen, was man für die Armen oder mit den Armen tun könne. Schon zum ersten Gesprächsabend erschienen 25 Gemeindeglieder, auch solche, die sonst nie bei gottesdienstlichen Veranstaltungen aufgetaucht waren. Daraus entstand ein »Arbeitskreis Armut«. Gutbürgerliche Gemeindeglieder begannen, unter die Brücken zu gehen und Kontakt mit Obdachlosen aufzunehmen. Bald organisierte man einmal pro Monat einen »Obdachlosenbrunch« mit gutem Essen, Musik, kostenlosem Haareschneiden ... Als es Winter wurde, entschloß sich der Arbeitskreis, den Keller unter dem Kirchengebäude für Menschen ohne Wohnung zu öffnen. Jetzt übernachten dort in der kalten Jahreszeit jede Nacht bis zu zehn Frauen, jeweils begleitet und betreut von einem Mitglied des Arbeitskreises. Dann griff die kirchliche Baubehörde ein. Ein Gutachten ergab, daß die Räume unter der Kirche »menschenunwürdig« seien. Ein Ausbau würde mindestens 180 000 DM kosten. Geld dafür wollte die Kirchenleitung allerdings nicht lockermachen. Im Winter 1994/95 setzte eine beispiellose Spendenbereitschaft ein. In wenigen Monaten waren über 100 000 DM beisammen. Einzelpersonen und Banken gaben Geld, die Presse schaltete sich ein, Mitglieder der »Jungen Union« erklärten sich bereit, beim Ausbau Hand- und Spanndienste zu leisten, ein bekannter Modemacher will die sanitären Einrichtungen stiften. Angesichts der öffentlichen Solidarität ließ die Baubehörde plötzlich in der Presse verlauten, daß auch für sie die Notunterkunft »absolute Priorität« habe und es dabei nicht am Geld scheitern solle.

Parallel zum »Arbeitskreis Armut« mit seinen 30 Aktiven entstand in der Gemeinde ein Gospelchor, der inzwischen von einem schwarzamerikanischen Musiker aus Los Angeles geleitet wird. Die Lieder der Schwarzen Amerikas wirken spirituell ansteckend. In dem Chor, zu dem auch viele »Unkirchliche« gehören, entwickelte sich ein Gemeinschaftsgeist, wie er in traditionellen Kirchenchören selten ist. Das gemeinsame Gebet während der Chorproben ist inzwischen selbstverständlich geworden. Wenn der Gospelchor im Gottesdienst singt, ist die Kirche voll, und eine ehemals steife Gemeinde swingt und klatscht mit, als hätte sie nie etwas anderes getan. Darüber hinaus kommen durch den Chor plötzlich Leute in die Kirche, die früher kaum je einen Sonntagsgottesdienst besucht hätten.

Im vergangenen Jahr hat eine weitere Initiativgruppe in der Gemeinde ein Café mit Dritte-Welt-Laden eröffnet. Der »Lukasladen« wird ausschließlich aus freiwilligen Spenden finanziert. Auch hier arbeiten 25 Ehrenamtliche mit. Einsame ältere Menschen aus der Nachbarschaft, Obdachlose und ganz »normale« Laufkundschaft begegnen sich tagtäglich im »Laden«. Wer sich aussprechen will, findet ein offenes Ohr.

Schließlich gehört St. Lukas zu den experimentierfreudigen Gemeinden, was neue Gottesdienstformen betrifft. Regelmäßig finden Segnungsgottesdienste statt, in denen für Menschen in Not persönlich und mit Handauflegung gebetet wird und sie sich mit Öl salben lassen können. Die »Thomas-Messe«, ein »Gottesdienst für Zweifler und andere gute Christen«, dessen Konzept aus Helsinki stammt, öffnet sich bewußt für Großstadtmenschen, die traditionellen kirchlichen Angeboten sonst skeptisch gegenüberstehen. All das zieht auch suchende, säkularisierte Menschen an, die den Kontakt zur Kirche eigentlich schon verloren hatten.

Der Kirchenvorstand von St. Lukas überlegt zur Zeit, ob die Gemeinde in ihren Kirchenräumen Menschen aufnehmen will, die von Abschiebung, Folter und Verfolgung bedroht sind – eine Konsequenz, über die man sich nach dem Bewußtseinsprozeß der letzten Jahre nicht mehr zu wundern braucht.

Kurz: Eine alte Gemeinde wird von einem neuen Geist und von neuem Leben erfüllt. Vor allem kostet das alles kaum einen Pfennig Kirchensteuergeld, weil die Beteiligten selbst Verantwortung übernehmen und zu persönlichen Opfern bereit sind, damit inmitten einer Stadt, die als »individualistisch« und »egoistisch« verschrien ist, tragfähige Gemeinschaft entsteht. St. Lukas ist ein Beispiel dafür, wie eine Pfarrei spirituell und sozial aufwacht und allmählich zum Katalysator eines neuen Lebensstils werden kann. Die Verbindung zwischen spiritueller Erneuerung und der Bereitschaft, »Kirche für andere« (Dietrich Bonhoeffer) zu sein, ist hier mit Händen zu greifen.

Es gibt mehrere Personen, die die Verbindung zwischen diesen Einzelinitiativen herstellen und auf diese Weise Ansätze zu einem neuen Gesamt-»Wir-Gefühl« in der Gemeinde schaffen.

Dieses Beispiel zeigt unter anderem, daß ganz gewöhnliche Leute einen Beitrag zu einer »neuen Politik« im Sinne von Jim Wallis leisten können – ein Beitrag, der Gewicht hat. Es zeigt ferner, wie sich Spiritualität und soziales Engagement nicht nur nicht ausschließen, sondern einander befruchten können.

Die politischen und kirchlichen Landschaften in den USA und in Mitteleuropa weisen allerdings auch eine Fülle von Unterschieden auf, was niemandem beim Lesen dieses Buches entgehen wird. Dadurch wird es einerseits besonders spannend und aufschlußreich; andererseits ist eine unmittelbare Übertragung in unsere Situation nicht immer möglich.[4] Dennoch überwiegt das Gemeinsame: Auch in der politischen Debatte in Deutschland zeichnen sich neue und überraschende Koalitionen werteorientierter QuerdenkerInnen ab. Bei den Nachdenklichen aller Parteien wächst das Bewußtsein, daß die alten Paradigmen verbraucht sind und daß neue politische Visionen nötig sind. Jim Wallis nimmt ihnen und uns die Suche nach konkreten Neuansätzen nicht ab. Er sagt uns nicht, was wir zu tun haben. Aber er weist in die Richtung, in der neue und produktive Ansätze liegen könnten. Er lädt uns zu einem ehrlichen Dialog ein und ermutigt – über Parteigrenzen hinweg – vor allem diejenigen unter uns, die nach einer religiös und moralisch verantworteten Politik suchen, uns auf unsere besten spirituellen Traditionen zu besinnen und sie in die Praxis umzusetzen. Von diesem bei uns manchmal belächelten amerikanischen Pragmatismus können wir in diesem Fall einiges lernen.

Jim Wallis widmet die deutsche Ausgabe dieses Buches dem Andenken Dietrich Bonhoeffers, der vor genau 50 Jahren im KZ Flossenbürg hingerichtet wurde. Bonhoeffer hat durch Wort und Tat die Kirche herausgefordert,»nicht durch Begriffe, sondern durch ›Vorbild‹« zu sagen,»was ein Leben mit Christus ist, was es heißt, ›für andere dazusein‹«.[5]»Kirche für andere« zu sein bedeutet nach Bonhoeffer konkrete Hingabe an die Armen und Verfolgten, manifeste Parteilichkeit. Die Kirche muß sichtbare Zeichen der Solidarität setzen. Das bedeutet konkret, um der Armen willen eigene materielle Privilegien aufzugeben. An diesem Punkt war Bonhoeffer sehr radikal:»Um einen Anfang zu machen, muß die Kirche alles Eigentum den Notleidenden geben«, schrieb er lakonisch aus dem Gefängnis.[6]

---

4 Das gilt vor allem für die politische Landschaft: So bezeichnet man in den USA das links-progressive Lager gerne als»the Liberals«, das rechte Lager als»the Conservatives«.»Liberals« in den USA (insbesondere in der Democratic Party) stehen – im Gegensatz zu deutschen Wirtschaftsliberalen – gerade für *mehr* staatliche Reglementierung der Wirtschaft ein. Sie entsprechen also in etwa der deutschen Sozialdemokratie und dem ArbeiternehmerInnenflügel der Unionsparteien. Die »Conservatives« (Republican Party) repräsentieren einen mehr oder weniger krassen Wirtschaftsliberalismus und gehen davon aus, daß die Kräfte des freien Marktes von sich aus für die größtmögliche Gerechtigkeit sorgen. Um Verwirrung zu vermeiden, habe ich»the Liberals« meist mit»die Progressiven« oder»die Linken« übersetzt und bei»the Conservatives« die Übersetzung»die Konservativen« beibehalten.

5 Dietrich Bonhoeffer, Widerstand und Ergebung. Neuausgabe München 1970, S. 415 f.

6 ebenda.

Unsere deutsche Kirche hat diesen radikalen Ruf zur Umkehr weitgehend ignoriert oder als unrealistisch abgetan. Vielleicht wird sich
unter dem Druck schwindender Finanzen einiges ändern in Richtung
auf eine ärmere und deshalb solidarischere Kirche hin. Leider gibt es
Anzeichen dafür, daß es auch innerhalb der Kirche zu gnadenlosen
Verteilungskämpfen der privilegierten »Habenden« gegen die Benachteiligten kommen könnte. Aber auch positive Anzeichen für ein
Umdenken gibt es genug. St. Lukas ist nicht das einzige Beispiel einer
Gemeinde, deren Bewußtsein und deren Prioritäten sich in der gegenwärtigen Krisen- und Umbruchsituation drastisch wandeln.

Die »New York Times« schreibt am Ende ihrer langen Bespre-
chung des Buches von Jim Wallis, das sie ein »dringend notwendiges
Werk« nennt: »Dieses leidenschaftliche und mit Herzblut geschrie-
bene Buch vermag vielleicht nicht, die Nation zu verändern; das ist
womöglich eine zu große Bürde für ein einzelnes Buch. Aber wenn
›Die Seele der Politik‹ das Gewissen einer Nation aufzurütteln vermag, wäre das für Jim Wallis nicht überraschend. Er ist schließlich an
Hoffnung gewöhnt.« Die Hoffnung, daß dieses Buch Wirkung hat,
verbinde ich auch mit seiner deutschsprachigen Ausgabe.

München, am 9. April 1995,
dem 50. Todestag Dietrich Bonhoeffers

EINLEITUNG

Die Welt ist nicht in Ordnung. Vieles ist in Auflösung, und die meisten von uns wissen es. Heute abend werden die Großstadtkinder der letzten verbleibenden Supermacht mit den Geräuschen von Schußwaffen im Ohr zu Bett gehen. Familien- und Gemeinschaftsbande lösen sich auf. Grundtugenden wie Höflichkeit, Verantwortungsbereitschaft, Gerechtigkeitssinn und Ehrlichkeit sind am Zerbrechen. Es sieht so aus, als ob all jene ethischen Maßstäbe von der Bildfläche verschwinden, die sich aus persönlichem Pflichtgefühl, sozialer Einstellung und spiritueller Sinnverankerung ableiten. Der Triumph des Materialismus wird inzwischen kaum noch in Frage gestellt. Das gilt für alle Teile der Gesellschaft. Sowohl innerhalb der USA als auch global sind wir durch die Grenzen voneinander getrennt, die sich aus Rasse, Volks- und Stammeszugehörigkeit, Klasse, Geschlecht, Religion und Kultur ergeben. Aufgrund von Umweltzerstörung und Rohstoffknappheit drohen unsere Gegensätze zum weltweiten Dauerkonflikt zu entarten. Während ich dies schreibe, hat der Oberbürgermeister meiner eigenen Stadt gerade die Vollmacht verlangt, angesichts der eskalierenden Gewalt in Washington die Nationalgarde auf den Plan rufen zu können.

Intuitiv wissen wir, daß die Krise, in der wir stecken, so tiefgreifend ist, daß mehr erforderlich ist als die gängige Tagespolitik. Eine Art von Geisteskrankheit grassiert; und mehr als alles andere brauchen wir das, was die religiösen Traditionen»die Heilung der Völker« nennen. Weil die soziale, wirtschaftliche und kulturelle Erneuerung, die not tut, grundlegender Art ist, bedarf es der Veränderung in Herzen und Köpfen. Aber diese Veränderung erfordert auch eine neue Art von Politik – eine Politik mit spirituellen Werten.

20

Vor etlichen Jahrzehnten hat Mohandas Gandhi vor dem gewarnt, was er »die sieben sozialen Sünden« nannte. Er klassifizierte sie als

- Politik ohne Prinzip,
- Wohlstand ohne Arbeit,
- Handel ohne Moral,
- Vergnügen ohne Gewissen,
- Erziehung ohne Charakter,
- Wissenschaft ohne Menschlichkeit und
- Religion ohne Opfer.[1]

Dieser Sündenkatalog beschreibt zutreffend die heute maßgeblichen Institutionen und gesellschaftlich anerkannten Verhaltensmuster; die sozialen Sünden sind zur gängigen und nicht mehr in Frage gestellten Lebenspraxis geworden.

Vor einigen tausend Jahren hat der Schreiber der »Sprichwörter Salomos« gewarnt: »Ohne prophetische Vision geht ein Volk zugrunde« (Sprichwörter 29, 18). Auch diese uralte Warnung beschreibt unsere gegenwärtige Lage. Ohne Vision laufen wir tatsächlich ins Verderben. Von den Gewaltorgien amerikanischer Innenstädte bis zum sinnentleerten Konsumterror unserer Einkaufszentren, von den Elendsvierteln bis zu den Aktienbörsen, vom erstickten Weinen verarmter Kinder bis zur medialen Dauerberieselung mit 20sekündigen *Sound Bites*, vom Giftmüll bis zur Zeitverschwendung vor der Glotze, von der Ersatzreligion der Unterhaltung bis zum zunehmenden Unterhaltungscharakter der Religion, von all den Stoffen, die wir mißbrauchen, bis zu den wirtschaftlichen und politischen Institutionen, die uns mißbrauchen – wir sind eine Gesellschaft, die die Orientierung verloren hat. Während des amerikanischen Wahljahrs 1992 kommentierte der bekannte Fernsehjournalist Bill Moyers, es sei keinem der Kandidaten gelungen, eine griffige Sprache zu finden, die »das Gemeinschaftsgefühl eines gespaltenen Volkes hätte aktivieren können«. Moyers glaubt, das amerikanische Volk habe im

---

1 Auf meine Anfrage nach der Quelle dieser Aufzählung antwortete Arun Gandhi vom »Gandhi-Institut für das Studium der Gewaltlosigkeit«: »Die sieben Todsünden ... waren Teil meiner Lektionen, als ich als zwölfjähriger Junge 1945/46 bei meinem Großvater lebte. Er ließ sie mich und andere Kinder im Aschram auswendig lernen ... Ich weiß nicht, ob es irgendeine Quelle gibt, der man dieses Zitat zuschreiben kann.«

Grunde die Sehnsucht, die alten politischen Paradigmen zu überwinden, »ein tiefes Verlangen danach, über Links und Rechts hinauszuwachsen und die Patentrezepte sowohl der konservativen wie auch der progressiven Bewegung, so wie diese sich bisher manifestiert haben, hinter sich zu lassen«. Die alten politischen Kategorien, die wir kennen, sind inzwischen so gut wie unbrauchbar. Ideologien und die Politik der Progressiven wie der Konservativen, der Linken wie der Rechten, haben ihre Zeit hinter sich und enden in der Sackgasse.

Der links-progressive Ansatz ist gescheitert, weil er unfähig ist, jene ethischen Werte zu formulieren oder vorzuleben, die jede ernstzunehmende Bewegung speisen müßten, wenn sie tiefgreifende soziale Veränderung will. Der Linken fehlt die notwendige Zusammenschau von persönlicher Verantwortung und gesellschaftlicher Veränderung.

Der Konservativismus hingegen leugnet nach wie vor das Faktum struktureller Ungerechtigkeit und sozialer Unterdrückung. Wenn man individuellen Aufstieg und die Rückkehr zu Familienwerten predigt und gleichzeitig die Augen verschließt vor den verheerenden Auswirkungen von Armut, Rassismus und Sexismus auf Selbstwertgefühl und Familienleben, schiebt man einmal mehr die Schuld auf die Opfer.

Beide ideologische Ansätze sind außerstande, mit dem Ausmaß und der Vielschichtigkeit der sozialen Krise umzugehen, mit der wir konfrontiert sind. Beispielsweise wird das großstädtische Chaos von Drogen, Schußwaffen und Gewalt weder durch linke Gesellschaftsanalyse noch durch rechten Fanatismus behoben. Wirkliche Lösungsansätze setzen eine viel tiefere Einsicht in die Wechselwirkungen zwischen strukturellem Niedergang und menschlicher Selbstzerstörung voraus. Die Zerstörung der Strukturen wird systematisch von sozialer, rassischer und wirtschaftlicher Ungerechtigkeit gefördert, die Selbstzerstörung von individueller Charakterschwäche und davon, daß Familie und Gemeinschaft als positive Größe weitgehend ausfallen. Nur einige wenige stellen die notwendigen Verbindungslinien zwischen dem einen und dem anderen her.

Wir benötigen auch eine wesentlich tiefer ansetzende Analyse der Zusammenhänge zwischen wachsender wirtschaftlicher Globalisierung und dem Niedergang der Volkskulturen. Wir stehen vor einer Art von Gewalt, die nicht nur Ausgeburt von Armut, sondern auch Ausdruck pervertierter Wertvorstellungen ist. Wir stehen vor einem gesellschaftlichen Verfall, der nicht nur vom Fehlen guter Arbeitsplätze, sondern auch von der Abwesenheit spiritueller Orientierung herrührt. Wir stehen vor einer Verbrechensrate, die nicht nur in wirtschaftlicher Ungleichheit wurzelt, sondern auch im Nihilismus einer Gesellschaft, deren Materialismus ihr einzig wahres Gut ist.

Anscheinend haben wir etwas so Einfaches verloren wie *Respekt* – Respekt voreinander, vor der Erde und vor jenen Werten, die uns zusammenhalten könnten. Die meisten der sozialen, ökonomischen und politischen Probleme, die uns jetzt betreffen, haben einen spirituellen Kern. Die profitorientierten Strukturen der Weltwirtschaft werden unausweichlich die Kluft und die Konflikte zwischen uns Menschen ausweiten – es sei denn, wir stellen die Wirtschaft und unsere Institutionen unter eine *Ethik der Gemeinschaft*. Die sich rapide verändernde Volksschichtung und unsere eingefleischten rassistischen und sexistischen Gewohnheiten werden zur fortschreitenden Polarisierung zwischen den Kulturen führen – es sei denn, wir besinnen uns auf das alle verbindende Menschsein und darauf, daß wir als Kinder Gottes grundsätzlich gleichwertig sind. Die Unersättlichkeit unseres Konsums wird am Ende die Umwelt und unser Herz vergiften – es sei denn, wir lernen, eine rechte Beziehung zur Erde und zu ihrem Überfluß aufzubauen.

Eine gemeinsame Ebene können wir nur finden, indem wir eine höhere Ebene finden. Politik, die sich an Zielgruppen und deren Teilinteressen orientiert, wird uns nicht zu jener höheren Ebene führen. Politik ist zum egoistischen Machtkampf zwischen konkurrierenden Interessen verkommen, anstatt eine Suche nach dem Gemeinwohl zu sein.

Es muß jetzt eine Vision von Politik formuliert werden, die die grundlegenden moralischen Fragen klärt, um die es in jeder politischen Diskussion geht. Spirituelle Werte müssen in der politischen Arena Fuß fassen. Wir rufen an dieser Stelle keineswegs nach der Machtergreifung sektiererischer Religion oder nach theokratischen Herrschaftsmodellen, sondern nach dem Einzug bisher vernachlässigter spiritueller Werte in den politischen Prozeß. Die meisten von uns glauben, daß institutionalisierte Religion und Staat getrennt sein müssen. Aber ohne die Maßstäbe eines moralisch gebundenen Gewissens verkommt unsere Politik unweigerlich zu öffentlicher Korruption, aus der gesellschaftliche Desorientierung und soziale Ungerechtigkeit folgen.

Nur eine prophetische politische Ethik ist in der Lage, alte ideologische Festschreibungen zu überwinden und neue Beziehungen zwischen Menschen und Sachverhalten herzustellen. Aus diesen neuen Bündnissen und ethischen Anliegen werden jene schöpferischen politischen Initiativen erwachsen, die wir so dringend nötig haben. Tief in der westlichen Seele existiert die Überzeugung, daß Politik und Moral unauflöslich zusammenhängen. Aber weshalb gestalten sich unsere Versuche, diese Pole zu verbinden, immer so, als ob man Öl und Wasser mischt? Heutzutage bezweifeln viele, daß Politik noch moralisch sein kann. Aber andere spüren die Notwendigkeit einer neuartigen Politik, die auf eine neu zu gewinnende ethische Ausrichtung baut.

Wir brauchen eine Politik, die uns etwas bietet, was wir schon lange nicht mehr hatten: *eine Vision von Veränderung*. Eine wirkliche Neuorientierung wird auf einen Kompaß angewiesen sein, der vertrauenswürdig ist. Wir suchen nach einer »Politik der Bekehrung«, wie Cornel West, ein afroamerikanischer christlicher Vordenker, kürzlich gesagt hat. Der jüdische Publizist Michael Lerner hofft auf eine neue »Politik des Sinns«. Wagen wir es, eine »Bekehrung« der Politik anzustreben? Viele versuchen heute nichts Geringeres, als die *Seele der Politik* zu finden. Die Politik der Macht wird ohne echte Transformation niemals eine Politik der Gemeinschaft zuwegebringen. Aber die ethischen Fragen, die im Kern der politischen Debatte angelegt sind, werden oftmals nicht erkannt – oder sie werden übergangen oder, schlimmer noch, mißbraucht und verdreht zum Zwecke selbstbezogener oder ideologischer Interessen.

In jedem Wahljahr werden wir erneut ZeugInnen dieses Schauspiels. Echte moralische Auseinandersetzung oder Suche nach Klarheit scheinen in der politischen Berichterstattung der Medien und in Meinungsumfragen unter Wahlberechtigten völlig fehl am Platze zu sein. Wenn ethische Fragen überhaupt aufs Tapet kommen, sind sie meist sehr eng formuliert und dienen der Abgrenzung von anderen – anstatt die Türen zu Solidarität und Gerechtigkeit aufzustoßen.

Politische Diskussionen im Umfeld lokaler oder landesweiter Wahlen lassen vielen BürgerInnen nur die Entscheidung für das kleinere von zwei Übeln oder führen sie in Versuchung, hoffnungslose AußenseiterInnen zu unterstützen. Noch öfter führt diese Art der Auseinandersetzung zur Totalverweigerung. Nur die Hälfte der AmerikanerInnen geht überhaupt noch zur Wahl, und die Bereitschaft zu aktiver Teilnahme am politischen Leben – auch zwischen den Wahlen – ist für eine gesunde Demokratie alarmierend niedrig. Aber anstatt zuzulassen, daß uns ausgerechnet unser ethisches Empfinden in den Rückzug aus der Politik treibt, ist es vielleicht an der Zeit, unseren moralischen Werten etwas zuzutrauen. Sie könnten die Brücke werden, die zur Mehrheit unserer gleichgültigen MitbürgerInnen führt und uns auf den noch unmarkierten Weg zu einer ethisch verantworteten politischen Vision bringt. Wir müssen unsere politischen Definitionen über die Links-Rechts-Alternative hinaus ausdehnen und vertiefen. Viele US-BürgerInnen von heute stellen fest, daß ihre Ansichten zu wesentlichen Fragen politisch nicht repräsentiert sind. Es gibt eine politische Ethik, die im Schlagabtausch der auseinanderdriftenden Lager keinen Platz hat.

Wir sehnen uns nach politischen Leitfiguren, die Gemeinschaft bauen, anstatt zu polarisieren; nach öffentlichen Bediensteten, die die Kunst praktizieren, verschiedene Menschen zu Projekten des Gemeinwohls zusammenzubringen – und nicht nach Aktionären der Macht, die nur jene repräsentieren, die am meisten Einfluß haben. Konsens herzustellen, gemeinsame Grundlagen zu schaffen und sinnvolle Lösungen für komplexe Probleme zu finden ist weitaus schwieriger als endloses ideologisches Posieren und Ausfälle gegen die politischen GegnerInnen.

Politik ist die Auseinandersetzung über das öffentliche Leben. Das, was die Politik zur Verbesserung der Menschheitslage beitragen kann, hat tatsächlich Grenzen. Aber die Politik kann für unser Zusammenleben im Guten wie im Schlechten viel ausrichten. Politische Führungsgestalten können an die besten Instinkte der Menschen appellieren (wie z. B. Martin Luther King, als er seinen Traum von der Versöhnung der Rassen formulierte) oder die übelsten Triebkräfte aktivieren (wie George Bush, als er den Fall Willie Horton politisch ausschlachtete).[2] Der beste moralische Test für Politik und Politiker-

---

2 King hielt seine berühmte »Traumrede« am 28. August 1963 vor dem »Lincoln Memorial« als Hauptsprecher beim Bürgerrechtsmarsch auf Washington. Während der Präsidentschaftswahlen von 1988 benutzte die Kampagne von George Bush die Geschichte Willie Hortons (ein verurteilter Mörder, der anläßlich eines Wochenendausgangs aus einem Gefängnis in Massachusetts eine Frau in Maryland vergewaltigt hatte) als Beweis dafür, daß der demokratische Kandidat Michael Dukakis in Sachen Kriminalitätsbekämpfung ein »Weichling« sei. Die Willie-Horton-Geschichte wurde sowohl in Fernsehspots als auch bei Wahlkampfreden ausgeschlachtet.

Innen besteht vielleicht in der Beantwortung der Frage, welche Werte oder Ängste von ihnen geweckt und angesprochen werden.

Es ist möglich, bei Menschen ein echtes Verlangen danach zu wecken, rein egoistische Interessen zu überwinden und sich von einer größeren Vision anstecken zu lassen – einer Vision, die ein Empfinden von Ausrichtung auf ein Ziel hin, ein Empfinden von Sinn und Gemeinsamkeit entstehen läßt. Echte politische Führung vermittelt genau dies; sie bietet an, die Menschen dorthin zu führen, wohin »das Beste in ihnen« eigentlich gehen will.

Wir müssen allerdings unsere Definition von »politischer Führung« über die Anzahl der gewählten VolksvertreterInnen hinaus ausdehnen. Die Zahl derer, die eine neue politische Orientierung mitgestalten könnten und sollten, umfaßt LehrerInnen, LandwirtInnen, SchriftstellerInnen, WissenschaftlerInnen, ArbeiterInnen, UnternehmerInnen, GewerkschafterInnen, religiöse Führungsgestalten, BürgerrechtsaktivistInnen, AnwältInnen der Kinder und RepräsentantInnen von Basisbewegungen und -gemeinschaften.

Neue Rahmenbedingungen, eine neue Sprache und neue Visionen könnten entstehen, wenn wir unsere tiefsten persönlichen und sozialen Werte neu erwachen ließen. Viele dieser Werte entstammen dem Kernbestand unserer besten religiösen Traditionen und sind Gemeingut der Menschen, die lange politisch und gesellschaftlich in unterschiedliche Lager getrennt waren. Die Mitte jeder wirklich neuen Politik wird eine neue Spiritualität sein – eine Spiritualität, die eigentlich die Erneuerung eines Teils unserer ältesten Spiritualität ist. Sie wird eine ethische Sensibilität möglich machen, die sich weigert, politische Ideen losgelöst von ihren Konsequenzen für die Menschen und für die übrige Schöpfung zu verfolgen.

Die US-amerikanische Behörde für Volksstatistik sagt, daß in den USA mehr Menschen in Armut leben als je zuvor in den letzten drei Jahrzehnten und daß 40 Prozent der Armen Kinder sind. Fast 46 Prozent aller schwarzen und über 40 Prozent aller spanischsprechenden Kinder und Jugendlichen unter 18 Jahre leben unterhalb der Armutsgrenze, während in der Gesamtgesellschaft der USA 10 Prozent der Haushalte über 70 Prozent des nationalen Wohlstands verfügen. Dies sind schwerwiegende Fakten, wenn wir unsere religiösen Traditionen ernst nehmen. Aber die Armen sind kein politisches Thema, wenn konservative und progressive PolitikerInnen nur noch um die Stimmen der Mittelklasse in wohlsituierten Vororten buhlen.

Noch glimmen die Feuer von Los Angeles und anderer Großstädte. Dennoch erscheint der Rassismus nicht einmal auf den oberen Plätzen der politischen Tagesordnung. Und wie oft hören wir davon, daß die epidemisch anwachsende Rate von Vergewaltigungen und Gewalt gegen Frauen als fundamentale Gesellschaftskrise verhandelt würde? Auch der Zusammenbruch der Familien, der Mißbrauch der Sexualität und die Aushöhlung persönlicher ethischer Verantwortung haben eine Vielzahl von Problemen erzeugt. Die wirtschaftliche Rezession ist politisches Top-Thema. Aber wie steht es um den hemmungslosen Konsum, der Seelen und Umwelt vergiftet und unsere Kinder veranlaßt, einander auf dem Schulhof umzubringen? Gleichzeitig beherrschen die Bilder vom Massenhunger und von blutigen ethnischen Konflikten die internationale Szene, während eine ethisch vertretbare Außenpolitik jenseits der alten Dogmen nationaler Interessen erst noch formuliert werden muß.

Wir stehen an einem Scheideweg der Geschichte. Der Kalte Krieg ist vorbei. Gewaltige wirtschaftliche, ethnische und ökologische Herausforderungen liegen vor uns – in einer Zeit, die nach einer alternativen Vision ruft. Aber wo soll solch eine Vision gefunden werden? Und wer werden ihre »SeherInnen« sein? Womöglich findet man sie an den unwahrscheinlichsten Stellen.

Daniel »Nañe« Alejandrez, ein alter Aktivist aus den spanischsprechenden Armenvierteln *(Barrios)*, steht an der Spitze der »Koalition zur Beendigung des Barrio-Krieges«, einer Organisation, die in über 50 Städten der USA aktiv ist. Mit 44 ist Nañe der drittälteste männliche Überlebende in einer 250köpfigen Großfamilie. Er und seine MitstreiterInnen haben eine Reihe von lokalen Entwicklungsprojekten gestartet, um Alternativen zum Drogenhandel zu eröffnen und um die nachbarschaftliche Solidarität in den Wohnquartieren zu stärken.

Nach einer neuen Welle von Schießereien mit Todesfolge, die sich von fahrenden Autos aus gegen lateinamerikanische Familien in Los Angeles gerichtet hatten, machte sich Fred Williams, ein afroamerikanischer lokaler Leiter, zusammen mit einer Gruppe von schwarzen Jugendlichen auf, um in den Wohnungen spanischsprechender Familien zu übernachten. Die klare Botschaft kam an, und die Gewalt verebbte.

Dr. Janelle Goetcheus und ihre Familie gaben ihre bequeme weiße Mittelschicht-Existenz auf, um in der Hauptstadt Washington eine medizinische Versorgung für Obdachlose, illegale EinwanderInnen aus Lateinamerika und gefährdete Kinder auf die Beine zu stellen. Ihr hartnäckiger Einsatz für Menschen ohne Krankenversicherung hat sie zu einem Stachel im Fleisch des medizinischen Establishments gemacht und ihr die Auszeichnung »Hausärztin des Jahres« des amerikanischen Hausärzte-Verbandes eingebracht.

Don Mosley und andere Mitglieder der Organisation »Jubilee Partners« haben fast 2000 Kriegsflüchtlingen, die sich auf der Schwelle zu einem neuen Leben befanden, Gastfreundschaft und Unterstützung gewährt. Traumatisierte vietnamesische *Boat People*, MittelamerikanerInnen auf der Flucht vor der Tyrannei und bosnische Muslime, die der »ethnischen Säuberung« entronnen waren, haben am Rand des kleinen Städtchens Comer im Südosten des Staates Georgia ohne Ansehen der Person eine offene Hand und eine aufnahmebereite Gemeinschaft gefunden. Jubilee, Ableger der Koinonia-Farm, eines frühen Experiments der Rassenversöhnung, tut nichts anderes, als die uralte spirituelle Disziplin der »Aufnahme des Fremdlings« zu praktizieren.

Eugene und Jackie Rivers, sind – gemeinsam mit einer Kerntruppe junger schwarzer Männer und Frauen von der Harvard Universität und anderen prestigeträchtigen Bildungsstätten in Boston – ins drogenverseuchte und von Gewalt gebeutelte Dorchester gezogen und haben die »Azusa-Gemeinschaft« gegründet, eine afroamerikanische Gemeinde, die sich der Wiedereingliederung jener Jugendlicher von der Straße verschrieben hat, die von allen anderen endgültig abgeschrieben worden sind. Lucy Poulin und eine unerschrockene Gruppe von MitstreiterInnen aus Maine haben in einem der ärmsten Landkreise des Staates ein ganzes Netzwerk von wirtschaftlichen Kooperativen, Wohnraumbeschaffungsprojekten und Heimindustrien ins Leben gerufen. In der Tradition der katholischen Arbeiterbewegung von Dorothy Day hat die »Home Coop« einen Land-Trust, Obdachlosenunterkünfte, organische Gartenanlagen, ein Dienstleistungszentrum und eine freundliche Notunterkunft für die Armen vom Lande geschaffen.

In dem von meiner eigenen Kommunität »Sojourners« getragenen Nachbarschaftszentrum, das zwanzig Blocks vom Weißen Haus entfernt liegt, teilen sich Nathan Jernigan, Theologe aus Chicago, und Barbara Tamialis, aufgewachsen in einem Vorort von Detroit, die Leitungsverantwortung für das Programm. Sechzig afroamerikanische Jugendliche tun dort weit mehr, als Lese-, Mathe- und andere Schulkenntnisse zu verbessern. Sie werden zu »FreiheitskämpferInnen«, die lernen, sich an ihre Geschichte zu erinnern, die Gegenwart in die Hand zu nehmen und zukunftsfähige Entscheidungen zu treffen.

All diese Menschen haben gelernt, daß politische Ethik aus der Erfahrung erwachsen muß, aus der Aufmerksamkeit für konkrete Situationen und nicht aus theoretischen und ideologischen Interessen: die Lage der Obdachlosen, medizinische Versorgungslücken, hungernde Kinder, vergiftete Umwelt, der Niedergang der Familie, Straßengewalt, Mißbrauch, wirtschaftlicher Verfall, Gewalt gegen Frauen, gefährdete Jugendliche, arbeitslose Eltern, Sterbende mit AIDS, internationale Mißachtung von Menschenrechten, Opfer von Gewaltverbrechen und von Kriegen.

Diese Menschen zeigen, daß soziale Veränderung darauf beruht, daß die moralischen Maßstäbe der persönlichen Verantwortung, des sozialen Mitgefühls und der ökonomischen Gerechtigkeit erneut zur Geltung kommen. Neue Visionen von Gemeinschaftsgeist, demokratischer Teilhabe und politischer Ermächtigung könnten überkommene progressive wie konservative Denkschablonen überwinden. Die *gleichzeitige* Arbeit am persönlichen Charakter, an der Sozialpolitik und am Umfeld sind der Schlüssel zur Veränderung.

Wir sollten das Vertrauen nicht allein auf Regierungsprogramme setzen, aber auch nicht bloß auf Appelle an die eigenverantwortete Verbesserung der individuellen Lage. Ebensowenig können wir uns ausschließlich auf das Engagement Freiwilliger oder ausschließlich auf öffentliche Ausgaben verlassen. Wir müssen vielmehr eine neue Ethik schaffen und den politischen Willen, das eigene Leben *und* unser Gemeinwesen zu verändern. Sowohl private als auch öffentliche Unterstützung werden für jene Gemeinschaftsinitiativen nötig sein, die einzelne und Familien befähigen, die eigenen Lebensumstände und gleichzeitig das Befinden ihrer Mitmenschen zu verbessern.

Wir müssen deutlich machen, daß die vielen Krisen, in denen wir stecken, im wesentlichen ethischer Natur sind; wir müssen die Zusammenhänge aufzeigen und die Entscheidungen benennen, die wir treffen müssen. Indem wir im eigenen Leben und in unseren Gemeinden und Gemeinschaften einer ethisch-politischen Vision treu bleiben, werden wir den wirkungsvollsten Beitrag leisten und im umfassendsten Sinne Anteil nehmen. Die kleinen Inseln der Hoffnung, die wir auf diese Weise schaffen, sind Vorboten einer besseren politischen Zukunft.

Wir fangen nicht damit an, daß wir nach neuen makro-ökonomischen Systemen suchen, die jene – bereits gescheiterten – ideologischen Dinosaurier ersetzen könnten. Statt dessen beginnen wir damit, alle Projekte, Initiativen, Entscheidungen und Regulierungsinstrumentarien neuen Kriterien zu unterwerfen: ob sie Gerechtigkeit für alle fördern – insbesondere für jene am unteren Rand der Gesellschaft; ob sie uns gestatten, in größerer Harmonie mit der Erde zu leben und ob sie die Beteiligung aller Betroffenen am Entscheidungsprozeß begünstigen. Mit anderen Worten: Wir müssen lernen, unsere sozialen und wirtschaftlichen Entscheidungen danach zu beurteilen, ob sie die Machtlosen ermächtigen, die Erde bewahren und echte Demokratie fördern.

All diese Kriterien leiten sich direkt aus unseren besten ethischen, religiösen und politischen Traditionen ab und dienen als Beispiel dafür, wie unsere Spiritualität dazu beitragen könnte, eine neue gesellschaftliche Orientierung mitzugestalten. Gandhi hat gesagt, man solle sich zu Beginn eines neuen Projekts »das Gesicht der ärmsten und hilflosesten Menschen ins Gedächtnis rufen, die man je gesehen hat, und sich fragen, ob ihnen der Schritt, den man erwägt, in irgendeiner Weise nützen wird. Werden sie irgend etwas davon haben? Wird dieser Schritt die Selbstbestimmtheit ihres Lebens und Schicksals wiederherstellen?«[3] Die Beziehung zwischen Politik und Moral ist lebensentscheidend für die Zukunft. Die tiefempfundene und auch öffentlich artikulierte Sehnsucht nach einem faireren und verantwortungsvolleren politischen Prozeß ist ein Signal dafür, daß eine neue Politik möglich sein könnte. Die Politik muß anfangen, an ethische Werte zu appellieren – und zwar von allen Ausgangspunkten des politischen Spektrums her.

Unabhängig von unserem politischen Hintergrund könnten wir uns alle darauf einigen, daß der derzeitige politische Status quo ethisch schlichtweg nicht akzeptabel ist. Es gibt zu viele Menschen, die nicht mithalten können und aus dem System herausfallen. Weder die Ungerechtigkeit, die in unser Gesellschaftssystem eingebaut ist, noch die Verantwortungslosigkeit, die wiederum von dieser Ungerechtigkeit erzeugt wird, können länger toleriert werden. Die Armen

---

3 R. K. Prabhu, zitiert von M. K. Gandhi, in: My Religion. Ahmedabas 1955, S. 52.

entweder bei Laune zu halten oder sie ganz abzuschreiben, das sind nicht die beiden einzigen Alternativen. In den meisten unserer religiösen Traditionen wird Gerechtigkeit als die Etablierung angemessener Beziehungen zwischen Völkern, Gemeinschaften und der Erde verstanden. Es ist höchste Zeit, abermals an diese Traditionen anzuknüpfen.

Die fatale Wahl zwischen Ökonomie und Ökologie ist für die Gesellschaft selbstmörderisch, ebenso wie das Unvermögen, rassische und ethnische Vielfalt zu achten. Der Versuch, eine ganzheitliche Ethik des Lebens zu entwickeln, die Geborenen wie Ungeborenen zugute käme, könnte uns zusammenbringen – ohne verzweifelte Entscheidungen zu kriminalisieren und ohne Frauen in eine verletzende oder gefährliche Lage zu zwingen. Ein verändertes Denken im Blick auf die Geschlechterrollen ist der beste Weg, um Gewalt gegen Frauen und Diskriminierung von Frauen undenkbar zu machen. Und schließlich sollten wir endlich begriffen haben, daß die Mißachtung der Menschenrechte, des Friedens und der Natur in anderen Segmenten unseres Gemeinwesens, unserer Nation oder der Welt schließlich all dies bei uns selbst gefährdet. Unsere Welt ist nun einmal derartig vernetzt. Wir werden eine neue Zukunft nicht auf einer negativen Botschaft aufbauen, sondern vielmehr durch Modelle und zeichenhafte Kleinversuche, wie eine ethisch gegründete Politik aussehen könnte. Wir brauchen konkrete Musterbeispiele, und solche sind bereits zu finden. Ich beschreibe kein detailliertes politisches Programm, sondern beschwöre stattdessen die Werte einer neuen politischen Vision, die praktische Lösungen ermöglichen wird.

Eine prophetische Politik, die in ethischen Grundsätzen wurzelt, könnte erneut die Phantasie und das Engagement der Menschen beflügeln. Wir brauchen eine Individualethik der moralischen Verantwortung, eine Gesellschaftsvision, die Menschen zusammenbringen will, eine Verpflichtung auf Gerechtigkeit mit der gleichzeitigen Bereitschaft zur Versöhnung, einen ökonomischen Ansatz, der von einer Ethik des Gemeinwohls und der gegenseitigen Unterstützung herkommt, einen neuen Blick für unsere Verbundenheit mit den ins Abseits gedrängten Armen und mit der beschädigten Erde, eine Erinnerung an gemeinsame Werte, die das Beste in uns hervorruft, und eine Erneuerung bürgernaher Politik zur Gestaltung einer neuen politischen Zukunft. Aber um eine neue Zukunft zu gestalten, müssen wir zunächst die ethischen Grundlagen und Mittel für eine neue Gesellschaftsvision finden. Während der Bürgerrechtsbewegung sagte man, daß die jeweilige Lebensperspektive davon bestimmt wird, was jemand morgens beim Aufstehen vor Augen hat. Die Dinge, die wir Tag für Tag sehen, hören, schmecken, riechen und berühren, bestimmen unser Weltbild. Mehr als alles, was wir gelesen oder gehört haben, prägt unser jeweiliger *Ausgangspunkt* die soziale und politische Perspektive, die wir haben.

Meine Perspektive kommt daher, daß ich täglich in einem der ärmsten und gewaltträchtigsten Viertel von Washington aufwache. Ein populärer Slogan in Amerika besagt, man könne die Welt nicht von der Innenseite des »Beltways«, der Ringautobahn um die Hauptstadt Washington, aus verstehen. Das ist nur teilweise wahr. Die Wirklichkeit unseres Landes kann wahrlich nicht von den Büros der Lobbyisten, Mediengurus und Politiker Washingtons aus verstanden werden, die die Korridore der Macht bevölkern. Sie erwachen am Morgen und blicken auf volle Terminkalender, ein abgeschirmtes Leben und die Privilegien der Entscheidungsträger.

Aber nur ein paar Häuserblocks weiter gibt es Wohnviertel wie meines, wo die Lebensverhältnisse in krassem und vielsagendem Kontrast zum Wohlstand und zur Macht des offiziellen Washington stehen. Hier erwachen die Menschen in einer grundlegend anderen Wirklichkeit. Der Widerspruch zwischen ihrer Sicht und der Sicht der Regierungsflure führt zu höchst aufschlußreichen Einsichten in die Wahrheit dieses Landes und der übrigen Weltwirtschaft. Vom Ausgangspunkt dieses Kontrasts und von zwanzig Jahren des Lebens und der Arbeit »am Rande« her schreibe ich dieses Buch.

32

ERSTER TEIL
DIE BEKEHRUNG DER POLITIK

KRISENZEICHEN
Die Politik der Gewalt

Los Angeles. Die ganze Nation starrt wie gebannt auf die »Stadt der Engel«, die sich in einer Gewaltorgie und in einem tobenden Feuerinferno entlädt. Menschen unterschiedlicher Hautfarbe ziehen plündernd durch die Straßen, und KommentatorInnen stammeln hilflose Erklärungen von sozialer Ungleichheit und gesellschaftlichem Niedergang. Aber nur wenige scheinen den Hintergrund dieser offenen Wut und Verzweiflung ganz zu erfassen.

Boston. Ein junger Mann flüchtet vor zwei mit Automatikgewehren bewaffneten Verfolgern in eine Kirche, in der gerade Gottesdienst gefeiert wird – im Glauben, hier wäre er sicher. Seine Angreifer machen nicht einmal am Kirchenportal halt, sondern stürzen ins Innere und eröffnen das Feuer. Der Chor hört auf zu singen, der Pfarrer duckt sich hinter die Kanzel, und die Gemeinde verkriecht sich unter die Kirchenbänke, während es im Gotteshaus Patronen hagelt. Bei einer anschließenden Pressekonferenz klagen gekränkte Kirchenführer über die gotteslästerliche Verletzung des heiligen Raums. Aber ein afroamerikanischer Pastor und *Streetworker* bietet eine abweichende und geradezu prophetische Deutung an: »Wenn die Kirche nicht auf die Straße kommen will, wird die Straße in die Kirche kommen.«

Washington. Alle Talkshows am Sonntagvormittag kreisen um Gewalt und Kriminalität im Lande, die völlig außer Kontrolle geraten sind. »Niemand ist mehr sicher«, sagt David Brinkley, der Chefkommentator des Fernsehens mit beunruhigtem Blick. Politiker und Polizeichefs äußern sich verzweifelt, reden von Verbrechensbekämpfung und Waffenregistrierung, und ein besorgter Präsident spricht vom Zusammenbruch von Arbeit, Familie und Gemeinwesen. Klar

35

ist vor allem, daß die Eliten der Politik und der Medien keinen Einfall haben, was zu tun ist.

Palästina. Achtes Jahrhundert vor Christus. Der Prophet Jesaja bringt gegenüber den Israeliten und ihren Nachbarn, den Ägyptern, das Grundproblem ihrer Gesellschaften auf den Punkt:

>»Ihr Land ist voller Silber und Gold, und ihrer Schätze ist kein Ende; ihr Land ist voller Rosse, und ihrer Wagen ist kein Ende. Auch ist ihr Land voller Götzen; sie beten an ihrer Hände Werk, das ihre Finger gemacht haben. Aber gebeugt wird der Mensch, gedemütigt jedermann.« (Jesaja 2, 7–9a)

Die Konsequenz der Habsucht, der sozialen Ungerechtigkeit und des Götzendienstes einer Gesellschaft, sagt der Prophet, ist ein Gottesgericht, das sich in geistig-geistlicher Entartung, in Gewalt und im Verfall der Gemeinschaft äußert. Die Menschen erheben sich gegeneinander, so »daß ein Bruder gegen den anderen, ein Freund gegen den anderen, eine Stadt gegen die andere, ein Reich gegen das andere« kämpft (Jesaja 19, 2b). Und der »Geist« der Menschen wird »entleert« (19, 3a).

EIN WECKRUF

Könnte die Eskalation der Straßengewalt Amerika endlich dazu aufrütteln, dem gesellschaftspolitischen Bankrott und dem dringenden Bedarf an Neuorientierung ins Auge zu sehen? Die Gewalt, die uns als Nation überwältigt hat, könnte tatsächlich der Hahnenschrei sein, der uns aus einem langen politischen Schlummer hochschrecken läßt. Dieselbe Gewalt, die das Land in Angst und Schrecken versetzt hat, könnte Anlaß sein, beim Versuch, unsere vielfachen sozialen Miseren zu untersuchen und zu lösen, tiefer anzusetzen als bisher.

Die Gewalt ist nicht das Problem; sie ist eine Folge des Problems. Und die Gewalt könnte gleichsam zur Erlösung beitragen, indem sie als Katalysator der politischen Erneuerung dient. Wie das? Weil Art und Brutalität der Gewalt zeigen, daß wir es mit einer tiefgreifenden moralisch-ethischen Krise zu tun haben. Es handelt sich um eine Krise des Geistes. Himmelschreiende, hausgemachte soziale Ungerechtigkeit, seelentötender Materialismus, lebenszerstörender Drogenhandel, unverminderter und alles durchdringender Rassismus, massiver Verfall von Familienleben und -strukturen und der nahezu vollständige Zusammenbruch moralischer Werte haben zusammengewirkt und ein derartiges Klima von Gewalt und Herzenskälte auf den Straßen Amerikas erzeugt, daß selbst alte SozialaktivistInnen die Gänsehaut kriegen.

In der Tat stellt die kalte Verachtung des Lebens und Eigentums der Mitmenschen (und sogar des eigenen Lebens), die unter vielen Jugendlichen grassiert, die größte Gefahr dar. Sie gibt zu größter Sorge Anlaß. Halbwüchsige, die Lebensmittelläden stürmen und die Anwesenden einfach »wegpusten«, sind wahrlich schauerlich. Und doch ist diese erschreckende Verachtung des Menschenlebens auch ein bitteres Spiegelbild dessen, wie diese jungen Menschen von ihrer Gesellschaft links liegen gelassen werden. Ihre Kaltblütigkeit ist auch ein Urteil über unsere Gefühlskälte ihnen gegenüber. Wir ernten in der Tat, was wir gesät haben.

Krise ist das Wort, das unsere nationale und globale Situation am treffendsten beschreibt, und wir hören dieses Wort ständig und überall. Es wurde mehrfach bemerkt, daß das chinesische Schriftzeichen für das Wort *Krise* eine Kombination der Zeichen für *Gefahr* und für *Chance* ist. Es ist nicht neu, wenn man sagt, die Gesellschaft befände sich in einem Zustand der Krise. Viele Menschen wittern die Gefahr und suchen nach der Chance.

Der Ruf und die Sehnsucht nach Veränderung liegen direkt unterhalb der Oberfläche der gegenwärtigen öffentlichen Debatte und kommen in Wahlkämpfen laut vernehmbar zum Vorschein. Sobald wir einen politischen Wechsel erleben, bekommt die Hoffnung Nahrung, daß Veränderung möglich ist. Aber diese Hoffnung zerbricht leicht, und es ist unwahrscheinlich, daß der Austausch der Führungsspitze allein schon jene tieferen Probleme behebt, die sowohl struktureller als auch spiritueller Natur sind.

Diese Krise ist mehr als eine bloße Entgleisung. Die Wahrheit ist, daß wir uns in einer Zeit des Übergangs befinden, in einer Zwischenperiode, in der das Alte stirbt und das Neue erst noch geboren werden muß. Die Werte, Annahmen und Strukturen, die uns so lange geleitet haben, sind an ihr logisches Ende gelangt, und wir finden uns in einer Sackgasse wieder. Aber neue Werte, Muster und Institutionen sind noch nicht herangereift. Wir sind dazwischen gefangen, gestrandet zwischen Paradigmen. Und unsere Gesellschaft leidet an einer Führungskrise, weil die etablierten Institutionen, denen eigentlich die Führungsaufgabe zufällt, am Tiefpunkt der Glaubwürdigkeit, des Vertrauens und der Achtung angelangt sind.

Der westlichen Welt fehlt eine stimmige und überzeugende Gesellschaftsvision. Die Ereignisse scheinen uns einfach zu überrollen, und wir können, wie es aussieht, nichts tun, als das Beste zu hoffen, während wir das Schlimmste befürchten. Die Medien sind täglich voll von den Bildern sich türmender Probleme und eskalierender Krisen, von denen wir ahnen, daß sie irgendwie zusammenhängen. Aber wir sind nicht sicher, wie.

Widersprüchlichkeit ist das Wort, das unseren geistigen und seelischen Zustand umschreibt. Mehr und mehr werden wir von paradoxen Fakten gebeutelt. Ein grenzenloser Individualismus trennt uns voneinander, und doch spüren wir eine tiefe Sehnsucht nach Gemeinschaft und Zugehörigkeit. Der Konsum hat nie dagewesene Ausmaße und Exzesse erreicht. In Wohlstandsgesellschaften hat er als Garant des Dazugehörens die frühere Rolle der Staatsbürgerrechte übernommen. Daneben erleben wir jedoch einen tiefen Hunger danach, das Leben als mehr zu sehen als ein Erwerbsunternehmen. Nie zuvor sind mehr Menschen zu Armut und Elend verdammt gewesen; parallel dazu scheint aber auch das Mitgefühl bei den Menschen zu wachsen, insbesondere in den Herzen der Jugendlichen. Eine Reihe von einander bedingenden ökologischen Krisen bedroht das Gewebe des Lebens, aber zugleich ereignet sich eine qualitative Bewußtseinsveränderung im Blick auf unsere Beziehung zur Erde, eine Veränderung, die die Kraft in sich birgt, langfristig Sozialverhalten und Wirtschaftspolitik umzugestalten.

Perspektive ist das Wort, das inmitten unserer vielfältigen Krisen und Widersprüche am treffendsten ausdrückt, was wir heute am dringendsten brauchen und ersehnen – eine Ahnung davon, wie alles zusammengehört. Wie finden wir in den Problemen und Ereignissen, die uns zu überwältigen drohen, einen Sinn? Noch wichtiger: Wie bringen wir die fundamentalen Fragen, vor denen wir stehen, mit solchen Wertmaßstäben und Glaubensinhalten zusammen, die Unterstützung verdienen? Perspektive meint eine Art des Sehens und Verstehens, einen Standort, von dem aus man reagieren kann, eine Grundlage für das Handeln in der Welt.

Perspektive hat grundlegend mit Werten zu tun – mit moralischen Maßstäben und ethischen Verbindlichkeiten. Wie bereits bemerkt, haben praktisch alle entscheidenden Herausforderungen, vor denen wir derzeit stehen, einen spirituellen Kern. Das Herzstück jener sozialen, wirtschaftlichen und politischen Probleme, die um uns herum toben, sind fundamentale Fragen, die an unsere Substanz rühren. Unsere Werte prägen unsere Politik. Daß wir das mehr und mehr merken, ist an sich schon ein Hoffnungszeichen.

Armut selbst setzt nicht notwendig Gewalt frei; erst der Verlust der Hoffnung ist es, der Gewalt schafft. Wenn die Kinder meines Wohnviertels ihre Beerdigungen planen anstatt ihre Zukunft, dann ist das ein Zeichen, daß wir als Gesellschaft das Gespür für die Hoffnung verloren haben.

DIE ZEICHEN DER ZEIT ERKENNEN

Viele Zeichen helfen uns, die Ursachen der derzeitigen Krise zu deuten. Solche Zeichen sind Ereignisse, Zustände, Beobachtungen, Merkwürdigkeiten oder Phänomene, die dazu beitragen, die Quelle unserer Probleme sichtbar werden zu lassen. Zeichen weisen auf die Wurzeln der Ursachen, Maßstäbe und Strukturen hin, die zu unserer verfahrenen Lage geführt haben.

Wenn wir auf die Zeichen der Zeit achten, können wir allmählich das Wesen unserer mannigfachen Probleme verstehen – und mögliche Lösungsansätze sehen. Die Tatsache, daß die eine Seite des politischen Spektrums ausschließlich vom Sittenverfall redet und die andere nur von sozialer Ungerechtigkeit, ist bezeichnend. Die Krisenzeichen, die man herauspickt, offenbaren oft einen blinden Fleck im Blick auf die politische Gesamtperspektive.

Die vorhersagbaren und ermüdenden Schlagworte, die zwischen Konservativen und Progressiven abgetauscht werden, bringen uns gegeneinander auf, demoralisieren und verwirren uns, während es keinerlei Konsens darüber gibt, welche positiven Schritte wir gemeinsam unternehmen könnten, um voranzukommen. Wenn wir die Krisenzeichen ein bißchen ehrlicher ansehen, als dies die beiden ideologischen Lager bisher zu tun bereit waren, finden wir womöglich Richtlinien für kreativere und wirkungsvollere Lösungsansätze. Alle

Zeichen der gegenwärtigen Krisen müssen ehrlich angeschaut werden. Was sind diese Krisenzeichen?

Krisenzeichen

Weite Teile der westlichen Großstädte, in denen heute so viele Jugendliche wohnen, sind de facto Kriegsgebiete geworden; selbst das Zuhause ist zu einem Ort geworden, an dem ums Überleben gekämpft werden muß. Einige sehen die urbanen Auflösungserscheinungen als Problem, das man lösen muß; andere sehen sie als Zeichen, das Beachtung verlangt. Das großstädtische Chaos ist wie eine Fallstudie darüber, was geschieht, wenn beide Werte, soziale Gerechtigkeit *und* persönliche Verantwortung, gleichzeitig verfallen.

Halbwüchsige, die Gleichaltrige umbringen, sind nicht allein ein Problem der Kriminalistik; sie sind eine Parabel der Pein, die auf unser kollektives Seelenleiden hinweist. Es handelt sich auch nicht nur um ein Stadtproblem; diese Krise wirkt an allen Orten, wo wir leben. Gewalt ist nicht auf jene Eruptionen beschränkt, die kurz auf den Bildschirmen der Medien aufblitzen; sie reicht viel tiefer und ist viel beherrschender. Die Strukturen, Gewohnheiten und Werte unserer Gesellschaft insgesamt werden von jener »Kultur der Gewalt«, die für uns zum Normalfall geworden ist, prophetisch in Frage gestellt; dies ist eines der Krisenzeichen.

70 000 Arbeitern war in Süd-Mittel-Los Angeles gekündigt worden, bevor die massive Gewalt losbrach. Das ist ein Krisenzeichen – ebenso wie die Löhne, Arbeitsbedingungen und der Zustand des Wohnraums jener BilligarbeiterInnen aus der Dritten Welt, die jetzt diese Stellen innehaben, Krisenzeichen sind.

Der weiße Rassismus, der die Integration überleben konnte, indem er ein paar Schwarze selektiv assimiliert und gleichzeitig den Menschen in den verarmten schwarzen Wohnsiedlungen die schlimmsten Lebensbedingungen seit der Sklaverei zugemutet hat, ist ein Zeichen der Krise. Ähnlich ist eine Weltwirtschaft, die ein Fünftel der Weltbevölkerung wundervoll vernetzt und gleichzeitig vier Fünftel der Menschheit abschreibt, ein sprechendes Krisenzeichen.

Die besondere Bedrohung, der Frauen ausgesetzt sind, ist ebenfalls ein Krisenzeichen. Ungerechte Entlohnung, die soziale Marginalisierung von Frauen und Kindern und die epidemische Zunahme von Vergewaltigungen und von häuslicher Gewalt bedrohen das Leben unserer halben Bevölkerung. Die Szenen nicht mehr zu zählender Morde und die auf Ausbeutung zielenden sexuellen Botschaften, deren Zeugen unsere Kinder Tag für Tag vor dem Fernseher werden, sind ein Krisenzeichen; dasselbe gilt für die aggressive Vermarktung unzähliger unnützer und gefährlicher Produkte an unsere Söhne und Töchter, wenn sie wie angegossen vor der elektronischen Geistesbildungsanstalt kleben, die mitunter fünfzig Wochenstunden ihrer Zeit und mehr beansprucht.

Der beispiellose Verfall des Familienlebens ist in der Tat ein alarmierendes Krisenzeichen und eine Hauptursache für die beängstigende Verachtung des menschlichen Lebens, die inzwischen die Straßen und die Volkspsyche beherrscht. Ebenso ist die Reduzierung der Sexualität zur Ware und die Trennung von Sex und verbindlichen Beziehungen, die uns seelisch beschädigt, entsetzliche Seuchen verbreitet und das Gewebe des Lebens und der Gesellschaft aushöhlt, zum Krisenzeichen geworden. Der lebensschaffende Zusammenhang von guter Arbeit, gutem Elternhaus und guten sexuellen Werten muß wiederhergestellt werden, wenn das Familienleben wieder Qualität bekommen soll. Die Ödnis des Mittelklasse-Lebens ist ein weiteres Krisenzeichen. Die Kultur unserer Einkaufszentren hält die KonsumentInnen beschäftigt – im Zeitalter eines nie dagewesenen Materialismus, das von Leere, Einsamkeit, Angst und einem fundamentalen Sinnverlust gekennzeichnet ist. Ein höchst aufschlußreiches Krisenzeichen ist der tote, trostlose oder wütende Blick in den Augen der Jugendlichen, die an tristen Straßenecken oder in den Gängen der Einkaufszentren herumhängen. Aber die ethische Auseinandersetzung mit dem Konsum scheuen Rechte wie Linke – vielleicht deshalb, weil beide Seiten selbst so tief darin verstrickt sind.

Das vielleicht schmerzhafteste und gefährlichste Krisenzeichen betrifft die Kinder. Wenn Kinder ganz unten in der Armutsskala landen, wenn sie die gefährdetste Personengruppe sind, wenn sie ununterbrochen von entsetzlichen Botschaften bombardiert werden und einer Dauerbedrohung durch Drogen, Seuchen und Umweltzerstörung ausgesetzt sind, wenn sich in ihren Reihen die bestbewaffnetsten und gefährlichsten Verbrecher aufhalten, wenn sie Hauptopfer und -täter eskalierender Gewalt sind, wenn sie eher zum Gegenstand von Ängsten werden, als daß sie Hoffnung wecken – dann ist ihre Not zum Krisenzeichen geworden. Wenn Jugendliche, wie in meiner Nachbarschaft in Washington, über ihre Lieblingssärge diskutieren

41

anstatt über Autos oder Fahrräder, dann ist das ein Krisenzeichen, das wir nicht länger ignorieren können.

Ein umfassendes Zeichen der Krise ist unsere vergiftete Umwelt. Von vergifteten Abfällen bis zu vergifteten Maßstäben, von der Verschmutzung der Luft bis zur Verschmutzung der Herzen und Köpfe, vom Sterben der Wälder und der Landwirtschaft bis zum Tod regionaler Wirtschaftsunternehmen und Kulturen, von einer Welt voller krebserzeugender Stoffe bis zu einer Welt voller Waffen, von der Entfremdung von der Erde bis zur Entfremdung voneinander – wir sind eine Gesellschaft in der Krise.

Soziale Unterdrückung und moralischer Verfall sind die Zwillings-Krisenzeichen unseres Zeitalters. Das eine hat mit struktureller Ungerechtigkeit zu tun, das andere mit dem Zusammenbruch der Werte. Einige reden bloß von Unterdrückung, andere bloß von Verfall. Dies ist der Kern der tragischen Spaltung zwischen Linken und Rechten. Aber wer eine der beiden Tatsachen ausblendet, mißversteht das Ausmaß und die Tiefe der gegenwärtigen Krise. Unterdrückkung und Verfall sind beide real, und beide bedingen einander. Beide zu verstehen – und die dynamische Wechselwirkung zwischen beiden – ist der Anfang politischer und spiritueller Weisheit.

Zeichen der Hoffnung

Andere Zeichen gibt es, die Hoffnung wecken. Schon das verbreitete Krisenbewußtsein ist ein Hoffnungszeichen. Die Einsicht, daß uns keine politische Ideologie retten kann, plus die vielerorts spürbare tiefe Sehnsucht nach einer neuen Spiritualität sind zusammengenommen ein sehr positives Zeichen. Eine neue Art der Politik könnte sich entwickeln – eine, die alte politische Festschreibungen aufgibt und zur Wurzel des Problems vorstößt.

Trotz des räuberischen Charakters der marktbeherrschenden Kräfte wächst das Mitgefühl für die vielen Opfer des herrschenden Wirtschaftssystems. Während von Haß getriebene Verbrechen gegen rassische, ethnische und sexuelle Minderheiten zunehmen, wächst gleichzeitig an vielen Orten – und vor allem bei jungen Leuten – der Wunsch nach einer echten multikulturellen und pluralistischen Gesellschaft. Und trotz der mediengesteuerten Ethik des Egoismus und der sexuellen Promiskuität entscheiden sich viele Menschen, verantwortlich mit sich selbst umzugehen, indem sie enge Beziehungen und ihre Familie rein materiellen Zielen und flüchtiger Befriedigung vorziehen. In vielen Herzen und Köpfen erneuert sich die Beziehung zur Erde und zu all ihren Geschöpfen. Und angesichts der sich zuspitzenden Krise könnte womöglich sogar die religiöse Gemeinschaft aufwachen.

DAS VERSAGEN DER POLITIK

Die Politik, deren ZeugInnen wir tagtäglich durch die Medien werden, funktioniert offensichtlich nicht. Sie begegnet auch den tieferen Fragen nach Gerechtigkeit oder Gemeinschaft nicht befriedigend. Die grundlegenden ethischen Themen, Konflikte und Entscheidungen, vor denen wir stehen, müssen erst noch geklärt und stimmig benannt werden.

Wir haben angesichts der profunden Unzufriedenheit mit den VolksvertreterInnen in den USA erlebt, wie plötzlich von Veränderung die Rede war. Aber es muß sich noch zeigen, ob die neue Vision Substanz oder eine Richtung hat. Amerikanische WählerInnen stimmen heute für fast jeden, solange er oder sie ein Außenseiter, eine Außenseiterin ist und von Veränderung redet; aber die meisten glauben noch immer, daß man nur wenig tun kann, um die Dinge wirklich zum Besseren zu wenden.

Das Ritual der Meinungsumfragen hat inzwischen eine echte Bürgerbeteiligung am politischen Leben so gut wie völlig ersetzt. KanditatInnen konkurrieren miteinander in 20-Sekunden-Spots, diffamierenden Anzeigen und mit Hilfe eines sorgfältig berechneten Fernseh-Images. Das Fernsehen ist zur wichtigsten – und praktisch einzigen – Arena der politischen Auseinandersetzung geworden. Nach dem Schlagabtausch von Symbolen, kodierten Floskeln und ehrenrührigen Verleumdungen veranstaltet man eine Umfrage und legt den Sieger oder die Siegerin fest. Die Wahl ist nur noch die letzte Umfrage. Jene Medienstars, die bescheiden so tun, als ob sie nur Nachrichten vermitteln, sind in Wirklichkeit die entscheidenden SchiedsrichterInnen geworden. Großunternehmen beherrschen das Nachrichtengeschäft. Das Fernsehen hat die frühere Rolle der Parteibosse übernommen, KandidatInnen und Themen zu bestimmen. ProduzentInnen und ihre telegenen Nachrichtenstars entscheiden für die Öffentlichkeit, welche Themen »dran« sind und wer dazu etwas sagen darf oder nicht. Die KommentatorInnen sagen uns, was vernünftige Menschen über die betreffenden Themen zu denken haben, und dann veranstaltet man eine weitere Umfrage, um herauszufinden, was wir von dem halten, was sie uns gesagt haben. Postwendend nehmen eifrige PolitikerInnen samt ihren eigenen MeinungsbefragerInnen und -macherInnen die Ergebnisse zur Hand und verkünden kurze Zeit später ihre neuesten Positionen zu den Hauptfragen des öffentlichen Lebens.

Dieser geschlossene Kreislauf unseres medienorientierten politischen Entertainments besetzt und vereitelt jeden echten öffentlichen Dialog über Themen, die das Leben der Menschen und den Zustand der Nation wirklich betreffen. Er verschafft darüber hinaus denjenigen in der Gesellschaft große Platzvorteile, deren Geld und Macht ohnehin die politische Landschaft beherrschen. Der Triumph der Form über den Inhalt regiert die heutige amerikanische Politik.

Die politische Diskussion wird in einem derartigen Ausmaß von oben her gesteuert, daß uns inzwischen der bloße Gedanke, daß lokale, nationale und globale Themen an der Basis diskutiert und daß die Ergebnisse von unten nach oben in den politischen Prozeß eingespeist werden könnten, fremd geworden ist. Wir haben fast völlig vergessen, wie die Tradition solch demokratischer Bürgerversammlungen die frühe US-Geschichte geprägt hat.

Wer jedoch hat Zeit dazu, Bürgerin oder Bürger zu sein? Untersuchungen der letzten Jahre zeigen, daß immer mehr AmerikanerInnen Überstunden machen, immer mehr Jobs haben und immer weniger Urlaub oder freie Tage nehmen als früher. Wenn man die Anforderungen der Familie und der häuslichen Pflichten dazunimmt, wer hat dann noch Zeit für die öffentliche Debatte? Was aber bedeutet es, wenn diejenigen, die unsere Wirtschaft in Gang halten, die Politik und die Teilnahme am politischen Leben letztlich den Eliten überlassen?

Präsidialpolitik

Die öffentliche Reaktion auf solch eine Elitepolitik kam während der Präsidentschaftskampagne 1992 dramatisch ans Licht. Der Milliardär Ross Perot wurde zum seltsamen Symbol und zugleich zum Blitzableiter weitverbreiteter Unzufriedenheit. Wie es jedoch für amerikanische Medienpolitik üblich ist, folgte dem Symbol nie echte Substanz. Weder Perots grandios aufgemachte TV-Spektakel noch Bill Clintons Auftritte bei MTV und in der »Arsenio Hall Show« bewirkten eine Politik, die von der Basis ausgeht, wie sie unsere Krise bräuchte.

Präsident Clinton hat in der Tat versucht, alte politische Schablonen zu überwinden, indem er sich als »neuer Demokrat« charakterisiert hat. Bedacht darauf, sich anders darzustellen als ein steuerverschwendender Linker, hat er das Weiße Haus als Kanzel genutzt, um sich für Themen aus dem Bereich der Verantwortungsethik stark zu machen, die von den Demokraten häufig vernachlässigt worden sind. Aber die vielversprechenden Formulierungen des Präsidenten zum Themenkomplex der Wertmaßstäbe, der Solidarität und der Veränderung müssen erst noch in eine stimmige und überzeugende Gesellschaftsvision übersetzt werden. Öffentliche Zweifel an einigen Aspekten des persönlichen Verhaltens des Präsidenten (und seiner Familie) haben überdies die moralische Autorität der Clinton-Administration rasch abbröckeln lassen.

Es ist erfrischend, jemanden im Weißen Haus zu wissen, den die Armut und Gewalt, wie sie von Großstadtjugendlichen erlebt wird, wirklich bewegt und bedrängt – statt eines Präsidenten, der über solche Sachen immer nur redet, als spräche er einzig und allein zu Weißen aus den Vororten. Aber während seiner Präsidentschaft ist Clinton bisher vorwiegend als Kompromißler hervorgetreten und kaum als Visionär. Bei einem Thema nach dem anderen haben jene VertreterInnen angestammter Gewohnheitsrechte, die Washington beherrschen, erfolgreich interveniert, um alle Verheißungen bis zur Unkenntlichkeit verkümmern zu lassen. Ein Muster wiederholt sich: Ein hochtrabendes Ziel wird gesteckt; dann wird eine Vorlage eingebracht, die noch ungefähr ein Zwanzigstel der ursprünglichen Idee enthält; und nach Zank und Streit im Kongreß und in den Medien geht ein Fünfzigstel der ursprünglichen Vision durch – um dann nochmals modifiziert zu werden. Der Berg kreißt und gebiert eine Maus. Man könnte einwenden, daß solche Kompromisse in der Politik unausweichlich sind, da sie schließlich »die Kunst des Möglichen« ist. Aber da ist unter Umständen etwas noch Tiefgreifenderes am Werk: ein Präsident, der lieber versucht, allen zu gefallen und Erfolg zu haben, als die Funktion eines politischen Führers auszufüllen, der die Stärke seiner Überzeugungen und Grundsätze kennt und entschlossen ist, zu ihnen zu stehen. J. Donne schrieb am Ende von Clintons erstem Regierungsjahr in der »Washington Post«: »Es sieht nicht mehr so aus, als würde Clinton wirklich die Dinge verändern.«[1] Am bezeichnendsten ist, daß sich jener Zynismus und jenes Mißtrauen, wie sie noch immer von vielen AmerikanerInnen gegenüber der Regierung gehegt wird, kaum gewandelt haben. Das Vertrauen der BürgerInnen in die politische Führung wiederherzustellen würde voraussetzen, daß diese Führung beharrlich eine neue Vision und Tagesordnung formulierte und umsetzte und auch bereit wäre, im Laufe dieses Prozesses ein paar politische Schlachten zu verlieren.

Zum gegenwärtigen Zeitpunkt würde das öffentliche Vertrauen auch erforderlich machen, daß die neue Vision jene alten und hoffnungslos überholten Schablonen und Lösungsansätze hinter sich ließe, die die öffentliche Auseinandersetzung nach wie vor regieren und lähmen. Clinton hat dies bisher nicht geschafft. Er wird noch immer von den sattsam bekannten Ansätzen der Demokraten bestimmt, während seine Republikanischen Opponenten keine andere Sorge zu haben scheinen, als ihn zu diskreditieren, um selbst wieder an die Macht zu kommen. Keine Seite hat die geistige Kraft und den moralischen Mut, zusammenzuarbeiten, damit neue, schöpferische Lösungen für unsere drängendsten Probleme gefunden werden. Ein verstimmtes Wählervolk wartet noch immer darauf, dies endlich zu sehen.

Angesichts des eigenen Mangels an klarer Vision ist die Regierung Clinton nach wie vor verwundbar für die Attacken von Konservativen wie dem populären Talkshow-Gastgeber Rush Limbaugh, der genüßlich auf den offenkundigen Widersprüchen der »Linken« herumzureiten pflegt. Dieser ätzende Meinungszar und seine Abziehbilder weigern sich, die moralische Verantwortung dafür zu übernehmen, daß sie Öl ins Feuer der Rassen- und Geschlechterbarrieren gießen, die Armen zu Sündenböcken stempeln und sich über einen verantwortlichen Umgang mit der Umwelt lustig machen. Aber Hetzreden sind nicht harmlos; sie führen zu haßerfüllten und mitunter gewalttätigem Verhalten. Der Republikanische Hoffnungsträger für die Präsidentschaft William Bennett läßt sich beredt über den Bedarf an öffentlicher Moral aus, während er die moralische Forde-

---

1 E. J. Donne Jr., Why Are We Talking About Haircuts? in: Washington Post, 25. 5. 1993, S. A19.

rung nach sozialer und wirtschaftlicher Gerechtigkeit praktisch ignoriert, die immerhin den Kern unserer besten philosophischen und religiösen Tradition ausmacht. Sein politischer Konkurrent Jack Kemp ist letztlich der einzige bedeutende Republikaner, der Rassismus und Armut als echte ethische Fragestellungen behandelt, wenn auch seine Neigung zu alten *trickle-down*-Lösungen[2] keine neuen Ansätze verheißt.

In der Regierung Clinton gibt es immerhin ein paar hoffnungsvolle Ansätze, zum Beispiel wenn sich der Präsident an seinen Wahlkampf und den damaligen Aufruf zu einem »neuen Bund« erinnert; wenn Hillary Clinton jenen Mut und jene Kompetenz beweist, die für ein neues weibliches Selbstbewußtsein unabhängig von der Position des Ehemannes stehen; wenn sich Al Gore mit religiösen Führern zusammentut, um neue Umweltinitiativen anzupacken; und wenn unsere Kinder erstmals eine Regierung vor Augen haben, deren Zusammensetzung die Vielfalt Amerikas widerspiegelt. Ob diese Symbole allerdings zu substantieller Gerechtigkeit für Rassen, Klassen, beide Geschlechter und die Umwelt führen werden, wird die echte Prüfung dieser Präsidentschaft sein.

Grundlegende Themen

Die PolitikerInnen der großen Parteien müssen eine neue politische Vision, die auf ein erneuertes Gespür für individuelle und soziale Moral baut, erst noch formulieren und umsetzen. Weder Demokraten noch Republikaner haben jene grundlegenden Gesellschaftskräfte beim Namen benannt, die den Schlüssel zur politischen Transformation darstellen.

Wann zum Beispiel haben wir erlebt, daß ein Politiker über den amerikanischen Materialismus als ein moralisches Problem redet, wo doch sein eigener Machteinfluß die soziale Ordnung maßgeblich gestaltet und die Grenzen politischer Veränderung festlegt? Wie viele Staatsbeamte sind bereit, über die ethischen Folgen von Egoismus, Individualismus und rastlosem Machtstreben zu reden, die das ge-

---

2 *Anm. des Übers.*: Die vor allem in der Republikanischen Partei verbreitete Vorstellung, daß es den unteren Schichten automatisch besser ginge, wenn die Wirtschaft boomt. Letzteres soll vor allem durch Steuererleichterungen für die Besserverdienenden erreicht werden. Vermehrte Investitionen würden dann neue Arbeitsplätze und Wohlstand für alle bewirken.

47

genwärtige politische Leben und unsere Sozialpolitik dominieren? Welcher Kandidat ist ehrlich genug, um über den Einfluß des Geldes im politischen Prozeß und in allen Parteien zu diskutieren – und bereit, ein persönliches Exempel finanzieller Rechtschaffenheit zu geben, indem er Zuwendungen von Interessengruppen und Lobbyisten schlichtweg ablehnt?

Wo sind die politischen FührerInnen, die die unauflösliche Wechselwirkung von persönlicher Verantwortung und sozialer Gerechtigkeit vorleben, indem sie die Politik der Interessengruppen durch eine Politik der Gemeinschaft ersetzen, geduldig die Lektionen des wirtschaftlichen Ausgleichs und des Umweltschutzes lehren, anstatt leere Verheißungen von endlosem Wachstum zu wiederholen? Die politischen FührerInnen, die uns allen helfen, die fast vergessene Ethik des Dienstes am Gemeinwohl wiederzuentdecken? Wir müssen wohl über den Tellerrand dessen hinausblicken, was sich heute Politik nennt, und Leitfiguren finden, die diese grundlegenden Themen auf den Tisch bringen.

Nachdem sich die demographische Schichtung Amerikas derart rapide verändert und sich so deutlich eine multikulturelle Zukunft abzeichnet, ist jetzt eine radikale Wiederbelebung der »Künste der Demokratie« angesagt, wie sie Frances Moore Lappé und Paul Martin DuBois beschrieben haben.[3] Eine deutliche Zunahme der politischen Beteiligung würde tiefgreifendere Veränderungen bewirken als die bloße Hoffnung auf Veränderungen bei »denen da oben«. Mehr Teilnahme seitens der BürgerInnen wäre wahrscheinlich sogar der Schlüssel zur Veränderung an der Spitze. Ein Wiederaufleben von Basispolitik könnte jene breiter angelegte und tiefergreifende moralische Perspektive fördern, die die gegenwärtige politische Krise und Konfusion erfordert. Wir brauchen nichts Geringeres als dies.

Am Kampf um die Neugestaltung der Politik müssen wir uns alle beteiligen. Politik darf nicht länger den Eliten überlassen werden, die den politischen Meinungsbildungs- und Entscheidungsprozeß monopolisieren. Unsere gewohnte politische Fügsamkeit gehört zum Kern des Problems. Wenn die Politik fast ausschließlich an der Spitze der Gesellschaft definiert wird, wird sie zwangsläufig eher von Machtinteressen als von moralischen Werten dominiert. Die Suche

---

3 Frances Moore Lappé und Paul Martin DuBois, The Quickening of America. Rebuilding our Communities, Remaking Our Lives. San Francisco 1994.

48

nach einer ethisch tiefer verwurzelten Politik ist eine zu wichtige Aufgabe, als daß sie den Mächtigen allein überlassen werden dürfte. Es ist ein Weg, den wir gemeinsam gehen müssen.

KANN POLITIK MORALISCH SEIN?

Jenseits von links und rechts

»Politik ist nicht moralisch«, schnaubte der Taxifahrer. »Wünschte, sie wär's«, fügte er seltsam wehmütig hinzu. Der rührige Kleinunternehmer hatte mich gefragt, warum ich in New York sei. Als ich ihm sagte, ich wolle mit einem Verleger reden, fragte er mich, wovon mein Buch handle. Wie fast jeder, mit dem ich rede, interessierte er sich für den Themenkomplex »Politik und Moral«. Unser politisches Leben ist ein getreues Abbild unserer moralischen Werte, so oder so. Wir alle haben erlebt, wie PolitikerInnen unsere übelsten Antriebe wie Egoismus, Habsucht, Kleinkrämerei, Feigheit und Machtlust widerspiegeln können. Und wir sehnen uns nach einer Politik, die unsere besten Werte wie Mitgefühl, Gemeinschaft, Vielfalt, Hoffnung und Dienstbereitschaft widerspiegelt. Die Verbindung zwischen der Politik und unseren besten Werten wiederherzustellen, ist gegenwärtig die wichtigste Aufgabe im politischen Bereich. Die alte politische Moralität hat uns gelähmt. Unsere Zeit schreit geradezu nach einer neuen politischen Moralität, die überraschende Möglichkeiten erschließen könnte.

Wenn wir aber für eine Politik des erneuerten moralischen Gewissens wachwerden, wird uns das bis in die Grundfesten erschüttern. Die Alternative zur passiven Politik des Status quo ist eine prophetische Politik der persönlichen und sozialen Wandlung. Die Bewegung von der einen Art hin zur anderen wird unser Verständnis von Politik insgesamt verändern.

ERSCHÜTTERUNG DER FUNDAMENTE

Um fünf Uhr morgens begann mein Bett zu wackeln. Plötzlich fing das ganze Zimmer an zu rutschen und sich zu bewegen wie ein Schiff in einem großen Sturm. Verschlafen rieb ich mir die Augen und erinnerte mich, daß ich in Los Angeles bin. Ich brauchte nicht lange, um herauszufinden, daß ich gerade mein erstes Erdbeben erlebte. Das Zittern war geringfügig, verglichen mit dem großen Beben, das die ohnehin heimgesuchte Stadt im Januar 1994 treffen sollte, aber es schien mir ein Symbol zu sein für jenen Donner, der aus bedrohlichen Gewitterwolken über unseren Metropolen grollt.

Solch erschrecktes Erwachen schien mir ganz passend in der »Stadt der Engel«, wo erst Wochen zuvor die Ereignisse sich überstürzt und das ganze Land erschüttert hatten. Der Ausbruch der Gewalt brachte nicht nur L.A. ins Wanken, sondern einige andere Städte dazu. Eine kleine Delegation nationaler und internationaler Kirchenleute war im Gefolge des Aufstands nach Los Angeles gekommen. Der Aufstand war von den Urteilen im ersten Gerichtsverfahren um die Brutalität gegen Rodney King ausgelöst worden.[1] Jetzt waren wir da, um zuzuhören und, wie wir hofften, aufgrund des Gehörten zu handeln.

Am Tag nach dem Erdbeben bekamen wir ein weiteres erschütterndes Gleichnis frei Haus geliefert, als ein ehemaliges Bandenmitglied, jetzt politischer Organisator der Straße, die Stadt als Vulkan beschrieb, der soeben ausgebrochen sei. »Der Versuch, L.A. abzukühlen«, sagte er, »ist, als ob man probiert, auf heißflüssige Lava zu pusten; du wirst dir dabei bloß die Schnauze verbrennen.« Wir wollten die jungen Bandenmitglieder treffen, die eine so entscheidende Rolle im Leben von L.A. und seiner Großstadtkrise spielten. Er organisierte eine Begegnung.

Wir kamen in einem verfallenen Schulgebäude zusammen, das von Jordan Downs, Nickerson Gardens und Imperial Courts, drei riesigen Wohnblocks in Watts, umgeben war. Hier hatten die berühmt-

---

1 Rodney King, ein schwarzer Bewohner von Los Angeles, war aus geringfügigem Anlaß von mehreren weißen Polizisten getreten und fast totgeprügelt worden. Im ersten Prozeß gegen die Polizisten hatte es einen Freispruch gegeben, obwohl Videomaterial die brutale Polizeigewalt eindeutig belegte. Nach diesem Freispruch kam es im Herbst 1993 in den Ghettos von L.A. zum Aufstand, der zahlreiche Todesopfer forderte und einen riesigen Sachschaden hinterließ.

berüchtigten Straßenbanden, die »Crips« und die »Bloods«, einst das Licht der Welt erblickt. Mehr als ein Dutzend junger Männer zwischen dreizehn und achtzehn saßen mit uns in einem großen Kreis. Gekleidet in ihren charakteristischen Bandenfarben blickten die Jugendlichen mit einer Mischung aus Mißtrauen und vorsichtiger Hoffnung in unsere Richtung. Als ich ihnen ins Gesicht sah, schlug bei mir blitzartig die Erkenntnis ein, daß ja dies die Kids waren, vor denen ganz Amerika zitterte. Sicherlich haben Jugendliche wie diese (und ihre »Kollegen« in Stadtteilen wie dem meinen in Washington) bewiesen, daß sie zu entsetzlichen Gewalttaten fähig sind. Aber wie sie an diesem Tag dasaßen, sahen sie auch sehr jung und merkwürdig verwundbar aus.

Mitglieder der beiden rivalisierenden Banden, der »Crips« und der »Bloods«, bezeugten, daß der Aufstand (oder wie sie alle es nannten: die »zivile Störung von L.A.«) nicht das wichtigste Ereignis sei. Das bemerkenswertere Ereignis habe, so sagten sie, kurz vorher stattgefunden, als nämlich die Banden aufgehört hatten, einander zu bekriegen. Ihr Waffenstillstand war bereits vor dem Aufstand in Kraft getreten, der dem empörenden Spruch der Geschworenen gefolgt war. »Es ist mehr als ein Burgfrieden«, sagte ein junges Bandenmitglied. »Es ist wirklich ein Zusammenkommen.« Einer nach dem anderen beschrieben diese jungen Männer die Waffenruhe als eines der wichtigsten historischen Ereignisse für afroamerikanische Männer. Es dauerte einen Augenblick, bis einer hinzufügte: ». . . als wir junge Schwarze endlich angefangen haben, unsern Kopf und unser Herz zusammenzubringen.«

Die tiefe Entfremdung, die entsteht, wenn man in den abgeschriebenen Innenstädten Amerikas jung, schwarz und männlich ist, durchzog unser Gespräch wie ein roter Faden. »Kannst doch keinem trauen, der dich dauernd zur Sau macht«, sagte einer der Teenager, und die anderen nickten zustimmend. Geschichten von ständigen Übergriffen der Polizei, sogar noch nach der Waffenruhe, würzten das Gespräch. Die Verbindung zur Sklaverei war im Bewußtsein dieser jungen Männer sehr lebendig: »Wir woll'n keine Sklaven mehr sein«, hatten sie beschlossen. Obwohl die Sklaverei in den Vereinigten Staaten offiziell bereits vor 130 Jahren abgeschafft wurde, ist sie noch immer eine tief empfundene Metapher für die Erfahrung dieser heutigen Jugendlichen.

Viele sagten, die Banden seien die einzigen, die in ihrer Gegend überhaupt irgend etwas machten.»Alle deine Freunde sind in Banden und du auch ... Was and'res kann man hier nich' machen ... Wir haben keine positiven Vorbilder ... Wir haben keine Klempner, Lehrer oder auch bloß Schuhputzer in der Familie ... Banden sind wie Familien.« Das Gefühl, betrogen zu sein, saß tief. »Das System hat gesagt, wenn wir die Schule machen, nich' rumballern, groß werden, 'nen Job finden, kriegen wir auch 'n Stück vom Kuchen. Is' nich' passiert.« Sie behaupteten: »Jeder will's legal schaffen; keiner will Drogen schieben. Weiße Männer verkaufen uns den Stoff. Wir haben keine Schiffe und Flieger, um das Zeug von Übersee zu holen.« Haargenau beschrieben diese jungen Leute das Leben in ihrem Umfeld und sagten: »Wir müssen den Leuten was zu tun geben – was Positives; wir brauchen einfach 'n paar Jobs.«

Erwachen

Jahrelang schon tun diese Jungen und Tausende ihresgleichen nichts als »klau'n und kill'n, weil's das einzige is', was wir kennen. Aber jetzt«, sagten sie, »sind wir aufgewacht.« Als ich fragte, was sie geweckt habe, meinten sie, es hätte einfach keinen Sinn mehr gemacht, sich gegenseitig umzulegen. Ein Junge meinte: »Wir woll'n nich', daß wir immer nur der Arsch sind.«

Warum also? »Ich weiß nich', Mann! Wir sind einfach aufgewacht!« sagte ein nachdenklich wirkender Achtzehnjähriger mit einer umgedrehten Baseballmütze auf dem Kopf. Nachdem ich später dieselbe Antwort auch in anderen Städten von Bandenmitgliedern, die Waffenstillstand geschlossen hatten, gehört hatte, begann mir der Sinn der Worte dieses jungen Mannes zu dämmern. Ich erinnerte mich, daß »Erwachen« eine spirituelle Metapher für Bekehrung ist.

Da waren junge Leute, die die Ursachen für die Probleme ihrer Gemeinschaft begriffen und sich entschlossen hatten, etwas dagegen zu unternehmen. Da waren schwarze männliche Teenager, die darüber redeten, welche Welt sie für sich und ihre Kinder und Enkel schaffen wollten. Ich hatte ähnliche Worte bereits früher von Jugendlichen in Lateinamerika und in Südafrika gehört, aber seit Jahren nicht von den wütenden und an den Rand gedrängten Jugendlichen amerikanischer Innenstädte. Ich begann mich mit leiser Hoffnung zu fragen, ob dies womöglich der Anfang eines neuen politisch-sozialen Bewußtseins unter den am meisten gefährdeten Großstadtjugendlichen ist. Die große Zahl der Bandenmitglieder und ihr Einfluß könnte sie zu einem markanten Faktor für Städte wie Los Angeles und im ganzen Land machen.

Am wichtigsten war, daß die Problemsicht dieser Banden-Jungen tiefer reichte und mehr war als nur eine Reaktion auf ungerechte soziale Verhältnisse. Sie fingen gleichzeitig an, über die persönlichen und spirituellen Wurzeln ihrer Lage zu reden. Obwohl sie sich alle von der religiösen Gemeinschaft im Stich gelassen fühlten, redeten die jungen Bandenmitglieder von ihrem Bedürfnis, daß sich diese Gemeinschaft um sie kümmern möge. »Wir brauchen spirituelle *Power*«, sagten sie immer wieder. »Wir können das nich' selber machen.« Sie sprachen von dem Bedürfnis, »sich selber zu finden«. In einem dramatischen Augenblick platzte es aus einem der Halbwüchsigen heraus: »Wir haben 'n paar Angewohnheiten, die bloß Gott kurieren kann!« Jeder, der sein Bekenntnis hörte, begriff, daß er nicht nur über sich redete. Er hatte auch unsere Lage auf den Punkt gebracht – die Krise, in der sich unsere ganze Gesellschaft befindet. Sie flehten uns geradezu an und sagten: »Wir haben so lange versucht, Gott zu finden.« Als einer der Pfarrer in unserer Gruppe fragte, was die Kirchen tun könnten, um ihnen zu helfen, antwortete ein Bandenmitglied: »Helft uns, 'nen Draht zu Gott zu kriegen. Wir woll'n, daß uns uns're Kirchen zu Gott führ'n!«

Solche Worte können schockierend sein, selbst für religiöse Führer, die nach Lösungen für soziale Probleme suchen. Der Ruf nach der Verbindung zwischen sozialer Gerechtigkeit und spiritueller Erneuerung ertönt heute *von den Straßen*. Eine neue Politik braucht eine alte Spiritualität – diese Jugendlichen zogen eine bemerkenswerte Verbindungslinie zwischen persönlicher und politischer Transformation. Ich verspürte in mir den Wunsch, mehr PolitikerInnen und religiöse FührerInnen mit solch einer Einsicht zu kennen.

»Baut L.A. nich' wieder so auf, wie's war«, sagten sie uns. »Macht, daß die Leute wieder Hoffnung haben, und die Leute werden L.A. selber aufbau'n!« Da war das Schlüsselwort – *Hoffnung!* Irgendwie war hier Hoffnung an einer Stelle entstanden, wo dies viele für unmöglich gehalten hätten. Diese Hoffnung kam von keiner Institution von draußen (einschließlich religiöser Institutionen und politischer Parteien), sondern von irgendwo im Inneren der Bandenmitglieder und ihrer eigenen Wirklichkeit. Das war genug, um selbst den abgebrühtesten Zyniker an die Unvorhersagbarkeit der Geschichte glauben zu lassen. Gegen Ende unserer Unterredung sagte das ehemalige Bandenmitglied, das das Treffen organisiert hatte:»Hoffnung is' der Beweis für Sachen, die man nich' sieht.«[2] Ich nehme an, er hatte eine Oma, die ihn früher in die Kirche mitgenommen hat.

Im weiteren Verlauf der Woche konnte ich noch mit anderen Bandenmitgliedern sprechen und bekam auch die Abschrift eines Dokuments zugesteckt, das ihre Vorschläge für den Wiederaufbau von Los Angeles enthielt und den Titel trug:»Der Vorschlag der ›Bloods‹ und ›Crips‹ für die Renovierung von L.A.«[3] Die Empfehlungen waren durchdacht und weitreichend und behandelten Punkte wie Bildung, wirtschaftliche Entwicklung, medizinische Versorgung, Polizeigewalt, Wohnverhältnisse, Wohlfahrtsreform, Freizeit und vieles mehr. Neben dem Aufruf zu öffentlichem Handeln sprachen die Vorschläge auch davon, was die Banden selbst unternehmen wollten. Das Papier enthielt die mit Abstand besten Vorschläge, die ich aus Los Angeles zu Gesicht bekommen habe – und war jenen Ideen weit voraus, die von der offiziellen Kommission zum Wiederaufbau der Stadt, vom Weißen Haus oder vom Kongreß ausgingen.

Verantwortung übernehmen

In den folgenden Monaten vernetzten sich die Bandenführer mit ihren Kollegen in Großstädten des ganzen Landes, um einen nationalen Bandengipfel zu organisieren. Man plante, eine nationale Waffenruhe zwischen den Banden zu erreichen und die Energien von Hunderttausenden jungen Männern und Frauen auf persönliche Veränderung, wirtschaftliche Entwicklung und den Wiederaufbau ihrer Gemeinwesen umzulenken. Einige von uns wurden gebeten, als BeraterInnen und BeobachterInnen dabeizusein und dieses anspruchsvolle Projekt zu unterstützen.

Unter anderem gelang es dem»Nationalen Großstadtgipfel für Frieden und Gerechtigkeit«, der im Frühjahr 1993 in Kansas City abgehalten wurde, alte politische Vorurteile und ideologische Gegensätze aufzubrechen. Intensive Gesprächsrunden konzentrierten sich

---

2 Vgl. Hebräerbrief 11, 1:»Der Glaube ist eine feste Zuversicht auf das, was man hofft, und ein Nichtzweifeln an dem, was man nicht sieht« (Luther).
3 Das Dokument ist nie formell publiziert worden. Es wurde von den Gruppen hergestellt, gedruckt und kursierte nach ihrem Gutdünken.

auf wirtschaftliche Entwicklung und moralische Verantwortung, auf die Stärkung der Kommunen und auf die Unterstützung der Familien. Man erörterte Veränderungen der öffentlichen Politik und betonte, wie wichtig das persönliche Verhalten einzelner sei. Man erinnerte die Regierung an die ihr zukommende Rolle und bezog Kirchen, andere Freiwilligen-Organisationen und die Geschäftswelt ein.

Ich konnte nicht ausmachen, ob die Initiative des Bandengipfels als links oder rechts zu bezeichnen war; das war letztlich egal. In Wahrheit lassen solch schöpferische Aktionen wie der Bandengipfel, die heute am besten in der Lage sind, etwas zu bewegen, die alten Schubladen von progressiv und konservativ weit hinter sich. Ich höre noch, wie die jungen Männer und Frauen (die Frauen spielen in den Banden eine bedeutende Rolle, auch wenn sich die Medienberichterstattung auf die jungen Männer konzentriert) die Frage stellen, ob Politik moralisch sein kann. Sie glauben nicht, daß sie es zur Zeit ist. Aber sie wissen auch, daß die Veränderungen, die nötig sind, damit sie es wird, auch die eigene Veränderung einschließt.

ALTE INSTITUTIONEN UND OPTIONEN

Das Vertrauen der Nation auf ihre politischen Institutionen, PolitikerInnen und Parteien hat einen geschichtlichen Tiefstand erreicht. Die öffentliche Abneigung gegenüber den Medien ist sogar noch ausgeprägter. Und zu einem Zeitpunkt, wo die spirituelle Dimension der Krise immer offenkundiger wird, entwickeln auch die großen religiösen Institutionen wenig Zuversicht oder Eifer.

Links und rechts

Die herrschenden politischen Ideologien von progressiv und konservativ, links und rechts scheinen gleichermaßen unfähig zu sein, die gegenwärtige Krise klar zu benennen oder uns in die Zukunft zu führen. Die Politik ist fast völlig handlungsunfähig. Wir sehnen uns nach etwas, das wahrhaftiger, einsichtsvoller, barmherziger, weiser, demütiger und menschlicher wäre.

Konservative tendieren dazu, nur an bestimmten Aspekten unserer

Gesellschaftskrise herumzudoktern, während sich die Progressiven auf die übrigen Dimensionen konzentrieren. Keine der beiden Seiten ist bei ihrer Diagnose unvoreingenommen, denn beide verfolgen angestammte Interessen und suchen nur in deren Rahmen nach Lösungen. Konservative reden ununterbrochen über persönliche Moral und Verantwortung, während Progressive nur die Sprache der Menschenrechte und des sozialen Engagements zu kennen scheinen. Was hat zu einer Auseinanderdividierung und Polarisierung dieser Maßstäbe geführt, die doch gemeinsam zum Kern unserer großen moralischen und religiösen Traditionen gehören?

Der Sozialkritiker Cornel West weist darauf hin, daß die »linken Strukturalisten« und die »rechten Moralisten« gleichermaßen recht haben – und gleichermaßen im Irrtum sind.[4] Wenn man nur von Moral redet und dabei von den sozialen Faktoren der Unterdrückung absieht, macht man einmal mehr das Opfer zum Sündenbock; redet man jedoch nur über soziale Bedingungen, ohne persönliche ethische Verantwortung ins Spiel zu bringen, behandelt man Menschen weiterhin so, als seien sie ausschließlich Opfer. Nur eine Sozialanalyse und -praxis, die beide Ansätze hinter sich läßt und ganz neue Optionen schmiedet, hat eine Chance, in einem immer brüchigeren und gefährdeteren gesellschaftlichen Rahmen etwas zu bewegen. Der Kulturkrieg, der zwischen den AnwältInnen des sozialen Ausgleichs und den PredigerInnen der moralischen Erneuerung tobt, muß aufhören – und zwar nicht nur, damit endlich Waffenruhe zwischen zänkischen Intellektuellen einkehrt, sondern vor allem um unserer gefährdeten Kinder willen, die das Faustpfand und Hauptopfer dieses absurden Scheingegensatzes sind.

In jedem guten Gemeindezentrum beispielsweise, wo man sich mit den Problemen Heranwachsender befaßt, werden die JugendleiterInnen den Hauptteil ihrer Zeit damit zubringen, mit den Jugendlichen darüber zu reden, wie sie ihr Leben auf die Reihe kriegen und wo sie geistig-moralischen Rückhalt finden, um verantwortete Entscheidungen treffen und die eigene Zukunft in die Hand nehmen zu können. Selbstachtung und die Achtung vor anderen, kulturelle Identität, Gemeinschaftsgeist und soziale Verantwortung – sie sind das zentrale Anliegen der JugendleiterInnen, solange sie mit den Jugendlichen reden. Aber wenn dieselben Verantwortlichen öffentlich

---

4 Cornel West, Race Matters. Boston 1993, S. 19 f.

befragt werden, werden sie die ökonomische, rassische und soziale Unterdrückung als Ursache aller Probleme angeben, vor denen ihre Jugendlichen stehen.

Weshalb müssen wir ständig entscheiden, ob wir Verantwortung betonen oder Unterdrückung? Muß das ein Gegensatz sein? Warum reden die Konservativen nur davon, daß individuelle und familiäre Normen Voraussetzung sind, während die VertreterInnen mehr progressiver Organisationen nur die sozialen Ursachen benennen – wo doch alle, die wirklich auf der Straße leben und arbeiten, wissen, daß beides einander bedingt und zusammenwirkt? Es ist an der Zeit, miteinander zu reden anstatt einander anzupredigen. Oder genauer: Es ist an der Zeit, die ideologischen Schlachten im politischen Prozeß zu beenden, die oftmals vom Konkurrenzkampf um die Macht und um knappe Mittel motiviert sind. Wir brauchen jetzt jene spezielle Gesamtsicht, von der die Propheten immer wieder geredet haben – Gerechtigkeit *und* Recht. Weshalb rufen wir nicht um unserer Kinder willen endlich den ideologischen Waffenstillstand aus?

Gebundene Mächte

Die Unfähigkeit der Linken wie der Rechten, uns vorwärts zu bringen, wird immer deutlicher. Beide sind Gefangene ökonomischer und politischer Kräfte und haben ihre besten Ur-Impulse vergessen.

Der beste Impuls der Linken ist die Zuwendung zu den Entrechteten und das Insistieren darauf, daß eine Gesellschaft für alle ihre Mitglieder Verantwortung trägt. Aber die Linken sind gefangen vom Bild großer bürgerferner Institutionen und Bürokratien, denen es mehr um Sozialmanagement geht als um wirkliche Zuwendung zu den Armen. Das Ergebnis ist eher noch mehr Abhängigkeit der Schwachen als ihre Ermächtigung.

Der beste Impuls der Konservativen ist ihre Position, daß Eigeninitiative und ethische Verantwortung nötig sind. Aber durch die Verfilzung mit den Institutionen des Reichtums und der Macht, durch einen Hang zur Bewahrung des Status quo und durch das Fehlen einer stringenten Sozialethik läßt der Konservativismus die Armen und Besitzlosen letztlich im Stich.

Weder die linke Lösung (zu kontrollieren) noch die rechte (den einzelnen sich selbst zu überlassen) bietet denen, die das Nachsehen haben, viel Hoffnung. Meistens reden die Linken von Gerechtigkeit und die Konservativen von Freiheit. Aber ein echtes Erwachen von Gerechtigkeits- oder Freiheitssinn unter den Habenichtsen unserer Gesellschaft bedroht linke wie rechte PolitikerInnen, die ihre Macht und ihr finanzielles Auskommen etablierten Strukturen verdanken. Die persönliche und soziale Transformation, die wir jetzt brauchen, wird für IdeologInnen beider vorherrschenden politischen Kräfte bedrohlich sein. Echte Selbstbestimmung jener, die bisher machtlos waren, ist für die, die am Hebel sitzen, immer eine Gefahr. Es ist *eine* Sache, der Demokratie laute Hymnen zu singen, insbesondere wenn es um andere Länder geht – und eine *andere*, das Gedeihen wahrer Demokratie im eigenen Lande zu fördern.

ERSCHÜTTERUNG ALTER RAHMENBEDINGUNGEN

Die politische Welt wurde gleichsam von einem Erdbeben erschüttert. Das betrifft die USA ebenso wie die internationale Szene. Durch das Ende des Kalten Krieges sind viele vormalige Selbstverständlichkeiten wie Seifenblasen zerplatzt. Die politischen Rahmenbedingungen stimmen plötzlich nicht mehr, und neue müssen erst noch entstehen. Viele wissen nicht, wo sie nach politischer Neuorientierung suchen sollen; wir befinden uns in einer Zeit der Ungewißheit – und neuer Möglichkeiten. Es gibt Phasen in der geschichtlichen Entwicklung, in denen die soziale Krise die Gesellschaft völlig aufzulösen droht. Aber solche Zeiten erweisen sich oft auch als Ära des Übergangs, der Einladung, der Chance. Das neutestamentliche Wort für solch eine Zeit ist *kairos*. Es bezeichnet eine Zeit, die mit neuen Möglichkeiten schwanger geht. Unter Umständen befinden wir uns in einem solchen Moment.

An derartigen geschichtlichen Scheidewegen erweisen sich ideologische Analysen und Lösungen als unzureichend. Alte politische Leitbilder sind zunehmend unbrauchbar. Der *kairos* ruft statt dessen nach einer tieferen Analyse und nach kühneren Taten. Wir sehen eine Krise, wir spüren eine Hoffnung, uns trifft ein Wort, und wir hören einen Ruf.

Wir sind hier und jetzt zur Veränderung des Herzens aufgerufen. Die Krise unserer Zeit schreit nach unserer Umkehr. Unsere Strukturen, Werte, Gewohnheiten und Grundannahmen bedürfen einer grundlegenden Revision. Weder jene Art von Politik noch die Art von Frömmigkeit, die wir kennen, wird solch eine Veränderung bewirken. Es ist vielmehr eine neue Spiritualität vonnöten, die zwar in alten Traditionen wurzelt, sie aber radikal auf die gegenwärtigen Umstände anwendet.

Atemberaubende Veränderungen

Die historischen Veränderungen, deren ZeugInnen wir erst vor kurzer Zeit geworden sind, sind atemberaubend. Es ist, als sei eine riesige Staumauer im Fluß der Geschichte endlich geöffnet worden. Folgenschwere Ereignisse haben die Klammern der Ost-West-Konflikte zerschlagen, die die Welt seit dem Ende des Zweiten Weltkriegs umkrallt hielten. Der Kalte Krieg hat uns nicht nur gezwungen, ständig am Rande eines Atomkriegs zu leben, er diente auch dazu, die Unterdrückungsdynamik zwischen den reichen Nationen des Nordens und den armen Ländern des Südens zu kaschieren. Fast ein halbes Jahrhundert lang kontrollierten zwei Supermächte das globale Spielfeld, während andere Nationen entweder am Spielfeldrand saßen oder zermalmt wurden. Es schien lange so, als ob US-Amerikaner und Sowjets die Weltgeschichte unter Kontrolle hätten und sogar die Macht besäßen, sie durch eine alles vernichtende atomare Kollision zweier Giganten zu Ende zu bringen.

Die Intensität des ideologischen Konflikts verstellte den Blick für viele andere Probleme. Seit der alten Ost-West-Kampf beendet ist, geraten bisher verdeckte Fragen ins Blickfeld. Die Wohlstandsschere, die Umweltzerstörung, die Verwundbarkeit von Kindern und die Gewalt, die durch Konflikte aufgrund von Rasse, Geschlecht oder ethnischer Zugehörigkeit erzeugt wird, sind jetzt peinlich sichtbar. Neue Hoffnungen auf Demokratie brechen gerade zu der Zeit auf, in der der Zynismus im Blick auf die politischen Einrichtungen und ihre Führung einen Höhepunkt erreicht hat.

Neue Optionen

Ich erinnere mich, wie ich im Sommer 1983 an der Berliner Mauer stand. Nach einer Vortragstour durch Westdeutschland fuhr ich zu einem Kurzbesuch nach Ostberlin. Die Begegnung war von kirchlichen Gruppen auf beiden Seiten arrangiert worden, die dabei an die äußersten Grenzen dessen gegangen waren, was damals möglich war. Für mich als US-Amerikaner, der auf dem Höhepunkt des Kalten Krieges großgeworden war, löste der leibhaftige Anblick der berüchtigten Mauer eine Woge von Gefühlen aus.

Eine Atmosphäre der Bosheit beherrschte den Ort. Ich stand da und sah mir den verwickelten Stacheldraht an und die bewaffneten Mauerschützen, und ich dachte darüber nach, wie diese Mauer der Spaltung und Unterdrückung die ganze Welt umspannt und durch unser aller Herzen und Köpfe geht. Es war eine Mauer gegen die Chance zwischenmenschlicher Versöhnung und politischer Veränderung. Sie symbolisierte zugleich die falschen Alternativen, zwischen denen die Welt zu wählen gezwungen war. Auf der einen Seite herrschte eine Philosophie, die wir in den USA naserümpfend als »gottlosen Materialismus« bezeichneten; auf der anderen regierte ungehindert der Gott des Konsums. Alle AmerikanerInnen der Nachkriegsära, die der Mittelschicht angehörten, wußten das nur allzugut.

Aber auf jener Deutschlandreise fand ich auch Zeichen der Veränderung auf beiden Seiten. In Westberlin traf ich das alte Pastorenehepaar Kanitz[5], das noch von Dietrich Bonhoeffer getraut worden war, jenem mutigen jungen Theologen, der wegen seines Widerstands gegen Hitler hingerichtet wurde. Die Augen der beiden strahlten noch immer, als sie mir Geschichten aus der Bekennenden Kirche erzählten, einer Bewegung, die versucht hatte, echten Glauben gegenüber der Staatsreligion des Dritten Reichs zur Geltung zu bringen.

Ich besuchte auch die kleine Kirche in Barmen, in der 1934 die führenden Gestalten der Bekennenden Kirche zusammengekommen waren, um ein theologisches Bekenntnis gegen die Übergriffe des Nazitums abzulegen (die »Barmer Theologische Erklärung«). Am meisten ermutigten mich jene jungen westdeutschen TheologInnen, die anfingen, von einer »neuen Bekenntnisbewegung« zu reden – als Antwort auf die Götzendienerei der Weltwirtschaft, die die Armen in einen neuen Holocaust des Hungers und des Todes stürzt.

In Ostberlin begegnete ich ebenfalls jungen TheologInnen, die angefangen hatten, ihr repressives Regime geistlich und politisch in

---

5 Zur Lebensgeschichte des Ehepaars vgl. Inge und Joachim Kanitz, Bekenntnis und Widerstand, in: A. Ebert und P. Brockman (Hg.), Himmel und Erde verbinden. Ein Lesebuch für Richard Rohr. München 1993, S. 136 ff.

Frage zu stellen, und deren Kirchen kurze Zeit später Sammelbecken der Unzufriedenen und Zentren des Dialogs unter jenen Ostdeutschen werden sollten, die eine andere Zukunft für ihr Land wollten.

Nach einer komplizierten Prozedur, bei der wir mehrmals U-Bahnen und Fahrtrichtung wechselten, um etwaige VerfolgerInnen in die Irre zu führen, trafen wir auf kleine christliche Gemeinschaften, die wagemutig außerhalb offizieller Strukturen operierten und bereit waren, den Preis der Freiheit zu bezahlen.

Wie einige der sowjetischen DissidentInnen, die ich Jahre später in Moskau kennenlernte, schienen diese deutschen VisionärInnen aus Ost und West entschlossen, zu einer Zukunft beizutragen, die sich von dem unterschied, was auf beiden Seiten der Mauer existent war. Anstatt sich einfach vom Westen schlucken zu lassen, suchten die Ostdeutschen, wie sie sagten, nach einem dritten Weg.

Jahrzehntelang haben uns die alten Optionen in internationale Polarisierungen von rechts und links und in die innenpolitische Zwickmühle zwischen progressiv und konservativ gezwängt. Ideologien schufen die Großsysteme des Kapitalismus und des Kommunismus. Letzterer entstand als Reaktion auf den Mißbrauch und die Ungerechtigkeit des ersten. Der Kommunismus brach schließlich unter der Last der eigenen Scheinheiligkeit, Repressivität und Unfähigkeit zusammen. Die Augustrevolution von 1991 brachte die Oktoberrevolution von 1917 unwiderruflich zum Erliegen und schuf Platz für bessere Alternativen in einer Welt, die im ideologischen Eis des Kalten Krieges erstarrt war und unter der moralischen Verlegenheit litt, nur zwei Optionen zu haben.

Jenseits von Ost und West

Der Fall des Kommunismus ermöglicht tatsächlich eine neue Öffnung für gesellschaftliche Transformation. Es handelt sich um eine einmalige Gelegenheit in unserer Lebenszeit. Aber sie hängt von unserer Fähigkeit ab, ein neues Leitbild von Politik zu fassen zu kriegen, das auf ethischen Werten und einer moralischen Vision basiert. Wir könnten endlich jene politischen Zwangsjacken abstreifen, die die politische Auseinandersetzung so lange eingeengt haben; wir könnten die alten Polarisierungen von links und rechts, progressiv und konservativ, die unsere Köpfe regiert und unsere Herzen betäubt haben, über Bord werfen.

Der Kommunismus ist vor allem aufgrund des eigenen Versagens zusammengebrochen und weniger wegen des vielbeschrieenen Sieges des Westens (obwohl der teure Konkurrenzkampf eines endlosen Wettrüstens dazu beigetragen hat, die Sowjets in den Bankrott zu treiben – eine bewußte Taktik der USA). Das Versagen des marxistischen Kommunismus war im Prinzip ethisch, ja sogar theologisch begründet. Der Kommunismus hat die Veränderungsfähigkeit der Menschheit durch planmäßige Gesellschaftssteuerung maßlos überschätzt, während er die Korrumpierbarkeit selbsternannter Eliten, die die utopische Aufgabe erledigen wollten, verhängnisvoll unterschätzt hat. Der Kommunismus unterminierte sich auf fatale Weise selbst, indem er nicht zur Kenntnis nahm, daß das Böse nicht nur in Strukturen haust, sondern auch im menschlichen Herzen. Die Ideologie verdrängte die Ethik, was zu der entsetzlichen Bereitschaft führte, unzählige Menschenleben auf dem Altar ideologischer Zwänge zu opfern. Die Ineffizienz des Systems setzte seinem moralischen Versagen nur die Krone auf.

Die revolutionären Versprechungen von 1917 wurden nie eingelöst. Eine kontrollierte Gesellschaft, die das Arbeiterparadies vorbereiten sollte, ließ das Stadium der Kontrolle nie hinter sich, und Kontrolle wurde zum einzigen politischen Ziel in einem statischen System, das menschliche Kreativität verbot. Der ideologische Traum wurde in aller Stille von einer lähmenden und mörderischen Bürokratie ersetzt – und von einer passiv grollenden Bevölkerung. Stagnation, Rückwärtsgewandtheit und der Verlust von Energie und Hoffnung erzwangen schließlich Perestroika und Glasnost. Die Parteilinie war nicht mehr zu halten. Niemand glaubte mehr daran, und schließlich holte die Geschichte sie ein. Als das Haus aufgrund innerer Verrottung einstürzte, geschah dies schneller, als irgend jemand vorherzusagen gewagt hätte. Interessanterweise sah niemand im Westen den Zusammenbruch voraus – nicht einmal der notorisch wachsame CIA und unsere grimmigsten Antikommunisten.

Inzwischen hat der Weltkapitalismus eine immer stärker gegliederte Weltwirtschaft hervorgebracht, die von immer weniger transnationalen Konzernen kontrolliert wird. Diese üben mehr Macht aus als die meisten Regierungen. Heute sind aus ehemaligen MitarbeiterInnen von Kleinunternehmen und Familiengehöften in der Regel Angestellte riesiger Firmenkonglomerate geworden. Die Folgen, die diese dramatische Entwicklung für die wirtschaftliche und politische

Freiheit hat, müssen erst noch ernsthaft ins Auge gefaßt werden – von progressiven wie von konservativen AnwältInnen des freien Unternehmertums. Von der Qualität unserer Nahrung bis zur Qualität unserer Bücher, von der Qualität unserer Kultur bis zur Qualität unserer Umwelt, von der Qualität unserer Arbeit bis zur Qualität unseres Lebens – die Konsequenzen sind enorm.

Jahrelang haben die Kalten Krieger der USA ihre brutalen militärischen Abenteuer und ihre Doppelmoral mit Verweis auf die Unterdrückungsstrukturen des Kommunismus gerechtfertigt. Das gegenwärtige Ausmaß an öffentlichem Zynismus im Westen im Blick auf Regierungsbürokratien, Großinstitutionen und Medieneliten ist ein kritisches Warnzeichen. Die Rede vom »moralischen Sieg«, den Monopolkapitalismus und aggressiver Konsumismus über den Kommunismus errungen haben wollen, klingt inzwischen aus moralischer Perspektive betrachtet eher hohl.

Eine Menge Idealismus wurde an die marxistische Ideologie verschleudert; Generationen von edel motivierten KapitalismuskritikerInnen investierten ihr bißchen Hoffnung in einen revolutionären Großversuch nach dem anderen – nur um am Ende die Betrogenen zu sein. Die einzige systematische Herausforderung des Westens brach schließlich in sich zusammen – nachdem ihre besten Ansätze schon viel früher gestorben waren. Die Welt aber hatte danach noch immer keine echte Alternative zu den vielen Sünden einer globalen Konzernökonomie.

Anstatt sich selbst angesichts des Zusammenbruchs im Osten mit vereinfachenden und selbstgefälligen Glückwünschen zu überhäufen, wie es viele westliche PolitikerInnen getan haben, könnten wir wesentlich grundsätzlicher auf diesen historischen Augenblick reagieren, indem auch wir uns einer ernsthaften Selbstprüfung unterziehen. Der sogenannte Freie Markt lebt nach wie vor von einer unanständig ungerechten Verteilung der irdischen Rohstoffe, von der ungebremsten Zerstörung der Umwelt und von der Preisgabe riesiger Teile der Menschheit ans Elend und an eine sich still und heimlich vollziehende Ausrottung.

Das Fehlen einer System-Alternative beseitigt nicht das evidente Versagen des Kapitalismus, die Probleme von Ungerechtigkeit und Ungleichheit zu lösen. Können diese jemals im Rahmen eines Systems gelöst werden, das ausschließlich auf Profit gründet? Wir begreifen, daß ebenso, wie der Kommunismus die Ethik aus ideologischen

Zwängen verletzt hat, der Kapitalismus die Ethik verletzt, indem seine Orientierung am Profit jede andere humane oder ökologische Erwägung außer Kraft setzt.

Die Staatsreligion des Kommunismus ist bisher nur von der westlichen Religion des Materialismus ersetzt worden – einem Götzen, der große Anziehung auf diejenigen ausübt, die erst vor kurzem aus dem Götzendienst eines Staatstotalitarismus entlassen worden sind. Aber die glitzernden Verheißungen des guten Lebens im westlichen Konsum schwinden in vielen ex-kommunistischen Ländern zusehens dahin, weil die Menschen erstmals die harten Realitäten der Marktwirtschaft erleben. Viele trauern jetzt jenen sogenannten »ökonomischen Privilegien« nach, die ihnen unter repressiven Diktaturen zugestanden wurden, und gefährliche neue nationalistische und rassistische Bewegungen treiben seltsame Blüten.

Die aufregendste Entwicklung, die dem Zusammenbruch des Kommunismus folgte, war die wachsende Übereinstimmung zwischen Abweichlern auf beiden Seiten der alten Demarkationslinie. Neue politische Führer in Europa wie Tschechiens Vaclav Havel entwickelten eine neue Beschreibung von Politik und bürgerlicher Gesellschaft. Diese neuen Leitgestalten hatten gegen den Kommunismus opponiert, waren aber nicht darauf erpicht, den westlichen Materialismus unkritisch zu übernehmen. Ihre GesprächspartnerInnen im Westen waren ebenso daran interessiert, einen neuen politisch-ökonomischen Dialog aufzunehmen. Ich erinnere mich an mehrere Gespräche mit tschechischen Ökonomen und anderen osteuropäischen PolitikerInnen, die hofften, einen dritten Weg einschlagen zu können. Diese alternative Perspektive ist leider vom Tempo des sogenannten westlichen Sieges weitestgehend überrannt worden.

Der Westwind

Letztlich sind *beide* Makrosysteme gescheitert, insbesondere in moralischer und spiritueller Hinsicht. Sie haben die Armen, die Erde und das menschliche Herz vernachlässigt. Den beiden Supermächten ist es überdies gelungen, den größten Teil der Welt zu militarisieren. Dabei haben sie eine Erbschaft von Waffen, Konflikten und sozialen Versäumnissen hinterlassen, mit der wir noch eine ganze Weile werden leben müssen. Beide Ideologien sind ans Ende ihrer

Brauchbarkeit gelangt, trotz der Tatsache, daß bisher nur eine von beiden gezwungen war, das eigene Versagen einzugestehen.

Trotz des rhetorischen Triumphs des Westens über den Zusammenbruch des Kommunismus im Jahre 1989 weisen zahlreiche Umfragen der frühen neunziger Jahre nach, daß das amerikanische Volk das Gefühl hat, auch zu Hause gehe etwas gründlich schief. Unter der Oberfläche spezieller Ängste, die viele AmerikanerInnen hegen, glaubt eine Mehrheit der Bevölkerung, daß dieses Land »vom Weg abgekommen« ist und in die »falsche Richtung« läuft.

Politische KolumnistInnen berichten, daß die Menschen im Blick auf das eigene Leben und die Zukunft ihrer Kinder in größter Sorge sind. Die gesellschaftlichen Krisen, die diese Sorge entstehen lassen, sind viele: Gewaltverbrechen, instabile Wirtschaft, Konkurrenzkampf mit Japan und Europa, Arbeitslosigkeit, Kostenexplosion im Gesundheitssektor, labile Familien, Drogen, AIDS, Versagen des Bildungswesens, Mangel an bezahlbarem Wohnraum, Verfall der Innenstädte, Hunger, Obdachlosigkeit und so weiter.

Die amerikanische Wirtschaft nach dem Kalten Krieg ist gekennzeichnet von Finanzskandalen an der Spitze, von tiefer Verunsicherung der Mittelschicht und von krasser Armut ganz unten. Und die erschreckenden Probleme der Umwelt, deren drohender Kollaps wie ein Damoklesschwert über unseren Häuptern hängt, werden immer dringlicher, speziell für die jungen Leute, die sich sorgen, welch eine Welt sie übernehmen sollen.

Für dekadente Gesellschaften bekommt Kontrolle Priorität. Träumen ist verboten. Visionen sind eine Bedrohung für eine politische Führungsschicht, die selbst keine hat. Im Ostblock war dies auf brutale Weise sichtbar, während dasselbe im Westen eher schleichend und subtil geschieht. Unser Verlust an Visionen wird von Medienkonzernen repräsentiert, die den Informationsfluß kontrollieren und jene Leitbilder entwerfen, die über die Fernsehschirme flimmern – und von der wachsenden Kommerzialisierung der populären Kultur, die immer mehr in eintönige Banalität mündet. Weil die vom Geld kontrollierten Medien zum Türhüter geworden sind, der entscheidet, welche sozialen Ideen oder politischen Optionen öffentlich in Erscheinung treten dürfen, wird das Gros der alternativen Visionen aus dem Gesichtsfeld herausgefiltert.

Die meisten politischen FührerInnen des Westens haben aus den tumultartigen Ereignissen im Ostblock vornehmlich falsche Schlüsse

gezogen. Sie sahen den Fall des Kommunismus als eigene Rechtfertigung. Aber diese Perspektive ist ebenso kurzsichtig wie selbstgefällig.
Der Fall des Kommunismus war eher eine Prophetie. Die Geschichte
wird auch den Westen einholen; es ist nur eine Frage der Zeit. Auch
hier versagt das System, während wir darum kämpfen, unsere Illusionen aufrechtzuerhalten. Die Verslummung der Innenstädte ist nur
der Hinweis im eigenen Haus auf die Weltwirtschaft, die sich insgesamt in Auflösung befindet.

Gestern hat ein Ostwind der Freiheit und Demokratie die alten
Diktaturen weggeblasen. Morgen wird ein Südwind der Gerechtigkeit und Befreiung die unterdrückten Massen mobilisieren. Wir können nicht die politische Demokratie polnischer ArbeiterInnen, li-
tauischer Bäuerinnen und Bauern und chinesischer StudentInnen
bejubeln und gleichzeitig tatenlos zusehen, wie die Strukturen der
Weltwirtschaft Freiheit und Gerechtigkeit für westafrikanische Ta-
gelöhnerInnen, mittelamerikanische Campesinos und philippinische
SlumbewohnerInnen mit Füßen treten. Wenn der Südwind weht und
auf seinen Flügeln die Hoffnungen der Armen dieser Welt mit sich
trägt, wird man in den westlichen Machtzentren, die das heutige
Weltsystem wirtschaftlicher Apartheid beherrschen, eine kalte Brise
spüren. Der unerwartete Aufstand der indianischen *Zapatista-
Campesinos* in Mexikos Provinz Chiapas im Jahre 1994 gegen ihre
regierungsamtliche Mißachtung ist nur ein erstes Anzeichen. Gestern
ist im Osten eine häßliche Mauer der ideologischen Repression ein-
gestürzt. Schon morgen könnten die unsichtbaren Mauern des internationalen Handels und der Finanzen, die ein globales System wirtschaftlicher – und daher auch politischer – Ungerechtigkeit stützen,
ebenso bersten – durch einen Westwind. Und genauso schnell und
unerwartet.

Es ist schwer, den Wind aufzuhalten, wenn er erst einmal weht.

VORWÄRTSBEWEGUNG

Wie im Kommunismus ist ethisches Versagen auch die Wurzel unserer vielfältig miteinander verquickten Krisen – und könnte auch den
Westen ruinieren. Andererseits könnte die Wiedergewinnung grundlegender ethischer Werte jene moralisch-politische Erneuerung be-

wirken, die wir so dringend brauchen. Nachdem die Angst vor dem Kommunismus vom Tisch ist, könnten wir uns endlich jenen moralischen Widersprüchen zuwenden, die unserem eigenen System innewohnen und die wir aus Bequemlichkeit längst akzeptiert haben. Ist es nicht an der Zeit, ideologische Streitigkeiten beizulegen und darüber zu reden, was richtig und was falsch ist? Wäre nicht die Suche nach praktikablen Lösungen für unsere unleugbaren Probleme eine bessere Definition von Politik als das endlose Streben nach Macht?

Die Befreiung von ideologischen Engführungen würde neue Möglichkeiten für die Zusammenarbeit unterschiedlicher Menschen quer durch das politische Spektrum eröffnen. Konservative, die sich bisher ernsthaft über die Gefahren der Planwirtschaft und die Effektivität aufgeblähter Wohlfahrtssysteme Sorgen gemacht haben, könnten sich jetzt endlich die Freiheit nehmen, sich ganz neu für die Sache der Armen einzusetzen. Sie könnten ihre tiefe Sorge um die menschliche Freiheit noch ernster nehmen als bisher, indem sie der Gerechtigkeit für jene Menschenmassen zuarbeiten, die bisher ausgeschlossen und zurückgelassen waren. Es ist an der Zeit, daß prinzipientreue Konservative endlich beweisen, daß sie nicht nur die intellektuelle und politische Kaschierung von Reichtum, Macht und rechtsgerichtetem Egoismus im Sinn haben, sondern daß sie es mit ihren besten und grundlegendsten Überzeugungen ernst meinen.

Progressive sind nun endlich frei von den fortwährenden Vorwürfen, sie sympathisierten mit dem Kommunismus; sie müssen nicht länger die Last gescheiterter Linksdiktaturen herumschleppen. Sie könnten ihre ständig erklärte Fürsorge für die Entrechteten unterstreichen, indem sie sich verbindlich auf jene persönlichen und gemeinschaftlichen Werte einlassen, die sozialen Wandel ermöglichen. Es ist an der Zeit, daß Progressive beweisen, daß es ihnen weniger um ihre Lieblingsmodelle und -ideologien geht als um die Armen selbst – und daß es ihnen vor allem darauf ankommt, Lösungen zu finden, die wirklich etwas bewegen.

Womöglich verlassen wir alle unsere unterschiedlichen Lager und begeben uns in einen neuen Dialog über den Weg, der vorwärts führt. Nochmals: Der beste Weg zu *gemeinsamen* Ebenen ist der Pfad zu *höheren* Ebenen. Nur ein ethischer Diskurs auf höherem Niveau als bisher wird uns zusammenbringen.

Wird der gottlose Kommunismus einfach bloß vom Gott des westlichen Konsumismus ersetzt werden? Oder werden moralische Werte wie Gerechtigkeit und Freiheit wiederbelebt werden? Wird die Ethik beim Entwurf sozialer und politischer Alternativen die Ideologie ersetzen? Wir haben genug von den messianischen Verheißungen der Rechten und der Linken. Aufgrund der nachweislichen Fähigkeit der Menschen zu großer Güte *und* zu abgrundtiefer Bosheit muß die Ethik der Prüfstein des politischen Lebens werden. Tugend muß der Treibstoff unserer Visionen werden, Ehrlichkeit der Maßstab unserer Programme. Grandiose Systeme müssen Platz machen für praktikable Lösungen, die neues Leben und Hoffnung vermitteln.

POLITIK UND RELIGION
Unterwegs zu einer prophetischen Spiritualität

Nicht in vornehmer Gesellschaft. Dort galt es ehedem als unhöflich, über Politik oder Religion zu reden. Vielleicht, weil die beiden Themen zu gewichtig waren und den *Smalltalk* gestört hätten. Oder vielleicht, weil sie der Sache nach soviel kontroversen Sprengstoff enthalten, daß man fürchtete, solch eine Diskussion könnte die Stimmung verderben. Das hat sich im Laufe der Jahre geändert. Religion wie Politik sind heutzutage heißdiskutierte Partythemen. Mißbehagen tritt heute nur noch auf, wenn man beide *in ihrem Zusammenhang* verhandeln will.

Ich erinnere mich noch immer mit Unwohlsein, wie man mir als evangelikalem Teenager in meiner Gemeinde beigebracht hat, daß der christliche Glaube weder etwas mit Rassismus noch mit Krieg zu tun hat. (In Wirklichkeit unterstützten die meisten anständigen Kirchgänger beides, indem sie es schafften, ihre politische Einstellung und ihre Religion sauber auseinanderzuhalten.) Aber mein Herz begehrte im Zuge der Bürgerrechtsbewegung und angesichts des Vietnamkriegs auf.

Das intuitive Wissen, daß mein Glaube etwas mit Politik zu tun hatte, war der Hauptgrund der Ablösung von jener kleinen Freikirche, die mich geistlich genährt und geprägt hatte. Gleichsam im Exil fand ich eine neue Heimat in der Bürgerrechtsbewegung und in der Gemeinschaft der Schwarzen. Dort lernte ich, wie Religion und Politik in der feinen weißen Gesellschaft in Wirklichkeit zusammenhingen.[1] Die Bürgerrechtsbewegung entstand auf dem Fundament der

---

1 · *Anm. d. Übers.*: Jim Wallis schildert seine damaligen Erlebnisse ausführlich in seiner frühen Autobiographie: Wiederbelebung. Meine Pilgerreise. Moers [3] 1987.

schwarzen Kirchen. Die begeisternde Rhetorik eines Martin Luther King und anderer predigender AktivistInnen der Bewegung ließ keinen Zweifel daran aufkommen, daß für sie Glaube und Politik unauflöslich zusammengehörten.

Ich glaube, es war für mich geradezu zwingend, selbst zum predigenden Aktivisten zu werden. Der Zusammenhang zwischen Religion und Politik ist für mich seither persönliches und berufliches Dauerthema. Die Sachlage ist heute allerdings komplizierter geworden. Die Evangelikalen, mit denen ich aufgewachsen war, mischten sich nämlich eines Tages doch in die Politik ein und bestehen inzwischen darauf, daß der Glaube politische Implikationen hat. Die Themen, durch die sie in die Politik gezogen wurden, waren die Abtreibung und der sittliche Verfall der amerikanischen Gesellschaft.

Das neue politische Engagment der Pietisten ließ bei vielen progressiven ChristInnen, die schon immer behauptet hatten, daß es eine Beziehung zwischen Religion und einer Reihe von politischen Fragen gebe, die Alarmglocken klingeln. Es war *eine* Sache, zu applaudieren, wenn schwarze Geistliche ihre AnhängerInnen für die Bürgerrechte auf die Barrikaden riefen. Es war etwas ganz anderes, zu akzeptieren, wie die religiöse Rechte für die Sache der Ungeborenen mobilmachte.

In seinem Buch » The Culture of Disbelief « setzt sich der Yale-Professor Stephen Carter mit diesem pikanten Problem auseinander. Carter kommt zu dem Schluß, daß inzwischen in vielen Sektoren der US-amerikanischen Gesellschaft eine Haltung der Abwehr gegen jede Art von religiösem Einfluß auf politische Themen vorherrscht – das betrifft die Medien, den akademischen und juristischen Bereich und die Korridore der politischen Macht.[2]

Religiöse Überzeugung macht sich leicht lächerlich oder verdächtig, wenn sie zu politischen Fragen Stellung nimmt. Während Carter viele konkrete Ziele der religiösen Rechten ablehnt, billigt er dennoch ihre Absicht, die Politik von der Perspektive ihres Glaubens her zu beeinflussen.

Als Afroamerikaner und Rechtsanwalt geht Carter davon aus, daß die US-amerikanische Doktrin der Trennung von Kirche und Staat zwar die Bevorzugung einer bestimmten Religion durch den Staat

---

2 Stephen Carter, The Culture of Disbelief. How American Law and Politics Trivialize Religious Devotion. New York 1993.

71

verbiete, nicht aber die Einflußnahme religiöser Wertvorstellungen auf die öffentliche Debatte an und für sich. Gemeinsam mit anderen, wie etwa dem Historiker Garry Wills[3], weist Carter darauf hin, daß religiöser Glaube von Anfang an zur Gestaltung amerikanischer Politik beigetragen hat und daß sich ein solcher Einfluß entweder positiv oder entsetzlich negativ auswirken kann.

Spirituelle und religiöse Werte können in einer Zeit der gesellschaftlichen Krise tatsächlich einen Beitrag zu einer erneuerten Vision von Politik leisten. Man muß nicht einmal einer Kirche, Synagoge oder Moschee angehören, um solch einen Beitrag zu würdigen. Man muß sich auch nicht als religiös verstehen. Aber wer glaubt, daß unsere politischen Entscheidungen mit moralischen Fragen zu tun haben, sieht ein, daß diesbezüglich Erneuerung not tut. Die meisten würden wohl zustimmen, daß hinter unseren vordergründigen Problemen oftmals Fragen moralischer Werte verborgen sind. Unsere Krise ist auch geistiger Natur – und reicht tiefer als das jeweilige Auf und Ab der Tagespolitik. Eine neue Politik wird auf die spirituellen Quellen unserer besten ethisch-religiösen Traditionen angewiesen sein. Immer mehr Menschen, ob sie sich als religiös verstehen oder nicht, suchen nach einer neuen geistigen Orientierung und nach einer neuen Politik. Beide gehören zusammen und kommen nur gemeinsam vorwärts. Die neue Spiritualität, die uns auf der Suche nach einer neuen Politik leiten könnte, wird sehr wahrscheinlich in der Erneuerung der moralischen und spirituellen Traditionen zu finden sein, die wir bereits kennen. In Nordamerika wird sie einerseits aus der Wiederentdeckung unserer jüdischen und christlichen biblischen Tradition kommen, und andererseits daraus, daß wir von indianischen Ausprägungen von Spiritualität lernen, die Einsichten anderer Glaubenserfahrungen beachten und uns an die moralischen Imperative jener politischen Philosophien erinnern, die die Gründung unserer Nation geprägt haben. Sie alle haben etwas zur Genesung unserer politischen Ethik beizutragen.

Geschichte und Erfahrung lehren zum einen, daß religiös motivierte Visionen leicht zu sektiererischer Spalterei führen, die anschließend der Rechtfertigung übelster Machenschaften dient. Zum anderen können uns unsere besten religiösen Impulse daran erinnern, wie wir Menschen im Grunde sein wollen; echter Glaube kann

---

3 Garry Wills, Under God. Religion and American Politics. New York 1990, S. 25.

uns zu den Gipfeln des Menschseins erheben. Eine religiöse Vision, die Grundwerte weckt, kann uns helfen, kurzsichtige Egoismen zu überwinden und dem Gemeinwohl zu dienen, anstatt alles auf einen kleinsten gemeinsamen Nenner zurückzuführen, um anschließend nur noch über die Interessen von Zielgruppen zu verhandeln.

Ich betrachte Politik vornehmlich vom Standpunkt der judäo-christlichen Tradition, aus der ich stamme – insbesondere aus der Perspektive der biblischen Propheten und der Lehre Jesu. Aber angesichts der Phonstärke der religiösen Rechten in der gegenwärtigen politischen Debatte in den USA ruft der Verweis auf die Bibel bei vielen von vorneherein Mißtrauen und Verdächtigungen hervor. Dennoch glaube ich, daß die prophetische Tradition der Bibel die grundlegende Alternative zur Beschränktheit eines innerweltlichen Humanismus einerseits und zum Druck eines religiösen Fundamentalismus andererseits darstellt. Die Religion der Propheten kann uns helfen, eine am Gewissen orientierte Politik zu gestalten.

Der exzellente Alttestamentler und Prophetie-Experte Walter Brueggemann schreibt:

»Nach den hervorragendsten Versuchen eines ichbezogenen Existentialismus, eines technologischen Positivismus, eines revolutionären Marxismus und einer Ideologie des freien Marktes könnten wir womöglich entdecken, daß die biblische Rede vom ›Bund‹ zwischen Gott, den Menschen und der ganzen Schöpfung, die von der bekennenden Gemeinde aufbewahrt wurde, präziser auf den Punkt bringt, was heute öffentlich gesagt werden muß, als irgend etwas sonst. Diese Entdeckung kann allerdings nur da gemacht werden, wo eindeutig spürbar ist, daß diejenigen, die die Sprache des ›Bundes‹ benutzen, nicht versuchen, Proselyten zu machen oder den Interessen des eigenen Kirchturms zu dienen – und das setzt Selbstlosigkeit und echtes Mitgefühl voraus.«[4]

Solch eine Stimme, meinte Brueggemann, müsse zwar kompromißlos, dürfe aber nicht sektiererisch sein. Sie müsse

»von der Tagesordnung der Menschheit auf eine Weise reden, die den gesellschaftlichen Pluralismus achtet und die allen Menschen gemeinsamen Grundvoraussetzungen des Lebens, nämlich Liebe, Erbarmen, Gerechtigkeit, Friede und Freiheit berührt. Diese gehören nicht zum Besitz

---

4 Walter Brueggemann, History on the Margins. Sojourners Magazine. Jg. 20, Nr. 7 (Aug./Sept. 1991), S. 19.

irgendeiner konfessionellen Wahrheit, und keine konfessionelle Gemeinschaft hat ein Monopol auf sie.«[5]

Spirituelle und religiöse Werte sollten unsere Wahrnehmung der Politik und unsere Teilnahme an der Politik beeinflussen. Aber während Religion tatsächlich zur *politischen* Welt gehört, sind Religion und *Ideologie* keine guten Partner. Stephen Carter warnt davor, auf politischem Wege zu bestimmten Schlußfolgerungen zu gelangen und nachträglich nach religiösen Rechtfertigungen für sie zu suchen – anstatt es zuzulassen, daß eine religiöse Überzeugung ihrerseits zu einem echten politischen Urteil führen kann.[6] Die vielleicht beste Probe für die geistliche Integrität unseres politischen Engagements ist die Frage, inwiefern es *vorhersagbar* ist. Religiöse Perspektiven im politischen Bereich dürfen nicht im Rahmen ideologischer Vorurteile vorhersagbar sein. Von dieser Sorte Religion haben wir an beiden Enden des politischen Spektrums genug erlebt. Allzulange sind konservative Evangelikale nichts anderes gewesen als die Abteilung »Gebet« innerhalb der Republikanischen Partei; linksliberale religiöse Führer hingegen sahen dem linken Flügel der Demokratischen Partei zum Verwechseln ähnlich. Und auch basisdemokratisch ausgerichtete religiöse AktivistInnen im Kampf für Frieden und Gerechtigkeit haben sich oft kaum von der Politik ganz säkularer Solidaritätsbewegungen unterschieden. Wenn wir ehrlich sind, müssen wir zugeben, daß die meisten von uns immer wieder solch politischer Vorhersagbarkeit verfallen sind, besonders in jenen langen Jahren, als sich der Kalte Krieg auf dem Höhepunkt befand.

Aber jetzt ist eine neue Zeit angebrochen, in der vielen Menschen die spirituelle Dimension unserer vielfältigen Krisen bewußt wird. Das Scheitern der Ideologien und die Untauglichkeit bisheriger politischer Kategorien werden immer sichtbarer. Ein aufrichtig überprüfter religiöser Glaube wird sich nicht in fixe Schubladen wie Rechts, Links oder Mitte zwängen lassen – oder welch neue Schubladen auch immer in der sich wandelnden innerweltlichen Politik eingerichtet werden. Im besten Falle könnten religiöse Perspektiven und Überzeugungen bestehende Festlegungen aufweichen, indem sie die

---

5   ebenda.
6   The Culture of Disbelief, S. 80.

öffentliche Debatte mit politisch unabhängigen ethischen Werten und einem sozialen Gewissen bereichern.

Neue Öffnungen

Prof. Eugene Genovese, ein hochgeachteter linksintellektueller Gelehrte von der Emory-Universität, hat sich kürzlich über Religion und Politik geäußert:

>»Der Linksliberalismus ist vorbei. Die Linke ist tot. Politik wird vornehmlich von religiös ausgerichteten Gemeinschaften gestaltet werden. Die einzige Frage lautet, ob es sich dabei um repressive und totalitäre Gruppen handeln wird oder um aufgeklärt-progressive.«[7]

Ähnlich überraschend ist es, wenn das linke Magazin »Z« in seiner Ausgabe vom Januar 1994 erklärt: »Die Zeit ist überfällig, daß die amerikanische Linke ihr Urteil überprüft, Religion sei purer Unsinn.« Der Artikel beschreibt anschließend die historischen religiösen Wurzeln heutiger progressiv-egalitärer Bewegungen und die radikale Art Jesu.[8]

Der Artikelschreiber stellt sogar die Überlegung an, daß progressive christliche Bewegungen »die Rettung der säkularen Linken« sein könnten:

>»Nur ein religiös begründeter Radikalismus darf in Amerika mit einem nennenswerten Maß an Sympathie rechnen ... Das amerikanische Volk wird das Leben niemals für eine nur innerweltliche Utopie einsetzen, die seine emotionalen und spirituellen Bedürfnisse unbefriedigt läßt. Obwohl die amerikanische Linke wenig Zugang zu den religiösen Wurzeln der eigenen Vision zu haben scheint, weiß das amerikanische Volk, was es will – und was Jesus wollte: eine universale Gemeinschaft des Friedens, der Liebe und der Gerechtigkeit, die von einem liebenden Gott gehalten wird.«[9]

Dies sind überraschende und interessante Entwicklungen. Auf der

---

7 Zitiert von Jim Wallis, in: Not in Polite Company. Sojourners Magazine. Jg. 23, Nr. 3 (Apr. 1994), S. 4.
8 Charley Earp, The Potential of the Christian Left in the 1990s. Z Magazine. Jg. 7, Nr. 1 (Jan. 1994), S. 21 f.
9 ebenda.

anderen Seite des politischen Spektrums stellen bedeutende evangelikale Gruppierungen wie die Hilfs- und Entwicklungsorganisation »World Vision« und die Studentenmission »Inter-Varsity Christian Fellowship« eine deutliche Verbindung zwischen Glaube und sozialem Engagement her. Besonders wichtig ist ihre Entschlossenheit, aus einer christlichen Grundhaltung heraus dem Rassismus zu widerstehen.

Trotz der verbreiteten Gleichsetzung der evangelikalen Gemeinschaft mit der religiösen Rechten wächst unter Evangelikalen das soziale Bewußtsein und Engagement mit neuer Energie und Kraft, insbesondere bei den Armen und den Jungen. In vielen Entwicklungsländern bilden in jüngerer Zeit arme evangelikale und pfingstlerische ChristInnen ein Ferment sozialer Gerechtigkeit. Quer durch das alte politische Spektrum zeichnen sich neue mögliche Koalitionen ab.

KONSERVATIVE UND PROGRESSIVE RELIGION

Wenn sich Religion gesellschaftlich anpaßt, hört sie auf, ein verläßlicher Pfad zur Spiritualität zu sein. In diesem Augenblick verliert das öffentliche Leben den moralischen Kompaß. Die beiden vorherrschenden Formen von Religion in unserer Zeit haben es nicht geschafft, für eine spirituelle Wegweisung zu einer durch das Gewissen gebundenen Politik zu sorgen. Konservative und progressive Religion sind beide Kräfte, die gesellschaftlich befangen sind und das jeweilige politische Lager, dem sie nahestehen, mit Weihrauch versorgen. Und Religion, die politische Beweihräucherung leistet, ist ihrem Wesen nach falsche Religion.

Konservative Religion dreht sich am liebsten um Worte und Dogmen. Die richtige religiöse Sprache und Lehre ersetzen ein Leben und Handeln aus dem Glauben. Zwar wird mit konservativer Religion auch ein bestimmter Lebensstil verbunden; der aber zeugt meist mehr von den gesellschaftlich-politischen Vorurteilen seiner AnhängerInnen als von authentischem Glauben. Persönliche Frömmigkeit ist in diesem Falle zum Selbstzweck geworden – anstatt zu einer Energie, die soziale Gerechtigkeit voranbringt. Und religiöse Sprache hat dann wenig oder keine Verbindung zu einem moralisch begründeten gesellschaftspolitischen Handeln.

Im Rahmen eines Machtschachers haben sich eine Reihe von konservativen religiösen Führern mit reaktionären politischen Elementen verbündet und eine besonders bizarre und entsetzliche Symbiose von Religion und Politik gezeitigt. In der materialistischsten Gesellschaft der Menschheitsgeschichte hat konservative Religion ein Evangelium des Wohlstands kreiert! In einer Gesellschaft, in der die Ungerechtigkeit der Güterverteilung unanständige Ausmaße angenommen hat, ist konservative Religion zur Verteidigerin der Wohlhabenden geworden. Inmitten der gewaltigsten militärischen Supermacht der Welt unterstützt konservative Religion weitere amerikanische Hegemoniebestrebungen und hat jeden Krieg dieser Nation zuverlässig gutgeheißen.

In einer ohnehin zerspaltenen und polarisierten Gesellschaft hat die religiöse Rechte noch engere Abgrenzungen vollzogen. Sie ist eine Religion der Weißen, hat den Widerstand gegen die Rechte der Frauen angeheizt und hat hahnebüchene Karikaturen von Homosexuellen und die Hetze gegen sie als überaus erfolgreiche Mittel zur Spendenbeschaffung genutzt. Die Konfusion und der Widerwille gegen das Christentum, die durch diese unheilige Vermischung von religiösen Appellen und rechtslastiger Politik verursacht wurden, sind allseits zu spüren.

Progressive Religion hat die spirituelle Mitte verloren. Sie re-agiert nur noch auf konservative Politik und ist dem sich ständig drehenden Wind der säkularen Kultur ausgeliefert. Linkem Aktivismus hat oft die Dynamik persönlicher Bekehrung – und deshalb auch transformative Kraft – gefehlt. Mit Hilfe progressiver Religion kann das soziale Engagement so von seiner Verwurzelung im Glauben abgespalten werden, daß am Ende eine Sprache und eine Praxis übrigbleiben, die eher bürokratisch und ideologisch klingen als geistlich.

Progressive Religion hat ihre eigenen Bündnisse mit der politischen Macht geschlossen und sich gern an die linken Machtzentren der Gesellschaft gehängt. Ihre »politische Korrektheit« spiegelt oft eher die Werte progressiver Eliten wieder als die wirkliche Stimme der Machtlosen, in deren Namen linke Religion oft zu sprechen vorgibt. So ist es zum Beispiel zwar wichtig, die Sprache zu verändern, wenn das der größeren Gerechtigkeit zwischen Rassen und zwischen Geschlechtern dient. Aber bloße ideologische Anpassung an Sprachmoden untergräbt prophetische Integrität.

Polarisierte religiöse Führer gleichen den Politikern, mit denen sie sich verbündet haben. Unter Reagan und Bush waren die Führer der religiösen Rechten de facto die Hauskapläne der Präsidenten. Die konservativen Präsidenten traten als Hauptredner bei evangelikalen Großkundgebungen auf; Fernsehprediger hatten einen beispiellosen Zugang zur politischen Macht und nahmen bei republikanischen Nationalkonventen Ehrenplätze ein.

Nach dem demokratischen Sieg 1992 setzten viele konservative Evangelikale die Clintons direkt mit dem Antichrist gleich (wobei sie anscheinend besonders von der Rolle und Macht Hillarys abgestoßen waren). Gleichzeitig sonnten sich progressive Oberprotestanten im Glanz ihres neugewonnenen Zugangs zu den Korridoren der Macht. Frühere Hetzreden gegen die Regierung wichen rasch den Schalmeientönen einer glücklicheren Liaison mit »denen da drinnen«. Jetzt ließen sich viele linke religiöse Führer lieber zur Zeugenaussage vor ein Kongreßkommittee laden oder zum Frühstück ins Weiße Haus bitten, als draußen auf der Straße zu demonstrieren und sich verhaften zu lassen. Abgesehen von wenigen bemerkenswerten Ausnahmen haben rechte wie linke religiöse Führer den Spielraum eines unabhängigen prophetisch-politischen Zeugnisses nie ausgetestet.

Man fragt sich, wie einem Präsidenten oder einer Regierung durch den Dialog mit religiösen Führern so gedient werden könnte, daß die Politiker dabei zu aufrichtiger politisch-moralischer Rechenschaft gerufen und ihnen zugleich prophetische Einsichten angeboten würden, die neue Orientierungen und Optionen eröffnen könnten. Man fragt sich auch, ob irgendein Präsident solchen Dialog überhaupt wünschen würde. Biblisch ausgedrückt: Will König David eine ernsthafte Unterhaltung mit dem Propheten Nathan? Dabei pflegen ja ungemütliche Themen auf den Tisch zu kommen – wie etwa die Bombardierung der Kinder von Bagdad, zu der Präsidenten beider Parteien bereit waren.

Und doch gibt es Präzedenzfälle für solche Beziehungen. Man denke nur an die biblischen Geschichten von Joseph und Daniel, gefangenen Sklaven, deren Weisheit von den Regenten der damaligen Großmächte geschätzt wurde. Es gibt auch das moderne Beispiel der Beziehung zwischen Martin Luther King und den Präsidenten Kennedy und Johnson. Der Bürgerrechtsführer erwies sich für diese mächtigen Präsidenten als prophetischer Stachel im Fleisch, obgleich beide diverse Versuche unternahmen, seine Führung zu untergraben oder in Mißkredit zu bringen.

PROPHETISCHE SPIRITUALITÄT

Prophetische Spiritualität ist die Alternative zu den gegenwärtig vorherrschenden Formen konservativer und progressiver Religion. Die prophetisch-biblische Tradition ist wesentlich älter als diese beiden zeitgenössischen religiösen Ansätze. Ihre Wurzeln reichen bis zu den hebräischen Weisen, zu Jesus und in die frühe christliche Gemeinde. Prophetische Spiritualität hat sich in sämtlichen Erneuerungs- und Reformbewegungen der Geschichte niedergeschlagen, die versucht haben, an radikal religiöse Wurzeln anzuknüpfen. Viele religiöse Bewegungen haben ihre prophetischen Strömungen. Der jüdische und der christliche Glaube spielen in der abendländischen Geschichte eine herausragende Rolle, und die Wiederentdekkung des prophetischen Charakters dieser Glaubensrichtungen würde zur Lösung der heutigen Krise eine Menge beitragen. Auch die gegenwärtige, mitunter etwas seichte New-Age-Beschäftigung mit östlichen und bodenständigen archaischen Traditionen ist zumindest ein Hinweis auf den spirituellen Erfahrungshunger unserer Kultur. Zwölf-Schritte-Programme (wie die Anonymen Alkoholiker) und Selbsthilfegruppen erschließen ebenfalls einige der so notwendigen spirituellen Quellen. Aber individuelle Bewußtseinsveränderungen sind nicht genug, wir brauchen gleichermaßen ein Bewußtsein, das auch die Welt verändert. Die Wiederentdeckung einer biblisch-prophetischen Spiritualität könnte einzigartige Möglichkeiten in sich bergen, ethische Werte zu erneuern und das politische Leben umzugestalten.

Seit Jahren beherrscht in den USA die religiöse Rechte die öffentliche Diskussion um Politik und Moral. Konservative haben die Sehnsucht der Menschen nach einer neuen politischen Werteorientierung angezapft. Aber diese Sehnsucht richtet sich auf wesentlich weitreichendere und tiefgreifendere Alternativen als auf jene engen Deutungen, die vom rechten Flügel der Evangelikalen angeboten werden. Der Extremismus der religiösen Rechten vermittelt das Bild, daß die einzige Alternative darin besteht, entweder total zu verweltlichen oder sich religiösem Fanatismus zu verschreiben. Ein moralisches Vakuum wartet darauf, gefüllt zu werden. Die Menschen suchen jetzt nach einem neuen Weg, der die grundlegende Frage nach den Werten ernst nimmt, die sich unter der Oberfläche der politischen Diskussion verbirgt.

Während der letzten Jahrzehnte hat sich im religiösen Leben Amerikas eine echte Alternative entwickelt, die allerdings von den Medien nicht wahrgenommen wurde. Während sich die Presse auf die schrillen Töne der Rechten gestürzt und der Scheinwerferkegel auf den konservativen Grundtenor der letzten Jahre fixiert wurde, ist eine prophetisch ausgerichtete geistliche Bewegung herangereift, die sich inzwischen verändernd auf religiöse und gesellschaftliche Einrichtungen auswirkt.

Diese geistliche Bewegung existierte bereits, als die religiöse Rechte 1980 parallel zu Ronald Reagans Präsidentschaftssieg in die politische Szene platzte. Und das eher prophetische Engagement der genannten Bewegung ist seither ständig gewachsen. Diese Bewegung verbindet einen biblisch orientierten Glauben mit dem Einsatz für die Veränderung der Gesellschaft, persönliche Umkehr mit einer Sensibilität für den Notschrei der Armen, theologische Nachdenklichkeit mit der Sorge um die Umwelt, religiöse Kernanliegen mit der Suche nach neuen ökonomischen Prioritäten, den Aufruf zur Gemeinschaft mit dem Ruf nach Gerechtigkeit zwischen Rassen und Geschlechtern, Moral mit Außenpolitik, Spiritualität mit öffentlichem Handeln. Und in ihren besten Ausprägungen läßt sie die alten Kategorien von links und rechts hinter sich, von denen beide, Religion und Politik, bisher befangen waren.

Die Auswirkungen dieser zukunftsträchtigen Ausrichtung sind in sämtlichen Erscheinungsformen des amerikanischen Kirchentums und in der jüdischen Gemeinde zu spüren. Diese geistliche Bewegung geht im Geiste respektvoller Partnerschaft auf andere Glaubenstraditionen zu und läßt dabei die Grenzziehungen der religiösen Hauptströmung der Gesellschaft hinter sich. Sie lädt religiös gebundene und nichtreligiöse Menschen zu einem erneuten Dialog über die Gestaltung einer sozialpolitischen Ethik ein. Diese ökumenische Gemeinschaft kann im Rahmen einer »Spiritualität der Transformation« (der südafrikanische Erzbischof Tutu[10]) jene Visionen mitentwickeln, die wir dringend brauchen.

---

10 Erzbischof Tutu stellte die Idee, die Kirche in Richtung einer »Spiritualität der Transformation« in Bewegung zu bringen, in einer Veröffentlichung nach einer Sabbat-Unterbrechung zur Mitte seiner Amtszeit vor. Er schlägt vor, den Schwerpunkt dahingehend zu verlagern, daß man »versucht, das innere Leben der Kirche zu stärken, Balsam und Öl in die Wunden zu gießen und unsere Menschen auf die

Die Religion der Propheten

Wenn wir uns ernsthaft mit der biblischen Tradition befassen, entdecken wir bald die zeitlose Bedeutung prophetischer Religion auch für jene Konflikte und Fragen, die uns heute täglich bombardieren. Beispielsweise fordern die Propheten: argwöhnisch gegenüber jeder Anhäufung von Reichtum und Macht zu sein – ideologischen Begründungen zu mißtrauen, die die Unterordnung von Menschen unter Zwecke rechtfertigen – und insbesondere für Arme, Entrechtete, Fremde und Außenseiter sensibel zu sein. Die Bibel relativiert radikal alle Eigentums- und Besitzansprüche an Grund und Boden und an Rohstoffen, indem sie betont: »Die Erde gehört dem Herrn.« Der materielle Überfluß ist für alle Kinder Gottes gleichermaßen da. Im Blick auf demokratische Strukturen läßt die biblische Sicht vom Menschen zumindest den Schluß zu, daß Macht und Entscheidungsbefugnisse auf viele verteilt und rechenschaftspflichtig sein sollten – und zwar nicht, weil die Menschen so gut sind, sondern gerade, weil wir es oftmals nicht sind.

Hätten wir auf die prophetische Tradition der Bibel gehört, dann wüßten wir, daß kein Wirtschaftssystem große Menschenmassen ausschließen kann, ohne daß dies endlose Konflikte zeitigt. Wir wüßten, daß Wachstum und Fortschritt, die die Erde mißhandeln, ausbeuten und entwürdigen, schließlich unser eigenes Leben vergiften und ersticken. Wir wüßten, daß wir unseren Mitmenschen die Menschenwürde nicht aufgrund von Rasse, Klasse oder Geschlecht vorenthalten können, ohne dabei die eigene Seele in Gefahr zu bringen. Wir wüßten, daß die Gesellschaft nicht die letzte Sicherheit auf Waffen und Technologie gründen kann, sondern nach Gerechtigkeit und Recht streben muß, damit das Wettrüsten nicht zum Sozialraub führt und die Risiken eskalierender Gewalt wachsen. Wir haben nicht auf jene religiösen Traditionen gelauscht, zu denen wir uns mit den Lippen bekennen; und die Logik der Gesellschaftsordnungen, die wir statt dessen errichtet haben, bringt uns um.

Aufgabe der Transformation vorzubereiten« (Setting New Priorities, Bishopcourt Update, 18. Juni 1992, S. 3). Das Papier kann man beim »Office of the Anglican Archbishop of Cape Town, 16 Bishopcourt Drive, Claremont, Cape 7700 South Africa« beziehen.

Kern religiös-prophetischer Traditionen ist der Bundesgedanke. Die ethischen Herausforderungen, die sich aus verbindlichen Beziehungen und gelebter Gemeinschaft ergeben, korrigieren den egoistischen Hang, den Nächsten auszunutzen und die Erde auszubeuten. Der fundamentale Bund, der Grundlage allen Lebens ist, weist nachhaltige Schäden auf. Wir empfinden wenig Gemeinsamkeit mit unseren fünf Milliarden Nächsten, wissen kaum noch, wie wir in harmonischer Beziehung mit dem Ökosystem leben können, und haben – und das ist die Wurzel, die allem anderen zugrunde liegt – so gut wie keine identitätsstiftende Erfahrung davon, daß wir Kinder Gottes sind. Unser tiefstes Bedürfnis ist die Suche nach einer Möglichkeit, Kontakt herzustellen. Unsere zerbrochenen Beziehungen bedürfen der Heilung; alles hängt davon ab, wie wir in Verbindung kommen.

Daß der Bund zerbrochen ist, ist in meinem eigenen Wohnviertel in Washington, ein paar Häuserblocks vom Weißen Haus entfernt, mit Händen zu greifen. Um mich herum kommen Babys zur Welt und sind bereits mit AIDS infiziert oder drogenabhängig; Kinder wachsen ohne hinreichende medizinische Versorgung, Bildung oder familiäre Geborgenheit auf; Jugendliche werden vor der eigenen Haustüre erschossen, bevor sie die Chance gehabt haben, erwachsen zu werden. Wir erleben das nicht nur in amerikanischen Innenstädten, die inzwischen einem Kriegsgebiet gleichen, sondern mehr und mehr auch in ländlichen Gemeinden, die ums pure Überleben kämpfen.

Unübersehbar ist dies alles in der sogenannten Dritten Welt, wo die Armen in einem Ausmaß leiden und sterben, daß wir nicht mit dem Zählen, geschweige denn mit der Hilfe nachkommen. Das Wegsehen von solch unbequemen Fakten bedeutet letztlich, die Verbundenheit mit unseren Mitmenschen und jeden Ansatz eines heilen oder gar heiligen Lebens zu leugnen. In Amerika und global sind ganze Landstriche und riesige Gruppierungen der Menschheit schlichtweg vergessen.

Ein gähnender Abgrund ist zwischen uns Menschen entstanden, und zugleich haben wir uns von der Erde selbst entfremdet. Diese entsetzliche Spaltung bedroht die hauchdünnen Fäden, die uns miteinander und mit dem Rest der Schöpfung verbinden. Wir alle können diese Entfremdung spüren. Wir kennen unseren Nächsten nicht, und das einzig Verbindende ist die gemeinsame Angst.

Wenn die Politik die Vision verliert, verliert die Religion den Glauben und die Kultur die Seele; das Leben wird richtungslos, zur Billigware und gefährdet. Nichts Geringeres als die Wiederherstellung des gebrochenen Bundes kann uns retten. Das wird eine grundlegende Transformation unseres Denkens, Fühlens und Handelns erfordern.

Der Kern prophetischer Religion ist Transformation – eine Veränderung des Herzens, eine Revolution des Geistes, eine Bekehrung der Seele, deren Auswirkungen sich in einem neuen persönlichen und sozialen Verhalten manifestieren.

Im Lauf der Geschichte ist Religion eine Quelle der Wegweisung im Bereich spiritueller und ethischer Werte gewesen. Transzendente Verankerung ruft uns zur Rechenschaft und vermittelt eine Empfindung von Sinn und Orientierung, die wir in uns selbst nicht finden können. Ohne eine Ethik, die in einer transzendenten Wirklichkeit verwurzelt ist, wird das Moralempfinden ausschließlich zur Sache sich ständig wandelnder gesellschaftlicher Absprachen.

PROPHETISCHE IMAGINATION

Wir leiden nicht nur unter Habsucht, Ungerechtigkeit und Gewalt, sondern auch unter einem Mangel an Imagination. Der Mangel an Vision macht uns kaputt. Wir brauchen neue Visionen und Träume; unsere Zukunft hängt an der Auffrischung schöpferischer Phantasie. Wir befinden uns in der Tat in einer Zwischenzeit; die alte Ordnung schwindet dahin, und die neue möchte geboren werden.

Aber was heißt das heute? Und was ist Vision überhaupt? »Websters Lexikon« definiert Vision als »den Akt oder die Kraft der Imagination . . ., die schöpferische Fähigkeit, ein Problem zu erkennen und mit ihm umzugehen« und als »poetisches Schaffen«[11]. »Imagination« entstehe aus der »Erinnerung« oder aus dem, »was bisher ansatzweise erfahren wurde«, sagt Webster[12]. Das Oxford-Lexikon sagt, imaginieren bedeute, »sich etwas Neues plastisch vorzustellen«[13], und »Vi-

---

11 Stichwort »Vision« in: Webster's Ninth New Collegiate Dictionary. Springfield 1987, S. 1318.
12 ebenda, Stichwort »Imagination«, S. 600.
13 Stichwort »Imagination«, Oxford English Dictionary, 2. Auflage, Band 7. Oxford 1989, S. 669.

sion« bedeute,»etwas anders zu sehen, als es normalerweise erscheint«[14] – also mehr zu sehen, als augenfällig ist. Was heißt das für uns? Zunächst lernen wir, daß Vision von Imagination abhängt – von der Fähigkeit, das zu sehen, was gegenwärtig (noch) nicht sichtbar ist, und vom Vermögen, sich eine neue Realität auszumalen. Vision setzt also a) mehr voraus als die geläufige Sichtweise, wurzelt b) in einer geschichtlichen Erinnerung und gründet c) auf einer gewissen Vorerfahrung von dem, was man anzuvisieren versucht. Solch eine Vision ist für jede Gesellschaft – insbesondere in Krisenzeiten – unverzichtbar, und zwar sowohl im Blick auf die Lösung ihrer Probleme als auch um der schöpferischen Weiterentwicklung willen.

Neue Gesellschaftsvisionen und -träume müssen also in jenen Kernwerten verwurzelt sein, die sich aus unseren religiösen und kulturellen Traditionen ableiten, in jenem moralischen Empfinden, das wir noch immer ansatzweise besitzen, und in der Erinnerung an grundlegende Werte, die in unserem Kollektivbewußtsein (noch) vorhanden ist – auch wenn die Erinnerung zu verblassen droht. Vision hängt mit gesellschaftlicher Innovation zusammen und wird zum Gutteil von jenen Orten ausgehen, an denen sich bereits soziale Experimente ereignen, die auf solche»erinnerte Wertmaßstäbe« aufbauen. Die alternative moralisch-politische Vision, die unsere Gesellschaftskrise braucht, wird wahrscheinlich nicht von den Gipfeln der politischen Macht kommen. Prophetische Visionen tun das so gut wie nie. Die Aufgabe prophetischer Politik wird oft von Glaubensgemeinschaften und Gewissensbewegungen wahrgenommen, die von unten her daran arbeiten, das Leben der Menschen zu verändern und eine Neuorientierung der Gesellschaft zu bewirken.

Eine umfassende prophetische Spiritualität könnte den Hunger nach persönlicher und gesellschaftlicher Veränderung ansprechen, der bei uns herrscht, und sie könnte viele Menschen sammeln. Solch eine Bewegung muß pluralistisch und nicht sektiererisch sein, andere Glaubens- und Moraltraditionen achten und für sinnvolle Zusammenarbeit offen sein. Wir brauchen jetzt eine unabhängige spirituelle Stimme für soziale Gerechtigkeit und Versöhnung, und dazu hätte die religiöse Gemeinschaft etwas beizutragen.

---

14 Stichwort»Vision«, ebenda, Band 19, S. 688 f.

Prophetische Politik

Die gute Nachricht lautet, daß solch eine Stimme bereits vernehmbar ist. Es gibt eine prophetisch-spirituelle Bewegung, die gleichzeitig von sozialer Veränderung und von persönlicher Verantwortung spricht. Im ökonomischen Feld strebt sie über den Grundsatz des Profits und einer stagnierenden Bürokratie hinaus zu einer Wirtschaftsethik, die in den Bedürfnissen des Gemeinschaftslebens wurzelt. In Umweltfragen läßt sie die alten Begriffskämpfe zwischen Ausbeutung und Natur-Protektionismus hinter sich und entwickelt eine Theologie der Beziehung zur Erde.

Diese prophetische Perspektive sieht Rassismus und Sexismus als spirituelle und soziale Sünden und ruft zur Umkehr. Außenpolitisch stellt sie Menschenrechte über Nationalegoismen und sucht nach Alternativen zum Krieg als der gängigen Lösung für die unausweichlichen Konflikte zwischen den Nationen. Obwohl sie sich ausdrücklich gegen die theokratischen Ansätze der religiösen Rechten abgrenzt, besteht diese neue Bewegung des religiösen Gewissens auf dem unauflöslichen Zusammenhang von Politik und Moral. Indem sie das tut, kann sie zum gesellschaftlichen Sammelbecken für das werden, was Walter Brueggemann »prophetische Imagination« nennt.[15] Während der letzten Jahrzehnte ist diese Handlungsorientierung bei vielen religiös inspirierten Bemühungen, die Bedrohung des Atomkriegs abzuwenden, sichtbar geworden. Man erlebt sie in Kirchengemeinden, die Flüchtlingen Zuflucht gewähren oder Unterkünfte für Obdachlose bereitstellen; sie äußert sich beim Anpacken von Gemeinschaftsaufgaben und in vielfältigen Initiativen zur Rettung von Kindern, zur Stärkung des Familienlebens und zur Bewahrung der Schöpfung. In Städten und Dörfern gibt es inzwischen unzählige geistlich motivierte Unternehmungen und Zusammenschlüsse zur Heilung und zum Wiederaufbau des lokalen Gemeinschaftslebens.

Nach Jahren, in denen der offizielle ökumenische Dialog nur dürftige Resultate gezeitigt hat, entsteht eine lebendige Ökumene zwischen Menschen, die einander gefunden haben, während sie den Glauben in die Tat umgesetzt haben. Eine neue Art von Glaubensgemeinschaft ist in großstädtischen Dienstgruppen, Obdachlosenun-

---

15 Walter Brueggemann, The Prophetic Imagination. Minneapolis 1978.

terkünften und Suppenküchen zusammengewachsen; ähnliches ist
bei Demonstrationen und in Gefängniszellen, beim Kampf gegen den
Rassismus und für die Umwelt, in Gebets- und Bibelgruppen und bei
verschiedensten Experimenten der Gemeinschaft und der geistlichen
Erneuerung passiert. Was sich früher gerne als »prophetischer Protest« verstanden hat, hat an vielen Orten genug Reife und Kraft er-
langt, um zur Quelle »prophetischer Vision« zu werden. Aus religiösen Werten und ethischer Betroffenheit entwickeln sich alternative
soziale und wirtschaftliche Ansätze. Diese Bewegung des prophetischen Gewissens ist politisch, ohne
ideologisch zu sein. Vorhersagbare Politik auf irgendeiner Parteilinie
verbietet sich für authentisches prophetisches Zeugnis von selbst.
Gerade die Verweigerung gegenüber imperativen Parteimandaten
könnte einer der wichtigsten Beiträge einer prophetischen Vision
sein. Eine wirklich unabhängige religiöse und ethische Perspektive
hätte einiges zur Gestalt einer neuen Art von Politik beizutragen, und
wir müssen die Art dieses Beitrags immer klarer darstellen.

Diese neue prophetische Spiritualität hat noch keinen Namen,
aber die Medien sollten verbrauchte und unpassende Etiketten vermeiden, um sie zu beschreiben. Sie zieht Evangelikale an, die ein füh-
lendes Herz und ein soziales Gewissen haben. Sie bringt traditionelle
ProtestantInnen zusammen, die sich nach einem geistlichen Auf-
bruch und nach mehr Gerechtigkeit sehnen. Sie ist einladend für KatholikInnen, die nach einer Spiritualität der Gesellschaftsveränderung suchen. Sie schließt schwarze, lateinamerikanische, asiatische
und indianische Glaubensgemeinschaften ein, die für eine multikulturelle, gerechtere Gesellschaft eintreten. Sie ist fähig, Menschen
christlichen, jüdischen und islamischen Glaubens und solche mit anderem religiösen Hintergrund ins Gespräch zu bringen und zu einer
Zusammenarbeit einzuladen, die auf der Achtung vor den jeweiligen
Eigenheiten und auf den genuinen Beiträgen aller beruht – und nicht
auf pseudoharmonischen religiösen Verkürzungen. Und sie zieht
Menschen an, die schon lange von der etablierten Religion entfremdet sind, aber nach einer persönlichen und gemeinschaftsstiftenden
Spiritualität hungern, die ihre Suche nach einem gerechteren Leben
unterstützen könnte.

Prophetische Spiritualität wird das herrschende System immer radikal und fundamental herausfordern und echte Alternativen aufzeigen, die aus den Wertmaßstäben unserer besten Traditionen heraus

entwickelt worden sind. Es gibt eine Reihe von Gruppen, in denen solche Alternativen bereits umgesetzt werden: die Armen selbst – sofern sie sich die Ursachen ihrer Unterdrückung bewußt machen und Kräfte der Veränderung sammeln und organisieren; die religiöse Gemeinschaft – sofern sie die Auffassung vertritt, daß der Glaube soziale und politische Konsequenzen hat; KünstlerInnen und SchriftstellerInnen – sofern sie einen neuen Akkord der Volkskultur anschlagen; Führungskräfte in allen Formen der Gemeinschaft – sofern sie bereit sind, praktizierte Demokratie zu wagen; und eine wachsende Anzahl von Familien der Unter- und Mittelschicht, die das Scheitern des Systems am eigenen Leib erfahren haben – sofern sie sich den demagogischen Versuchen widersetzen, andere Opfer des Systems zu Sündenböcken zu machen. Eine andere Zukunft wird nicht dadurch zustande kommen, daß man die Eliten an der Spitze hin- und herschiebt, sondern eher aufgrund von veränderten Werten und einer neuen Art des Handelns von unten – durch Menschen wie die erwähnten und ihre Gemeinschaften.

Die Politik, die wir jetzt ganz dringend brauchen, ist eine »Politik der Gemeinschaft«. Bei ihrem Geburtsprozeß könnte ein prophetisch-spirituelles Netzwerk über die Grenzen von Rasse, Klasse, Geschlecht und regionaler Verankerung hinweg als Hebamme neuer Ansatzmöglichkeiten aktiv werden.

DIE PROPHETISCHE BERUFUNG: ZU LEBEN, »ALS OB ...«

Die prophetische Berufung besteht darin, das Alte in Frage zu stellen und zugleich das Neue anzusagen. Wie die Propheten müssen wir das, was unumstößlich scheint, hinterfragen. Die biblischen Propheten hatten immer eine doppelte Aufgabe. Erstens sagten sie kühn die Wahrheit und verkündeten die Gerechtigkeit, die in Gott wurzelt. Sie nannten die Götzen beim Namen, die das Volk verführt hatten, und demaskierten ihre zerstörerische Wirkung. Und sie riefen die Menschen auf, zu ihrer eigentlichen Identität und Bestimmung zurückzukehren, die darin liegt, die falschen Götter zurückzuweisen und sich daran zu erinnern, wer sie als Kinder Gottes sind.

Aber zusätzlich zur Proklamierung der Wahrheit hatten die Propheten eine zweite Aufgabe: Sie gaben einer alternativen Vision Ausdruck; sie halfen den Menschen, sich neue Möglichkeiten vorzustellen.

Der *Solidarnosc*-Aktivist Adam Michnik pflegte zu sagen: »Wir leben, als ob politischer Spielraum da wäre.«[16] In den schlimmsten Jahren des Kampfes um die Demokratie in Polen gab es keinen politischen Spielraum. Aber indem sie lebten, als gäbe es ihn, trugen die ArbeiterInnen von *Solidarnosc* dazu bei, ihn zu schaffen. Heute brauchen wir Menschen, die bereit sind, so zu leben, als sei eine alternative Vision möglich. Selbst wenn die Aussicht auf wirkliche Veränderung nur hauchdünn zu sein scheint – ja besonders dann – braucht die Geschichte Menschen, die glauben, daß Veränderung möglich ist, und die bereit sind, dafür persönlich in die Bresche zu springen. Das erfordert oft eine kräftige Dosis Glauben.

Eine Reihe von Veränderungen sind jetzt notwendig. Vielerorts sind solche Transformationen bereits auf dem Weg. Gemeinsam könnten sie unsere Wende bewirken und unsere Schritte auf einen neuen Weg lenken.

Der erste Schritt besteht darin, persönliche Werte und politische Moral wieder miteinander zu verknüpfen. Die Heilung des Familienlebens, die Festigung unserer verbindlichen Beziehungen und die Wiederentdeckung, daß unsere Kinder kostbar sind, sind wesentlich für den Wiederaufbau unserer Gemeinschaften und für die Wiederherstellung der Integrität im politischen Bereich.

Unser suchthafter Materialismus bedarf der Heilung. Wir können von dem Irrtum befreit werden, daß die Anhäufung und der Konsum von Dingen Inhalt und Maßstab des menschlichen Lebens seien. Unsere Entfremdung von der restlichen Schöpfung muß überwunden werden. Wir können von dem Wahn bekehrt werden, die Erde gehöre uns; wir können als TeilhaberInnen einer Schöpfung leben, die Gott gehört. Die Annahme, daß wir über den Überfluß der Welt so verfügen, daß wir ihn beliebig verbrauchen, horten, aufteilen, ausbeuten oder zerstören dürfen, kann durch die Wertmaßstäbe eines haushalterischen Umgangs mit den Gütern dieser Erde und durch den Grundsatz der Gleichheit ersetzt werden.

Unserem Wirtschaftssystem könnte eine Gemeinschaftsethik zu-

---

16 Zitiert von Jonathan Schell, in: Reflections. A Better Today. The New Yorker. Jg. 61, Nr. 50 (3. Febr. 1986), S. 47.

grundegelegt werden. Auf diese Weise ließe sich die gegenwärtige Profitorientierung überwinden. Wir könnten so leben, als seien soziale Güter ein wertvollerer Maßstab der Lebensqualität als Konsumgüter.

Wir können die Sünden des Rassismus und Sexismus schonungslos aufdecken, bereuen und im persönlichen alltäglichen Umgang, in kulturell gewachsenen Einstellungen und in Gesellschaftsstrukturen die Unterdrückung von Andersfarbigen und Frauen korrigieren. Indem wir uns für eine wirklich multikulturelle und auf der Gleichheit der Geschlechter basierenden Zukunft öffnen, die allen die gleichen Chancen einräumt, werden wir uns auch als Nation neu finden.

Echte Bürgerbeteiligung bei der politischen Themenfindung könnte anonyme Meinungsumfragen ablösen. Die Herrschaft des Geldes über den politischen Prozeß kann gebrochen werden, und Reichtum muß nicht automatisch der Hauptschlüssel zu politischem Einfluß sein. Die Macht der Medienkonzerne über den Informationsfluß und die politischen Themen läßt sich aufdecken, und die öffentliche Diskussion könnte sich endlich wirklicher Vielstimmigkeit öffnen.

Unser verschwenderischer und destruktiver Militarismus kann revidiert werden, sobald wir beginnen, unsere Sicherheit auf soziale Gleichheit im Inland, auf internationale Gerechtigkeit, auf multilaterale Zusammenarbeit und auf das beharrliche Aushandeln unvermeidlicher Konflikte zu gründen – und nicht auf Waffen oder technologische Zerstörungskraft.

Schließlich werden wir anfangen, die Verbindung zwischen uns und der gesamten Erde zu sehen und allmählich zu verstehen, daß ihr und unser Geschick, wie auch immer es ausgehen mag, untrennbar zusammenhängt.

Wir brauchen heute eine neue Vision. Wir brauchen eine Vision, die uns das Gefühl von Zielrichtung gibt, den Sinn unseres Daseins bekräftigt und eine neue Art von Zusammenschluß schafft. Echte Vision bringt uns mit der Vergangenheit in Kontakt und weist uns den Weg in die Zukunft, wobei die Gegenwart ihre tiefste Bedeutung erfährt.

Wir müssen wieder Orientierung finden und Werte, die Menschen zusammenhalten und eine gemeinsame Richtung weisen. Wir müssen uns erinnern, woher wir kommen, entdecken, wer wir sind, und gemeinsam herausfinden, wohin wir gehen.

Wir müssen begreifen, daß all die Themen, vor denen wir stehen, zusammenhängen – und Kontakt finden zu ihrem gemeinsamen spirituellen Hintergrund. Wir müssen anfangen, den Bund mit unseren Mitmenschen auf diesem Planeten und mit der Schöpfung insgesamt zu erneuern, der uns abhanden gekommen ist. Die Vision, die wir jetzt brauchen, ist nichts Geringeres als die eines neuen Bundes. Letztlich müssen wir zu unserer spirituellen Identität als Kinder Gottes zurückfinden.

Es gibt eine Alternative – eine Botschaft der Hoffnung in hoffnungsloser Zeit. Und wir können leben, als könne diese neue Vision Wirklichkeit werden.

Menschen wie du und ich können die Visionen schaffen, die wir brauchen, und sie in die Praxis umsetzen. Wir brauchen mehr, als nur neue Ideen; wir müssen auf lokaler Ebene anfangen, neue Gemeinschaften aufzubauen. Wir können uns nicht damit zufriedengeben, über die Weltprobleme besser informiert zu sein; wir müssen entdekken, daß wir und wie wir selbst etwas bewirken können.

Die Welt wird sich nicht ändern, bevor wir es nicht tun; persönliche und soziale Transformation sind unauflöslich miteinander verquickt. Das ist die Weisheit jener spirituellen Gesellschaftsbewegungen, deren Erbe Bestand hat. Eine neue Politik und eine neue Spiritualität können sich nur gemeinsam entwickeln. Wir müssen diese Verbindung jetzt abklären.

Prophetische Spiritualität kann eine Vision für diese Transformation bereitstellen. Durch Geschichten und Gleichnisse, nicht durch Pläne und Ideologien hoffen wir, den Weg in eine andere Zukunft weisen zu können.

Wir stehen am politischen Scheideweg, und kritische Entscheidungen müssen jetzt fallen. Diese Entscheidungen sind insofern im Kern religiös, als sie unsere grundlegenden Werte und moralischen Empfindungen ans Licht bringen. Die Richtung, die wir einschlagen, wird entscheiden, was für Menschen wir werden und wie die Gesellschaftsordnungen aussehen, in denen wir leben werden. Kurz: Die Entscheidungen, die wir fällen, werden unsere eigene Lebensqualität und noch die unserer Enkel bestimmen. Die hebräische Bibel sagt es deutlich:»Ich habe vor euch Leben und Tod gestellt, Segen und Fluch. Wählt das Leben, damit ihr und eure Nachkommen leben könnt!«(5. Mose 30, 19b)

ZWEITER TEIL

DIE ZERBROCHENE GEMEINSCHAFT

DIE GESCHICHTE VON ZWEI STÄDTEN
Die Teilung der Welt

Zwanzig Straßenblocks vom Weißen Haus entfernt öffnen sich
samstags in den frühen Morgenstunden die Türen des Nachbar-
schaftszentrums unserer Kommunität »Sojourners« für die Menschen, die hier nach kostenlosen Lebensmitteln anstehen. Kurz bevor
wir aufmachen, fassen sich die Freiwilligen bei der Hand, um zu beten. Die meisten von ihnen stehen sonst selbst hier an. Mary Glover,
eine sechzigjährige schwarze Frau, betet: »Herr, wir wissen, daß du
heut' durch die Menschenschlange kommst. Mach, daß wir dich gut
behandeln!«

Ihr Gebet ruft die Worte Jesu in Erinnerung. »Ich war hungrig, und
ihr habt mir zu essen gegeben . . . Was ihr für eine oder einen dieser
Geringsten getan habt, das habt ihr für mich getan« (Matthäus 25,
35a, 40b). Jesus steht in den Essensschlangen im Schatten der Wahr-
zeichen der führenden Supermacht der Welt. Diese Aussage enthält
einen Schlüssel, wie wir wieder zueinander finden könnten.

Das Stadtviertel, in dem ich lebe, heißt »Columbia Heights« und
verläuft entlang der 14. Straße in Washington. Es war Schauplatz der
sogenannten Krawalle, die im bitteren Frühjahr 1968 der Ermordung Martin Luther Kings folgten und ein großes Medienecho fanden. Der »Krawallkorridor«, wie man das Gebiet noch immer nennt,
zeigt bis heute die Narben der enttäuschten und wütenden Gewalt,
die ausbrach, als die Hoffnungen der Menschen so plötzlich und brutal zerschlagen wurden. Mehr als 25 Jahre danach erinnern noch immer ausgebrannte Gebäude und kahle Grundstücke an damals.

Vor einigen Jahren ging meine Schwester Barbara auf dem Weg
zur Tagesstätte der Sojourners-Gemeinschaft mit ihrem damals fünf-
jährigen Sohn Michael durch das Viertel. Michael nahm die Gegend

in Augenschein, guckte verwirrt zu seiner Mutter hoch und fragte: »Mama, war hier Krieg?« Es hat sich eingebürgert, Stadtviertel wie das unsere als »Kriegszonen« zu bezeichnen. Aber nur wenige, die von draußen kommen, überlegen, was es für sie heißen würde, an einem Ort zu leben, der so heißt. Die Hausskelette, die Dreckhaufen und der generelle Zustand des Ganzen erwecken den Eindruck eines Kriegsschauplatzes. Vielleicht können die Augen eines Kindes wahrnehmen, worüber abgestumpfte Erwachsene flüchtig hinwegsehen oder was sie allzuschnell akzeptieren: Hier herrschte und herrscht Krieg. Er geht Tag für Tag weiter, und die Gefallenen sind überall. Die Menschen, die diese und ähnliche Stadtviertel in den Innenstädten überall in Amerika bewohnen, werden nicht nur von den politischen Entscheidungsträgern ignoriert und übersehen. Sie sind Kriegsopfer. Sie sind die Leidtragenden eines Systems, das ihr Leben und ihre Gemeinschaften beschädigt. Kein Wunder, daß sich die, die das durchgestanden haben, »Überlebende« nennen. Aber viele überleben nicht. Die Kräfte, die gegen sie Krieg führen, sind zwar weltweit und unpersönlich, die Folgen für die Menschen hier hingegen sind äußerst konkret und persönlich.

GESCHICHTE ZWEIER STÄDTE

Meine Stadt besteht – wie viele andere Städte des Landes – eigentlich aus zwei Städten. Das Machtzentrum Washington liegt direkt neben der Ansiedlung der Entrechteten, dem »Distrikt von Columbia«. Jede und jeder kennt das »offizielle Washington« mit seinem Marmor, seinen Monumenten und seinen Promenaden. Aber das »andere Washington« kommt bei den Stadtrundfahrten der blauweißen Touristenbusse und im Bewußtsein des übrigen Amerika nicht vor. Hier gibt es menschenunwürdige Behausungen statt protziger Regierungsbüros. Hier spielen Kinder in rattenverseuchten Hinterhöfen zwischen Glasscherben, Abfall und weggeworfenen Heroinspritzen, statt durch prächtige Parks zu rennen. Die einzigen Monumente, die es hier gibt, erinnern an die Verachtung, die Gleichgültigkeit und den würgenden Zugriff eines tief verwurzelten Rassismus auf jene Stadt, die sich selbst zur Fackel der Freiheit für die Welt erklärt. Hier kauern die Obdachlosen im Schatten der großen staatlichen

Machtzentralen und versuchen, sich auf den Schächten zu wärmen, die heiße Luft aus den Heizungssystemen des Pentagons, des Weißen Hauses, der Kongreßflure und des Justizministeriums absondern. Die feuchte Hitze kann zusammen mit der kalten Winterluft Lungenentzündung verursachen, und man kann auf dem verbrannten Fleisch der Unglücklichen, die in Tiefschlaf fallen, das Muster der Eisenroste ablesen. Diejenigen, die in den Regierungsgebäuden arbeiten, in denen die »Neue Weltordnung« organisiert wird, müssen auf dem Weg in ihre Büros buchstäblich über die Obdachlosen hinwegsteigen. Die symbolische Bedeutung ist offenkundig, und diese Alltagsszene stellt eine treffende Metapher der Weltwirtschaftsordnung dar.

Menschen strömen nach Washington, um Macht auszuüben, Macht zu beeinflussen oder einfach in der Nähe der Macht zu sein. Jede und jeder ist irgendwie von diesem Gefühl berauscht. Das hiesige Schlüsselwort heißt *Zugang*. Zugang zur Macht, das ist es, wofür in dieser Stadt alle allezeit kämpfen. Macht wird – wie Geld – zur eigenen Rechtfertigung, zu einem potenten Aphrodisiakum. Wie man sie kriegt oder wozu man sie benutzt, ist nicht der Diskussion wert; Macht zu *haben* ist wichtig!

So wie Macht das offizielle Washington definiert, so bestimmt Machtlosigkeit das andere Washington. Hier leben die Leute, die die Hotelzimmer reinigen, die Hamburger wenden und die Taxis fahren – wenn sie überhaupt Arbeit haben.

Washington ist die mächtigste Stadt des Landes und zugleich die machtloseste. Sie darf nicht einmal die eigenen Angelegenheiten und die eigene Zukunft regeln. Weil sie von vielen als eine Art Kolonie angesehen wurde, gab es bis 1974 nicht einmal Ansätze von Selbstverwaltung. Bis heute werden die EinwohnerInnen des Distrikts (immerhin an die 607000 Menschen) von niemandem im Kongreß repräsentiert, und der Kongreß kann sein Veto gegen alle Pläne der gewählten Stadtverwaltung einlegen. Als »letzte Kolonie« ist der Distrikt von Columbia ein Abbild für die Beziehungen, die auch viele andere Teile der Welt zum offiziellen Washington haben.

Der Ort, an dem ich lebe, steht symbolisch für die Orte, an denen wir alle heute leben. Washington, D.C., ist ein dramatisches Exempel dafür, was aus der globalen Gesamtwirtschaft geworden ist – die Geschichte zweier Städte. Die bipolare Schichtung der globalen Stadt spiegelt sich in Hunderten von Gemeinwesen im ganzen Land und weltweit wieder.

Die Geschichte ist immer dieselbe. Überall gibt es jetzt eine Oberstadt und eine Unterstadt; mancherorts ist das deutlicher sichtbar als anderswo, aber es stimmt überall und wird immer evidenter. Im Weltmaßstab ist dies überwältigend. Es handelt sich um das Kernfaktum der globalen Krise – die Grundlage, um all unsere anderen Probleme zu verstehen. Und doch handelt es sich um die eine Tatsache, die wir am liebsten leugnen oder ignorieren würden. Das aber wird in zunehmendem Maße unmöglich werden. Sich der Geschichte der beiden Städte zu stellen wird sehr bald schon *die* politische und moralische Forderung schlechthin sein.

Unsichtbare MieterInnen

Eines Tages klopfte es an unsere Haustür. Eine Frau von der anderen Straßenseite bat um Hilfe.»Sie nehmen uns die Wohnung weg«, sagte sie.»Und alle anderen haben aufgegeben und sind abgehauen, aber ich will dableiben und kämpfen. Würdet ihr meiner Familie helfen?« Die»Sojourners«-Kommunität hatte bereits angefangen, sich mit der Wohnraumsituation zu befassen; deswegen sagte ich, wir würden es versuchen. Ich hatte keine Ahnung, auf was wir uns da eingelassen hatten.

Wir entdeckten, daß das Mietshaus, in dem die Frau wohnte, von einem Immobilienspekulanten gekauft worden war, der es mit 100 Prozent Profit weiterverkaufen wollte. Er hatte alle Bewohnerinnen und Bewohner (die zwar arm waren, aber brav ihre Miete bezahlt hatten) auf die Straße gesetzt und plante, das Gebäude für eine neue wohlhabende Klientel zu sanieren. Wir hatten so etwas schon vorher erlebt. Der Prozeß ist als»Veredelung« bzw. als»Bewegung zurück in die Innenstadt« bekannt; Immobilienhaie und Spekulanten haben ein Auge auf unser Wohnviertel geworfen. Sie malen sich eine blühende Zukunft des Stadtteils aus – eine Zukunft, die allerdings nicht jene Menschen mit niedrigem Einkommen einschließt, die hier das ganze Leben verbracht haben. Alle, die an diesem Prozeß beteiligt sind, scheffeln eine Masse Geld – außer den Armen; die verlieren das Dach über dem Kopf.

Wir beschlossen, uns für die tapfere Frau und ihre Familie einzusetzen, und besuchten den neuen Besitzer, der, wie sich herausstellte, Professor der Rechte an der Katholischen Universität von Amerika war (ich mußte daran denken, daß Jesus religiösen Rechtsgelehrten nie über den Weg getraut hat!). Als ich ihn einlud, uns dabei zu helfen, das Gebäude in eine mietereigene Kooperative umzuwandeln, damit die Leute bleiben könnten, lachte er mir schallend ins Gesicht und sagte: »Ich werde bei diesem Geschäft meine Investition verdoppeln, und weder Sie noch sonstwer wird mich daran hindern.«

Wenn man nicht mehr weiß, was man machen soll, ist es manchmal das beste, eine Party zu veranstalten. Das haben auch wir gemacht. Am Abend, bevor alle BewohnerInnen zwangsgeräumt werden sollten, feierten wir das Fest der »Gemeinsamen Inbesitznahme dieses Gebäudes«. Es war ein Großereignis und eine Galaveranstaltung mit Musik und Luftballons. Die Kinder aus der Tagesstätte und Leute aus der ganzen Nachbarschaft erschienen. Spielkameraden des kleinen Jungen, dessen Familie vertrieben werden sollte, trugen ein selbstgemachtes Plakat mit der Aufschrift: »Laßt Ofon sein Zuhause behalten!« Die Frau, die den Kampf aufgenommen hatte, zerschlug eine Flasche Sekt an der Hausmauer und taufte es »Nachbarschaftsbesitz«. Natürlich hatten wir keinerlei juristische Handhabe, um diese kleine Mietskaserne zum Eigentum der Leute zu erklären – wo sie doch im Rahmen einer »gesetzmäßigen« Transaktion »saniert« werden sollte.

Einige von uns hatten beschlossen, in dem Haus zu bleiben und diese Frau zu unterstützen, die sich der Zwangsräumung widersetzen wollte. Wir richteten uns auf eine gewiß sehr unruhige Nacht ein. Ich erinnere mich, daß ich nicht viel Schlaf fand, weil ich darüber nachgrübelte, was passieren würde. Natürlich wurde das Gebäude am nächsten Morgen – lange nachdem Schaulustige und Fernsehkameras abgezogen waren – von der Polizei eingekesselt. Wir wurden verhaftet, in Handschellen gelegt, abgeführt und übers Wochenende ins Untersuchungsgefängnis des Distrikts von Columbia verfrachtet.

Am Montag brachte man uns gleich morgens zum Gericht, wo wir die Bekanntschaft eines beflissenen jungen Verteidigers machten, der unseren Fall übernehmen wollte. Ich sagte ihm, daß wir bereit seien, uns selbst zu verteidigen, aber er insistierte. »Sagen Sie mir bitte wenigstens, was Sie getan haben und warum«, bettelte er. Also erzählte ich's ihm. Während ich redete, wurden die Augen des jungen Anwalts immer größer. Als ich fertig war, wurde er ganz still und sehr ernst. Er sah mir ganz aufrichtig in die Augen und sagte: »Ich glaube, ihr solltet auf Unzurechnungsfähigkeit plädieren! Wer versucht, die Immobilienspekulation in Washington zu stoppen, muß verrückt sein!«

Wir verloren das Haus, und die junge Frau zog samt ihren Kindern für mehrere Monate bei uns ein, bis sie eine andere Bleibe gefunden hatte. Aber die Schlacht um das Haus Nummer 2542 in der 13. Straße Nordwest mobilisierte neue moralische Kräfte in der Stadt – insbesondere innerhalb der Kirchen, die sich dem Unrecht in bezug auf die Wohnraumnot der Armen zu widersetzen begannen. Weil ich seither so oft erlebt habe, wie armen Leuten genau dasselbe widerfahren ist, habe ich mir einige Gedanken gemacht. Wenn es als »normal« gilt, Menschen das Dach über dem Kopf oder ihr Stückchen Land wegzunehmen, und wenn alle Versuche, das zu verhindern, verrückt oder sinnlos erscheinen, dann ist irgend etwas wirklich furchtbar schief gegangen. Mir scheint, daß in solchen Zeiten ein bißchen prophetische Narrheit oder Verrücktheit durchaus angebracht ist.

Schon der Name Washington, D.C., erzählt die Geschichte zweier Städte. Die weißen EinwohnerInnen und Fachleute, die die Macht in der Bundeshauptstadt in Händen haben, leben in Washington. Die Schwarzen, die die überwiegende Mehrheit der Stadtbevölkerung ausmachen (66 Prozent), stammen aus D.C., dem Distrikt von Columbia. Die Hauptstadt der sogenannten freien Welt ist de facto nach wie vor eine Stadt der Rassentrennung, vor allem im Blick auf Wohnraum, Schulen und soziale Möglichkeiten.

Die Kräfte der »Wohnraumveredelung« und der Immobilienspekulation schieben nach und nach die schwarzen und lateinamerikanischen BewohnerInnen in noch überfülltere Viertel – oder überhaupt ganz aus der Stadt – ab. Unzulängliche Ghettobehausungen werden in adrette Cityhäuser umgewandelt – mit Preisen, die für die vormaligen BewohnerInnen unerschwinglich sind.

Die unsichtbaren Armen

Ich entsinne mich an einen Augenblick, in dem mir ein großes Licht aufging. Es war wenige Wochen vor der Präsidentschaftswahl von 1988. Ich fuhr von der Arbeit nach Hause und hörte im Autoradio eine Diskussion über die lustlose Herbstkampagne. Die Runde von ExpertInnen, die teils den Demokraten nahestanden, teils den Republikanern, versuchte herauszufinden, weshalb sich im Wahlkampf keine gewichtigen Streitthemen zwischen den KandidatInnen herauskristallisiert hatten.

Am Ende waren sich alle ziemlich einig darüber, daß die scharfe politische Debatte ausfiel, weil es einfach keine bedrängenden Probleme gäbe. Die Kommentatoren (alles weiße Journalisten) stimmten darin überein, daß das Land »gute Zeiten« durchlebte. In solch einem positiven Klima von Friede und Prosperität, vermuteten sie, würden politische Gegensätze verstummen.

Als ich zu Hause ankam, dröhnten die Worte der ExpertInnen in meinem Kopf: »Wir leben in guten Zeiten; es gibt keine echten Diskussionsthemen.« Als ich ein paar Minuten auf der Straße verweilte, sah ich mich um und betrachtete die augenfälligen Anzeichen für ein Gemeinwesen, das ums nackte Überleben kämpfte – und verlor. Dann dämmerte es mir: Wir hier existieren einfach nicht. Viertel wie das meine kommen in den Köpfen der politischen AnalytikerInnen und EntscheidungsträgerInnen schlechterdings nicht vor.

Während der Präsidentschaftswahl 1992 lenkte eine Rezession die Aufmerksamkeit auf die Leiden der Mittelschicht, und die Demokraten versprachen Steuererleichterungen, um den Druck zu mindern und Wählerstimmen zu holen. Wieder fehlten alle Themen, die mit dem Niedergang der verarmten Innenstädte zusammenhingen. Das machte einmal mehr deutlich, daß eine umfassendere Analyse nötig ist. Der Kolumnist Charles Krauthammer bemerkte vor der Wahl, er habe während der Debatten oder im Wahlkampf kaum je das Stichwort *arm* gehört. Die KandidatInnen appellierten lieber an die verunsicherte Mittelschicht.

Der politische Kommentator Cokie Roberts weist darauf hin, daß die PolitikerInnen sich klar darüber seien, daß die Wahlbeteiligung bei der Mittelschicht höher liegt als bei den Armen. Die Menschen, die um mich herum leben, spielen in der Diskussion einfach keine Rolle. Es ist, als existierten die Armen nicht. Wir warten noch immer auf eine politische Führung, die die Armut wirklich in Angriff nimmt, die jetzt immerhin 35 Millionen Amerikanerinnen und Amerikaner gefangenhält.[1] Die meisten der Kuren, die gegen das Armutsproblem verschrieben werden, sind Variationen der *trickle-down*-Politik vergangener Jahre, die für die Armen katastrophale Auswirkungen hatte.

---

1 Vgl. Jason DeParle, Number of People in Poverty Sharp Rise in U.S. New York Times. 27. Sept. 1991, S. A1.

EINE ZWEISCHNEIDIGE WIRTSCHAFTSPOLITIK

Vielsagende Widersprüche gibt es in fast allen Lebensbereichen in Washington, D.C. Die Wohnraumpreise zählen zu den höchsten im Lande, ebenso wie die Rate der Obdachlosen. Die Kindersterblichkeit in der Stadt mit den meisten RechtsanwältInnen und ImmobilienmaklerInnen hat Dritte-Welt-Niveau. Die Arbeitslosigkeit unter schwarzen Jugendlichen liegt bei mindestens 60 Prozent, während junge weiße Akademikerpaare mit Doppeleinkommen nach den gewinnträchtigsten Geldanlagen suchen. Eignungstests an den Schulen des Distrikts von Columbia liegen hundert Punkte unter der Bundesnorm.[2]

Neunzehn Millionen Touristen lassen alljährlich 2,4 Milliarden Dollar in der Hauptstadt, während die Gefängnisse im Distrikt kein Geld für Plastikbecher und Klopapier haben. Das Hotelgeschäft boomt, während immer mehr Frauen und Kinder in Obdachlosenasyle oder gleich auf die Straße umziehen. Washingtons wohlhabende Vororte gehören zu den begehrtesten Wohngegenden des Landes, während die Sterberate im Distrikt mangels guter medizinischer Versorgung oder gesunder Ernährung permanent ansteigt. Junge weiße Männer zahlen an den örtlichen Universitäten einen Spitzensatz an Studiengebühren, während die Wahrscheinlichkeit, daß ihre schwarzen AltersgenossInnen einem Tötungsdelikt zum Opfer fallen, neunmal höher liegt als bei ihnen.

Washington, D.C., ist ein Mikrokosmos jener Kräftedynamik, die jetzt die Weltordnung regiert, und der gegenwärtige Drogenkrieg läßt all diese Widersprüche ans grelle Licht treten.

In unserem Viertel tragen Achtjährige elektronische Piepser am Gürtel, damit sie für Drogendealer erreichbar sind, sobald eine neue Ladung ausgeliefert werden muß. Es ist für die Dealer sicherer, Kinder für dieses Geschäft zu benutzen, weil so Entdeckung und Bestrafung weniger wahrscheinlich sind.

Jugendliche können an einem Tag oder innerhalb einer Woche mehr Geld verdienen, als sie sich je erträumt hätten. Durch den gefährlichen und illegalen Drogenhandel können sie Tausende von Dollars machen – viel mehr als in den unsicheren Teilzeit- und Nied-

---

2 Vgl. Office of Police and Program Evaluation, Indices: A Statistical Index to District of Columbia Services, Washington, D.C., 1991, S. 99 f., 180, 287.

riglohnjobs der offiziellen Wirtschaft. Und viele greifen nach diesem riskanten Angebot.

Niemand kennt die genaue Zahl; aber ein außerordentlich hoher Prozentsatz von Jugendlichen im Distrikt von Columbia ist ins Drogengeschäft verwickelt. In Rohstoffländern wie Kolumbien sind die Einnahmen aus dem Drogenhandel zum Lebensunterhalt der Armen geworden. Letztlich ist dies der einzig echte Markt in der »Marktwirtschaft« solcher Gegenden wie Kolumbien und Columbia Heights. In der brisanten Atmosphäre von Drogen und Geld wird das Leben zur Billigware. In Kolumbien kostet es inzwischen ganze 40 Dollar, jemanden ermorden zu lassen. Von Kolumbien in Südamerika bis zu Columbia Heights in Washington, D.C., stellt die Armut die Bühne für eine Tragödie zur Verfügung, und das Drogendrama vollzieht dabei einfach die Exekutionen.

In ihrem jetzigen wirtschaftlichen und sozialen Umfeld ist es für Jugendliche sehr schwierig, nein zu Drogen zu sagen. De facto sagen wir ihnen, sie sollen sich damit zufriedengeben, einen Teilzeitjob bei irgendeiner Fast-Food-Kette zu haben und ansonsten den amerikanischen Traum zu verfolgen, so gut sie eben können. In einer sich im Niedergang befindenden Wirtschaft gibt es einfach die besseren Jobs und die strahlendere Zukunft nicht, die wir jungen Leuten aus den Innenstädten gerne versprechen würden. Gleichzeitig aber vermitteln die Bilder, die durch Fernsehen, Kino und Popmusik tagtäglich auf sie einhämmern, den jungen Leuten, daß sich ihr Wert und Status als Menschen aus dem ableitet, was sie besitzen und verbrauchen. Schicke Klamotten, neue Autos, ein hübsches Haus und viel Gold um den Hals – das sind die Sehnsüchte der Großstadtjugend. Darin unterscheiden sie sich in nichts von den meisten AmerikanerInnen.

Der entscheidende Unterschied besteht darin, daß diesen Jugendlichen ein legaler Zugriff auf die verlockenden Attraktionen der amerikanischen Konsumkultur buchstäblich verwehrt ist. Sie werden von einer Wirtschaft ausgesperrt, die keinen Platz für sie hat. Träume und Zukunftshoffnungen werden ihnen verweigert.

In Washington, D.C., können die Mitglieder der »permanenten Unterschicht«, wie die Medien sie gerne nennen, tagtäglich die Zeitung zur Hand nehmen und lesen, wie »pflichtbewußt« die politischen FührerInnen nur wenige Straßen weiter sind. Die »Washington Post« berichtete am 27. September 1991 von zwei großen politischen Dinnerveranstaltungen, die am Abend zuvor von beiden politi-

101

schen Parteien abgehalten worden waren. Der Empfang des Weißen Hauses zu Ehren des Königs von Marokko war ein klassisches Staatsbankett, mit Stars aus der Welt der Unterhaltung, des Sports, des Big Business und der Politik bestens ausstaffiert. Die Gäste speisten »Lachsmedaillon an Champagnergelee mit Kaviarsauce sowie Lammkissen in Tarragon und geeistes Kürbissoufflé«, bevor alle »Gott segne Amerika« sangen.

Wenige Kilometer weiter hielten die Demokraten im Sheraton Hotel von Washington ihre eigene Party ab – zu 1500 Dollar per Gedeck. Ein Senator scherzte, er habe als Kind mit Bauklötzen gespielt wie andere Jungen, »aber meine hießen 48. Straße und 49. Straße«. Alle Präsidentschaftskandidaten für die nächste Wahl waren anwesend und redeten davon, wie man die Armen satt machen könnte, während sie selbst »pochiertes Lachsfilet mit Safrancreme an grünem Gemüse, . . . gegrilltes Tenderloin Beef-Filet an Spinat mit Gorgonzolakäse und weiß-schwarze Schokoladenterrine mit Crème anglaise und Himbeer-Coulis« zu sich nahmen. Die Haltung der Reichen und Mächtigen beider Parteien in bezug auf die Ärmsten des Landes waren sich zum Verwechseln ähnlich.

DIE GLOBALEN STÄDTE

Wie Washington, D.C., basiert auch das übrige Weltsystem auf einer zweigeschichteten Wirtschaft. Oben befindet sich der höchst lukrative und boomende Bereich der Eliten mit Managern und Fachleuten, und ganz unten steht eine immer mehr verarmende Bevölkerung, die der High-Tech-Wirtschaft dient, aber deren Arbeit und sogar Konsum immer weniger benötigt werden.

Die Tatsache, daß Großgrundbesitzer, die nicht selbst auf ihren Besitztümern leben und sie bewirtschaften, den größten Teil des Landes in Süd- und Nordamerikas städtischen wie ländlichen Zentren der Armut ihr eigen nennen, ist ein deutliches Signal. Dasselbe gilt für die Tatsache, daß die Armen hier wie dort Rohstoffe haben, daß sich aber der Fluß der Rohstoffe in überwältigendem Maße aus den armen Gegenden in die reicheren Gebiete und Länder bewegt. Die Tatsache, daß in der Ersten wie in der Dritten Welt ganze Gemeinden und Sektoren einfach ausgeschlossen werden, sagt etwas über die

Zielrichtung der Weltwirtschaft aus. Vollständige Populationen werden einfach aus dem wirtschaftlichen Hauptstrom herausdefiniert. Und aus der Weltwirtschaft ausgeschlossen zu sein bedeutet, dem Tod ausgeliefert zu sein. Wie im Gleichnis Jesu vom reichen Mann und dem Bettler Lazarus stehen Abermillionen von Kindern Gottes vor verschlossenen Türen.

Die Ablehnung der Wohlhabenden

Ich erinnere mich, wie ich im Büro von Bischof Antonio Fortich saß, einem der mutigsten und geachtetsten Kirchenführer auf den Philippinen. Seine armen Gemeindeglieder auf der Insel Negroes waren in die Feuerlinie zwischen Militär und Aufständischen geraten und befanden sich in großer Not. Bauern hatten das Land an feudalistische Familienclans und ausländische Agrarkonzerne verloren und kämpften ums Überleben. Militärische und paramilitärische Kräfte hatten allen Oppositionellen, unter denen sich auch Kirchenleute befanden, den Krieg erklärt. Die Außenwand des Büros, in dem wir miteinander redeten, war von Einschußlöchern übersät, die von einem erst kürzlich erfolgten Angriff stammten. »Wenn du für die Armen arbeitest«, sagte der Bischof, »giltst du als subversiv«.

Am Abend traf ich einen Überlebenden des Massakers, das das Militär kurz vorher durchgeführt hatte. Der junge Vater und Katechet der christlichen Gemeinde weinte, als er mir die brutalen Einzelheiten jener Nacht schilderte, in der er seine Frau und drei kleine Kinder verloren hatte.

Auf dem flachen Land besuchte ich arme Gemeinden, in denen sich die Menschen um notdürftige Altäre mit einfachen Marienstatuen, Blumen in Plastikbechern und Kerzen in leeren Colaflaschen zu Messen unter freiem Himmel versammeln. Angesichts der Gewalt, die überall um sie herum war, beschäftigte sich eine Gemeinde mit Jesu Worten aus den Seligpreisungen: »Selig sind die, die um der Gerechtigkeit willen verfolgt werden« (Matthäus 5, 10). Die Moderatorin sagte: »Wir sind nicht größer als unser Meister. Auch er hat gelitten, und wir müssen in seinen Fußstapfen nachfolgen.« Ich erfuhr, daß alle, die solche Messen der christlichen Basisgemeinden besuchen, vom Militär als verdächtig eingestuft werden. Wir fuhren in der Regenzeit von Dorf zu Dorf; überall war Matsch. Die meisten Hütten sind aus Gras, Bambus und Holzästen gemacht, haben Lehmböden und Dächer, die sich bei Regen als undicht erweisen. Unzureichende Ernährung und die sanitären Verhältnisse verursachen Mangelschäden und gravierende Gesundheitsprobleme. Auf den Wäscheleinen hängen Kleider, die kaum mehr sind als Lumpen. Lächelnde, aber sichtlich unterernährte Kinder tragen T-Shirts mit Aufschriften wie »He-Man«, »Ghostbusters« und »Have a Nice Day«.

Ein weiteres Zeichen der paradoxen und peinlichen Verflechtungen zwischen den beiden globalen Städten hatte für mich einen besonders bitteren Beigeschmack: An den Wänden vieler Elendshütten, die ich besuchte, hingen Ausschnitte von Zeitschriften – Hochglanzreklame für eine Reihe von Produkten und Luxusgütern. Insbesondere sprangten die Abbildungen von Eßbarem ins Auge: Luxusmahlzeiten und Gourmetgerichte – in dürftigen Wohnstätten, in denen es kaum etwas zu beißen gab. Eine moderne Version jenes berüchtigten Ausspruchs von Marie Antoinette[3] vor der französischen Revolution könnte lauten: »Dann sollen sie eben Bilder essen!«

Den letzten Morgen auf den Philippinen verbrachte ich im »Barrio Bagong«, einem der ärmsten Bezirke von Manila. Es handelt sich um ein Industriegebiet, wo die ArbeiterInnen unsäglich ausgebeutet werden und wo die Probleme von hoher Arbeitslosigkeit, beengten und primitiven Wohnverhältnissen, zunehmender Kriminalität und Drogen sich türmen. Es erinnerte mich an zu Hause.

Als wir durch die Seitengäßchen gingen, sahen wir Menschen, manchmal ganze Familien, die Plastik wuschen. Tüten, Abfallfetzen und Styroporbehälter werden gründlich geschrubbt, gebündelt und an Fabriken verkauft, die das Material wiederverwerten. Wenn man den ganzen Tag Plastik wäscht, kann man etwa 20 Pesos verdienen. Das entspricht etwa einem Dollar.

Diese Szene war ein weiteres Gleichnis für das globale System: Männer, Frauen und Kinder – die Armen der Erde – waschen den Abfall der wohlhabenden Welt. An zu vielen Stellen wie dieser führen die Sensenmänner des Hungers, der Seuchen und der Armut einen stummen Holocaust aus, der selten den Weg in die Abendnachrichten schafft. In der Weltwirtschaft wird jetzt die Zahl von 40 bis 60 Millionen Armutstoten pro Jahr als normal hingenommen.

---

3 *Anm. d. Übers.*: Als die Königin davon hörte, daß das Volk kein Brot habe, soll sie gesagt haben: »Dann sollen sie eben Kuchen essen!«

Eine Welt der Gegensätze

Gandhi hat gesagt: »Armut ist die schlimmste Form der Gewalt.«[4] Diese Armut ist an einigen Stellen, die wir »Dritte Welt« nennen, schlechterdings überwältigend. Die USA haben in den achtziger Jahren den Wohlstand systematisch von den Armen und der arbeitenden Klasse an die Reichen umverteilt. Die an der Spitze sind die Nutznießer des Goldrauschs, während in den ärmsten Gegenden der Welt tagtäglich 35000 Kinder sterben, weil ihnen die primitivsten Dinge wie sauberes Trinkwasser und Grundnahrungsmittel fehlen.

Diese Aussage wird plastischer, wenn wir uns vorstellen, daß etwa 100 Jumbo-Jets mit Babys und Kleinkindern besetzt würden und wir zusehen müßten, wie alle 14 Minuten solch ein Flugzeug abstürzt. Gleichzeitig reist eine kleine Elite der Welt erster Klasse.

In seinem Buch »Millenium, Gewinner und Verlierer in der kommenden Weltordnung« entwirft der französische Ökonom Jacques Attai[5] das schaurige Bild einer Weltwirtschaft, die die Menschen in zwei Klassen spaltet: Die erste Gruppe sind die »reichen Nomaden«, die außerordentlich mobil sind und deren Mittel ihnen letztlich Zugriff auf alles ermöglichen, was es auf Erden gibt. Die zweite Gruppe sind die »armen Nomaden«, denen auch nur ein Fleckchen Erde oder ein Platz verweigert wird, den sie »Heimat« nennen könnten. Sie sitzen in den abgewickelten Bezirken der Weltwirtschaft fest und haben auf so gut wie nichts Zugriff. Sie erleben keinerlei Zusammengehörigkeit mit den übrigen Kindern Gottes und haben vor allem auch untereinander keine Beziehung. Die »reichen Nomaden« sind natürlich eine kleine Elite; die Anzahl »armer Nomaden« hingegen wächst stetig weiter.[6]

In einem bedrückenden Artikel mit dem Titel »Die künftige Anarchie« malt Robert D. Kaplan ein zukünftiges globales Szenario mit zunehmender Polarisierung, Bevölkerungsexplosion, Rohstoffverknappung und dem Abgleiten der Rechtsordnung in eine gesetzlose »Straßenkrieger«-Kultur von Chaos und Verbrechen.

---

4 Mohandas K. Gandhi, in: Seeds of Peace. A Catalogue of Quotations, zusammengestellt von Jeanne Larson und Madge Miheels-Cyrus. Philadelphia 1986, S. 127.
5 Düsseldorf 1992.
6 ebenda.

»Ich bekam einen Vorgeschmack von der Zukunft, als ich vom Flughafen ins Stadtzentrum von Conakry, der Hauptstadt Guineas, fuhr. Die dreiviertelstündige Fahrt in dichtem Verkehr führte durch ein endloses Slumgebiet: ein alptraumartiges Dickens-Schauspiel, wie es selbst ein Dickens nie für möglich gehalten hätte. Die Wellblechhütten und Pappwände waren mit schwarzem Schlamm bedeckt. Aus verrosteten Schiffscontainern, Schrottautos und einem Wirrwarr von Maschendraht hatte man Lager errichtet. Die Straßen waren eine einzige fließende Dreckpfütze. Moskitos und Fliegen waren allgegenwärtig. Kinder, von denen viele Schwellbäuche hatten, schien es wie Ameisen zu geben. Bei Ebbe war der trübe Küstenstrand mit toten Ratten und den Wracks verrotteter Autos übersät. In 28 Jahren wird sich die Bevölkerung Guineas verdoppelt haben, wenn das Wachstum so anhält wie bisher. Die Rodung von Edelhölzern wird in einem irrsinnigen Tempo vorangetrieben, und die Menschen fliehen aus den ländlichen Teilen Guineas nach Conakry.«[7]

Kaplan bezeichnet den Zusammenbruch des globalen Ökosystems und die anschwellende Flut von Verbrechen und Gewalt als »Rache« der Armen und der Natur.[8]

Der Autor zitiert Thomas Fraser Homer-Dixon von der Universität in Toronto, der die These aufstellt, aufgrund dieser Polarität und Verknappung würden künftig die Kriege entflammen.

»Man stelle sich eine Limousine mit Überlänge vor, die über die Schlaglöcher New Yorks brescht, wo obdachlose Bettler leben. Innerhalb des Straßenkreuzers befinden sich die postindustriellen Regionen Nordamerikas und Europas, der boomende Pazifikrand und ein paar wenige isolierte andere Schauplätze mit ihrer Handels-Gipfelpolitik und ihren Computer-Informations-Highways. Außen vor ist die übrige Menschheit, die sich in eine völlig andere Richtung bewegt.«[9]

Kaplan kommt zu dem Schluß: »Wir stehen an der Schwelle einer zweigespaltenen Welt.« Zu einem Zeitpunkt, als solch ein Gegensatz zwischen extravagantem Wohlstand und krasser Armut erstmals institutionalisiert und rational begründet wurde, begannen die biblischen Propheten, vom Gericht und der Gerechtigkeit Gottes zu

---

7 Robert D. Kaplan, The Coming Anarchy. Atlantic Monthly. 273, Nr. 2 (Febr. 1994), S. 44–76.
8 ebenda, S. 44 u. 54.
9 Zitat ebenda, S. 60.

wettern und das Volk zur Buße zu rufen. Aber wer werden die heutigen Jeremiasse sein?

In Manila sah ich zu, wie Jungen und Mädchen von ihren Müttern auf der Straße gebadet wurden, indem sie ihnen Wasser über den Kopf und auf die Straße schütteten. Die Kinder hatten die Augen zusammengekniffen und schnitten Grimassen, wie es Kinder in aller Welt tun, wenn sie gebadet werden. Wenn die Kinder so nackt dastehen in ihrem Elendsviertel und ängstlich die Augen schließen, damit die Seife nicht brennt, sehen sie so verwundbar aus, wie ihre Position ganz unten in der Weltwirtschaftsordnung sie tatsächlich macht. In Brasilien und in anderen armen Ländern haben paramilitärische Gruppen angefangen, die Straßenkinder gezielt zu ermorden, um »die Stadt zu säubern«.[10]

Als 1977 der brasilianische Erzbischof Dom Helder Camara unsere Kommunität besuchte, wollte er einen Spaziergang durch das Stadtviertel unternehmen. Der kleine Mann in der langen schwarzen Soutane, charismatischer Anwärter auf den Friedensnobelpreis, erregte jede Menge Aufmerksamkeit. Aber er schien sich ganz zu Hause zu fühlen, lächelte die Leute an, die an ihm vorbeigingen, und winkte ihnen zu. Er fragte uns nach dem Immobilienmarkt. Ich beschrieb ihm, wie die Armen auf die Straße gesetzt werden, und er nickte traurig und sagte, das sei bei ihm zu Hause im Nordosten Brasiliens genau dasselbe.

Seite an Seite

In der ganzen Welt stehen Wohlstand und Armut Seite an Seite dicht zusammen. Die Erste und die Dritte Welt sind nicht durch Ozeane voneinander getrennt, sondern durch Straßenzüge. Direkt vor den Toren von Kapstadt in Südafrika liegt ein Slumgebiet, das ausgerechnet »Free Ground« (Freier Grund) heißt. Es ist ganz und gar nicht frei. Die dortigen BewohnerInnen mußten an die Regierung in Pretoria Miete für etwas zahlen, was nicht mehr ist als ein Haufen Sand. Hier wurden die Armen einfach entsorgt. Die Hütten, die sie bewohnten, durften laut Gesetz nur vier Quadratmeter groß sein – eine Obergrenze, die die weiße Regierung willkürlich festgelegt hatte.

---

10 Alberta Piccolino, Killing the Innocents. The War On Brazil's Street Children. Sojourners Magazine. Jg. 21, Nr. 2 (Febr./März 1992), S. 28 f.

Aus einer der Hütten kam eine Frau, um uns zu begrüßen. Als wir miteinander redeten, erzählte sie uns, wie sie ständig herumgestoßen worden war – und deshalb ständig auf Wanderschaft, wie so viele Schwarze in Südafrika. »Wir haben keine Jobs. Wir haben nichts zu essen. Wir haben kein Wasser. Wir haben nichts.« Sie blickte zu Boden und wurde sehr still. Dann sah sie uns wieder an. »Wir stecken in der Sackgasse.« In jener Nacht wurde ein anderes Hüttenlager von der Regierung dem Erdboden gleichgemacht. Die abgeschobenen Menschen kamen nach Free Ground, und eine weitere Familie zog mit in die Hütte der Frau, der wir eben erst begegnet waren.

Nur zwei Minuten weiter befindet sich ein anderer Ort, der Marina De Gama heißt. Dieses weiße Viertel besteht aus imposanten Einfamilienhäusern. Hier kann von einer Größenbegrenzung nicht die Rede sein. Wunderschöne grüne Rasenflächen erstrecken sich in alle Richtungen. Luxuskarossen stehen in jeder Einfahrt, und die Gärten dieser Prachtvillen laufen auf einen künstlichen See zu, an dessen Ufern Vergnügungsboote liegen und sanft im Wind schaukeln.

Hier befinden sich die Erste und die Dritte Welt Seite an Seite und nur zwei Minuten voneinander entfernt. Ich hatte früher schon Armut gesehen und ebenso extravaganten Wohlstand. Aber ich war ihnen nie so dicht beieinander begegnet. Hier existieren die beiden Städte der Weltwirtschaft in krasser Nähe – wobei die eine die andere um des eigenen Wohlstands und der eigenen Privilegien willen buchstäblich umbringt, während die andere außerhalb der Sichtweite ihrer Unterdrücker leidet und stirbt. Free Ground und Marina De Gama sind in der Tat ein Spiegel, in dem wir alle uns wiedererkennen können.

Erste und Dritte Welt liegen in vielen Städten unseres Landes Seite an Seite. Die Connecticut Avenue in Washington, D. C., ist ein wunderschöner von Alleen gesäumter Boulevard mit Restaurants, Läden, Bürogebäuden und Parks – mitten im Herzen der Weltwirtschaft. Sechs Häuserblocks weiter liegt die 14. Straße, die von Armut, Drogen und Gewalt strotzt – ebenso an den Rand der Weltwirtschaftsordnung gedrängt wie die Lager der Landlosen und die Slums anderswo. Man kann nachmittags über die Schlammpfade der palästinensischen Flüchtlingslager im Westjordanland gehen und kurz danach in einem Edelcafé in Westjerusalem unter den wachsamen Augen schwerbewaffneter junger israelischer SoldatInnen zu Abend speisen.

Von den Glastürmen des Wilshire Boulevard zu den Armenvierteln von Ost-Los Angeles, vom Olympischen Konferenzzentrum in Seoul zu den großstädtischen Ausbeutungsbetrieben Südkoreas, vom schönen Hafen in Sydney zu den *Homelands* der Aborigines im australischen Hinterland, von den Medien-Hauptquartieren an der berühmten Fleet Street zu den heruntergekommenen Mietskasernen der Immigranten in Ost-London, vom Inter-Continental-Hotel in Managua zum Landstädtchen Jalapa an Nicaraguas Nordgrenze: Die Geschichte zweier Städte ist überall, wo ich gewesen bin, mit Händen zu greifen.

Selbst mittelgroße US-Städte wie Rockford/Illinois, Portland/Oregon und Burlington/Vermont haben jetzt Probleme, die sich nur graduell von denen der Südbronx, Detroits, Chicagos und Washingtons, D. C., unterscheiden. Und die umherstreifenden Jugendbanden westafrikanischer Slums nennen ihre heruntergekommenen Großstadtbezirke inzwischen »Chicago« und »Washington«.

An all diesen Orten höre ich dieselbe Geschichte, sehe ich dieselben Muster. Unsichtbare Grenzen separieren uns und machen uns unempfindlich für das Leiden und den Schmerz der anderen. Wir sind voneinander getrennt, und die Teilung ist die Geschichte, die unsere moderne Welt definiert.

Die südafrikanische Frau aus dem Elendsviertel sprach prophetische Worte aus, als sie sagte: »Wir stecken in der Sackgasse.« Wenn wir das nicht begreifen, liegt eine schwere Zukunft vor uns. Die Logik des Weltsystems, das wir geerbt haben, ist am Ende und in der Sackgasse gelandet.

DIE GROSSE WUT

Ein gewaltiger Abgrund tut sich auf zwischen denen, die von der Weltwirtschaftsordnung profitieren, und jenen, die ihre Opfer sind. Aus dem Abgrund der großen Teilung der Menschheit steigt jetzt eine gewalttätige Wut empor, und wir laufen Gefahr, von ihr überwältigt zu werden.

Lange Zeit waren weder die extremen Gegensätze von Wohlstand und Armut noch die Polarisierung Washingtons, D. C., über den »Beltway«, die ringförmige Stadtautobahn, hinaus bekannt. Aber in den achtziger Jahren fing meine Stadt plötzlich an, nationale und internationale Schlagzeilen zu machen – nicht als Zentrum der Kultur

109

und der Macht, sondern als »Mord-Hauptstadt« der Nation. Rasch richteten die Kameras der Medien, die sich bisher vom »anderen« Washington abzuwenden pflegten, die Aufmerksamkeit auf Stadtteile, die von Drogen und Schußwaffen überrollt wurden. Der Distrikt von Columbia erlangte traurige Berühmtheit. Nachrichtenmagazine produzierten Titelgeschichten, die von den »zwei Washingtons« handelten, während sich nervöse örtliche Behörden beeilten, verunsicherten Touristen zu versichern, daß das Töten nur auf »gewisse Stadtteile« beschränkt sei. Unser Stadtteil Columbia Heights war mehrere Jahre die Mordhauptstadt der Mordhauptstadt. In den Straßen, in denen wir wohnen, steigerte sich die Rate der Tötungsdelikte ständig. Sie ereigneten sich direkt vor unserer Haustür. Anläßlich einer Zusammenkunft im Stadtteilzentrum der Sojourners fragte ein Nachbar: »Was bedeutet es, im mörderischsten Stadtteil der mörderischsten Stadt des mörderischsten Landes zu leben?«

Bis heute hält die Gewalt an und wächst weiter. Jedesmal, wenn ich darüber referiere, habe ich neue Geschichten – entsetzliche Geschichten, in denen es häufig um Kinder geht, denen wir beim Aufwachsen zugesehen haben oder deren Familien und Freunde uns nahestehen.

Drei Kinder, die auf den Schulbus warteten, wurden am hellichten Tag Opfer einer zufälligen Schießerei. Ein Freund, der die Straße entlangging, geriet in den Schußwechsel zweier Kinder und mußte sich in einen Geschäftseingang flüchten, um sein Leben zu retten. Immer mehr Menschen erwischt es. In unserem Viertel ist es sehr leicht, zur falschen Zeit am falschen Ort zu sein.

Die Schießereien hören Tag und Nacht nicht auf. Ich erinnere mich an einen Sonntagnachmittag, an dem draußen Schüsse losgingen. Ein Jugendlicher hatte von einer Telefonzelle aus telefoniert, als ihn jemand mit sieben Maschinengewehrsalven durchsiebte. Der Mord passierte direkt vor dem Haus, in dem unsere PraktikantInnen wohnen. Bis auf einen waren alle von ihnen zu Hause, und sie gehörten zu den ersten, die den leblosen Körper vom Wohnzimmerfenster aus sahen. Die Polizei erledigte ihre inzwischen zur Routine gewordene Aufgabe und schaffte schließlich den Leichnam weg. Danach ging unser langjähriges Kommunitätsmitglied George Gentsch mit einem Eimer Wasser auf die Straße und schrubbte das Blut vom Bürgersteig – als Sakrament für den jungen Mann. Seine Aktion war ein Gleichnis für das, was »Dienst an der Großstadt« heute ist.

1983 bereiste ich mit dem ersten Team eines Projekts namens »Zeugnis für den Frieden«, einer kirchlichen Initiative zur Unterstützung der Kriegsopfer und zur Beendigung der sinnlosen Gewalt, die Kriegsgebiete des umkämpften Nicaragua. In einem Flüchtlingslager lernte ich einen dreizehnjährigen Jungen namens Agenor kennen, der bei mir einen bleibenden Eindruck hinterließ. Die Baseballmütze, das zerfetzte Hemd und die löchrigen Turnschuhe erinnerten mich an die Kids, die in meinem eigenen Stadtteil die Straße rauf- und runterrennen, mit dem einen Unterschied, daß dieser schmächtige Junge ein schweres Maschinengewehr auf dem Rücken trug. Er war Mitglied der Bürgermiliz, die sich gegen die von den USA unterstützten Kontras zur Wehr setzte, die das Gebiet terrorisierten. Als ich heimkehrte, hatte sich Agenors Gesicht mit seinen suchenden braunen Augen und seinem scheuen Lächeln in mein Gedächtnis eingegraben. Am Tag meiner Rückkehr traf ich Eddie auf der Straße. Auch er war damals dreizehn. Als ich Eddie von meiner Reise erzählte, kam mir ein fürchterlicher Gedanke: Wenn die US-Regierung den Krieg in Nicaragua eskalieren ließe und schließlich amerikanische Truppen entsendete, könnte Eddie – ein junger Schwarzer aus einer armen Familie mit wenigen anderen Möglichkeiten – unter den ersten sein, die gehen würden. Ich erinnerte mich an dieses Muster vom Vietnamkrieg.

In diesem Augenblick stellte ich mir die entsetzliche Möglichkeit vor, Eddie und Agenor könnte auf irgendeinem Schlachtfeld in Nicaragua einander gegenüberstehen, ihre Gewehre hochreißen und aufeinander schießen, so daß einer oder beide getötet würden. Die große ideologische Konfrontation zwischen Ost und West könnte am Ende dazu führen, daß sich Eddie und Agenor gegenseitig umbringen – zwei junge Männer, der eine schwarz, der andere braun, würden im Namen eines Weltkonflikts zweier weißer Supermächte sterben. Ich versuchte mir anstelle dieses Horrorbildes vorzustellen, wie Eddie und Agenor zusammen Baseball spielen.

Eddie starb nicht auf einem Schlachtfeld in Nicaragua, wie ich befürchtet hatte. Eddie starb ein paar Jahre später auf den Straßen des eigenen Stadtviertels. Einige Stunden lang war er das letzte Opfer und die jüngste statistische Zahl in der Gewalt-Epidemie der Stadt.

Eddie war immer ein lustiger und manchmal rotzfrecher Bursche gewesen, mit einem schelmischen Grinsen und mit Augen, die groß und lebendig und voller Abenteuerlust waren. Er hing gern in unseren Häusern herum und stibitzte ab und zu einen Apfel. Er wußte zwar, wir würden ihm einen Apfel geben, aber das prickelnde Gefühl, einen zu klauen, war spannender. Er war in einer armen Familie großgeworden und verfiel den Verlockungen des Reichtums, die vom Drogenhandel ausgingen und ihm schließlich das Genick brachen. Er war nie ein Hauptdrahtzieher gewesen, sondern bloß ein junger Kerl, der sich mit großen Augen nach einem besseren Leben sehnte. Einen Monat nach Eddies Tod waren wir an einem Sonntagmorgen zum Gottesdienst versammelt. Während der Fürbitten wurde bekanntgegeben, daß ein weiterer junger Mann, Anthony, ein paar Abende zuvor umgebracht worden war. Ich sah, wie sich die Gesichter der Gemeinde schmerzvoll verzogen und die Tränen zu fließen begannen. Vor vielen Jahren war Anthony in unsere Tagesstätte gegangen. Wir kannten seine ganze Familie.

Nach dem Gottesdienst bebte Martha, seine ehemalige Betreuerin, vor Zorn:»Es war so ein lieber und sensibler Junge«, sagte sie.»Es ist dieses ganze gewalttätige System!«

Nach der Kirche ging ich zum Beerdigungsinstitut, um mir den Leichnam eines gutaussehenden, vitalen jungen Mannes anzusehen, der jetzt kalt und tot war. Anthonys trauernde Mutter und seine Geschwister waren da, aber mir fiel kaum etwas ein, was ich hätte sagen können.

Wir vermissen Eddies Lächeln und Anthonys sanftes Wesen. Ein junges Mädchen, das das Programm in unserem Stadtteilzentrum mitmacht, vermißt ihren siebzehnjährigen Bruder, der nur drei Türen von meiner Haustür entfernt von einem anderen siebzehnjährigen mit einem Automatikgewehr erschossen wurde.

In einer eindrücklichen Szene des großartigen Films»Boyz 'N the Hood« aus dem Jahre 1991, in dem es um Bandengewalt geht, sitzen ein paar junge Männer am Abend, nachdem einer ihrer Kumpels getötet wurde, auf den Eingangsstufen eines Hauses. Einer schimpft darüber, daß die Abendnachrichten im Fernsehen wieder bloß über Krieg und Gewalt in anderen Teilen der Welt berichtet haben –»all diese ausländischen Plätze«. Seine Freunde fragen, warum man nicht herkommt und den Leuten die Wahrheit darüber sagt, was in diesem Viertel los ist. Er antwortet resigniert:»Entweder, die wissen's nich' oder die zeigen's nich' oder denen is' schnuppe, was hier abgeht.« Vincent Harding, ein bekannter Schriftsteller und Chronist der Bürgerrechtsbewegung, besuchte 1989 Westdeutschland, wo er geistliche Besinnungstage für schwarze US-Soldaten leitete. Viele erzählten ihm, sie wollten ihre Armeezeit verlängern, um nicht nach Hause in ihre Wohnviertel zurück zu müssen, sie hätten Angst, dort umgebracht zu werden. Junge Afroamerikaner beschlossen, in der Armee zu bleiben, um ihr Leben zu retten!

Ich erinnere mich an einen besonders bitteren Abend, der mir zu einem etwas besseren Gesamtverständnis half. Vincent und Rosemarie Harding besuchten seinerzeit gerade unsere Kommunität. Kurz zuvor hatten wir bei einem sinnlosen Akt der Straßengewalt einen weiteren jungen Freund verloren. Vincent und ich blieben an diesem Abend lange auf und sprachen über die Ereignisse. Der berühmte Chronist der Freiheitsbewegung begann zu weinen, und aus seinem tiefsten Inneren erwuchs ein gequälter Schrei: »Eine ganze Generation von uns wird kaputtgemacht!«

In diesem Augenblick verstand ich besser denn je zuvor, weshalb unsere Gesellschaft zuließ, daß das tödliche Gemetzel anhielt. Ich begriff, daß es für die meisten weißen AmerikanerInnen der Mittelklasse nicht eine ganze Generation von »uns« ist, die vor die Hunde geht. Es sind vielmehr »die«. Und wir machen ihnen täglich unmißverständlich klar, was wir von ihnen halten: Sie sind nicht wichtig, sie zählen nicht, sie existieren nicht.

Die Verbundenheit, die Vincent das Herz zerriß, wird einfach nicht gefühlt. Ich verstand in jener mitternächtlichen Stunde, daß die schreckliche Gewalt nie enden wird, bevor Vincent Hardings Klage nicht zu unserem gemeinsamen Schrei wird.

DIE ZUSAMMENHÄNGE SEHEN

In unterschiedlichen Gemeinschaften um den ganzen Globus herum sehen immer mehr Menschen die Verbindungslinien zwischen den beiden Städten. Der El Salvadorianer und Priester Jon Sobrino ist einer davon. Am 16. November 1989 wurden sechs Jesuitenpatres mit ihrer Haushälterin und deren Tochter in ihrer Wohnung in San Salvador, nahe der Universität von Mittelamerika, brutal ermordet. Das von den USA gestützte Militär von El Salvador beging das Verbrechen. Der Jesuitentheologe Jon Sobrino hatte 15 Jahre lang dieser Gemeinschaft angehört und war während des Überfalls nicht zu Hause, was ihm wahrscheinlich das Leben gerettet hatte. Er hielt sich gerade in Asien auf und kam drei Wochen später nach Washington, D. C. Als er Sojourners besuchte, sprach der bekannte Befreiungstheologe über den Sinn des Martyriums seiner Kollegen.

Die Jesuiten seien ermordet worden, sagte er, weil sie »die gigantische Verschleierung der Welt« aufgedeckt hätten.

»Die Welt will den Tod verschleiern . . . Die Tötung der sechs Jesuiten – und so vieler anderer Leute – offenbart etwas, was gewöhnlich kaschiert bleibt. Sie offenbart die Wahrheit El Salvadors, der Dritten Welt und der Welt insgesamt.«[11]

Die Jesuiten brachten die Geschichte der beiden Städte ans Tageslicht und wurden dafür umgebracht. Sobrino:

»Diese Welt, die so vielen Millionen Menschen den Tod antut, verbreitet zugleich Lügen darüber. Sie versucht, den Tod ganz bewußt zu ignorieren; schlimmer noch: Sie benutzt Euphemismen, um den Tod zu bemänteln . . . Die Jesuiten haben die Lügen entlarvt – die Versuche, den Skandal zu kaschieren . . . El Salvador ist nicht bloß eine schreckliche Anekdote in der gegenwärtigen Geschichte, es ist ein Fall unter vielen, der zeigt, in was für einer Welt wir leben.«[12]

Eine ungewöhnlich unverblümte Anzeige in einem Business-Magazin stellte ein Jahr später Sobrinos oben zitierte Einsicht unter Beweis. Dort hieß es:

»Rosa Martinez produziert auf ihrer Nähmaschine in El Salvador Kleidung für US-Märkte. Man kann sie für 33 Cents in der Stunde anheuern . . . Rosa ist mehr als nur farbenfroh. Sie und ihre Mitarbeiterinnen sind für ihren Fleiß, ihre Zuverlässigkeit und ihre rasche Auffassungsgabe bekannt. Sie machen El Salvador zu einem der besten Schnäppchen . . .«[13]

Dom Helder Camara aus Brasilien und Jon Sobrino aus El Salvador erspürten die Zusammenhänge. Je mehr Zeit ich in den am meisten vergessenen und verlassenen Gegenden der Welt zubringe, desto mehr spüre auch ich die Verbindungen. Wir müssen zulassen, daß die

---

11 Jon Sobrino, The Greatest Love, Interview durch Jim Wallis. Sojourners Magazine. Jg. 19, Nr. 3 (Apr. 1990), S. 16-18.
12 ebenda.
13 Anzeige in: Bobbin Magazine 5 (Aug. 1991), S. 16.

Zusammenhänge und Widersprüche anfangen, unsere Gesamtsicht zu verändern.

Wie ich bereits weiter oben behauptet habe, wird unser Weltbild weitgehend von dem bestimmt, was wir tagtäglich sehen – von dem, was wir berühren, fühlen, schmecken, sehen und riechen. Wir alle reden uns ein, wir würden uns unsere Meinung über die meisten Dinge – insbesondere über soziale und politische Fragen – aufgrund unserer Ideen und Grundsätze, unseres Wissens und der Konzepte, die wir uns angeeignet haben, bilden. Weit gefehlt. In Wahrheit wird unsere Perspektive primär von unserer Erfahrung geformt – von dem, was wir zu sehen kriegen, wenn wir morgens aufstehen. Wir suchen nach einer moralischen Perspektive, die uns die Augen öffnet, das Herz erweicht und unsere Handlungen verändert. Das mag erfordern, daß wir ab und zu einen Ortswechsel vornehmen.

Zeit zum Hinsehen und Hinhören

Mary Glovers Gebet am Anfang dieses Kapitels trifft den Nagel auf den Kopf. Sie weiß, was es heißt, arm zu sein – und sie kann beten. Bevor wir die Lebensmittelverteilung beginnen, spricht meistens sie das Gebet, weil sie unsere beste Beterin ist. Sie betet wie eine, die weiß, mit wem sie redet. Man merkt sehr schnell, daß Mary Glover und Gott schon seit vielen Jahren im Gespräch miteinander sind.

Als erstes dankt sie für das Geschenk eines neuen Tages. Sie betet voller Dankbarkeit:»Danke, Herr, daß du mich heute geweckt hast, daß die Wände meiner Wohnung nicht die Wände meines Grabes waren und mein Bett nicht mein Sarg.« Kurz bevor wir öffnen und die Leute hereinströmen, um Lebensmittel abzuholen, betet sie jedesmal die Worte, die die Lehre Jesu kongenial zusammenfassen:»Herr, ich weiß, du kommst heut' durch die Menschenschlange, mach, daß wir dich gut behandeln!« In Matthäus 25 Vers 43 sagt Jesus:»Ich war hungrig, und ihr habt mir nichts zu essen gegeben. Ich war durstig, und ihr habt mir nichts zu trinken gegeben, ich war fremd, und ihr habt mich nicht aufgenommen, nackt, und ihr habt mich nicht gekleidet, krank und im Gefängnis, und ihr habt mich nicht besucht.«

In dieser Evangelienszene vom Jüngsten Gericht versuchen die Leute, sich zu entschuldigen. Sie fragen:»Wann haben wir dich denn hungrig, durstig, fremd, nackt, krank oder im Gefängnis gesehen und

115

uns nicht um dich gekümmert?«(Vers 44). Sie sagen also praktisch: »Uns meinst du doch bestimmt nicht, Herr! Wir haben dich nie leiden sehen. Sonst, da kannst du sicher sein, hätten wir sofort etwas dagegen unternommen. Wir wußten einfach nicht, daß du es warst, Herr. Hätten wir es gewußt, dann hätten wir zumindest ein soziales Aktionskomitee gegründet.«

Dann sagt Jesus zu ihnen: »Ich sage euch die Wahrheit: Sowenig wie ihr für einen dieser Geringsten getan habt, sowenig habt ihr für mich getan.« (Vers 45). Jesus stellt hier die Frage: »Wie sehr liebt ihr mich? Wie sehr ihr mich liebt, das werde ich daran erkennen, wie sehr ihr die liebt, die am verwundbarsten sind.« Er identifiziert sich mit ihnen. Der Sohn Gottes, wie er in dieser Szene beschrieben wird, nimmt auf der Erde den Platz der Armen, Vergessenen und Einsamen ein. Er sagt uns einfach: Was wir ihnen antun, tun wir ihm an. Das ist eine revolutionäre religiöse Idee. Von der Innenstadt Washingtons, D. C., über die schwarzen *Townships* in Südafrika, über die ländlichen Elendsviertel in Mittelamerika und auf den Philippinen bis hin zu all den vergessenen und übersehenen Plätzen der Welt gibt es Menschen wie Mary Glover, die uns helfen, das Angesicht Gottes und den Weg zueinander zu finden. Auf ihre Stimmen müssen wir hören, ihre Sorgen und Hoffnungen müssen in unser Leben eindringen. Ihr Schmerz und ihr Glaube können uns helfen, Zugang zum eigenen Schmerz und zum eigenen Glauben zu finden.

In den Schreien und Gebeten der Armen werden wir den spirituellen Ruf für unsere Zeit vernehmen. Auch wenn die meisten heutzutage diese Idee verrückt finden würden, ist doch die Pointe dieses Evangelienabschnitts, daß unsere Zukunft bei den Armen liegt; unsere Schicksale sind – so oder so – miteinander verkettet. Trotz des unsäglichen Lärms dieser Gesellschaft, der unsere Aufmerksamkeit ablenkt, unser Hirn beschlagnahmt und unser Herz hartmacht, ist unser aller Leben sehr real ineinander verwoben. Und die Lebensumstände derjenigen unter uns, die am verwundbarsten sind, sind der beste Test für unsere zwischenmenschliche Solidarität.

Der geistliche Zusammenhang

Einen neuen Gemeinschaftssinn zu schaffen erfordert allerdings, daß wir die ideologischen Rahmensetzungen der Linken und der Rechten hinter uns lassen. Linke Ideen von ständig auszuweitenden Individualrechten und -ansprüchen setzen nicht tief genug an und scheitern an finanziellem und gesellschaftlichem Widerstand. Die radikaleren linken Vorstellungen vom Klassenkampf werden ebenfalls jene Lösungen nicht hervorbringen, die wir in einer zunehmend polarisierten Welt brauchen. Ähnlich haben es konservative Ansätze wie bloße Eigeninitiative, Handel ohne Beschränkungen und *trickle-down*-Ökonomie nicht geschafft, die enorme Kluft zwischen Reich und Arm einzudämmen. Die Rechte hat es nicht nur versäumt, eine moralische Forderung zu formulieren, die sich dem ungerechten Zustand entgegenstellt, sondern sie hat diesen Zustand bisher auch eifrigst verteidigt.

Die Krise der Weltwirtschaft ist dem Wesen nach moralischer Natur. Deswegen werden rein politische Argumente und Lösungen unzureichend bleiben. Wir müssen eine Verbundenheit miteinander finden und fühlen, und nur eine solche spirituelle Verbundenheit wird neue schöpferische Schritte in Richtung Gerechtigkeit hervorbringen. An dieser Stelle könnten zentrale spirituelle Forderungen, die sich aus unseren religiösen Traditionen ableiten, für Schlüsseleinsichten sorgen. Wir setzen bei der grundlegenden Einsicht in die *imago dei*, der Gottesebenbildlichkeit des Menschen, an. Die meisten Weltreligionen lehren, daß die Menschheit und jedes menschliche Wesen nach göttlichem Bilde geschaffen ist. Diese grundlegendste Prämisse gibt jedem Menschen denselben geheiligten Wert.

Dem Kern unseres Problems liegt die peinliche Wahrheit zugrunde, daß die Wohlhabenden meinen, ihre Kinder seien wichtiger als jene Kinder der Welt, die jetzt verhungern. Die religiöse Feststellung, daß auch diese Kinder geheiligt sind, bedeutet, daß diese Kinder ebenso wichtig sind wie unsere und deshalb auch ebenso behandelt werden müssen. Diese spirituelle Forderung haben wir ignoriert, und die Folge davon ist unsere eigene spirituelle Verarmung und moralische Dekadenz. Moralische Werte zu mißachten hat seinen Preis, und wir ernten jetzt jenen sozialen und gesellschaftlichen Verfall, den unsere spirituelle Gleichgültigkeit gesät hat.

Die radikale Behauptung, daß das Bild Gottes jedem menschlichen Wesen eingeprägt ist, gehört zum Kern unserer besten religiösen Traditionen und ist jene Einsicht, die unser Herz und unseren Kopf bekehren und erneuern könnte. Was würde es bedeuten, eine Weltwirtschaft zu gestalten und unsere Politik so zu betreiben, als ob jedes menschliche Wesen denselben geheiligten Wert hätte? Wäre das nicht eine grundsätzliche Herausforderung an alle gegenwärtigen Systeme und an alle in die Tat umgesetzten Grundannahmen? Nur ein neues Bewußtsein vom Wert jedes einzelnen Menschen ist in der Lage, der Ausgangspunkt jener neuen Politik der Gemeinschaft zu sein, die uns zusammenbringen könnte. Solch ein neues Bewußtsein zu schaffen wird eine gewaltige politische Aufgabe sein. Die Politik der Gemeinschaft wird auch ein tieferes Verständnis von Gerechtigkeit erfordern. Linke und rechte Auffassungen von Gerechtigkeit basieren auf weitverbreiteten und festetablierten westlichen Doktrinen des Individualismus. Für die Rechte wie die Linke hat Gerechtigkeit ihren Ausgangspunkt in individuellen Menschenrechten. Aber ein solch individualistisches Gerechtigkeitskonzept versagt in der jetzigen globalen Krise, die einen neuen, tieferen Sinn für Verbundenheit und Gemeinschaft erfordert.

Auch hier können uns religiöse Einsichten weiterhelfen. In den hebräischen Schriften findet man das ganzheitliche Konzept des *Schalom* als beste Definition von Gerechtigkeit. Es handelt sich dabei um eine tiefgreifendere und weitreichendere Auffassung als nur um die Absicherung individueller Menschenrechte. Die Vision des *Schalom* fordert uns auf,»rechte Beziehungen« herzustellen. Sie ist ein Ruf zur Gerechtigkeit in der Gesamtgemeinschaft und für das ganze Volk. *Schalom* ist eine Auffassung von Gerechtigkeit, die alle einschließt und sich sogar auf alle anderen Geschöpfe Gottes sowie die gesamte Schöpfung erstreckt. Die Wiederherstellung rechter Beziehungen bringt uns weiter als nur die Achtung vor Individualrechten. Sie zwingt uns, uns als Teil einer Gemeinschaft zu sehen, ja, als Mitglieder einer umfassenden, aber vielfältig verbundenen globalen Familie, und verankert uns am Ende sogar im Gesamtgewebe des Lebens, an dem wir alle teilhaben und von dem wir alle abhängig sind. Die biblische Vision vom *Schalom* könnte die Grundlage für eine neue Politik der Gemeinschaft und für jene gesellschaftliche Heilung darstellen, die wir so sehr brauchen. Bald werden wir begreifen, daß es nicht nur spirituelle Forderung, sondern auch spirituelle Freude bedeutet, den Zusammenhang zwischen den beiden Städten herzustellen. Ich erinnere mich immer wieder an die Freude und Befriedigung, die daher rührte, daß wir in unserem kleinen Nachbarschaftszentrum diese Verbindung geknüpft haben. Diese Erfahrung mache ich immer wieder an den unzähligen Stellen der Welt, die zu besuchen ich Gelegenheit habe.

An Orten wie der »Open Door Community« in Atlanta/Georgia finden Menschen, die von ihrem Hintergrund her durch Welten getrennt ist, die Freude, die da entsteht, wenn man gemeinsam eine neue Welt baut. Murphy Davis und Ed Loring sind beide Professoren an einem Priesterseminar gewesen und leben jetzt in einer Gemeinschaft, deren Leitlinie die Gastfreundschaft und Gerechtigkeit für die Armen, auch für Atlantas Obdachlose, ist. Wenn Murphy am Sonntagabend die Gitarre auspackt, dann singen alle gemeinsam in einem Gottesdienst, der diejenigen vereint, denen niemand in der Welt zugetraut hätte, daß sie Gott gemeinsam loben. Aber sie tun es. Und jedesmal, wenn ich dort bin, erlebe ich ein kleines Stückchen Himmel mitten auf unserer noch immer gespaltenen Erde. Kommunitäten wie »The Open Door« sind ein Zeichen und eine Verheißung.

Aber um eine neue Politik der Gemeinschaft zu finden und umzusetzen, müssen wir uns zunächst mit den Hindernissen und falschen Götzen auseinandersetzen, die uns im Weg stehen.

FEUER AM HIMMEL
Die Hitze des weißen Rassismus

Im Frühjahr 1992 wurde das Land von einem Weckruf aufgerüttelt. Das Urteil im Prozeß gegen die Polizeibeamten, die Rodney King mißhandelt hatten, und die nachfolgende Explosion in Los Angeles enthielten die deutliche Botschaft, daß das Problem des Rassismus ganz und gar nicht gelöst ist. Die Ironie des Schicksals wollte, daß ich mir am Abend, als das Urteil verkündet wurde, gerade ein Leihvideo des Spielfilms »Blade Runner« ansah. Ich hatte diesen Zukunftsschocker, den Kommentare als »zeitgenössische Gesellschaftskritik mit populären Stilmitteln« bezeichnet haben, nie zuvor gesehen. Er zeigt eine polarisierte High-Tech-Gesellschaft, ein explosives City-Szenario, gekennzeichnet von sozialem Chaos und unberechenbarer Gewalt. Schaurigschöne Bilder mit einem Himmel voller düsterer Rauchwolken und einem Horizont, erleuchtet vom strahlenden Orange zahlloser Brandherde, geisterten über meine dunkle Schlafzimmerwand. Die Handlung war in Los Angeles angesiedelt.

Während des Videoabends erreichte mich die Nachricht, daß die Geschworenen beschlossen hatten, die Polizeibeamten freizusprechen, die King so entsetzlich geschunden hatten. Ich schaltete aufs Fernsehprogramm um, um etwas über die Einschätzung der Lage und erste Reaktionen der Öffentlichkeit zu erfahren. Was ich sah, war ebenso schrecklich wie gespenstisch: Die Fernsehbilder vom brennenden Los Angeles waren von den Bildern nicht zu unterscheiden, die ich soeben in dem apokalyptischen Film gesehen hatte.

ALS WEISSER IN DETROIT AUFWACHSEN

Schmerzliche Erinnerungen überkamen mich. Im Sommer 1967 explodierte meine Heimatstadt Detroit. Die Stadt führte Krieg gegen sich selbst. Später sollte die Kerner-Kommission es so ausdrücken: Detroit sei, wie das übrige Amerika, in »zwei Gesellschaften gespalten, eine schwarz, eine weiß – getrennt und ungleich«[1]. Als jemand, der im weißen Detroit aufgewachsen war, hatte ich keinerlei Berührung mit Schwarzen gehabt, abgesehen von gelegentlichem Sichtkontakt in einem öffentlichen Bus oder bei einem Baseballspiel der »Tigers«. Alles, was man mir über Schwarze beibrachte, beruhte auf den Klischees, die in der weißen Gesellschaft wie selbstverständlich verbreitet sind.

Quälende Fragen

Als Teenager in den sechziger Jahren spürte ich die Spannung und Feindseligkeit, die im Gespräch der Weißen aufzukommen pflegten, sobald die Rede auf die Schwarzen, auf Rassenfragen, die Situation der Stadt oder auf Kriminalität kam. Leute, die ich normalerweise als freundlich und liebenswert kannte, waren plötzlich wie verwandelt und benutzten gemeine Ausdrücke, die von Intoleranz, Angst und Haß diktiert schienen.

Ich wollte wissen, warum. Warum lebten Weiße und Schwarze völlig isoliert voneinander? Weshalb schienen die meisten Weißen wohlhabend zu sein und die meisten Schwarzen arm? Weshalb kannte ich keine Familie, die manchmal nichts zu essen hatte oder deren Angehörige im Gefängnis saßen, wenn ich doch hörte, daß schwarze Familien solche Erfahrungen hatten? Und weshalb gingen wir nicht zusammen zur Kirche? Was erzeugte die Angst? Hartnäckig bombardierte ich meine Eltern, LehrerInnen und FreundInnen mit solchen Fragen; aber ich merkte bald, daß sie niemand beantworten konnte oder wollte.

In der Hoffnung, daß die Kirche Antworten hätte, fragte ich: »Wie ist das mit unserem christlichen Glauben? Liebt Gott nicht alle Menschen?« Ich erinnerte die Kirchenleute an ein Lied, das man uns in der

---

1 U. S. Riot Commission Report of the National Advisory Commission on Civil Disorders. New York 1968.

Sonntagsschule beigebracht hatte:»Jesus liebt die kleinen Kinder, alle Kinder auf der Welt. Rot und gelb und weiß und schwarz – sie sind wertvoll für sein Herz. Jesus liebt die kleinen Kinder dieser Welt.«Ich fragte, warum wir MissionarInnen nach Afrika schicken, aber in der eigenen Stadt keinen Kontakt zu schwarzen Menschen oder auch nur zu schwarzen Gemeinden haben. Man sagte mir, es sei für uns alle besser, wenn wir getrennt leben. Einige benutzten sogar die Bibel, um ihr Argument zu untermauern, und zitierten eine verdrehte Auslegung jener Geschichte, in der Noah die Nachkommen seines Sohnes Ham verflucht. Andere Weiße sagten, die Schwarzen seien mit dem bestehenden Zustand glücklich. Sie hätten ihre Lebensweise und ihren Lebensraum und wir die unsere. Das dürfte kein Problem sein. Und wenn sie Probleme hätten, hätten sie sich diese wohl selbst eingebrockt; schließlich seien sie faul, hätten zu viele Kinder und seien überhaupt gefährlich, erklärte man mir.

Einige Leute prophezeiten mir, daß ich Schwierigkeiten kriegen würde, wenn ich weiterhin solche Fragen stelle. Letzteres sollte die einzig ehrliche Antwort sein, die ich im gesamten weißen Umfeld bekam. Es dauerte nicht lange, bis mir klar war, daß ich die Antworten, nach denen ich suchte, nicht von Weißen kriegen würde. Deshalb beschloß ich, mich auf den Weg in die schwarze Innenstadt zu machen.

Ein Pilgerweg

Ich fing damit an, nach schwarzen Gemeinden zu suchen. Als ich dort meine Fragen stellte, entstand nach und nach ein völlig neues Bild. Schwarze Christinnen und Christen nahmen sich trotz ihres sehr arbeitsreichen Lebens Zeit für einen weißen Jugendlichen, der voller Fragen gekommen war, um sie in ihrem Umfeld zu besuchen. Sie waren außerordentlich geduldig und offen, niemals arrogant und immer voller Mitgefühl. Innerlich müssen sie über meine Fragen geschmunzelt haben, deren Antworten so offenkundig waren; aber sie ließen es sich nie anmerken. Meine Pilgerreise in die schwarze Gemeinschaft eröffnete mir eine völlig neue Welt und sollte sich nachhaltig auf mein weiteres Leben auswirken.

Die simple, selbstgerechte Weltsicht meiner Kindheit und meiner Kirche gerieten in Konflikt mit meiner wachsenden Sensibilität für Rassismus und Armut und sorgten in meinen Teenagerjahren für immer mehr Durcheinander. Ich war von dem, was ich sah, hörte und las, schockiert; ich fühlte mich betrogen und war wütend über die brutalen Fakten des Rassismus. Schlimmer noch: Ich fühlte mich peinlich mitbeteiligt.

Als sich mein Engagement intensivierte, begab ich mich noch tiefer in die schwarze Gemeinschaft hinein. Ich fand Gelegenheiten zum Kontakt und Dialog, besonders mit jungen schwarzen ArbeiterInnen und SchülerInnen. Mehrere Sommerferien hintereinander nahm ich Jobs in Kleinbetrieben und in Wach- und Putzkolonnen an. Die jungen Schwarzen, die ich hier kennenlernte, waren weitaus aggressiver und militanter als die schwarzen Christinnen und Christen, die ich bereits kennengelernt hatte. So wurde durch sie mein Bildungshorizont erweitert.

Es handelte sich um Detroits HilfsarbeiterInnen, die für wenig Lohn schwer schuften mußten. Sie hatten in diesem System keine Zukunft, und sie wußten das. Man hielt ihnen die Güter der Konsumgesellschaft vor die Nase wie die Mohrrübe am Stock, aber vom guten Leben wurden sie systematisch ausgeschlossen.

Ohne je die Möglichkeit einer anständigen Ausbildung oder eines guten Berufs zu haben, lebten sie in drangvollen Ghettobehausungen mit Eltern, Geschwistern, Großeltern und FreundInnen, die keine andere Bleibe hatten. Die meisten waren auf der Straße zu Hause und hatten sich frühzeitig »abgehärtet«, um zu überleben.

Dramatische Antworten

Butch war ein typischer Vertreter der jungen Männer, die ich kennenlernte. Im Sommer, bevor ich auf die Staatsuniversität von Michigan wechselte, arbeiteten wir zusammen als Hausmeister. Unser Leben war so unterschiedlich wie die Verwendung unseres Lohns. Meiner wanderte auf ein Sparkonto für das Studium; seiner ging für den Unterhalt seiner Frau, seiner Mutter und all seiner Geschwister drauf, die zusammen in einer Bruchbude in einem der übelsten Stadtteile von Detroit wohnten.

Mein Job wurde quasi zu einer Schule der politischen Bildung, und Butch war ein fähiger Kommentator und Lehrer. Er hatte sehr viel Durchblick, was die Straße, den Job, Detroit und sogar die internationale Politik betraf. Seine Bildung bezog er aus eigenen Erlebnissen und aus der unerschöpflichen Folge von Büchern, die er in der Hintertasche seiner Hausmeisteruniform verstaute. Seine Erfahrung von Unterdrückung und sein Nachdenken machten ihn zum politischen Revolutionär.

Der Job verschaffte uns Gelegenheit, viele Stunden zusammenzusein, besonders wenn wir beide Fahrstuhldienst hatten. Fahrstuhlführer müssen laut Dienstvorschrift regelmäßig Pausen einlegen, weil einen das ganztägige Auf und Ab wirr im Kopf macht. Da mein Kopf ohnehin von all den Ideen brummte, über die Butch und ich redeten, hatten wir einige unserer besten Unterhaltungen im Lift, da ich meine Pausen in seinem Fahrstuhl zubrachte und er die seinen in meinem.

Butch und ich redeten über alles: unseren Hintergrund, unsere Familien und Wohnviertel, unsere Kirchen, die Polizei und unsere Zukunftshoffnungen. Wir waren zwei junge Männer, einer schwarz und einer weiß, und wuchsen beide in derselben Stadt Detroit auf; aber es war, als lebten wir in verschiedenen Ländern.

Schließlich lud mich Butch zu sich nach Hause ein, damit ich seine Familie kennenlernte. Ich fühlte mich sehr geehrt und war ganz versessen darauf, hinzugehen. Aber immer, wenn ich ihn bat, den Weg zu sich nach Hause zu notieren, wich er aus. Eines Tages drückte ich ihm Kuli und Papier in die Hand und bat ihn, die Anweisungen aufzuschreiben. Butch begann unbeholfen zu kritzeln, und ich merkte, daß er bisher gezögert hatte, weil er kaum schreiben konnte. Mein Mangel an Einfühlungsvermögen war mir ungemein peinlich.

Dieser kleine Vorfall wurde mir sehr wichtig. Ich ging an diesem Abend nach Hause und heulte und fluchte. Ich konnte nicht glauben, daß man jemandem, der so schlau war wie Butch, kaum das Schreiben beigebracht hatte, und ich war stinksauer auf ein System, das mir soviel und ihm fast nichts gegeben hatte – bloß wegen unserer Hautfarbe. Bloß durch den Zufall unserer Geburt hatte ich alle Vorteile und er alle Schwierigkeiten.

Nie werde ich jenen Abend vergessen, an dem ich zu Butch nach Hause ging. Es wurde eine prägende Erfahrung. Butchs jüngere Geschwister kletterten mir sofort auf den Schoß, und ihre Augen strahlten über einen neugefundenen Freund. Die älteren Geschwister, die mehr Erfahrung mit dem Rassismus der weißen Gesellschaft hatten, waren erst einmal mißtrauisch, was ein Weißer bei ihnen zu Hause wollte. Das ist ein verbreitetes Muster, das ich seither oftmals erlebt habe. Aber nach ein paar Stunden begannen alle aufzutauen.

Butchs Mutter hinterließ bei mir den bleibendsten Eindruck. Sie war eine liebenswerte Frau, gütig und warm und ungemein darauf bedacht, daß ich mich zu Hause fühlte. Sie ähnelte meiner Mutter in so vielem, insbesondere in ihrer Sorge um die Gesundheit, das Glück und die Sicherheit ihrer Familie. Ihre Liebe zu Butch war unübersehbar. Nachdem sie den Mann verloren hatte, betrachtete sie Butch, ihren Ältesten, mit Stolz und Freude. Und die Liebe und Achtung, die Butch für seine Mutter aufbrachte, waren ebenso deutlich ersichtlich.

Aber ich konnte auch sehen, wie sie sich angesichts seiner wachsenden Aggressivität und Militanz ängstigte. Sie fürchtete wie meine Mutter, daß die politischen Ansichten ihres Sohnes ihn in Schwierigkeiten bringen würden. Nicht, daß sie anderer Meinung gewesen wäre als er. Aber sie hatte einfach Angst, es könne ihm etwas zustoßen.

Sie erzählte mir von ihrer Vergangenheit, von ihren Erfahrungen in Detroit, von ihren Hoffnungen für ihre Familie. Butchs Mutter hatte eine ganz besondere Art, einen anzusehen und von Herz zu Herz zu sprechen. Ich wußte, daß ich die aufrichtigen Erzählungen einer selbstbewußten Frau zu hören bekam, die ihre Familie durch alle Schwierigkeiten einer schwarzen Kindheit in Detroit laviert und zusammengehalten hatte.

Der Schutzmann ist dein Freund

Butchs Mutter erzählte eine Geschichte von Armut und Gewalt – insbesondere von Polizeigewalt. Was sie über die Detroiter Polizei zu berichten wußte, war niederschmetternd. Sie erzählte, wie ihr Mann und ihre Söhne zahllose Male ohne ersichtlichen Grund auf offener Straße festgenommen, zur Wache geschleppt, beleidigt, fälschlicherweise angeschuldigt und sogar geschlagen worden waren.

Wenn sie auf die Wache gegangen sei, um der Sache nachzugehen und um zu versuchen, ihre Leute nach Hause zu holen, sei sie oft widerwärtig und obszön angegangen worden. Die Polizisten hätten ihr gesagt, sie würden sich schon um ihren Mann und ihre Söhne »kümmern« und ihrem »Alten geben, was er braucht«. Sie solle sehen, daß sie »ihren Arsch nach Hause bewegt«, sonst könne sie gleich dieselbe Behandlung kriegen.

Ich weiß noch, wie sich alles in mir zusammenkrampfte und mir die Tränen in die Augen schossen, als mir alle Anwesenden nacheinander Geschichten erzählten, wie sie oder Freunde von der Polizei mißhandelt worden seien, meist wegen des Verbrechens, zur falschen Zeit am falschen Ort zu sein – und weil sie schwarz waren. Ich hatte nie zuvor so etwas gehört, aber ich wußte, sie sagten die Wahrheit.

Butchs Mutter erzählte mir auch, was sie ihren Kindern über die Polizei beigebracht hatte: Sollten sie sich je verlaufen, dann sollten sie nach der Polizei Ausschau halten. Sobald sie einen Schutzmann sähen, sollten sie sich im Gebüsch oder unter einer Treppe verkriechen oder sich um die Ecke verstecken. Sobald der Polizist vorbei sei, sei die Luft rein und sie könnten versuchen, alleine nach Hause zu finden.»Ich sag' also meinen Kindern«, meinte sie,»sie sollten nach der Polizei gucken.« In diesem Augenblick fielen mir die Worte meiner eigenen Mutter ein:»Wenn du dich je verläufst, dann schau dich nach einem Schutzmann um. Er wird dir helfen, nach Hause zu finden. Der Schutzmann ist dein Freund.« Das war ein Aha-Erlebnis, nach dem ich manches anders sah.

Wenn Bildung heißt, die Wahrheit zu erkennen und die Welt so zu sehen, wie sie wirklich ist, dann begann meine Bildung, als ich anfing, Menschen schwarzer Hautfarbe in Detroit kennenzulernen. Sie zeigten mir das andere Amerika, das unfair und falsch und gemein und gehässig ist, das Amerika, das wir Weißen gutheißen. Aber sie brachten mir mehr bei als die Wahrheit über den Rassismus. Sie brachten mir eine Menge über Liebe und Familie und Mut bei, über das, was wirklich wichtig ist und was das Menschsein ausmacht. Beim Hören auf die Erfahrung von Schwarzen entdeckte ich mehr Wahres über mich selbst, mein Land und meinen Glauben als irgendwo sonst.

KLUFT DER WAHRNEHMUNG

Meine Gedanken kehrten zu den Bildern aus Los Angeles auf dem Fernsehschirm zurück. Es passierte alles nochmal!

Am Sonntagmorgen nach dem haarsträubenden Urteil zeigte David Brinkleys Wochenchronik auf ABC die dramatische Gesamtlage des brennenden Los Angeles. Danach kamen Bilder der 14. Straße in meinem Stadtviertel in Washington, D. C. Brinkley versuchte darzustellen, was hier beim Ausbruch der Gewalt 1968 kaputtgegangen war und daß vieles davon nie wieder aufgebaut worden ist. Der alte journalistische Profi fragte hilflos, weshalb so etwas immer wieder geschieht.

Die meisten AmerikanerInnen, schwarze wie weiße, waren über das Urteil gegen die Polizeibeamten entsetzt, die Rodney King brutal zusammengeschlagen hatten. Nachdem sie das Video gesehen hatten, das wiederholte Male in aller Welt ausgestrahlt worden war, erklärten auch viele Weiße, sie seien empört und hielten die Entscheidung für ungerechtfertigt. Aber in der schwarzen Gemeinschaft reichte der Schmerz viel tiefer, weil die Wunde bereits existierte. Ein Afroamerikaner aus meiner Nachbarschaft faßte die Gefühle zusammen, die ich immer wieder zu Ohren bekam:»Das ist eine neue Kriegserklärung an uns.«

Die Rede von»Krieg« und»Kriegsgebieten« verstummte nicht in jenen Tagen der Gewalt und Zerstörung, wobei Vergleiche mit Beirut und El Salvador gezogen wurden. Der immense Unterschied in der Wahrnehmung, der zwischen den meisten Weißen und Schwarzen im Blick auf die Gewalt in Los Angeles besteht, weist auf den tiefen Riß zwischen den»beiden Nationen« dieses Landes hin, den der Politologe Andrew Hacker beschreibt.[2] Ich hörte niemanden, der die Gewalt billigte. Selbst Bandenmitglieder und andere, die aktiv beteiligt waren, sagten mir, sie hielten Gewalt nicht für eine Lösung. Aber ein Gespräch nach dem anderen förderte die Kluft zwischen den Auffassungen dramatisch zu Tage.

Zur Zeit der Gewalttätigkeiten erklärte ein junger weißer Soldat der Nationalgarde auf den Straßen von Los Angeles einem Reporter: »Ich habe einen Sohn von 15 Monaten, eine hübsche Frau und jede Menge, worauf ich mich freue. Ich werde nicht alles, was ich besitze, aufs Spiel setzen, indem ich hier draußen unvorsichtig bin. Ich denke, so fühlen wir alle.« Er fand die ganze Zerstörung sehr traurig, konnte sie aber nicht wirklich verstehen. Die Schlüsselaussage war: »... alles, was ich besitze.« In der Gewaltnacht von Los Angeles standen auch ein Polizeibeamter und ein junger Schwarzer nebeneinander und sahen zu, wie ein Gebäude bis auf die Grundmauern niederbrannte. Der Beamte fragte:»Wie fühlst du dich, wenn du das hier in Flammen siehst?« Der junge Mann kochte vor Wut:»Weißt

---

2 Andrew Hacker, Two Nations. Black and White, Separate, Hostile, Unequal. New York 1992.

du was, Mann? Die verdammte Hitze und der Dampf, die aus dem Ding da rauskommen, sind nich' schlimmer wie die Hitze und der Dampf, die aus mir rauskommen ... So brennt's in mir. Du mußt das nich' glauben, du mußt das nich' anhör'n, du mußt das nich' versteh'n.« Es ist an der Zeit, daß wir es wenigstens versuchen.

Der damalige Präsident George Bush sagte, auch er sei besorgt über das Urteil, und versprach eine Untersuchung durch die Bundesbehörden, aber tatsächlich Klartext redete er, als er von »Verbrechern«, »Gangstern«, »Mördern« und vom »Gewaltmob« redete. Man fühlte sich wieder an Bushs Wahlkampagne und die Sache mit Willie Horton erinnert. Wenn Präsidenten Rassenängste und -klischees benutzen, um gewählt zu werden, fühlten sich weiße Geschworene gerechtfertigt, das auch zu tun. Wenn der Politiker an der Spitze der Nation genügend emotionale Entschlossenheit zeigt, »um alles zu tun, was notwendig ist, um die Ordnung wiederherzustellen«, aber nicht die Leidenschaft aufbringt, rassische und wirtschaftliche Gerechtigkeit herzustellen, kommt diese Botschaft bei weißen VorortbewohnerInnen, die die Mehrheit der Wahlberechtigten stellen, an. Nach Los Angeles wird ein glaubwürdiges Streben nach Rassengerechtigkeit erneut zum politischen Kriterium für politische Führungskraft.

Kurz nach diesen Ereignissen wurden einige bestürzende aktuelle Statistiken über die Hauptstadt der Nation veröffentlicht.[3] Die Studie belegt, daß in Washington 42 Prozent aller afroamerikanischen Männer entweder im Gefängnis sitzen, ihren Prozeß erwarten oder unter Bewährungsaufsicht stehen. Sie fördert ferner zu Tage, daß in dieser Stadt 90 Prozent aller Männer mit schwarzer Haut irgendwann im Leben einmal verhaftet werden. In den USA sind bereits mehr Menschen – in absoluten Zahlen und *per capita* – inhaftiert, als in irgendeinem anderen Land der Welt. Sie verursachen je Häftling mehr Unkosten im Jahr als eine Ausbildung in Harvard kosten würde. Als ich zum ersten Mal wegen gewaltfreier Aktionen des bürgerlichen Ungehorsams ins Untersuchungsgefängnis des Distrikts von Columbia gesteckt wurde, bemerkte ich, daß die Aufnahmekarten bereits ausgefüllt waren. Stapelweise waren die Rubriken Haarfarbe und Augenfarbe bereits mit »schwarz« bzw. »braun« versehen.

---

3 Jason DeParle, 42 % of Young Black Men in Capital's Justice System. New York Times. 18. April 1992.

Als ich an die Reihe kam, mußten die Wärter diese Worte ausstreichen und statt dessen »blaue« Augen und »dunkelblondes« Haar einsetzen. Es war klar, daß diese Vollzugsanstalt für farbige Menschen eingerichtet war. Kürzlich sagte der Ex-Direktor dreier staatlicher Gefängnisse voraus, daß es bald ein umfassendes Netzwerk von Gefangenenlagern für afro- und lateinamerikanische Männer geben könnte, so daß die Innenstädte am Ende nur noch von alleinerziehenden Müttern und ihren Kindern, die immer mehr verarmen, bewohnt sein würden.

Nach Los Angeles haben erneut viele gefragt, wieso es zur Großstadtgewalt kommt. Antworten werden nicht gefunden werden, bevor wir nicht besser verstehen, wie heute Rassismus und Aggresivität einander bedingen und verstärken – und wie sich die Marginalisierung von Menschen auf unsere Gesellschaftsstruktur und auf unsere spirituellen Werte auswirkt.

Ein unterschwelliger Aufstand

Ein paar Wochen nach den Ereignissen von Los Angeles schrieb mir ein Freund: »Als ich die entsetzlichen Bilder von Los Angeles sah, mußte ich an Eure Gemeinschaft denken, die immer inmitten eines unterschwelligen Aufstands lebt.« Dieses Bild hat sich bei mir festgesetzt. Wir haben unterschwellige Kriege beispielsweise in El Salvador, in Südafrika und auf den Philippinen erlebt. Und das, was ständig in Süd-Mittel-Los Angeles, in der Innenstadt von Washington, D. C., und in zahllosen anderen urbanen Hexenkesseln des menschlichen Leidens in ganz Amerika geschieht, bewegt sich tatsächlich ständig an der Schwelle zum großen Aufstand.

Der »Aufstand« findet für Millionen von Menschen längst statt und hat bereits das Leben der Kinder zerstört, die unsere Innenstädte bewohnen. In Los Angeles haben wir einmal mehr gesehen, daß es nur eines Funkens bedarf, damit der Aufruhr in voller Wucht losbricht. Wenn sich die Explosion ereignet, sprechen die Beteiligten am liebsten von *Rebellion*.

Gewalt löst kein Problem, aber sie weckt Aufmerksamkeit. In Amerika ist Gewalt das einzige, was uns die Armen beachten läßt und uns daran erinnert, daß sie überhaupt existieren. Gibt es irgendeinen Zweifel, daß wieder einmal Brände, Plünderungen und willkürliche Zerstörungswut nötig waren, um die Aufmerksamkeit des

Landes auf die Großstädte und auf die große Zahl verarmter und verzweifelter Menschen zu lenken, die in Amerikas urbane Wüsten eingepfercht sind? Die Rebellion von Los Angeles brach das erschreckend lang anhaltende Schweigen in den Medien und in den Reihen der politischen Führung. Dies geschieht erst angesichts des Zusammenbruchs des Lebens und der Gesellschaft, der in weiten Teilen der Innenstädte zur Existenznorm geworden ist.

Nach den »Krawallen« waren die Medien voller packender Geschichten über die verheerenden Folgen eines Lebens ohne Bildung, Arbeit, medizinische Versorgung, Wohnung, Absicherung, Achtung, Hoffnung und irgendeine Zukunfsaussicht – insbesondere für die Jugendlichen. PolitikerInnen, die wenig bis nichts über die Städte und die Armen zu sagen hatten, schoben sich gegenseitig den Schwarzen Peter für die Probleme zu.

Die Wahrheit ist, daß etwas in unserem Land unsäglich falsch läuft und daß Amerika dies akzeptiert hat. Als Nation billigen wir die Ungerechtigkeit, tolerieren wir das Leiden, ignorieren wir die Folgen. Die Mehrheit der AmerikanerInnen schaut einfach weg und kümmert sich noch mehr um die eigene Absicherung. Anschuldigungen machen genug die Runde; die Frage heißt: Wer übernimmt Verantwortung?

Historisch gesehen pflegt Gewalt zwar öffentliche Aufmerksamkeit zu erregen, nicht aber Handlungen in Gang zu setzen, die die herrschenden Bedingungen verändern. In den letzten Jahrzehnten haben jene elf Kommissionen, die den elf Perioden »urbaner Unregelmäßigkeiten« folgten, das Problem detailreich dokumentiert, aber nie hat sich daraus ein nachhaltiger politischer Wille zur Veränderung ergeben. Ich habe meine alte, vielbenutzte Ausgabe des Kerner-Reports abgestaubt, der sechs Monate, nachdem Detroit im Sommer 1967 explodierte, erschienen war. Die Lektüre machte deutlich, daß uns die Ereignisse von Los Angeles keinerlei neue Informationen vermitteln. Es ist auch klar, daß wir jetzt die Auflösung Amerikas erleben. Da sich kein wesentlicher nationaler Kurswechsel abzeichnet, wird sich diese Auflösung fortsetzen und brutaler werden. Wie gesagt, hat die prophetische Berufung immer zwei Dimensionen – die Wahrheit auszusprechen und eine alternative Vision zu benennen. Nach Los Angeles ist es das Gebot der Stunde, daß wir die prophetische Berufung unverzüglich annehmen, bevor es zu spät ist.

Die Wahrheit aussprechen

Fangen wir damit an, ein paar Wahrheiten auszusprechen. Wenn ein Schwarzer innerhalb von 81 Sekunden von vier weißen Polizisten 56mal geschlagen werden kann und wenn dann die Geschworenen überzeugt sind, daß die Beamten nur sich selbst verteidigt haben, dann sind die tiefsten krankhaften Schädigungen der rassistischen Vergangenheit und Gegenwart Amerikas in diese Gerichtsentscheidung verquickt. Es bestand kein Zweifel, daß Rodney King brutal niedergemacht wurde; die Frage war, ob das zählte. Das erste Urteil jedenfalls sagte jedem Afroamerikaner, daß es nicht zählte. Der nicht abreißen wollende Strom persönlicher Geschichten von Mißhandlung und Diskriminierung der Schwarzen aller Klassen, der durch das Ereignis ausgelöst wurde, beweist, wie total und durchgängig der Rassismus alle Bereiche des Lebens und der Gesellschaft in den USA bestimmt.

Es ist an der Zeit, daß weiße AmerikanerInnen einen Schritt nach vorn tun und Amerikas Problem Nummer eins auf die Tagesordnung setzen. Diejenigen, die behaupten, sie seien »betroffen«, müssen endlich aufhören, diese Aufgabe den Schwarzen allein zu überlassen.

Für Weiße ist eine prophetische Überprüfung der persönlichen Einstellung, sozialer Strukturen und kultureller wie religiöser Institutionen überfällig, damit der Rassismus aufgedeckt und beseitigt werden kann. Es gibt keinen besseren Beweis weißer Rechtschaffenheit als konsequentes Handeln, damit die Narben heilen, die Sklaverei und Rassismus an dieser Gesellschaft hinterlassen haben. Weiße Schuldgefühle reichen dafür nicht aus; sie vergehen zu schnell. Vielmehr ist die Verantwortung und Bereitschaft der Weißen nötig, den Rassismus bei der Wurzel zu packen. Es muß eine schwarz-weiße Koalition entstehen, damit die Krankheit diagnostiziert und die radikale Operation durchgeführt werden kann, die allein uns retten kann. Aber wie jede Krankheit müssen wir auch den Rassismus zunächst verstehen, bevor wir ihn bekämpfen können.

DIE ENTDECKUNG AMERIKAS

Die Vereinigten Staaten von Amerika haben sich als eine weiße Gesellschaft etabliert, die auf den beinahe totalen Völkermord an einer Rasse und der anschließenden Versklavung einer anderen gründet. Diese Behauptung löst seit jeher emotionale Reaktionen aus: Die einen sagen, sie sei ungeheuerlich, die anderen sagen, sie sei mutig. Aber es handelt sich schlicht um die Feststellung eines geschichtlichen Faktums. Die Reaktionen darauf sind lehr- und aufschlußreich. Der historische Bericht kann nicht weggeleugnet werden: Weiße Europäer haben Nord- und Südamerika erobert, indem sie die eingeborene Bevölkerung nahezu auslöschten. Dann haben sie die Wirtschaft ihrer neuen Nationen auf dem Rücken verschleppter AfrikanerInnen gegründet, die sie zu Leibeigenen machten. Aber wenn man solche historischen Tatsachen auch nur benennt, löst das bereits eine große Kontroverse aus.

Die Stürme, die Christoph Kolumbus auf seiner Seefahrt überstand und die ihn am 11. Oktober 1492 auf eine karibische Insel spülten, waren wahrscheinlich linde Lüfte im Vergleich zu den Orkanböen, die 1992 die 500jährige Wiederkehr dieser historischen Seereise begleitet haben. Die Winde bliesen von allen Seiten, was die moralische und politische Navigation durch dieses symbolträchtige und konfrontationsreiche Jahr schwierig machte.

Früher einmal sah alles so einfach aus. Alle amerikanischen Schulkinder lernten den simplen Reim: »In fourteen hundred and ninety-two, Columbus sailed the ocean blue«.[4] Aber die Farbe des Meeres sollte sich als weniger wichtig erweisen als die Farben der vielen Völker, deren Geschick sich aufgrund dieses epochalen Ereignisses für immer wenden sollte.

Natürlich lautet die wirkliche Frage: Wer hat wen »entdeckt«? Christoph Kolumbus hatte sich immerhin ziemlich verirrt, als die Niña, die Pinta und die Santa Maria in der sogenannten Neuen Welt ankamen. Es wurde mit Recht darauf hingewiesen, daß Kolumbus nicht wußte, wo er hinfuhr; wo er war, als er ankam; und wo er gewesen war, als er heimkehrte. Er wußte allerdings, was er wollte: Reichtum und Macht, Gold und Sklaven für sich und seine königlichen Schutzpatrone. Ein moderner Nachkomme jener »Eingeborenen«,

---

4 »1492 durchsegelte Kolumbus den blauen Ozean.«

die Kolumbus und seine Mannen willkommen hießen, sagt, die späteren Probleme der Ureinwohner seien die Folge ihrer damaligen »laschen Einwanderungspolitik«[5].

Rhetorisch ging es 1992 hoch und heiß her, und aus einer Chance zur Nachdenklichkeit wurde bald ein erhitzter ideologischer Konflikt. Worüber stritt man letztlich?

Wenige bestreiten die historischen Tatsachen der europäischen Eroberungen auf dem amerikanischen Doppelkontinent. Die brutale Gewalt, die Kolumbus initiiert hat und die von späteren »Erforschern«, »Pionieren« und »Siedlern« fortgesetzt wurde, kann nicht länger kaschiert werden. Selbst eine flüchtige Lektüre jenes berühmten Tagebuchs des »Entdeckers« entlarvt seine schamlose Begeisterung darüber, wie leicht die »Eingeborenen« zu unterjochen und das neue Land auszubeuten waren.

Die königlich-spanischen Wohltäter des Kolumbus hätten nicht zufriedener sein können. Gemeinsam mit ihren gekrönten Verwandten bauten sie Imperien und schufen das moderne Europa – mit jenen Mitteln, die sie den weiten, neuen und neuentdeckten Territorien abpreßten. Die »neue« Welt versorgte die »alte« mit einem Absatzmarkt und mit der Möglichkeit zur Expansion, Eroberung und Selbsterneuerung. Von Anfang an geschah nichts geringeres als die Vergewaltigung einer Welt und ihrer Bevölkerung durch eine andere.

Die Folgen waren natürlich für die UreinwohnerInnen, die das eroberte Land bevölkerten, katastrophal. Durch das Zusammenwirken von militärischen Maßnahmen und krankheitsbedingter Ausrottung wurden die »IndianerInnen« Opfer eines Holocaust. Die fast vollständige Ausrottung der bodenständigen Bevölkerung und die unersättliche Habsucht der Eroberer führte bei der Gründung der Nationen der westlichen Hemisphäre zum zweiten großen Übel – dem Sklavenhandel. Verschleppte AfrikanerInnen starben millionenweise auf der Überfahrt, ebenso wie ihre Geschwister, die UreinwohnerInnen Amerikas, im eigenen Lande. AfrikanerInnen, die den Transport überlebten, erlitten eine der grausamsten Formen der Sklaverei in der Menschheitsgeschichte.

---

5 Suzan Shown Harjo, Zitat der New York Times, in: Goodby Columbus? Sojourners Magazine. Jg. 19 Nr. 10 (Dez. 1990), S. 35.

Amerikas Ursünde

Diese Ereignisse bei der Gründung der amerikanischen Nationen sind nicht nur historischer Natur. Sie haben zugleich eine theologische und spirituelle Bedeutung. Die systematische physische und spirituelle Gewalt, die erst gegen die UreinwohnerInnen und dann gegen SchwarzafrikanerInnen ausgeübt wurde, ist in der Tat die Ursünde der amerikanischen Nationen. Mit anderen Worten: Die Vereinigten Staaten von Amerika sind eine Ausgeburt der Ungleichheit. Was immer an Amerika gut und richtig ist, kann diese Ursünde weder zudecken noch tilgen. Die guten Seiten dieses Landes und die Gründe, weshalb so viele Menschen hierhergekommen sind, müssen nicht geleugnet oder madig gemacht werden. Aber die brutalen Gründungsfakten dieser Nation können nicht eliminiert werden. Wie jede Sünde muß auch diese erst einmal verarbeitet werden – nicht nur um unserer Redlichkeit willen, sondern auch, weil das Erbe dieser Urgeschichte bei uns weiterwirkt. Eine Zukunft, die der besten Ideale Amerikas würdig ist, hängt von der ehrlichen Bestandsaufnahme unserer Ursprünge und ihres fortgesetzten Einflusses zusammen.

Unsere Geschichte bestimmt uns von Grund auf. Noch immer prägt sie unser Leben als Nation und verhindert die Erfüllung unserer proklamierten Werte. Sie zeigt ihr Gesicht in der fortdauernden Verwüstung »indianischer«, schwarzer und anderer »farbiger« Volksgruppen; im Erbe der Privilegien, die die meisten Weißen noch immer genießen; und in der Angst und Agressivität, die viele Weiße angesichts des wirtschaftlichen Niedergangs befallen – samt der Versuchung, rassische Minderheiten zu Sündenböcken zu machen.

Die nationale Ursünde des Rassismus muß endlich in einer Weise angesehen werden, wie wir es nie zuvor getan haben. Erst dann könnte Amerika wieder-entdeckt werden.

Was sich geändert hat – und was nicht

Aber für die meisten weißen AmerikanerInnen ist der Rassismus kein willkommenes Gesprächsthema. Nach der kurzen Rassenkrise der sechziger Jahre wandte sich das weiße Amerika – einschließlich vieler, die mit der Bürgerrechtsbewegung zu tun hatten – anderen Sorgen zu. Außerdem haben die damaligen juristischen Siege schwarzer

AmerikanerInnen nach Ansicht der meisten Weißen das Problem behoben, so daß viele sogar fragen:»Was wollen die Schwarzen denn noch?«

Bundesgerichte haben in jüngster Zeit die Bürgerrechtsgesetze – ursprünglich dazu bestimmt, die Diskriminierung Schwarzer zu vermindern – auf die Klagen Weißer angewandt, die meinen, Aktionsprogramme zur Stützung der Schwarzen gingen zu weit. Allerdings hat sich die allgemeine Einstellung in Rassenfragen in gewissem Maße verändert, wie Meinungsumfragen und die wachsende Anzahl schwarzer Gesichter in der Welt des Sports, des Entertainments, der Massenmedien und sogar der Politik bezeugen. Immerhin war die »Cosby Show« die meistgesehene Fernsehserie des Landes, und ein Jesse Jackson hat für die Präsidentschaft kandidiert.

In den zwei Jahrzehnten seit der Verabschiedung der bedeutsamen Bürgerrechtsgesetzgebung haben sich einige Dinge geändert und einige nicht. Geändert haben sich die persönliche Einstellung einiger Weißer in Rassenfragen und die Möglichkeiten für einige Schwarze, auf die mittleren Ebenen der Gesellschaft vorzustoßen. (Das Wort »mittel« ist hier der Schlüssel, weil immer noch zumindest einige Schwarze in die oberen Ränge und Entscheidungspositionen der Geschäftswelt, der akademischen Welt, der Medien und nicht zuletzt in der Welt des Sports aufrücken müßten, in der der schwarze »Aufstieg« so oft gefeiert wurde.) Die Last juristisch legitimierter Rassentrennung ist den Schwarzen abgenommen worden, was größeren sozialen Austausch und das Wahlrecht mit sich brachte. Dies wiederum hat auch weiße Einstellungen verändert.

Nicht geändert hingegen haben sich der systematische und durchgängige Charakter des Rassismus in den Vereinigten Staaten – und insbesondere die Lebensbedingungen für die Mehrheit der Schwarzen. Diese Bedingungen haben sich de facto verschlechtert. Der Rassismus hat das Ende legitimierter Rassentrennung überdauert. Um ihn an der Wurzel auszurotten, brauchen wir eine tiefere Einsicht in die Zusammenhänge als bisher.

DAS SYSTEM DES RASSISMUS

Rassismus entspringt der Vorherrschaft einer Rasse und sorgt für die gesellschaftliche und philosophische Erklärung und Rechtfertigung der Entwürdigung und Erniedrigung von Menschen und der Gewaltanwendung gegen sie aufgrund ihrer Hautfarbe. Vielfach wurde darauf hingewiesen, daß der Rassismus sowohl von persönlichen Einstellungen als auch von strukturellen Kräften genährt wird. Rassismus kann ungeschminkt brutal sein oder unsichtbar institutionell – oder beides. Er erstreckt sich auf alle Bereiche und Ebenen der menschlichen Psyche, Gesellschaft und Kultur. Rassismus ist das Meer, in dem wir schwimmen, und die Luft, die wir atmen.

Vorurteile zu haben mag eine universale Menschheitssünde sein, aber Rassismus ist mehr als nur eine unausweichliche Folge der menschlichen Natur oder eines gesellschaftlichen Zufalls. Es handelt sich um ein Unterdrückungssystem mit einem gesellschaftlichen Zweck. Rassismus ist Vorurteil plus Macht.

In den USA war der ursprüngliche Zweck des Rassismus die Rechtfertigung der Sklaverei und ihres enormen wirtschaftlichen Vorteils für Weiße. Diese spezifische Form von Rassismus ist von den Briten, die damit den eigenen Sklavenhandel gerechtfertigt hatten, übernommen worden. Sie war besonders korrupt, da sie Sklavinnen und Sklaven nicht nur als unglückliche Opfer von unglücklichen Umständen, von Krieg oder Vertreibung ansah, sondern als Untermenschen, als Dinge, als Tiere, als Besitztümer, die man kaufen, verkaufen, benutzen oder mißbrauchen konnte. Auch antike Stammeskulturen hielten sich Sklaven, aber das waren in der Regel Kriegsgefangene, die zwar den Siegern dienen mußten, aber immerhin als menschliche Wesen angesehen wurden.

In den angloamerikanischen Systemen mußten SklavInnen nach keinerlei menschlichen Maßstäben behandelt werden. Selbst im Gründungsdokument unserer Nation, dem berühmten »Verfassungskompromiß«, wird der Sklave nur als »Dreifünftelperson« definiert. Die proklamierten hehren Ideale der anglowestlichen Gesellschaft konnten nur Seite an Seite mit jener profitträchtigen Einrichtung der Sklaverei existieren, wenn das Menschsein der Sklavinnen und Sklaven geleugnet und außer Kraft gesetzt wurde.

Der Kern des Rassismus war und ist ökonomischer Natur, auch wenn seine Wurzeln und Folgen zutiefst kulturell, psychisch, sexuell, sogar religiös und natürlich politisch sind. Nach 200 Jahren brutaler Sklaverei und weiteren 100 Jahren gesetzlicher Rassentrennung und Diskriminierung gibt es keinen Bereich der Beziehung zwischen Schwarzen und Weißen in den USA, der vor dem Erbe des Rassismus gefeit wäre.

Das sichtbarste und schmerzlichste Zeichen des fortgesetzten Rassismus ist die krasse ökonomische Ungleichheit zwischen Weißen einerseits und Schwarzen und anderen Farbigen andererseits. Alle wesentlichen Statistiken belegen, daß sich die Situation verschlechtert und nicht verbessert. Die Kluft zwischen dem mittleren Familieneinkommen und der Beschäftigungsrate von Schwarzen und Weißen ist bereits in den zehn Jahren zwischen 1970 und 1980 größer geworden, noch bevor Ronald Reagan ins Amt kam. Die folgenden zwölf Jahre der Regierungen Reagan und Bush brachten dann gleichsam die ökonomische Pest über die schwarze Gemeinschaft; die Arbeitslosenquote bei Schwarzen ist sprunghaft angestiegen, und der aggressive und radikale Sozialabbau mußte von Schwarzen und anderen Farbigen getragen werden, insbesondere von Frauen und Kindern.

All dies hat insbesondere die schwarze Jugend betroffen, deren Arbeitslosenquote in manchen Städten die 50-Prozent-Marke übersteigt. Wie sich solche gräßlichen statistischen Zahlen menschlich auswirken, kann man an den Gesichtern der Jugendlichen in meinem Stadtteil ablesen. Sie wissen, daß sie hier keinen Platz und keine Zukunft – und deshalb keinen Teil an diesem Lande – haben. Ein Kommentator sagte, die Gesellschaft hätte aufgehört, ihre Gesellschaft zu sein. Alkohol, Drogen, Armut, Zerfall der Familie, Verbrechen und Gefängnis sind an die Stelle der Sehnsüchte nach einem anständigen Leben und einer hoffnungsvollen Zukunft getreten.

Die Wirtschaft forciert die brutale rassistische Unterdrückung, allerdings auf unsichtbare und unpersönliche Weise. In der veränderten Weltwirtschaft wandern handwerkliche Arbeitsplätze in billigere Arbeitsmärkte in der Dritten Welt ab oder gehen im Zuge der Automation verloren. Bäuerliche Arbeit stirbt ganz aus. Beide Arbeitsbereiche sind in der Vergangenheit für das Überleben der Schwarzen entscheidend gewesen. In der neuen High-Tech-Welt und Dienstleistungswirtschaft gibt es beinahe nur noch bei Arbeitgebern wie McDonald's Anstellung.

Wie wir bereits beschrieben haben, haben wir es inzwischen mit einer doppelten Ökonomie zu tun: Die eine ist die hochlukrative

Ebene der Techniker und Fachleute, die das System beherrschen; die andere ist ein verarmter Sektor der Arbeitslosen, Unterbeschäftigten und ungelernten ArbeiterInnen, die das System bedienen. Daß Farbige in unverhältnismäßig hohem Ausmaß auf die unterste Ebene der Wirtschaft verbannt sind, ist ein unbestreitbarer Beweis von Rassismus. Die unteren Bereiche der Weltwirtschaft sollen die Rolle spielen, die Spitze zu bedienen. Und auf den tiefsten Sprossen der ökonomischen Leiter drängeln sich farbige Menschen, die versuchen, nicht ganz herunterzufallen. Selbst wenn das Bildungsniveau und die Anstellungsquote vergleichbar sind, leiden Farbige unter der andauernden Einkommens- und Absicherungskluft zwischen ihnen und ihren weißen KollegInnen.

Die Existenz einer breiten schwarzen und braunen Unterschicht, die die Innenstädte unserer Großstädte bevölkert, ist ein Zeugnis für die raffinierte Fortdauer des weißen Rassismus – und das 30 Jahre, nachdem die gesetzliche Rassentrennung abgeschafft worden ist. Niemand wagt darüber zu sprechen, aber es ist eine Tatsache, daß niemand die Absicht hat, die Kinder unserer Innenstädte in den wirtschaftlichen Hauptstrom zu integrieren. Sie bekommen keine Bildung, keine gesunde Ernährung, keine Hilfe zum Heranreifen, keine Fürsorge und keine Herzens-, Geistes- oder Körperertüchtigung, weil sie in den Plänen derjenigen, die die Zukunft planen, einfach nicht auftauchen. Dies ist der Kern des Rassismus in den neunziger Jahren.

Die zunehmenden Klassenschranken

Der Schmerz wirtschaftlicher Marginalisierung wird von den Klassenunterschieden innerhalb der schwarzen Gemeinschaft selbst noch verschlimmert. Schwarze der Mittelschicht, die die rechtlichen Verbesserungen der sechziger Jahre genutzt haben, haben sich weit von der armen schwarzen Bevölkerung entfernt. Nie ist die Klassen- und Kulturspaltung innerhalb der schwarzen Gemeinschaft so groß gewesen. In Atlanta, Chicago, Washington, D. C., und anderen Städten gibt es eine wohlhabende schwarze Elite, die in sozialer Hinsicht ein völlig anderes Leben führt als die zunehmend verbitterte und wütende schwarze Unterklasse. Diese Entfernung wird von unten sehr deutlich wahrgenommen.

In Washington, D. C., folgen die U-Bahn-Linien quasi Klassen-

und Rassenschranken und bringen PendlerInnen der Mittelklasse durch sanierte Stadtviertel hinaus in die Vororte – wobei afro- und lateinamerikanische Ghettos umgangen werden. Die Busse, die die schwarz-weiße »Goldküste« der 16. Straße befahren, sind neu und klimatisiert, während bloß zwei Häuserblocks weiter alte, stickige und heruntergekommene Busse den berüchtigten schwarzen Ghetto-Korridor der 14. Straße abklappern. All dies geschieht unter einer schwarzen Stadtregierung!

Um fair zu sein, muß man zugeben, daß die Zunahme der Macht der Schwarzen im Kommunalbereich schwarzen politischen AmtsinhaberInnen alle Probleme des modernen Großstadtlebens aufgehalst hat – einschließlich unzureichender Budgets und wenig tatsächlicher Macht oder Druckmittel, um die nationalen politischen Prioritäten zu verändern, die vorrangig für die vorhandenen Probleme verantwortlich sind. Dennoch ist die Überbrückung wachsender Schranken zwischen einer relativ wohlhabenden Mittelklasse und der verarmten Unterklasse einer der wichtigsten und problembeladensten Herausforderungen innerhalb der schwarzen Gemeinschaft selbst.

Die kalte Wirtschaftsbrutalität des Rassismus hat in farbigen Gemeinschaften zu weiterem Niedergang in allen Bereichen der Lebensqualität geführt – Gesundheitswesen, Säuglingssterblichkeit, Familienzerbruch, Drogen- und Alkoholmißbrauch und Verbrechen. Die Mehrzahl schwarzer Kinder wird inzwischen von unverheirateten Müttern zur Welt gebracht; 45 Prozent der schwarzen und 40,4 Prozent der lateinamerikanischen Kinder leben in Armut.[6] Eine Haupttodesursache unter männlichen schwarzen Jugendlichen sind Mord und Totschlag; und beinahe die Hälfte aller Gefängnisinsassen in den USA sind schwarze Männer.

Trotz bemerkenswerter Gerichtsentscheide und trotz der Bürgerrechtsgesetzgebung leiden noch immer zwei Drittel der schwarzen Amerikanerinnen und Amerikaner unter rassengetrennter und minderwertiger Bildung und Wohnung. Diese Bedingungen führen im Zusammenwirken mit schwindenden Sozialleistungen in die Verzweiflung, zu massivem Drogenmißbrauch und in die Kriminalität – und die Tatsache, daß dies noch immer so viele Weiße überraschend

---

6 Nach Angaben von: Poverty in the United States, 1991. Current Population Report (Washington, D. C.: U. S. Department of Commerce), Reihe P-60, Nr. 181, leben 45,9 Prozent der schwarzen und 40 Prozent der spanischsprechenden Kinder unter 18 Jahren unterhalb der Armutsschwelle.

und unbegreiflich finden, wirft die Frage auf, wie sehr die Einstellungen in Rassenfragen sich wirklich geändert haben.

Rassenverachtung

Angesichts solch struktureller Unterdrückung wirkte das gezielte Zurückschrauben von Bürgerrechtsprioritäten und -programmen während der Regierungsjahre von Reagan und Bush noch impertinenter. Konservative haben, wenn sie an der Macht waren, ständig »die Rassenkarte gespielt«, was dazu beitrug, daß die Rassengegensätze im amerikanischen politischen Leben nach den wichtigen Fortschritten der sechziger Jahre wieder aufgeflammt sind. Weiße PolitikerInnen haben Stimmen gewonnen, indem sie auf Rassenverachtung und -haß setzten. Das prominenteste Beispiel sind die politischen Appelle des früheren Ku-Klux-Klan-Mannes David Duke, die nicht so ohne weiteres von denen seiner respektableren konservativen Brüder zu unterscheiden sind, wie letztere gerne denken würden. Der republikanische Präsidentschaftskandidat Pat Buchanan versprach anläßlich des republikanischen Nationalkonvents von 1992 trotzig, er werde Städte wie Los Angeles »Block für Block zurückholen«. Wer holt hier was von wem zurück?

Ich erinnere mich an eine Rundfunkreportage über drei afroamerikanische Schulmädchen im Staate New York, die eines Morgens auf den Bus warteten, als sie von einer Gruppe weißer Jungen angegriffen und geschlagen wurden. Zum Schluß wurden ihre Gesichter mit weißer Farbe bemalt. Das Wiederaufleben solch offener Formen von weißem Rassismus ist ein böses Omen und ein Beispiel dafür, wie sich fehlgeleitete Unzufriedenheit und Entfremdung armer Weißer gegen Schwarze oder »Indianer« richten – anstatt gegen das System, das sie allesamt unterdrückt und schon immer versucht hat, sie gegeneinander aufzuhetzen und auszuspielen.

STRATEGIEN FÜR VERÄNDERUNG

Strategien, wie Farbige dem sich ständig wandelnden Gesicht des weißen Rassismus begegnen und ihn schließlich überwinden können, müssen ihren Ursprung immer in ihren Gemeinschaften selbst haben. Weiße Verbündete haben zwar eine bedeutende Rolle im Kampf gegen den Rassismus gespielt und können das auch weiterhin tun, solange die Autonomie und die führende Rolle Farbiger gesichert sind, so daß eine echte Partnerschaft möglich wird. Aber eine noch wichtigere Aufgabe für uns weiße AmerikanerInnen ist es, uns selbst, unsere Beziehungen, unsere Institutionen und unsere Gesellschaft auf die häßlichen Pestbeulen des Rassismus zu untersuchen.

Weiße in Amerika müssen die Tatsachen eingestehen und anfangen, von der Voraussetzung auszugehen, daß unsere Gesellschaft rassistisch ist. Positive individuelle Einstellungen reichen einfach nicht aus, da der Rassismus, wie wir gesehen haben, mehr als nur eine persönliche Angelegenheit ist.

Alle Weißen in Amerika haben von der Struktur des Rassismus profitiert, unabhängig davon, ob sie je eine rassistische Handlung begangen, ein rassistisches Wort geäußert oder einen rassistischen Gedanken gedacht haben (so unwahrscheinlich das ist). Genauso, wie farbige Menschen in einer weißen Gesellschaft aufgrund ihrer Hautfarbe leiden, profitieren Weiße davon, daß sie weiß sind. Und da Weiße von einer rassistischen Struktur Vorteile haben, müssen Weiße versuchen, diese Struktur zu verändern.

Wenn man aus der eigenen Vorherrschaft Nutzen zieht, hat man die Verantwortung, etwas dagegen zu unternehmen. Bloß persönlich sauber zu bleiben vom Verdacht rassistischer Einstellungen ist sowohl illusorisch als auch unzureichend. Wenn man einfach mitmacht in einer rassistischen Struktur, wenn man die bestehende Wirtschaftsordnung akzeptiert, wenn man in unpersönlichen Institutionen »nur seine Pflicht tut«, hat man Teil am Rassismus.

Rassismus hat etwas zu tun mit der Macht, dominieren und Unterdrückung durchsetzen zu können, und diese Macht liegt in Amerika in weißen Händen. Deswegen gibt es in den derzeitigen USA auch nicht so etwas wie einen schwarzen Rassismus, obschon es natürlich Fälle von schwarzen Vorurteilen gegenüber Weißen gibt, die oftmals eine Reaktion auf weißen Rassismus sind. Schwarze in Amerika haben einfach nicht die Macht, solche Vorurteile durchzusetzen.

Wir dürfen uns auch nicht dem verbreiteten Vorurteil anschließen, Rassismus habe vorwiegend in den alten Südstaaten existiert oder nur bis in die sechziger Jahre oder im weißen Südafrika. Und auch keiner unserer übrigen Kämpfe gegen Militarismus, Umweltzerstörung, Hunger, Obdachlosigkeit oder Sexismus kann losgelöst vom Faktum des Rassismus ausgetragen werden.

Buße heißt totale Wende

Im Gegensatz zu dem, was viele KritikerInnen behaupten, ist die Auseinandersetzung mit den Themen, die durch die 500-Jahr-Feier der Entdeckung Amerikas im Jahre 1992 auf den Tisch kamen, nicht allein eine Sache von Schuldgefühlen, amerikanischer Nestbeschmutzung, romantischer Verklärung von Ureinwohnern und Menschen der Dritten Welt oder linker Propaganda. Es geht vielmehr darum, die Bedeutung von Buße zu ergründen – den wirklichen Sinn dieses Wortes. *Buße* bedeutet viel mehr, als daß es einem leid tut. Die biblische Bedeutung von Buße ist »totale Wende«. Das heißt, den Weg und das Verhalten zu ändern, indem man eine völlig neue Richtung einschlägt. Viele Leute betrachten 1992 als eine »Zeit zur Umkehr«. Unter Lutheranern kam der Slogan auf: »Erinnert euch, tut Buße, werdet neu!«

Nach der Rebellion von Los Angeles sagte mir ein wütender afroamerikanischer Organisator von Demonstrationen: »Alle Politiker sind hoffnungslos. Die Progressiven sind bankrott, die Linke steht nirgendwo. Die einzige Hoffnung, die wir haben, richtet sich auf ein Aufwachen der Kirchen, weil es jetzt um Fragen geht, die total geistlich sind.«

Geistlich ausgedrückt ist der Rassismus eine perverse Sünde, die das Herz der religiösen Botschaft trifft. Aus christlicher Sicht negiert der Rassismus den Kern des Evangeliums und das Versöhnungswerk Christi. Er leugnet den Auftrag der Kirche, diejenigen zusammenzubringen, die vormals getrennt waren.

Die im Evangelium gegründete Tradition sagt, daß das einzige Heilmittel gegen eine solche Sünde Buße ist – eine Buße, die sich, wenn sie echt ist, immer in Gestalt von konkreter Umkehr, von verändertem Verhalten und von Wiedergutmachung manifestiert. Während die Religion vielmals mißbraucht wurde, um dem unheiligen Anliegen der Rassentrennung zu dienen, weist jede seriöse Darlegung unserer religiösen Traditionen dieses Ansinnen zurück und hält die Vision einer antirassistischen Gesellschaft hoch. Obwohl sich die USA im Blick auf einige Einstellungen zu Rassenfragen verändert und obwohl sie einige Schwarze zur Mittelschicht zugelassen haben, muß das weiße Amerika noch immer das Ausmaß seines Rassismus erkennen – daß wir eine rassistische Gesellschaft sind und immer waren – und von seinen Rassensünden umkehren.

Weil diese Buße ausbleibt und wegen jener wirtschaftlichen, sozialen und politischen Ziele, denen die Unterdrückung Farbiger dient, bleibt systematischer Rassismus im amerikanischen Leben durchgängig präsent. Obwohl er von weißen GesellschaftskommentatorInnen und den Medien ständig verniedlicht wird, gibt es eine Fülle von Beweisen für den fortdauernden amerikanischen Rassismus. Die religiöse Gemeinschaft muß natürlich zunächst das eigene Haus in Ordnung bringen. Die Kirche ist beispielsweise noch immer von weißem Rassismus und von Rassentrennung infiziert. Die Vorreiterrolle der schwarzen Kirche im Kampf gegen den Rassismus stellt den weißen Kirchen ein scharfes Urteil aus, denn sie spiegeln in der Regel weiterhin die Strukturen und Einstellungen ihrer Umgebung wider.

Die religiöse Gemeinschaft verfügt aber grundsätzlich über das Potential, die notwendige prophetische Hinterfragung eines Systems zu wagen, das immer auf rassischer Unterdrückung beruht hat. Die spirituellen Forderungen sind klar. Die Nation braucht dringend Beispiele sozialer und spiritueller Gemeinschaften, in denen die häßlichen Rassenschranken endlich niedergerissen werden, damit die Möglichkeiten einer anderen amerikanischen Zukunft ans Licht kommen.

In einer gespaltenen und gewalttätigen Welt hat eine religiöse Gemeinschaft, die sich hinter Kirchenmauern verschanzt hat, keine Zukunft und sollte sterben dürfen. An ihrer Stelle muß eine neue Glaubensgemeinschaft errichtet werden, die unsere Verschiedenartigkeit wertschätzt, sich auf der Suche nach Gerechtigkeit zusammentut und dazu beiträgt, eine visionslose Nation durch die aufgewühlten Gewässer der Verwirrung und Spaltung an die Gestade einer multikulturellen und pluralistischen Zukunft zu führen. Die Auffassung von einem »weißen Amerika« muß ebenfalls sterben, damit ein buntes Mosaik und ein geweiteter Horizont für alle unsere Volksgruppen entstehen können. An diesem Tag wird Amerika endlich wirklich entdeckt werden.

Schuldgefühle und Verantwortung

Aber Schuldgefühle sind nicht das Thema; es geht um Verantwortung. Die Grenzen weißer Schuldgefühle sind klar. Sie halten in der Regel nicht lange an. Entweder lähmen sie Menschen – oder sie verdampfen schnell. Weiße AmerikanerInnen sollten sich nicht wegen der Tatsache ihrer Geburt und Herkunft schuldig fühlen; beides sollte geehrt und gefeiert werden. Aber weiße AmerikanerInnen müssen die Verantwortung für ihre ererbten Privilegien übernehmen, indem sie tätig werden, um den Rassismus zu demontieren und eine antirassistische und multikulturelle Zukunft zu schaffen. Die offiziellen Kolumbus-Gedächtnis-Aktivitäten, die verschiedene regierungsamtliche und gesellschaftliche Organisationen für 1992 planten, ließen keine Einsicht in die wirkliche Geschichte erkennen. Nicht, daß sie sie geleugnet hätten; sie ignorierten sie einfach. Das ist der eigentliche Revisionismus: fehlendes Bemühen, die wirkliche Geschichte zu erzählen – und der Versuch, sie zu unterdrücken. Der »Indianer«-Führer Winona LaDuke sagte, der Kern der offiziellen 500-Jahrfeier sei eine »abgebrühte Geschichtsklitterung«[7] gewesen.

DIE WIEDERENTDECKUNG AMERIKAS

Gerade als wir dabei waren, das schicksalhafte Jahr zu beginnen, brach in intellektuellen Kreisen, auf dem Universitätsgelände und in Mediendiskussionen eine neue Kontroverse aus: das Thema der »politischen Korrektheit« (Political Correctness oder PC). Konservative konstatieren einen linksgerichteten Putsch gegen alles, was westlich, weiß, männlich oder traditionell ist, insbesondere in verschiedenen Universitäts-Lehrplänen und akademischen Debatten. Sie klagen, daß ein radikaler »Totalitarismus« und »Fundamentalismus« versuche, die Macht zu ergreifen – in der Regel im Namen eines »politisch korrekten« und rigide durchgeführten »Multikulturalismus«. Zudem würde die Kolumbus-Symbolik als Sprungbrett für die Attacke gegen Amerika und alle Werte der »westlichen Zivilisation« benutzt.

---

7 Winona LaDuke, We Are Still Here. Sojournes Magazine. Jg. 20 Nr. 8 (Okt. 1991), S. 14.

Ist an diesen Vorwürfen etwas dran? Zweifelsohne. So wie die menschliche Natur nun einmal ist, können Bemühungen, Ungerechtigkeit anzuprangern und Ungleichgewichte zu korrigieren, oft zu Exzessen führen und mitunter sogar neue Ungerechtigkeiten hervorbringen. Daß neue Ideologien als Reaktion auf etablierte Ideologien entstehen und selbst wiederum starr oder repressiv werden können, ist kaum etwas Neues, ebensowenig wie die Tatsache, daß säkulare oder religiöse Eiferer manchmal sich selbst und ihre Ideen zu ernst nehmen.

Aber die PC-Kontroverse darf nicht zu einem neuen Nebelwerfer werden, mit dessen Hilfe man historische Fakten und anhaltende Ungerechtigkeiten kaschieren kann. Die PC-KritikerInnen laufen Gefahr, all das lächerlich zu machen, was uns amerikanische UreinwohnerInnen zu sagen versuchen, woran uns schwarze und andere farbige AmerikanerInnen erinnern wollen und wofür sie Ausgleich suchen. Viele weiße AmerikanerInnen sehen dies als Gelegenheit zu positiver Selbstprüfung und Veränderung.

Es geht kaum darum, Kolumbus für jede Schandtat des Westens seit seiner ersten Seefahrt anzuschwärzen. Wenn auch Kolumbus – selbst nach den Maßstäben seiner Zeit – ein ziemlich unerfreulicher Typ gewesen zu sein scheint, waren seine persönliche Bedeutung und sein Einfluß nicht so schrecklich maßgebend. Er war bloß zufällig zur richtigen Zeit am falschen Ort.

Das eigentliche Thema sind das Gesellschaftsparadigma und die Wirtschaftsordnung, die durch das Kolumbusereignis in Gang gesetzt wurden – und die Tatsache, daß dieses Ereignis unser aller Leben und insbesondere das Leben der marginalisierten Völker in den letzten 500 Jahren maßgeblich bestimmt hat. Es gibt in Wirklichkeit keine neue Weltordnung; wir werden noch immer von einer alten Ordnung regiert, deren ökonomische, politische, philosophische, ökologische und insbesondere spirituelle Wurzeln bis zur Eroberung und Kolonisierung der amerikanischen Kontinente zurückverfolgt werden können.

Was sind die Werte jener sozialen Ordnung? Wie sieht ihre Stellung zu Farbigen, zur Erde, zur Technologie, zur Wirtschaft, zur Sicherheit und zu so vielen anderen brennenden Fragen aus, die uns heute bewegen? Und am wichtigsten: Können uns die Werte und Strukturen des alten Gesellschaftsparadigmas in die Zukunft tragen? Wenn nicht, was müssen wir tun?

Diese Fragen sind die eigentlichen Herausforderungen, vor die uns das Gedächtnisjahr 1992 gestellt hat, und sie haben nicht das geringste damit zu tun, wer »politisch korrekt« ist und wer nicht. Die Zukunft des amerikanischen Experiments hängt davon ab, wie wir die Vergangenheit erinnern, die Gegenwart transformieren und die Zukunft ändern. Wie können wir eine wirklich pluralistische Nation schaffen, in der die Würde, die Beiträge und die Sehnsüchte jedes Menschen geachtet und sogar gefördert werden? Alle großen Sozialbewegungen, die erfolgreich waren, brachten Menschen zusammen. Fast alle, die erfolglos waren, sind gescheitert, weil die Mächte, die die Gesellschaftsordnung lenkten, Menschen gegeneinander aufgehetzt haben, meistens mit Hilfe von Rassismus. Das beste an Amerika ist unsere Vielfalt. Sie ist unsere nationale Hauptstärke – und nicht unser größtes Problem. Als Los Angeles brannte, stellte Rodney King unter Tränen eine prophetische Frage: »Warum können wir nicht einfach miteinander auskommen?« Wenn wir lernen, zusammen zu leben und einander von den Brunnen unserer Traditionen und Kulturen trinken zu lassen, kann man Amerika eine aufregende Zukunft vorhersagen. Wenn wir es versäumen, droht uns ein Szenario wachsender Rassenpolarisierung und bitterer Konflikte.

Als Kolumbus vor 500 Jahren an diesen Gestaden landete, mußte Amerika nicht entdeckt werden. Aber heute muß es das.

MUSTER DER UNGLEICHHEIT

Die Ausbeutung unserer Schwestern

Wir haben klargelegt, daß die Aufteilung der Welt in reich und arm nur überwunden werden kann, wenn sich die Privilegierten an den Anstrengungen beteiligen, die »beiden Städte« der Weltwirtschaft wieder zusammenzuführen. Ebenso sind diejenigen, die aus dem Rassismus Vorteile ziehen, für seine Abschaffung mitverantwortlich. Nun wenden wir uns den Problemen des Sexismus und der Ausbeutung von Frauen zu. Auch hier müssen die Männer, die bisher Nutznießer der ungleichen Machtverteilung gewesen sind, eine besondere Rolle übernehmen.

Männer haben von ihrer dominierenden Stellung in Familie und Gesellschaft ebenso profitiert, wie die Reichen von den Strukturbedingungen der Welt profitiert haben und Weiße von jenen Systemen, die ihre Privilegien und Vormachtstellungen gegenüber Farbigen stützen. Dasselbe Prinzip, das auf die bisher diskutierten Themen anzuwenden ist, muß auch auf die Frage nach der Gerechtigkeit zwischen den Geschlechtern übertragen werden: Wer aus Unterdrückung Nutzen zieht, ist für sie verantwortlich. Es ist an der Zeit, daß Männer ihre reaktionäre Abwehrhaltung aufgeben und für wirkliche Gleichberechtigung aktiv werden.

Einige tun das bereits – und machen dabei neue, positive Erfahrungen, wie sie sich einstellen, sobald jemand Privilegien aufgibt, die auf Ungerechtigkeit basieren, und sich in eine Bewegung für mehr Gerechtigkeit einreiht. Dieser Bewegung geht es zwar vorrangig um die Ermächtigung der Armen, Farbigen und Frauen. Aber ebenso wichtig ist es, daß dabei diejenigen Verantwortung übernehmen, die jeweils auf der »anderen Seite« der hierarchisch bedingten Gesellschaftskluft stehen. Neue Rechte für die Benachteiligten machen nur den einen Teil der Bewegung aus, die zur Veränderung nötig ist. Der andere besteht darin, daß die, die vom Unrecht profitiert haben, einen angemessenen Teil der Verantwortung für seine Beseitigung übernehmen müssen. Wenn sich Männer für mehr Gerechtigkeit zwischen den Geschlechtern und für mehr Gleichheit mitverantwortlich fühlen, tun sie damit nicht nur den Frauen etwas Gutes, sondern dienen auch der eigenen Integrität und Integration. Das ist der springende Punkt, wenn von »Erlösung« die Rede ist. Und gerade hierin erweist sich ihre Kraft.

Eine der durchschlagendsten Einsichten der zeitgenössischen Frauenbewegungen ist die Tatsache, daß Frauen mehr sind als nur Opfer sexistischer Unterdrückung; Frauen haben in sich auch die Kraft, ihr Leben und die Welt zu verändern. Gleichzeitig ist es peinlich und offenkundig, daß die Strukturen männlicher Überlegenheit noch immer funktionieren und Frauen zu Opfern machen. Unterdrückung und Gewalt auf der Grundlage von Geschlecht und Sexualität sind der Kern einiger der entsetzlichsten Zustände in der heutigen Welt.

Sexuelle Arbeit

Olongapo war einst ein kleines philippinisches Fischerdorf mit 1000 EinwohnerInnen – bis direkt daneben am »Subic Bay« der Stützpunkt der US-Navy eingerichtet wurde. »Subic« war der größte Stützpunkt im Westpazifik und der Standort der Siebten U.S.-Flotte. Gleichsam über Nacht verwandelte sich das kleine verschlafene Olongapo in eine Vergnügungsstadt mit 250000 EinwohnerInnen und über 500 Nachtklubs, Bars und Restaurants für das amerikanische Militär. Olongapo wurde zum größen Bordell der Welt.

Ein einziger Flugzeugträger konnte 6000 Seeleute nach Olongapo bringen. Auf sie warteten 16000 »Frauen der Gastfreundschaft«. Die meisten stammten aus ärmlichen Landprovinzen und hatten sich auf Annoncen für Serviererinnen beworben, die guten Verdienst versprachen. Aber ihre Hoffnungen auf ein besseres Leben verwandelten sich buchstäblich in eine Hölle, als die Frauen binnen kurzem zu Gefangenen jener »Klubs« wurden, die amerikanischen, australischen, chinesischen und ortsansässigen philippinischen Geschäftsleuten gehörten.

Die Frauen lebten in barackenartigen Unterkünften und bekamen keinen Pfennig von dem Profit zu Gesicht, den die Prostitution einbrachte. Sie waren notdürftig untergebracht, wurden schlecht ernährt und waren zudem ständig von Gewalt bedroht. Ohne Geld, um nach Hause zu fahren, und ohne andere Möglichkeiten, das Leben zu fristen, gerieten die meisten Frauen in eine Zwickmühle und lernten zu überleben, so gut es ging. Die Komplizenschaft zwischen der Navy und den Bordellen von Olongapo war mit Händen zu greifen. Durch das Tor des Stützpunkts gelangte man direkt auf die Vergnügungsstraße mit Nachtklubs und Bars. Die Ausbeutung philippinischer Frauen wurde von der U.S.-Regierung zumindest billigend in Kauf genommen.

Ich besuchte Olongapo im Sommer 1988, vier Jahre, bevor der Vulkanausbruch des Pinatubo die Schließung des Navy-Stützpunkts erzwang. »Die gesamte Ökonomie von Olongapo lebt vom Sex«, gab ein lokaler Beamter mir gegenüber zu. Die tiefere Wahrheit freilich war, daß das System auf *Macht* basierte – auf der Macht von Männern über Frauen und auf der Profitträchtigkeit dieses Systems männlicher Vorherrschaft.

Die Konsequenzen für die Frauen waren katastrophal. Zehntausende von ihnen ließen jahrelang Tag für Tag Sex mit Wildfremden über sich ergehen. Durch Sexualkontakte übertragene Krankheiten waren an der Tagesordnung, und – so vermutet der Report eines Navy-Arztes – AIDS ist durch U. S.-Militär auf die Philippinen eingeschleppt worden. 1988 waren bereits eine Reihe von Frauen infiziert, und einige hatten sogar HIV-positive Babys zur Welt gebracht. Natürlich gab es Massen von ungewollten Schwangerschaften und Abtreibungen. Es gab für die Frauen kaum Schutz gegen die massive männliche Gewalt, die sich gegen sie richtete. Viele Geschichten kursierten über Frauen (von denen einige eher junge Mädchen waren), die aufgrund physischer Mißhandlungen durch ihre »Kunden« ums Leben gekommen sind.

Besagter junger Navy-Arzt kam mit seinen Vorgesetzten in Konflikt, weil er sexuell übertragene Krankheiten und AIDS-Probleme in Verbindung mit der Navy untersucht hatte und entschlossen war, die Gesundheit der Frauen zu schützen. Aus Angst vor negativen Schlagzeilen drohte die Navy dem Arzt mit dem Militärgericht, und er wurde schließlich entlassen, wie mir kirchliche Mitarbeiter erzählten.

Brenda Stoltzfus arbeitete als junge Frau beim Zentralkomitee der Mennoniten auf den Philippinen und besuchte dabei die Stadt Olongapo. Dort sah sie den beklagenswerten Zustand von Tausenden von Filipinas, die zu lebensgefährlicher Selbstpreisgabe an die endlosen Schlangen von Matrosen verdammt waren, die regelmäßig in Subic andockten.[1]

Brenda begann, allein in die Bars und Bordelle zu gehen. Sie kaufte die Zeit der jungen Frauen, wie es die Seeleute taten, und redete einfach mit ihnen. Brenda wurde zu einer hochwillkommenen Besucherin – zur zuverlässigen und tröstlichen Freundin, mit der man reden konnte. Sie ließ sich nicht von Gefahren, Hindernissen und Drohungen einschüchtern und hielt durch.

Das Endergebnis war ein Frauenhaus, das den Filipinas Zuflucht, Unterstützung sowie medizinische und mitmenschliche Hilfeleistungen anbot. Durch dieses Zentrum fanden viele Frauen zu einem menschenwürdigen Leben. Aufgrund von Brendas Initiative und der Courage jener Frauen, die das Zentrum gemeinsam ins Leben gerufen hatten, entstand eine echte Alternative zum System des Mißbrauchs und der Gewalt. Die Frauen waren nicht länger Opfer und erlebten, wie durch die Gemeinschaft ihr Menschsein restituiert wurde. Wie in jeder echten Befreiungsbewegung fingen diese Frauen an, jene durchgreifende Verwandlung zu erleben, die sich einstellt, sobald jemand die Opferhaltung aufgibt und bei der Überwindung der eigenen Unterdrückung eine bewußte Rolle übernimmt.

Ich lernte Glenda und Myrna kennen, zwei Filipinas, die als Bardamen arbeiteten und jetzt beim Frauenhaus mitmachten. Wie die meisten »Frauen der Gastfreundschaft« kamen Glenda und Myrna in Olongapo an, als sie gerade vierzehn oder fünfzehn waren. Sie suchten nach einem besseren Leben und begegneten einem Alptraum. Wie so viele dieser Frauen träumten auch sie davon, einen U.S.-Soldaten zu heiraten und in die USA mitgenommen zu werden. Nach Auskunft der mennonitischen Freiwilligen, mit denen ich sprach, scheitern 72 Prozent solcher Ehen – abgesehen davon, daß sich dieser Traum für die meisten Filipinas ohnehin niemals erfüllt.

Die Matrosen waren selbst kaum mehr als große Jungen. Glenda und Myrna nahmen uns eines Abends mit auf einen Streifzug durch

---

1 Brenda Stoltzfus und Saundra Pollock Sturdevant, Let The Good Times Roll. Prostitution and the U. S. Military in Asia. New York 1993.

die Bars. Unter der Bar-Markise, auf der die Aufschrift »Welcome U.S.A. Kittyhawk« prangte, trafen achtzehnjährige Amerikaner in einem aufgemotzten System, in dem es um Geld und Macht ging und das von reichen Männern regiert wurde, auf fünfzehnjährige Filipinas. Hier nahmen Körper, Herz, Verstand und Seele Schaden.

Als der Stützpunkt endlich geschlossen wurde, hörte ich in Olongapo viele Berichte von Geschäftsleuten und Politikern, die Krokodilstränen darüber vergossen, wie sehr »die Wirtschaft« durch den Weggang leiden werde. Aber ich hörte wenig über das zerstörte Leben der Abertausenden von Frauen, die systematisch ausgebeutet worden waren. Sie selbst hatten nicht die Macht, ihrer Stimme Gehör zu verschaffen.

Vergewaltigungscamps

Ich mußte an die Frauen denken, denen ich in Olongapo begegnet war, als ich erstmals von den Vergewaltigungscamps in Bosnien und Kroatien hörte. In den blutigen Konflikten Ex-Jugoslawiens wurden zehntausende Frauen durch kriegführende Männer zerstört. Elizabeth Holler Hunter von den »Sojourners« besuchte das vom Krieg gebeutelte Land und hörte die Geschichten einiger Überlebender. Frauen, die täglich mehrmals vergewaltigt worden waren, wurden gezwungen, in den Lagern zu bleiben, bis sie im sechsten oder siebten Monat schwanger waren. Später kamen zwei kroatische Franziskaner auf Besuch zu den »Sojourners«. Diese mit allen Wassern gewaschenen alten Priester konnten nur noch weinen, als sie uns von schwangeren Schwestern in franziskanischen Konventen erzählten, die von Soldaten vergewaltigt worden waren. Im Juli 1993 berichtete die Zeitschrift »Ms.«, daß viele der Morde und Vergewaltigungen in den Lagern gefilmt worden seien. Es sei anzunehmen, sagte der Artikel, daß diese Filme durch die weltweite Pornoindustrie vermarktet würden.[2] Endlich erfüllte sich das ultimative Versprechen der Pornographie: die Erniedrigung, Verletzung und Beseitigung von Frauen – nicht mit Schauspielern und Schauspielerinnen, sondern *life*.

Eine katholische Nonne, die unter den Überlebenden der Verge-

---

2 Catherine A. MacKinnon, Turning Rape into Pornography: Postmodern Genocide. Ms. Jg. 4. Nr. 1 (Juli/Aug. 1993), S. 24–30.

waltigung arbeitete, sprach in Zagreb mit Elisabeth Holler Hunter: »Eine junge sechzehnjährige Frau kam in einem entsetzlichen psychischen Zustand zu uns. Sie war suizidgefährdet und stand am Rande des Wahnsinns, weil man sie gezwungen hatte, bei der Ermordung ihrer Eltern und Großeltern zuzusehen. Man verschonte sie selbst nur, um sie viele Male brutal zu vergewaltigen, bevor man sie laufen ließ.«[3]

Nachdem sie die Geschichten vieler Überlebender gehört hatte, berichtete Holler Hunter:

> »Mütter mußten mit ansehen, wie ihre kleinen Kinder vergewaltigt wurden, und die Kinder zwang man, anzusehen, wie man über ihre Mütter herfiel. Es gibt glaubwürdige Berichte, daß Frauen in Vergewaltigungscamps und anderswo bis zu 15- und 20mal pro Tag vergewaltigt wurden. Diejenigen, die sich widersetzten, wurden vor den Augen anderer Frauen umgebracht; viele erlagen der physischen und psychischen Gewalt. Überlebende berichten, sie seien vier oder fünf Monate lang ununterbrochen auf diese Weise gefoltert worden.
> Es ist damit zu rechnen, daß Tausende der Frauen Kinder zur Welt bringen werden, die sie im Zuge einer Vergewaltigung empfangen haben. Eine Frau gab an, daß dies der eigentliche Zweck des Mißbrauchs sei. Sie sagte, daß Schwangere so lange im Lager gehalten würden, bis eine Abtreibung nicht mehr in Frage käme.
> Dann würden sie in Busse gesteckt und in Gebiete verfrachtet, die nicht von den Serben besetzt sind. Auf den Bus hätten die Serben nach Angabe der Frau geschrieben: »Kroatien, wir schicken dir kleine Tschetniks.«[4]

Ein durchgängiges Muster

Manche werden einwenden, solche Beispiele seien extrem. Aber dennoch sind es nur Extrembeispiele für ein Muster der Gewalt, das noch immer die Beziehung zwischen Männern und Frauen beherrscht. In einer umfassenden Anthologie mit dem Titel »Violence Against Women« hat Elisabeth Schüssler Fiorenza das Muster der Gewalt in aller Breite und Brutalität katalogisiert:

---

3   Elisabeth Holler Hunter, Grief Upon the Earth. Sojourners Magazine. Jg. 22, Nr. 3 (April 1993), S. 25.
4   ebenda.

»Die Liste des Mißbrauchs ist unendlich: Kinderpornographie; sexuelle Belästigung in der Schule und am Arbeitsplatz; Sextourismus in Asien, Lateinamerika und Afrika; Mädchenhandel; sexuelle Hörigkeit; geschlechtsbezogene Menschenrechtsverletzungen; Einschüchterung von Lesben; rechtsgerichteter Naziterror gegen Frauen; Verstümmelung und Steinigung von Frauen aufgrund von Untreue; Bewegungsbeschränkung und Ausschluß aus der Öffentlichkeit; ... sexuelle Übergriffe am Arbeitsplatz; Vergewaltigung in Kriegs- und Friedenszeiten; weibliche Flüchtlinge und Verschleppte; Hausmädchen und Wanderarbeiterinnen; Analphabetismus; Armut; Zwangsprostitution; Kinderprostitution; Frauentausch; Klitorisbeschneidung; Eßstörungen; psychiatrische Hospitalisierung; Gewalt gegen Frauen und Kinder; Inzest und sexueller Mißbrauch; Obdachlosigkeit; Frauen, die stumm gemacht wurden; Verweigerung von Frauenrechten; HIV-Ansteckung durch Ehemänner; Mitgiftmord; Isolation von Witwen und alten Frauen; Mißbrauch von Geisteskranken; emotionale Gewalt; kosmetische Operationen; gesellschaftliche Marginalisierung; ... Ermordung weiblicher Babys; Hexenverbrennung; Verkrüppelung der Füße; Vergewaltigung in der Ehe; Vergewaltigung beim Rendezvous; ... Serienmorde; Sado-Masochismus; Verstümmelung der Geschlechtsorgane ...«[5]

Man bringt diese Liste kaum zu Ende, ohne von ihr überwältigt und angeekelt zu werden. Es ist ungeheuer schwierig, von diesem Horror und dieser Barbarei auch nur zu lesen, geschweige denn, sich all das auszumalen – insbesondere für Männer. Aber die peinliche Wahrheit ist, daß es für Frauen wesentlich einfacher ist, sich diese Liste von Grausamkeiten vorzustellen. Schüssler Fiorenza weist darauf hin, daß dies »vielgestaltige Formen des Angriffs auf Frauen« sind, »bloß weil sie Frauen sind«.[6]

Sie beschreibt im folgenden, wie solche Gewalt gerade im intimsten Bereich regiert: »Die meisten weiblichen Tötungsopfer der Welt werden in der eigenen Wohnung von Männern ermordet, mit denen sie den Alltag teilen. In den USA werden neun von zehn ermordeten Frauen von Männern umgebracht, die ihnen bekannt waren; vier von fünf werden zu Hause ermordet.«[7] Schüssler Fiorenza dokumentiert die enormen Zahlen von Frauen auf dem ganzen Globus, die Gewalt und Mißhandlung durchleiden, und weist nach, daß »in den USA bei

5 Elisabeth Schüssler Fiorenza, Introduction, Violence Against Women. Concilium 1. London und New York, S. VII.
6 ebenda.
7 ebenda, S. VIII.

Frauen Prügel die Hauptursache für Verletzungen mit Todesfolge«
sind. »Die Folgen von Prügeln sind gravierender als die von Raub-
überfällen, Autounfällen und Vergewaltigungen zusammengenommen.« Sie kommt zu der Schlußfolgerung: »Der gefährlichste Ort für
Frauen des Abendlandes ist nicht die Straße, sondern die Privat-
sphäre ihrer Wohnung.«[8]

Die erst kürzlich mit einem eigenen Etikett versehenen Vorfälle
von »Rendezvous-Vergewaltigungen« und »Vergewaltigungen im
Bekanntenkreis« nehmen gerade an Universitäten zu. Berichte deuten darauf hin, daß jene jungen Männer, die diese Verbrechen begangen haben, häufig der Ansicht sind, sie hätten ein »Recht« auf Sex –
und wenn sich die Frauen verweigerten, würden sie, die Männer,
»es« sich eben einfach nehmen.

Frauen aller Rassen und Schichten sind tagtäglich der Gewalt ausgesetzt – in jedem Wohnviertel Amerikas. Selbst Wohlstand und Privilegien schützen letztlich nicht; Frau zu sein bedeutet an sich, gefährdet zu sein. Die Rate von Vergewaltigungen und Gewalt gegen
Frauen sinkt nicht, sondern nimmt zu und hat inzwischen in den USA
epidemische Ausmaße erreicht.

Schüssler Fiorenza belegt, daß die Nachrichtenmedien das Ausmaß von Gewaltverbrechen gegen Frauen vertuschen, und behauptet, daß die Gesellschaft noch immer die subtile Botschaft internali-
siert habe, daß Frauen, die Opfer solcher Gewalt werden, irgendwie
selbst schuld wären: »Schlimmer noch; die Opfer selbst haben oft
entsprechende Schuldgefühle verinnerlicht.«[9]

Sexismus und Werbung

Wenn in einer Konsumgesellschaft Sexualität benutzt wird, um für
fast alles zu werben und fast alles zu verkaufen, wird Sexualität
selbst zur Billigware. Wenn Sexualität von der Integrität personaler
Beziehungen und von jeglicher Verbindlichkeit abgespalten ist, werden Menschen zu Sexualobjekten degradiert und können zu Macht-
zwecken beliebig gekauft, benutzt und mißbraucht werden. Frauen
leiden am stärksten unter der Unausgewogenheit dieser Machtverteilung.

---

8 ebenda, S. IX.
9 ebenda.

Beispielsweise gibt es eine direkte Verbindung zwischen dem unverblümten Einsatz von Frauen und sexuell gefärbten Bildern für den Verkauf von Bier an junge Männer und der Haltung dieser jungen Männer gegenüber Frauen. Joyce Hollyday schreibt in »Sojourners« über die Gepflogenheit der Bierindustrie, Sex zum Verkauf ihrer Produkte zu benutzen. Ihr Report ist eine Fallstudie darüber, wie solche kommerziellen Botschaften die Verhaltensmuster der sexuellen Belästigung und des Mißbrauchs von Frauen verstärken und anheizen.

»Früher einmal konnten die Kerls in der Werbung, wenn sie im Freien kampierten und abends in der Wildnis am Lagerfeuer saßen, über den Tag redeten und sich *Stroh's Old Milwaukee Bier* reinzogen, sagen: ›Was Bess'res wie das hier wird's nie geben.‹ Aber neuerdings läßt man ein paar aufreizende blonde, fast nackte Frauen, bekannt als das ›schwedische Bikini-Team‹, per Fallschirm in der Szene landen, und jetzt sagen die Kerls: ›Es gibt doch was Bess'res!‹«

Auch wenn es denn für Männer wirklich besser geworden sein sollte, meint Hollyday, ist es gewiß für Frauen nicht besser geworden, insbesondere nicht für die, die von dem Abfüllbetrieb der Stroh-Brauerei in St. Paul, Minnesota, beschäftigt werden. Fünf dieser Frauen zeigten am 8. November 1991 die Firma wegen ihrer »sexistischen, entwürdigenden« Werbekampagnen an – einschließlich jenes Werbespots mit dem Bikini-Team und Plakaten mit halbnackten Frauen in aufreizenden Posen. Die Klägerinnen behaupteten, daß diese Anzeigen dazu beigetragen hätten, sexuelle Belästigung am Arbeitsplatz bei Stroh's selbst zu begünstigen.

Hollyday berichtet detailliert über die Vorwürfe in diesem Verfahren. Sie beinhalteten:

»Die Frauen waren wiederholt schlüpfrigen Bemerkungen, Gesten und ungewolltem Körperkontakt ausgesetzt; es gab Fälle von Einschüchterung; die Frauen waren angegrabscht worden; man hatte Lügen über ihr Intimleben verbreitet; ihre Werkzeugkästen waren sabotiert worden; auf dem Parkplatz hatte man die Luft aus ihren Autoreifen gelassen; man hatte ihnen empfohlen, sich ›Weiberarbeit‹ zu suchen; sie mußten sich die Zurschaustellung von Kondomen und obszönen Bildern bieten lassen ... Ein Poster, das innerhalb des Abfüllbetriebs aufgehängt war, zählte 13 Gründe auf, weshalb Bier ›besser als Frauen‹ sei, einschließlich der Aussage: ›Nachdem du ein Bier gehabt hast, ist die Flasche immerhin noch 10 Cent wert‹ und ›Bier fordert keine Gleichberechtigung‹.«

Die Frauen gaben an, man habe ihnen mit physischer Gewalt für den Fall gedroht, daß sie sexuelle Belästigungen zur Anzeige brächten. Ihre Anzeige zählte namentlich 25 Angestellte auf, die den Frauen zufolge entweder selbst sexuell zudringlich gewesen sind oder ihre Pflicht als Vorgesetzte verletzt haben, indem sie dem Treiben nicht Einhalt geboten hatten. Die Klägerinnen stellten bewußt die Verbindung zwischen der Werbung ihrer Firma und der Behandlung von Frauen am Arbeitsplatz her. Jean Koepple, eine Maschinistin der Anlage, sagte:»Wenn die Firma Frauen wie Sexualobjekte und Körperteile behandelt, ... bringt sie bei ihren Angestellten eine bestimmte Botschaft 'rüber.« Mit anderen Worten: Die Firma drückte sexueller Belästigung das Siegel der Zustimmung auf. Diese Gerichtsprozesse wurden zu Präzedenzfällen für den Zusammenhang von Werbung und den Gepflogenheiten am Arbeitsplatz. Außerdem hinterfragen diese Prozesse die Annahme, Bier könne nicht verkauft werden, ohne weibliche Sexualität auszubeuten.

»Tom Pirko, Berater der Getränkeindustrie, drückte sich so aus: ›In der Brauindustrie herrscht bis heute die eherne Devise, man könne Bier nicht vertreiben, es sei denn, man verkauft es an junge Männer – und man könne jungen Männern Bier nicht schmackhaft machen, es sei denn, man benutze dazu Sex.‹ Als er gefragt wurde, ob sich seiner Meinung nach Bier auch ohne sexstrotzende Werbung verkaufen ließe, meinte Pirko: ›Das ist eine rein akademische Frage. Bis jetzt hat's jedenfalls noch keiner wirklich probiert.‹«[10]

---

10 Joyce Hollyday, Selling Sex and Beer. Sojourners Magazine Jg. 21 Nr. 2, (Febr./ März 1992), S. 4.

DIE STRUKTUR DES SEXISMUS

Aber das eigentliche Problem zwischen Männern und Frauen ist nicht der Sex, sondern die ungerechte Machtverteilung. Die meisten Männer erklären, daß sie Gegner zumindest extremer Formen von Gewalt gegen Frauen sind. Auch die gesellschaftlichen Institutionen drücken in dieser Sache einhellig ihre Empörung aus. In Wirklichkeit aber werden die Extremfälle von Gewaltanwendung gegen Frauen oft nur dazu benutzt, um die Aufmerksamkeit von der vielgestaltigen und alltäglichen Realität geschlechtsbedingter Unterdrückung abzulenken. Die meisten würden nicht zugeben, daß es ein *Muster* gibt, das hinter der Gewalt steckt und sie anheizt. Das Muster heißt *Patriarchat* – die Unterordnung der Frauen unter die Männer. Es geht dabei um eine strukturbedingte Vorherrschaft. Ebenso wie die Kluft zwischen Reichen und Armen und ebenso wie der institutionell gestützte weiße Rassismus hat auch der Sexismus System und verfolgt klar erkennbare gesellschaftliche Zwecke.

In männlich dominierten Gesellschaften ist die Ungleichheit zwischen Männern und Frauen kein Zufall – sie ist ein gewolltes System der Herrschaft und Ausbeutung. Solange der Machtunterschied zwischen den Geschlechtern derartig groß ist, werden die mannigfachen Formen von Gewalt und Mißbrauch kein Ende haben. Wenn Frauen für dieselbe Arbeit nur zwei Drittel des Lohns bekommen, wenn sie an diesen Arbeitsplätzen sexueller Belästigung ausgesetzt sind, wenn maßgebliche gesellschaftliche und religiöse Institutionen sich nach wie vor weigern, der Hälfte der Menschheit volle Würde und Gleichheit zuzugestehen, oder wenn Frauen einen unverhältnismäßig großen Anteil der Kindererziehung tragen müssen, dann ist die Macht weiterhin unausgewogen verteilt. Die »Amerikanische Akademikerinnen-Gesellschaft« belegt, daß Mädchen in amerikanischen Schulzimmern noch immer diskriminiert werden. Die Sozialisierung des Patriarchats beginnt im frühesten Alter.

In der zweigeteilten Weltwirtschaft rangieren Frauen auf dem gesamten Erdball in der sozialen und ökonomischen Rangordnung ganz weit unten. Zahlreiche Studien beweisen inzwischen die »Feminisierung der Armut«, durch die Frauen und Kinder zu den bedrohtesten Bevölkerungsgruppen werden. Die biblische Sorge um die »Witwen und Waisen« – gemeinhin die Ärmsten der Armen – klingt hochaktuell. Die Preisgabe und Ausbeutung von Frauen durch Männer und durch männlich kontrollierte Strukturen ist selbst heutzutage weltweit an der Tagesordnung. Auch in Washington, D. C., wird das Muster der Zweiteilung einmal mehr sichtbar. Das Schauspiel um die Zeugenaussage von Anita Hill während der Nominierungsanhörungen um den designierten Verfassungsrichter Clarence Thomas[11] brachte dies abermals ans Licht. Als konservative und karriereorientierte Anwältin, die für Clarence Thomas gearbeitet hatte, eignete sie sich kaum als Heldin der Unterdrückten. Dennoch wurde sie für viele zu einer signifikanten Symbolfigur. Die landesweite Kontroverse über ihre Aussagen läutete die Debatte über den ganzen Problemkomplex der sexuellen Belästigung ein. Besonders drastisch war die Szene vor dem Ausschuß selbst. Sie war ein Anschauungsbeispiel dafür, wie ein *Bild* eine Wahrheit auf den Punkt bringen kann: Das Bild einer alleinstehenden schwarzen Frau, die einem Podium von ausschließlich männlichen weißen Senatoren gegenübersteht und von ihnen verhört wird, hinterließ einen unauslöschlichen Eindruck. Die Tatsache, daß der Untersuchungsausschuß den 100köpfigen Senat, die wichtigste amtierende Körperschaft Amerikas, repräsentierte, der damals aus 99 Weißen (98 davon männlich) bestand – entging niemandem, schon gar nicht den Frauen. An der Spitze der politischen Führung lag die Macht zweifelsohne auf männlichen Schultern. Dieses von den Medien verbreitete Bild führte im folgenden Wahljahr zu zahlreichen Kampagnen für einen größeren Frauenanteil in Senat und Kongreß, die zwar einen gewissen Achtungserfolg errangen, aber das Muster bestenfalls ankratzen konnten.

Auch am unteren Ende des Machtkontinuums der Bundeshauptstadt kehrt das Muster wieder. Im Distrikt von Columbia ist die Mehrheit der Frauen arm. Sie erledigen die Hausarbeit – nicht nur für die eigenen Familien, sondern für die gesamte Gesellschaft. Arme Frauen beseitigen den Dreck, den ein patriarchalisches System verursacht – von den Anhörungssälen der Senatoren über die Hotelsuiten der VIPs bis hin zu den Wohnungen, in denen sich Armut und soziale Verelendung ein Stelldichein geben. Auch hier werden Frauen von Männern im Stich gelassen: Sie zeugen Kinder und verprügeln die

---

11 *Anm. d. Übers.* Der konservative schwarze Jurist Clarence Thomas, der für den Posten eines der obersten Bundesrichter vorgesehen war, stolperte über öffentliche Vorwürfe seiner früheren Mitarbeiterin Anita Hill, die vor einem Anhörungsausschuß des Senats zu Protokoll gab, von Thomas sexuell belästigt worden zu sein.

Frauen im Suff. Die Mädchen des Ghettos werden in eine doppelte Zwickmühle hineinmanövriert: in frühe Schwangerschaft und in die Abhängigkeit von der Wohlfahrt. Ältere Frauen sind es in der Regel, die versuchen, das Leben trotz mangelnder Mittel irgendwie aufrecht zu erhalten. Diese starken Frauen sind gleichsam der Kitt, der Familien und Gemeinschaften zusammenhält.

Wie das System des Rassismus die Unterdrückten ebenso entmenschlicht wie ihre Unterdrücker, so ist auch der Sexismus ein System, das Männer wie Frauen gefangennimmt. Frauen sind männlichen Machtstrukturen ausgeliefert, während Männer so in systemerhaltende Zwänge eingepfercht sind, daß ihre eigene Menschlichkeit und ihre volle Entfaltung Schaden leiden. Im letzten Kapitel haben wir weißen Rassismus als Amerikas Erbsünde beschrieben. (Un)sinnigerweise hat man ausgerechnet den Ausdruck »Erbsünde« jahrhundertelang benutzt, um Frauen zu unterdrücken – ein klarer Fall von Mißbrauch der Religion als Instrument der Unterdrückung. Männliche Auslegungen der Paradiesgeschichte haben oft eher Eva als Adam dafür verantwortlich gemacht, daß die Sünde in die Welt gekommen ist. Als Strafe dafür sei den Frauen eine untergeordnete Stellung zugewiesen. In einem sexistischen System sehen Männer Frauen als potentielle Quelle von Versuchungen und Gefährdungen an. Das Wesen, der Körper und die Beziehungen von Frauen werden als Bedrohung empfunden. Deshalb ist die Beherrschung der Frauen seit jeher ein vorrangiges männliches Anliegen und das wesentliche Kennzeichen des Patriarchats.

Dieser Wunsch nach Kontrolle drückt sich nicht nur individuell und kulturell aus, sondern auch institutionell – ebenso wie der Rassismus. Wie beim Rassismus spiegelt sich das partiarchale Muster historisch in Besitzrechten und -praktiken. Wie die Sklaven wurden auch die Frauen als Eigentum der Männer betrachtet. Sklaven wurden als Dreifünftelmenschen angesehen; aber auch weiße Frauen waren von der Verheißung auf »Leben, Freiheit und dem Streben nach Glück«[12] ausgeschlossen, da sie juristisch gesehen unabhängig von ihrem Mann oder Vater keine eigene Person waren.

---

12 *Anm. d. Übers.*: In der amerikanischen Unabhängigkeitserklärung werden jedem Menschen bestimmte »gottgegebene und unveräußerliche Rechte« zugebilligt, zu denen ausdrücklich »Leben, Freiheit und das Streben nach Glück« gehören, was natürlich Schwarzen und amerikanischen Ureinwohnern von vornherein nicht zugestanden wurde.

Wenn heute gesellschaftliche, politische und religiöse Institutionen Frauen noch immer daran hindern, ihre Rechte und Begabungen voll zum Ausdruck zu bringen, werden die Frauen, aber auch die Gesellschaft selbst von der Erfüllung dieser Verheißung ferngehalten. Und wenn es Männern verwehrt wird, ihr Menschsein in Beziehungen und im Familienleben umfassend auszuleben, wird die Gesellschaft von einer einseitigen und engen Sichtweise beherrscht.

Gegenschlag

Es ist klar, daß das neuerliche Anschwellen der Gewalt gegen Frauen auch ein Gegenschlag gegen die Fortschritte ist, die die Frauenbewegung in den letzten Jahrzehnten erringen konnte. Eine aggressive politische, kulturelle und religiöse Gegenbewegung gegen relativ kleine Verschiebungen der Geschlechterordnung macht sich bereits massiv bemerkbar. Unter Führung der politischen und religiösen Rechten nimmt die Attacke gegen den Feminismus immer groteskere Ausmaße an. Der populäre konservative Talkshow-Gastgeber Rush Limbaugh läßt fast keinen Tag verstreichen, an dem er nicht gegen die »Feminazis« hetzt, die, wie er behauptet, für viele unserer gesellschaftlichen und sozialen Probleme verantwortlich seien. Während nur eine Handvoll separatistischer Extremfeministinnen ihre Sache zu einer Ideologie gemacht hat, die *alle* Übel dieser Welt den Männern in die Schuhe schiebt, bürsten die »Gegenschläger« alle Feministinnen über diesen Kamm. Susan Faludi konstatiert, daß derzeit eine konzertierte Aktion im Gange sei, »jedes Leid, das Frauen widerfährt«, ausgerechnet dem Feminismus anzulasten.[13] Eine andere Beobachterin meint: »Man klagt Feministinnen abwechselnd an, Männer zu hassen oder selbst wie Männer sein zu wollen.«[14] Besondere Verantwortung für das Klima der Angst, das gegen Frauen geschürt wird, trägt die religiöse Rechte. 1992 schickte Pat Robertson, dessen »Christliche Koalition« über 13 Millionen Dollar für die Wahlkassen sogenannter familienfreundlicher KandidatInnen gesammelt hatte, einen Brief an Gefolgsleute in Iowa, wo ein Bürgerentscheid für die Gleichstellung der Geschlechter anstand. Er beschrieb den Feminismus als »sozialistische, familienfeindliche Bewegung, die

---

13 Susan Faludi, Backlash. Die Männer schlagen zurück. Reinbek 1995.
14 Wendy Kaminer, Feminism's Identy Crisis. Atlantic. Jg. 272 Nr. 4 (Okt. 1993), S. 59.

Frauen ermutigt, ihre Männer zu verlassen, ihre Kinder umzubringen, Hexerei zu praktizieren, den Kapitalismus zu zerstören und lesbisch zu werden«. Auf diese Weise versuchte er, noch mehr Geld für seine Sache locker zu machen.[15] Die Limbaughs und Robertsons übernehmen allerdings keine Verantwortung, wenn verbale Gewalt und Haßreden zum Auftakt physischer Gewalt werden.

DIE SCHLACHTFELDER: FAMILIENWERTE, ABTREIBUNG UND HOMOSEXUELLENRECHTE

Der Bereich von Geschlechterrollen, Sexualität und Familienwerten ist zum heiß umkämpften Schlachtfeld geworden, auf dem ein politisch-kultureller Krieg tobt. Die geschlechtsbezogene Politik hat einige der bedrängendsten Probleme der laufenden Diskussion geschaffen. Allerdings muß man ergänzen, daß einige der kontroversesten Themen der Gesellschaft einfach mit »Frauenthemen« in einen Topf geworfen werden, selbst wenn sie weder ausschließlich noch vorrangig mit Frauen zu tun haben. Daß der Feminismus die Bürde all dieser Streitthemen aufgehalst bekommt, ist sicherlich unfair und ein Hinweis darauf, wie Frauen im Zuge vieler Themen, die uns *alle* betreffen, weiterhin dämonisiert werden. Die Auseinandersetzungen um Familienwerte, Abtreibung und Homosexuellenrechte drehen sich ja kaum nur um Frauen. Trotzdem ist dies der Zusammenhang, in den sie fast immer gestellt werden. Weil diese gesellschaftspolitischen Schlachten meistens im Kontext der Geschlechterproblematik ausgetragen werden, füge auch ich die Diskussion dieser Themen hier ein. Es geht dabei nicht grundsätzlich um Frauen. Es geht um uns alle.

Der Wert der Familie

Die Rede von »Familienwerten« wird derzeit besonders strapaziert. Die Notwendigkeit, zerfallende Familiensysteme neu aufzubauen, ist inzwischen hinlänglich deutlich. Ebenso gilt, daß im Leben eines Kin-

---

15 Joyce Hollyday, Frontrunners and Backlashers. 1992 As the Year of the Woman. Sojourners Magazine. Jg. 21 Nr. 9 (Nov. 1992), S. 19 f.

des sowohl männliche als auch weibliche Rollenmodelle vorkommen müssen. Aber das Schlagwort»Familienwerte« ist oft nur der Deckmantel für die Rückkehr zu den patriarchalen Strukturen der Vergangenheit. Dahinter scheint als eigentliches Thema die Herrschaft der Männer zu stecken – und weniger die Sorge um den Erhalt eines gesunden Familienlebens und um das Wohlbefinden unserer Kinder. In Wirklichkeit unterstützen konservative Anwälte der Familie genau das, was Familien kaputt macht – eine politische Linie, die Arbeitsplätze vernichtet, die Krise des Gesundheitswesens ignoriert und Elternschaftsurlaub, flexible Arbeitszeiten und bezahlbare Tagesstätten verhindert.

Andererseits sind die Linken selten Anwälte einer Stärkung familiärer Bindungen, wie sie unsere in Auflösung befindliche Sozialordnung dringend braucht. Die Linken setzen sich für die Rechte der Frauen ein, während die Rechten im Grunde immer nur die Kleinfamilie mit männlichem Oberhaupt meinen. Einmal mehr machen uns die herrschenden Polarisierungen arm. Die festgefahrene Lage verlangt neue, ausgewogene Modelle des Familienlebens, Alternativen, die ein gerechtes, ganzheitliches und heilendes Umfeld schaffen. Die Integrität von Familie, Ehe und Elternschaft wiederherzustellen ist wirklich wichtig, aber es ist wesentlich, daß dies auf eine Weise geschieht, die die Würde und Gleichheit der Frauen achtet.

Abtreibung

Bei der Zeitschrift»Sojourners« haben wir es uns schwer gemacht mit der Frage, wie wir über Abtreibung schreiben sollen. Von Anfang an haben wir uns für die Rechte und die Gleichheit der Frauen starkgemacht. Ebenso haben wir – aufgrund unserer religiösen Wurzeln und unserer Verpflichtung zur Gewaltlosigkeit – von Anfang an den Wert des Menschenlebens heilig- und hochgehalten. Diese beiden Werte – die Rechte der Frauen und die Heiligkeit des Lebens – sind seither die spannungsreichen Pole unserer öffentlichen Diskussion gewesen.

Das vertrauteste Bild, das die amerikanischen Medien heutzutage vom Kampf um die Abtreibung vermitteln, zeigt Schießereien vor Abtreibungskliniken. DemonstrantInnen stehen einander Auge in Auge gegenüber, halten Plakate hoch, auf denen»Abtreibung ist Mord!« bzw.»Abtreibung muß legal bleiben!«steht, und schreien sich gegenseitig an. Ihre Stimmen sind so schrill, daß niemand verstehen kann, was sie sagen. Es ist an der Zeit, die Phonstärke zu reduzieren und auf die berechtigten Anliegen beider Seiten zu hören. Leidenschaft und Haß haben in Florida bereits zur Ermordung eines Arztes durch einen fanatischen Abtreibungsgegner geführt, und die Reaktion der Gegenseite hat riskante juristische Debatten ausgelöst und die Polarisierung weiter zementiert. Beide Seiten müssen aufhören, sich gegenseitig als »Babymörder« bzw. »Frauenhasser« abzustempeln.

Die Befürwortung jeder Form von Abtreibung ohne Wenn und Aber darf nicht länger als der Lackmustest für authentischen Feminismus gelten. Sonst übersieht man die wachsende Zahl von Feministinnen, insbesondere im religiösen, afro- und lateinamerikanischen Umfeld, die wegen der Abtreibungsfrage im Konflikt sind. Einige Frauen ziehen eine »konsistente Lebensethik« vor, die die Bedrohung, die von Kernwaffen, Todesstrafe, Armut, Rassismus, Patriarchat *und* Abtreibung ausgeht, als Teil ein und desselben »ungesäumten Gewandes« versteht. Ein solcher ethischer Ansatz verknüpft diese Themen miteinander und optiert im umfassenden Sinn »für das Leben«.[16]

Zugleich ist die Unterstützung jener Frauen, die den notvollen und einsamen Entschluß gefällt haben, abzutreiben, ebenfalls ein Einsatz für das Leben. Frauen in eine noch verzweifeltere Lage zu verstoßen, indem man eine verzweifelte Tat kriminalisiert, ist keine gute Antwort. Zudem sind arme Frauen, denen nicht die Mittel ihrer wohlhabenderen Schwestern zur Verfügung stehen, durch illegale Abtreibungen besonders gefährdet.

Wir brauchen Ansätze, die die Anliegen beider Seiten aufnehmen. Um solche Antworten zu finden, müssen wir zunächst nach einem Mindestmaß an gemeinsamen Grundlagen zwischen beiden Lagern suchen, was die ExponentInnen beider Extreme bisher verweigert haben. Solange das Recht und die Würde der Frauen einerseits und die Heiligkeit des menschlichen Lebens andererseits als sich einander

---

16 *Anm. d. Übers.*: Im deutschen Sprachraum hat vor allem Franz Alt schon vor Jahren dafür plädiert, das Friedensthema und die Abtreibungsfrage miteinander zu verknüpfen. Er sieht in einer Haltung, die bereit ist, Millionen von ungeborenen Menschen für verzichtbar zu erklären und in der Bereitschaft, Millionen lebender Menschen atomar auszumerzen, letztlich dieselben materialistischen Kräfte am Werk. Vgl. Franz Alt, Liebe ist möglich. Die Bergpredigt im Atomzeitalter. München 1991.

ausschließende Größen betrachtet werden, wird die Konfrontation weiter eskalieren. Die Feministin Shelly Douglass beklagt ebenfalls den Mangel an Gesprächsbereitschaft zwischen VertreterInnen gegensätzlicher Positionen zur Abtreibungsfrage. Anstatt gemeinsame Grundlagen zu suchen, scheinen die Parteien eher daran interessiert zu sein, einander abzustempeln.

>Wenn ich mich mit linken Progressiven im selben Zimmer befinde, krampft sich mein Magen zusammen, sobald das Wort Abtreibung fällt: Im selben Atemzug wird unter Garantie das Schlagwort von den rechtsextremen evangelikalen Faschisten die Runde machen. Dasselbe passiert in eher konservativen Kreisen, in denen die Erwähnung der Abtreibung sofort die promiskuitive New-Age-Verschwörung auf den Plan ruft. Was passiert dabei mit jemandem wie mir, die ich zwischen diesen Slogans in der Klemme sitze?«

Douglass glaubt, Abtreibung sei »fast immer moralisch falsch«. Zu dieser Schlußfolgerung gelangt sie sowohl aus feministischen als auch aus spirituellen Erwägungen. »Dennoch«, schreibt sie, »habe ich gemischte Gefühle gegenüber Abtreibungsgesetzen, die Abtreibung entweder zu einem unveräußerlichen Recht hochstilisieren oder sie unter allen Umständen verbieten.«

>Ich glaube, Menschen wie ich haben eigene Einsichten zu diesem Thema beizutragen, weil wir die Anliegen aller Beteiligten sehen und unter ihnen leiden: Die Antworten sind nicht so eindeutig, wie jede der beiden Seiten es gerne hätte. Wenn jene, die gleichsam in der Mitte leben, zum Schweigen gebracht werden, wird es unmöglich, Kompromisse zu erzielen, mit denen man weiterkommt.«[17]

Vielleicht könnten die nötigen »Kompromisse, mit denen man weiterkommt«, aus dem jüngsten grenzüberschreitenden Dialog erwachsen, der sich zwischen jenen Frauen anbahnt, die angesichts der gegenwärtigen Diskussion nach schlüssigeren und menschlicheren Alternativen suchen. Diese Frauen repräsentieren jene Hoffnung, die Joyce Hollyday ausgedrückt hat. Eine Hoffnung, die

---

17 Shelley Douglass, The Abortion Battle. Silencing the Middle. Sojourners Magazine. Jg. 21 Nr. 6 (Juli 1992), S. 4 f.

»nicht aufhört, an einer Welt zu arbeiten, in der es Gerechtigkeit für Frauen und Kinder gibt, in der es sexuelle Verantwortung gibt, in der Männer Mitverantwortung für die Kinder übernehmen, die sie zeugen . . . Kern dieser Haltung ist die Einsicht, daß wir eine Welt aufbauen müssen, in der Frauen und Männer gleich sind und in der für Kinder gesorgt ist und in der – wie schon andere es ausgedrückt haben – Abtreibung undenkbar ist.«[18]

Die Rechte der Homosexuellen

In Colorado, Oregon, Cincinnati und demnächst in Dutzenden von Städten und Staaten im ganzen Land müssen sich die Wahlberechtigten mit Volksbegehren zur Frage von Schwulen- und Lesbenrechten befassen. Vielerorts haben die konservativen AktivistInnen der religiösen Rechten mit Erfolg den Eindruck erweckt, es ginge um »Sonderrechte« für Homosexuelle. Schwule und Lesben und ihre SympathisantInnen haben dagegengehalten und »gleiche Rechte« im Blick auf Wohnung, Arbeitsplatz und öffentliche Stellung gefordert. Die meisten Menschen stimmen prinzipiell gegen Sonderrechte für irgendeine Gruppe, wenn sich die Frage so darstellt. Aber in den Anträgen, die zur Debatte stehen, geht es bei genauem Hinsehen schlicht um grundlegende Bürger- und Menschenrechte, wie sie laut Verfassung allen AmerikanerInnen zustehen.

Dennoch hat die Rechte – einmal mehr unter dem Banner von »Familienwerten« und angeführt von berühmten Fernsehpredigern – eine landesweite Kampagne gestartet. Ihre haßerzeugende Homophobie läßt an Heftigkeit nichts zu wünschen übrig. Die meisten Führer der religiösen Rechten haben herausgefunden, daß antihomosexuelle Reden die erfolgreichste Taktik zur Spendenbeschaffung sind. Jerry Falwell etwa hat jüngst einen Spendenaufruf veröffentlicht, in dem er »die homosexuelle Eroberung Amerikas« an die Wand malt und Homosexuellenrechten den totalen Krieg ansagt.[19]

Es wirkt wie eine paradoxe, aber durchaus symbiotische Beziehung, wenn extremere Schwulenaktivisten in Gruppen wie »Act up« mit den Mitteln überzogener Gesellschaftsparodie und einer öffentli-

---

18 Joyce Hollyday, Abortion and the Law. Sojourners Magazine. Jg. 18 Nr. 10 (Nov. 1989), S. 16.
19 Hierzu: Jim Rice, When Dignity Is Assaulted. Sojourners Magazine. Jg. 23 Nr. 2 (Febr./März 1994), S. 6.

chen Selbstdarstellung reagieren, deren Schockwirkung garantiert ist. Einige BeobachterInnen haben die Ansicht geäußert, daß jede Gruppe auf die grotesken Mätzchen der Gegenseite angewiesen ist, um die eigene Sache zu rechtfertigen.

In dieser kontroversen Schlacht um Schwulenrechte werden die Sexualmoral, die Stabilität der Familie, der Kulturverfall und sogar theologische Auslegungen leidenschaftlich diskutiert. Mit Hinweis auf diese wichtigen Themen werden Appelle zum Widerstand gegen Schwulen- und Lesbenrechte formuliert. Aber die Wiedererlangung stabiler Familien wird nicht dadurch erreicht werden, daß man bestimmten Menschen aufgrund ihrer sexuellen Orientierung Bürger- und Menschenrechte vorenthält. Die Instabilität unserer Familien hat andere Ursachen. Und das Fehlen einer gesunden Sexualethik in unserer Gesellschaft kann schwerlich Schwulen und Lesben angelastet werden. Nicht zuletzt stellt es eine Verletzung der vielbeschworenen »theologischen Redlichkeit« dar, wenn man einer bestimmten Gruppe fundamentale Menschenrechte vorenthält. Unsere Kultur verfällt in der Tat; aber das läßt sich nicht durch simplifizierende Schlagworte erklären, die immer nur auf »die anderen« zielen. Homosexuelle sind zu beliebten Sündenböcken für die unbewältigte soziale und moralische Krise der Gesellschaft geworden. Unmittelbar nach der erfolgreichen Verabschiedung eines schwulenfeindlichen Verfassungszusatzes in Colorado brachen die Dämme des Hasses und der Gewalt gegen schwule und lesbische Menschen.

Unabhängig davon, welche Haltung religiöse und andere Gruppen zu sozialen und ethischen Fragen sonst einnehmen, werfen Fanatismus, Intoleranz und Gewalt gegen Schwule und Lesben grundlegende Fragen nach der Gerechtigkeit auf, die eine klare und eindeutige Antwort fordern. Auch hier könnten diejenigen eine entscheidende Rolle spielen, die in dieser Frage eine vermittelnde Position einnehmen.

Jim Rice berichtet in »Sojourners«, wie führende religiöse Persönlichkeiten der »anderen Seite« auf diese Herausforderung reagiert haben.

»Einige Kirchenführer haben sich geweigert, sich auf die Verbreitung von Haß und Homophobie einzulassen, *obgleich* sie moralische Bedenken gegen homosexuelles Verhalten haben. Der Erzbischof von Cincinnati, Daniel Pilarczyk, beispielsweise verurteilte die gegen Schwulenrechte gerichtete Initiative, indem er sagte: Es ist nicht richtig, Menschen aufgrund ihrer homosexuellen Orientierung zu mißhandeln oder die Mißhandlung solcher Menschen zu legalisieren. Die katholischen Bischöfe von Florida veröffentlichten im Oktober 1993 eine Erklärung, in der es heißt, die Diskriminierung von Schwulen und Lesben in der Vergangenheit rechtfertige Gesetze, die dies unterbinden – wie z. B. Gesetze, die sexuelle Orientierung als eine der Kategorien behandeln, die gegen Verbrechen aus Haßmotiven geschützt sind.«[20]

Andere führende Evangelikale, wie der Soziologe und bekannte Prediger Tony Campolo, bekamen wegen ihres klaren Engagements für die Bürgerrechte von Schwulen und Lesben gehörige Prügel. Auch bei diesem Thema müßte die Lautstärke der Diskussion allseits gedrosselt werden, damit ein sensiblerer und kreativerer Dialog aufgenommen werden kann. Angesichts des schrillen Auftretens gewisser christlicher Kreise in dieser Debatte hebt Rice die besondere Verantwortung der Kirche hervor, diesem niederträchtigen Anschlag auf die Menschenwürde entgegenzutreten. Er richtet diese Aufforderung vor allem an »diejenigen, die – insbesondere in den evangelikalen und katholischen Zweigen der Kirche – biblisch begründete Argumente *gegen* schwule und lesbische Sexualbeziehungen vorbringen, sich aber gleichzeitig für soziales Engagement und Menschenrechte starkmachen.« Die Kirche könne es sich nicht leisten, neutral zu bleiben, betont er. »Es ist an der Zeit, aufzustehen und mitgezählt zu werden.«[21]

Angesichts der massiven Gegenschläge, die im Zusammenhang mit diesen und anderen kontroversen öffentlichen Themen insbesondere auf Feministinnen zielen, wird die Arbeit von Männern und Frauen für Gleichberechtigung zunehmend Mut erfordern. Frauen in aller Welt werden tagtäglich bedroht, gefoltert und umgebracht, weil sie für die Veränderung ihrer entwürdigenden Lebensumstände kämpfen – oder einfach deshalb, weil sie Frauen sind.

---

20 ebenda, S. 7.
21 ebenda.

FÜHRUNG UND STÄRKE

Die massive Gegenbewegung gegen den Feminismus und das dramatische Anwachsen der Gewalt gegen Frauen machen ein konkretes Eintreten für die wirkliche Gleichstellung von Männern und Frauen noch dringlicher. Für die Erneuerung unserer Gesellschaft ist es unabdingbar, daß Frauen Führungsrollen übernehmen. Ohne die Gleichberechtigung der Geschlechter kann und wird die Gesellschaft sich einfach nicht ändern. Im Jahre 1888 hielt Elizabeth Cady Stanton vor dem Internationalen Frauenrat eine Rede. Vor über 100 Jahren verlieh sie ihren Hoffnungen auf eine Frauenbefreiung in der nächsten Generation Ausdruck:

»Wir, die wir wie die Kinder Israels vierzig Jahre durch die Wüste von Vorurteil und Lächerlichkeit gewandert sind, empfinden eine besondere Zärtlichkeit für jene jungen Frauen, auf deren Schultern wir bald unsere Lasten übertragen werden . . . Die jüngeren Frauen fangen mit einem großen Vorteil uns gegenüber an: Sie haben die Ergebnisse unserer Erfahrungen; sie haben bessere Bildungsmöglichkeiten; sie werden bei der Diskussion ein aufgeschloseneres öffentliches Empfinden vorfinden; sie werden mehr Mut haben, sich Rechte zu nehmen, die ihnen zustehen . . . Bislang sind Frauen bloß das Echo von Männern gewesen. Unsere Gesetze und Verfassungen, unsere Glaubensbekenntnisse und Maßstäbe und die Regeln des Soziallebens sind allesamt männlichen Ursprungs. Die wahre Frau ist erst noch ein Zukunftstraum.«[22]

Während Elisabeth Stantons Optimismus im Blick auf die nächste Generation weitgehend unerfüllt blieb, traf ihre Behauptung, die gesamte Gesellschaftsordnung sei »männlichen Ursprungs«, den Nagel auf den Kopf. Die heutige Frauenbewegung stellt angesichts dieser universalen Wahrheit keine geringere Herausforderung dar als die damalige. Politischer Veränderung gehen immer Werte- und Bewußtseinsveränderungen voraus. Die letzte Welle des Feminismus begann in den sechziger Jahren und ist ein Beispiel dafür, welch enorme Ergebnisse eine Bewußtseinsveränderung erzielen kann. In allen Gesellschaftsbereichen haben Frauen männliche Ansätze, Aus-

---

22 Zitat bei Ginny Earnest, On a Firm Foundation. Sojourners Magazine. Jg. 17, Nr. 9 (Okt. 1988), S. 30.

legungen und Macht herausgefordert. Ein verändertes Rollenverhalten in der Familie und am Arbeitsplatz hat für Frauen (und Männer!) neue Chancen eröffnet – und eine ganze Reihe neuer Fragen und Spannungen verursacht. Dennoch haben sich die maßgeblichen Institutionen der Gesellschaft bislang nur auf die selektive Eingliederung einiger – meist akademisch gebildeter – Frauen eingelassen. Arme und insbesondere farbige Frauen blieben in Sachen Fortschritt größtenteils außen vor. In den meisten sozialen, wirtschaftlichen und religiösen Einrichtungen ist der Aufstieg von Frauen bis heute eher eine Konzession als wirklich gewollt.

Der heutige Feminismus ist nicht *eine* Bewegung, sondern ein Bündel von Bewegungen. Er vertritt viele Denkströmungen und -ansätze, die aus unterschiedlichen Erfahrungen auf Gruppen erwachsen. Maria Riley schreibt in »Transforming Feminism«: »Der Feminismus, wie wir ihn heute verstehen, ist ein vielfältiges und komplexes Gemenge von Ideen, Geschichten und ideologischen Sichtweisen.«[23]

Die ausgereiftesten Visionen des Feminismus rufen nach einer Tranformation der *gesamten* Gesellschaft – und nicht nur nach einem Zugewinn an individuellen Rechten. Eine der Begründerinnen der modernen Bewegung, Gloria Steinem, bringt dies auf den Punkt:

»Der echte Widerstand kommt, wenn du sagst: ›Ich bin Feministin, das heißt, ich bin dafür, daß *alle* Frauen dieselbe Macht haben‹, was eine Revolution ist, während ›Ich bin dafür, daß *ich* gleichberechtigt bin‹, nur eine Reform ist . . . Wir wollen nicht bloß ein Tortenstück. Wir wollen eine ganz neue Torte backen.«[24]

Die »womanistische« Stimme

Eine der vielversprechendsten Stimmen eines transformativen, starken und verantwortlichen Feminismus kommt aus der »womanistischen Bewegung« unserer afroamerikanischen Schwestern. Der Be-

---

23 Maria Riley, Transforming Feminism. Kansas City 1989, S. 46. *Anm. d. Übers.*: Die innerfeministischen Auseinandersetzungen der jüngeren Zeit, wie z. B. der Streit zwischen jüdischen und christlichen Feministinnen oder die Gegensätze zwischen einem »mythischen« und einem »politischen« Feminismus, sind ein Zeichen dafür, daß der Feminismus reifere Stadien erreicht hat, in denen eine differenziertere und komplexere Auseinandersetzung möglich ist.
24 Gloria Steinem, Let's Get Real About Feminism. The Backlash, the Myths, the Movement. Eine Diskussion, in: Ms. Jg. 4, Nr. 2 (Sept./Okt. 1993), S. 34 u. 43.

griff »Womanismus« wurde erstmals von Alice Walker in ihrem Buch »In Search of Our Mothers' Gardens«[25] geprägt und meint einen feministischen Ansatz, der Rasse, Geschlecht und Klasse zu integrieren versucht. »Womanistische« Stimmen erheben sich aufgrund der Erfahrung der Unterdrückung, die farbige Frauen seit Generationen erdulden. Emilie M. Townes sagt, eine »womanistische« Perspektive

> »... entsteht aus dem tiefen Drang, die Unzulänglichkeiten bisheriger, sowohl feministischer als auch schwarzer theologischer Ansätze anzusprechen. Erstere haben Rassen- und Klassenfragen ständig ausgeblendet. Letztere haben bisher die Frage nach Geschlecht und Klasse vernachlässigt. Beide fangen langsam an, diese internen Mängel zu berichtigen.«[26]

Viele Frauen suchen heute nach einem integrativen feministischen Ansatz, der die Lebenserfahrungen und Beiträge *aller* Frauen würdigt. »Womanistische« Zeugnisse haben wesentliche Denkanstöße dazu beigesteuert, wie die voneinander unabhängigen, aber doch eng miteinander verzahnten Herrschaftsstrukturen dieser Welt präziser begriffen und wirkungsvoller bekämpft werden können. Delores Williams behauptet, daß »kaum eine Diskussion über das Patriarchat der Unterdrückung von Frauen durch Frauen volle Aufmerksamkeit widmet«.[27]

> »Der Terminus *Patriarchat* greift zu kurz, wenn es um die Beziehung von schwarzen Frauen zu den von Weißen (männlichen wie weiblichen) beherrschten Gesellschafts- und Wirtschaftssystemen geht. Er verschweigt, wie weiße Männer und Frauen zusammenwirken, um die weiße Vorherrschaft und weiße Privilegien aufrechtzuerhalten. Er verschweigt, daß das Patriarchat vielen weißen Frauen eine Reihe von positiven Errungenschaften zugesteht, wie zum Beispiel eine akademische Ausbildung, die Fähigkeiten und Urkunden, die nötig sind, um eine der Positionen zu besetzen, die die Bürgerrechtsbewegung für Frauen erkämpft hat, oder manchmal einfach die *Wahlmöglichkeit*, zu Hause zu

---

25 Alice Walker, In Search of Our Mothers' Gardens. Womanist Prose. New York 1983.
26 Emilie M. Townes (Hg.), Einleitung zu: A Troubling in My Soul. Womanist Perspectives on Evil & Suffering. Maryknoll 1993, S. 1 f.
27 Dolores S. Williams, Sisters in the Wilderness. The Challenge of Womanist God-Talk. Maryknoll 1993, S. 185.

bleiben und Kinder großzuziehen und/oder eine berufliche Laufbahn anzustreben – *und* eine andere (meist schwarze) Frau anzustellen, die im Haushalt ›aushilft‹.«[28]

Das bedeute freilich nicht, fährt sie fort, »daß die meisten Frauen in männlich-zentrierten Gesellschaften unbegrenzte Wahlmöglichkeiten haben; das haben sie nämlich nicht.« Es bedeute auch nicht, daß weiße Frauen den Begriff *Patriarchat* nicht mehr benutzen sollten, er könne durchaus das Verhältnis weißer Frauen zu den Männern zutreffend beschreiben, die die Welt lenken.

»Aber wenn der Begriff *Patriarchat* auch die Erfahrung schwarzer Frauen in der weißen Gesellschaft umfassen soll, ist eine Diskussion zwischen ›Womanistinnen‹ und Feministinnen über die Revision dieses Begriffs nötig. Schwarze und weiße Frauen müssen sich auch die negativen Auswirkungen ihrer eigenen geschichtlich gewachsenen Beziehungen bewußtmachen. Wenn dies klar gesehen und gewollt wird, machen sich vielleicht weiße Feministinnen klarer, inwiefern auch ihre Lebensführung die Unterdrückungskultur weißer Vorherrschaft fortschreibt. Und dann könnten ›Womanistinnen‹ vielleicht aufhören, ständig danach zu fragen, wie aufrichtig es der weiße Feminismus mit seiner Forderung nach Befreiung für *alle* Frauen meint.«[29]

Eine spezifische Einsicht feministischer Bewegungen besagt, daß Reflexion aus der Erfahrung erwachsen sollte. Abstraktionen, wie sie in männlich kontrollierten Systemen meist bevorzugt werden, entfernen uns allzuleicht von den wirklichen Konflikten der Menschen und können dazu dienen, Unterdrückung zu kaschieren. Deshalb ist die konsequente Weiterentwicklung feministischer Gedanken und Aktionen durch farbige Frauen ein bedeutsamer Schritt vorwärts.

Eine Grundannahme, mit der wir arbeiten, lautet, daß sich die Wahrheit über eine Gesellschaft am besten von unten erkennen läßt. Die nötigen Einsichten und Energien zur Veränderung der Sozialordnung werden uns oft von denen her zuwachsen, die an den Rand gedrängt sind. Deshalb sind die Erfahrungen und Sichtweisen *aller* Frauen wesentlich; und am lehrreichsten wird das Zeugnis jener

---

28 ebenda, S. 185.
29 ebenda, S. 186.

171

Frauen sein, die der Doppelbedrohung von Rassismus und Sexismus ausgesetzt sind.

Zu Beginn ihres Buches erzählt Dolores Williams ihre eigene Geschichte und was sie aus ihr gelernt hat. Sie macht sich für einen Ansatz stark, der den Kampf um die eigenen Rechte auf die Sorge um die Gemeinschaft insgesamt, um das Überleben der Familie und um die Verteidigung der Kinder ausweitet. In der Erziehung, die ihr von schwarzen Frauen zuteil wurde, vereinigten sich die Ermutigung zu persönlicher Verantwortung und zu sozialem Engagement:

»Der Glaube hat mich gelehrt, das Wunderhafte im Alltag zu entdecken: das Wunder, wie gewöhnliche schwarze Frauen jenen bösen Kräften innerhalb der Gesellschaft widerstehen und über sie hinauswachsen, die die schöpferische Energie zerstören und pervertieren wollen, die Gott – wie meine Mutter und meine Großmutter mich lehrten – schwarze Frauen gegeben hat. Wie gewöhnliche Frauen das tun, was sie immer getan haben: die Familie und die Kirche zusammenhalten, für die Weißen arbeiten oder in der Schule unterrichten. Wie sie alles auf sich nehmen, was nötig ist, damit ihre Kinder nach den Sternen greifen können. Wie sie Hoffnung in Familie und Gemeinschaft aufrechthalten, wenn das Geld knapp ist und sich die Weißen gemein und häßlich benehmen. Ich habe entdeckt, daß dieses wunderhafte ›Widerstehen und darüber Hinauswachsen‹ seit Generationen der Beitrag schwarzer Frauen zu Glaube, Liebe und Hoffnung ist, den sie für die schwarze Familie, die Kirche und die schwarze Gemeinschaft Nordamerikas leisten . . . Meistens basierte ihr Durchhaltevermögen auf ihrem Glauben an Gott, der ihnen half, ›einen Weg zu finden, wo kein Weg ist‹. Der Mut und die Durchhaltekraft dieser schwarzen Alltagsfrauen ließ ein Modell von Glauben und Sozialverhalten entstehen, das über Generationen hinweg von Frauen in der Gemeinschaft und in der Kirche tradiert wurde.«[30]

Schwestern des Gipfels

Abermals könnten gerade die Geschichten, die auf den Straßen und am unteren Rand der Gesellschaft geschrieben werden, Hoffnung auf Veränderung enthalten. Das Bandenwesen liefert auch hierzu eine Fallstudie: Straßenbanden sind, wie die Gesellschaft um sie

---

30 ebenda, S. X, XI.

172

herum, sehr patriarchalisch. Trotz der Einbeziehung der Frauen als Schwestern, »Bräute« und Mitglieder werden Banden von innen wie von außen als »Sache von Kerlen« empfunden, bei der Männer die »Puppen tanzen lassen«. Als wir den Bandengipfel in Kansas City vorbereiteten, begann die Rolle der Frauen aus den Gangs zu wachsen. Zu Anfang war fast ein Drittel der Teilnehmer weiblich, wesentlich mehr, als vorhergesagt worden war. Aber es war auch klar, daß die männlichen Führer davon ausgingen, daß die »Schwestern« zwar zu sehen, nicht aber zu hören sein würden. Die Schwestern waren jedoch nicht bereit, diese Rolle länger hinzunehmen. In einem dramatischen Moment verließen alle Frauen gemeinsam die Versammlung, um zusammenzukommen – ein Ritual feministischer Selbst-Ermächtigung, das so oder ähnlich in aller Welt immer wieder zu Neuanfängen geführt hat. Schließlich kamen sie zurück und gaben eine Erklärung ab. Sie waren bereit, Seite an Seite mit ihren Brüdern Verantwortung zu übernehmen – aber nicht in deren Schatten. Die »Erklärung der Schwestern des Gipfeltreffens« lautete:

»Wir sind eure Mütter, Schwestern, Freundinnen und Lustobjekte. Wir müssen endlich neben euch stehen und nicht mehr hinter euch, wenn wir gemeinsam wachsen wollen.

Wir müssen gleichberechtigt teilnehmen können. Wir müssen in der Lage sein, zu reden, ohne niedergemacht oder zum Schweigen gebracht zu werden. Unsere Tagesordnung ist dieselbe wie eure.

Als Frauen wissen wir längst, was Gewalt ist: Bandenkriege und Polizei-Brutalität, aber auch Prügel zu Hause, Vergewaltigung, Kindesmißbrauch und Armut.

Wir bestehen darauf, daß Frauen in allen Beratungs- und Leitungsgremien, die sich auf dem Gipfel entwickeln, angemessen vertreten sind.

Wir selbst sind die besten Ressourcen, die wir haben. Kein Geld der Welt kann bewirken, was die Kraft, Intelligenz und Liebe bewirken kann, die in diesem Raum versammelt sind. Wir müssen unsere Begabungen zusammentun. Die wichtigste Aufgabe ist, daß wir zusammenarbeiten. Wir lieben und unterstützen euch. Unsere Anstrengungen sind eins.«[31]

Von diesem Moment an war der Gipfel wie verwandelt. Junge Brü-

---

31 Zitat bei Jim Wallis, A Time to Heal, A Time to Build. Sojourners Magazine. Jg. 22, Nr. 7 (Apr. 1993), S. 16.

der wurden von ihren Schwestern geschult und erwiesen sich meistens als lernwillig. Niemand konnte die Vollmacht leugnen, die die Frauen aufgrund ihrer Erfahrung hatten, und niemand stellte ihre Beteiligung nochmals in Frage. Könnte sich nicht vielleicht gerade ihr Leiden als lehrreich und befreiend erweisen? Mehrere Frauen von der Straße sprachen über die notwendige Veränderung. Blanca Martinez, Leiterin von »Nuestro Centro«, einem Interventionsprogramm für Gangmitglieder, Drogengefährdete und AussteigerInnen, berichtet von ihrer Erfahrung beim Bandengipfel:

»Das Treffen hat mich gestärkt. In meinem Leben gab es genügend Hindernisse, die mich zu einer Nummer in der Statistik hätten machen oder mich sogar hätten umbringen können. Aber weil sich viele Leute um mich kümmerten, konnte ich mich in die Gemeinschaft zurückarbeiten. Diese *Kids* haben alle dasselbe Potential und können es schaffen, wenn sie ermutigt werden und ihre Grundbedürfnisse gestillt sind ... Die Art, wie sich die Frauen zusammentaten, war ein Erlebnis für unsere Männer. Sie sahen uns plötzlich nicht mehr nur als ihre Mütter, Schwestern und Töchter – was wir auch sind. Sie fingen an, uns auch als geistige Führerinnen zu sehen. Sie begannen, uns als echte Partnerinnen zu sehen und nicht bloß in unseren traditionellen Rollen. Diese Rollen werden wir sowieso immer übernehmen. Aber dort ist es immer wieder passiert, daß Frauen eine Menge Sachen beeinflußt, angestoßen und ermutigt haben, die beim Gipfel geschehen sind.«[32]

Najma Nazy'at, eine junge Sozialarbeiterin aus Boston, sprach vom gemeinsamen Leidensband zwischen schwarzen Männern und Frauen und von der Stärke, die aus Einigkeit erwächst:

»Schwarze Frauen sterben hierzulande, wie schwarze Männer sterben. Alle sagen: ›Rettet den schwarzen Mann!‹ Ich arbeite auf der Straße. Ich habe auch die Seite der Schwestern im Blick, aber auf andere Weise. Ich sehe, wie Schwestern vier bis fünf Abtreibungen hinter sich haben, wenn sie sechzehn sind. Ich sehe Schwestern, die mit der Knarre rumrennen. Ich habe Frauenbanden erlebt. Ich war auch auf der Straße und hab' diesen ganzen Mist mitgemacht.
Wir können nicht bloß für den schwarzen Mann kämpfen. Wir müssen

32 Blanca Martinez, I Should Have Been a Statistic. Interview (Jim Wallis). Sojourners Magazine. Jg. 22. Nr. 7 (Apr. 1993) S. 27.

für alle Schwarzen kämpfen – Männer, Frauen und Kinder –, weil wir alle vor die Hunde gehen.
Als die Schwestern nach vorn kamen und geredet haben, das war sehr stark. Wir haben uns selber wichtig genommen, was schwarze und lateinamerikanische Frauen nicht so oft machen. Bei dem Frauentreffen haben wir geredet, unsere Ängste gezeigt, geweint. Ich dachte mir, sowas hätte beim Gesamtgipfel passieren müssen. Die Männer weinen dieselben Tränen wie wir, sie fühlen denselben Schmerz. Wir wissen, was mit den Brüdern passiert. Die hätten auch Zeit gebraucht, um zu reden und zu heulen. Aber wegen der Art, wie Männer miteinander umgehen, haben wir uns damit gar nicht beschäftigt. Das hat mir weh getan; aber ich weiß, das ist da.
Besonders hilfreich waren die älteren Schwestern. Die haben gesagt: ›Ja, der Kampf gehört auch uns; wir waren dabei und sind nicht außen vor geblieben.‹ Es war stark, die Kraft der Frauen zu spüren, und zu sehen, daß diese Kraft zählt. Manchmal wird das in unseren Gemeinschaften runtergespielt. Deswegen ist es so wichtig, daß man diese Frauen vorn stehen sieht.«[33]

Marion Stamps, eine erfahrene Straßenarbeiterin aus Chicago, war eine der älteren Aktivistinnen in Kansas City. Beim Gipfel redete sie über die Entwicklung von Männer- und Frauenrollen:

»Sicherlich repräsentieren die Leute auf dem Gipfel das soziale Gewebe an der Basis. Es war für die Brüder sehr wichtig, miteinander an ein paar Problemen zu arbeiten, die sie für die Gemeinschaft verursacht haben.
Am Anfang war es offensichtlich, daß Schwestern in keinster Weise an der Leitung beteiligt waren. Auf dem Leitungspodium saß keine einzige Schwester, Schwestern gaben keine Erklärungen ab, keine der teilnehmenden Schwestern wurde offiziell begrüßt. Das ist heutzutage typisch für alle Organisationen, sofern es sich nicht um Frauenorganisationen handelt.
Ich denke, es ist sehr klar, daß wir Frauen für unsere berechtigte Stimme kämpfen müssen, wenn die Lage vorwiegend von Männern beherrscht wird. Die Brüder machen einen schwerwiegenden Fehler, wenn sie bei der Planung und Durchführung keine Frauen beteiligen, weil sich das auf die Entwicklung in unseren Gemeinden auswirkt. Denn erstens sind wir es, die Leben hervorbringen; ohne uns wäre keiner von ihnen da. Ich bin sicher, sie könnten dasselbe Argument brin-

33 Najma Nazy'at, Fighting for All. Sojourners Magazine. Jg. 22, Nr. 7 (Aug. 1993), S. 25.

gen; aber zunächst mal halten farbige Frauen Dreiviertel der Welt aufrecht. Man kann uns nicht ignorieren oder herablassend behandeln. Wir werden die Lage anders empfinden als die Brüder, weil das nichts mit diesem Machozeug zu tun hat. Es hat nichts mit Muskeln zu tun. Es hat was mit Kopf und mit Herz zu tun. Oft ist die Ausrede der Brüder, warum sie uns nicht mitmachen lassen, wir würden zu leicht manipuliert werden, wir würden nach Gefühlen entscheiden, statt das zu machen, was politisch korrekt ist.

Als die Schwestern die Versammlung verlassen, eine eigene Zusammenkunft organisiert und eine Erkärung ausgearbeitet hatten, mußten sich die Brüder mit uns über die Leitung auseinandersetzen. Ich habe gelernt herauszufinden, wer eine Aufgabe erledigen kann, egal ob es ein Mann ist oder eine Frau. Männer werden das auch lernen müssen. Sie brauchen eine neue *Grundausbildung*, die an den geschichtlichen Kampf der Schwarzen und der Armen in diesem Land anknüpft.

Viele dieser Brüder kennen diese Geschichte nicht; sie kommen von der Straße, aber sie kommen nicht aus dem Kampf. Was wir in der Bürgerrechtsbewegung gelernt haben, muß in den weiteren Verlauf dieses Friedensgipfels eingebracht werden.

Die Brüder mußten eins machen, bevor wir mit ihnen über Frieden auch bloß reden wollten: Sie mußten sich bei der afroamerikanischen Gemeinschaft – besonders bei den Schwestern und Babys – für all den Schmerz und das Leiden entschuldigen, das sie uns angetan haben. Wir forderten, daß sie sich öffentlich entschuldigen. Sobald sie das getan hatten, änderten auch die Ungläubigen die Sichtweise. Dasselbe muß auf nationaler Ebene passieren.«[34]

Als nach dem Kontakt gefragt wurde, der zwischen älteren und jüngeren Frauen entstanden war, antwortete Stamps:»Oh, das war stark! Eine der jüngeren Schwestern sagte bei dem Frauentreffen, sie hätte gar nicht gewußt, wie das ist, mit stärkeren, positiven schwarzen Frauen zusammenzusein. Wenn sie eine starke Mutter gehabt hätte, sagte sie, hätte sie bei dem Gipfel ganz bestimmt eine andere Rolle eingenommen.« Stamp fuhrt fort:

»Da war so viel Liebe in diesem Raum. Wir tauschten ganz konkrete Erlebnisse aus, und es war klar, daß die Jüngeren in diesem Raum verstehen mußten, daß wir als Ältere nicht soweit gekommen wären, wenn wir nicht selbst ein paar schwere Zeiten durchgemacht hätten.

---

34 Marion Stamps, There is no Them Without Us. Interview (Jim Wallis). Sojourners Magazine. Jg. 21, Nr. 7 (Apr. 1993), S. 23 f.

Es war auch klar, daß wir Älteren uns bisher nicht genug angestrengt haben, die Sorgen der jungen Schwestern zu berücksichtigen. Wir verpflichteten uns, daß das nicht wieder passieren soll, und seit wir wieder in Chicago sind, treffen wir uns jeden Donnerstag als Gruppe schwarzer Frauen, sammeln die Schwestern von den Straßen auf und lesen in der Bibel von Ruth und Esther.

Das ist, als ob wir einen politischen Bildungsprozeß durchmachen. Sie können sehen, daß Liebe was Echtes ist und nicht erst mit uns angefangen hat. Wir Schwestern können einander lieben, weil wir wissen, daß von Anbeginn des Frauseins Schwestern uns geliebt haben. Wir sind stark, weil uns Schwestern geliebt haben. Wenn du weißt, wie diese Gangs funktionieren und wie sie mit Frauen umspringen, dann verstehst du, daß es ein paar Änderungen geben wird, ein paar entscheidende Änderungen!«[35]

Stimmen für die Veränderung

In der ganzen Welt stehen heute Frauen im Mittelpunkt höchst kreativer Projekte für soziale Dienste, Gemeindeaufbau, Rassenversöhnung, wirtschaftliche Gerechtigkeit, religiöses Leben und Theologie, politische Aktionen und alternative Modelle. Sie haben Arbeitskooperativen, Heimindustrien, Menschenrechtsorganisationen und Mütterkoalitionen gegen Krieg und Gewalt gegründet. Frauen in den Städten sorgen für nachbarschaftliche Solidarität, wo niemand sonst es tut; Frauen in den Vororten gründen Selbsthilfegruppen für die Opfer sexueller und häuslicher Gewalt; Frauen auf dem Lande halten Familienhöfe über Wasser. Fachfrauen sind aufgestanden, um gegen die gläsernen Decken des industriellen Amerika anzurennen. Schwarze und lateinamerikanische Frauen kämpfen gegen Rassismus und Sexismus und sorgen für die spirituelle Kraft zur Transformation. Religiöse Frauen haben im »Bruderterrain« ihrer Kirchen und Gemeinden daran gearbeitet, Gleichberechtigung zu erlangen, weibliche Gottesbilder einzubringen und die Lebendigkeit und Echtheit des Glaubens wiederherzustellen.

Die frühere Kleinfarmpächterin Fannie Lou Hamer wurde zur Mutter der Bürgerrechtsbewegung in Mississippi und forderte auf dem Nationalkonvent der Demokraten von 1964 die Machthaber heraus. Gemeinsam mit ihrem eingekerkerten Ehemann wurde Al-

---

35 ebenda.

bertina Sisulu zur geistigen Führerin Sowetos und bewies die Richtigkeit des alten südafrikanischen Spruches:»Wenn du die Frau schlägst, schlägst du den Fels!«Während der großen Wirtschaftskrise gründete Dorothy Day von einem höchst unwahrscheinlichen Ausgangspunkt herkommend – nämlich der katholischen Kirche – eine radikale Glaubens- und Sozialbewegung. Die Mütter der Verschwundenen in Argentinien, die Witwen von Belfast und viele Frauen in Ex-Jugoslawien haben sich gegen die sinnlose Gewalt zusammengeschlossen, die ihre Familien, Gemeinden und Länder zerstört.

Zahllose andere Frauen, weniger bekannt, aber nicht weniger mutig, übernehmen Leitungspositionen in der Kirche, in der Gesellschaft und im Kampf für Gerechtigkeit, selbst wenn niemand das erwartet oder sie darum gebeten hat. Gemeinsam treten sie einer ungläubigen Männerwelt gegenüber. Die vielen Geschichten und Stimmen der Frauen hierzulande sind nur der Widerhall dessen, was an vielen Orten auf der ganzen Erde geschieht. Wo sich lokale Gemeinschaften und die Welt positiv verändern, stehen in der Regel Frauen im Mittelpunkt der Ereignisse.

Und was ist mit den Männern?

Ebenso, wie der Rassismus Weiße mit ihrem Privileg und ihrer Verantwortung konfrontiert, fordert die Fortdauer des Sexismus Männer zu persönlicher Bekehrung und Tranformation heraus. Wenn das Loslassen weißer Privilegien um der Gerechtigkeit zwischen den Rassen willen nötig ist, dann ist das Loslassen männlicher Privilegien um der Gerechtigkeit zwischen den Geschlechtern willen nötig. Männer erfahren Tag für Tag Beispiele offener oder verdeckter Privilegien, die aufgegeben werden müssen: das Privileg, daß maskuline Pronomina für die gesamte Menschheit stehen sollen; das Privileg, den Löwenanteil der Entscheidungsmacht in Kirchen, sozialen und politischen Institutionen in Händen zu halten; das Privileg, aufmerksamer angehört zu werden als Frauen; die Annahme, daß Männlichkeit die Norm sei und Weiblichkeit»anders«und so weiter.

Weil die Fragen des Geschlechts so unter die Haut gehen, gibt es auf dem Weg zur Veränderung mitunter äußerst gravierende Hindernisse. Männliche Kontrolle und männliche Privilegien wurzeln tief – nicht nur in unseren sozialen und gesellschaftlichen Einrichtungen, sondern auch in unserer Psyche und in unserem Verhalten. Die meisten von uns Männern sind daran gewöhnt, daß unsere Bedürfnisse und Ziele Vorrang haben, selbst in Beziehung zu Frauen, die wir lieben und achten. Es handelt sich um einen tief in Kopf und Herz eingewurzelten Habitus, der sehr schwer zu brechen ist.

Wie beim Rassismus ereignet sich Veränderung in der Regel dadurch, daß man echte partnerschaftliche Beziehungen eingeht, wodurch mit Geduld und Ausdauer schließlich neue Verhaltensweisen möglich werden. Wir Männer werden bekehrt werden, indem wir unseren Frauen, Partnerinnen, Müttern, Schwestern, Freundinnen, Kolleginnen und Mitarbeiterinnen *zuhören*. Nur wenn wir die Welt durch ihre Augen sehen, werden sich unsere eigenen Augen öffnen. Durch die Frauen, mit denen wir leben und arbeiten, werden wir Gerechtigkeit, Glaube und sogar Macht umfassender begreifen lernen.

Männer, die auf Wertehierarchie, Unabhängigkeit und Kontrolle getrimmt sind, können neue Leitungsstile einüben, die von gemeinsamer Entscheidung, Beziehungsförderung und Konsenssuche bestimmt sind. Im Laufe der Zeit können Familien, Gemeindekreise und Arbeitsplätze zu Orten werden, an denen sich Frauen und Männer sicher fühlen und an denen sie ihre Identität, ihre Pflichten und ihre Berufung entdecken können.

Im Patriarchat geht ja nicht nur der umfassende Beitrag der Frauen verloren, sondern auch die lebendige und bereichernde Beziehung zwischen Männern und Frauen. Bei der Erschaffung von Mann und Frau ging es um etwas anderes als um Gleichartigkeit; es ging um ein Gegenüber und um Partnerschaft. Unsere Geschlechterkämpfe drehen sich noch immer um Gleichheit – und das ist sehr wichtig. Aber Gleichheit bedeutet mehr als die Aufhebung von Unterschieden; und sie ist nur die *Voraussetzung* zur Partnerschaft. Unsere Unterschiede und Ähnlichkeiten werden sich immer besser klären lassen; aber die Verheißung, die auf echter Partnerschaft zwischen den Geschlechtern liegt, ist enorm; wir müssen ihre Möglichkeiten erst noch vollständig erforschen.

Der Zusammenschluß von Frauen, der den Kern der Frauenbewegung ausmacht, ist ein notwendiger Schritt. Dasselbe gilt für die Förderung von Vertrauen und Verantwortung in solidarischen Männergruppen. Die Suche jedes Geschlechts nach seinem eigenen wesentlichen Selbst kann ein Ausgangspunkt sein, von dem aus die Geschlechter anfangen, auf gerechtere, heilendere und schöpferischere Weise neu zusammenzukommen. Der eigentliche Lehrpfad in den Beziehungen zwischen Männern und Frauen wird das Zuhören sein.

Nach so viel Unterdrückung und Verwirrung in der Geschlechterbeziehung wird *Partnerschaft* tatsächlich zu einer großen Herausforderung werden. Es wird nicht einfach sein, die zerbrochenen Bande zwischen uns zu heilen. Um der Heilung ihres eigenen Lebens und des sozialen Gewebes willen müssen Frauen den Anspruch erheben, die eigene Bestimmung zu finden und Macht auf neue und schöpferische Weise auszuüben. Auch Männer können Heilung erfahren, wenn sie die Kontrolle aufgeben, die nicht nur die Entwicklung von Frauen hemmt, sondern auch die tieferen Dimensionen ihres eigenen, männlichen Menschseins begrenzt. Die feministische Theologin Rosemary Radford Ruether sagt, eine der wichtigsten gegenwärtigen Entwicklungen spiele sich unter Männern ab, die lernen, im Wechsel mit ihren Frauen für die Erziehung ihrer Kinder Verantwortung zu übernehmen.[36]

Männer wie Frauen müssen den verantwortlichen Umgang mit der Macht einüben und lernen, wie man Macht teilt und in den Dienst der Gerechtigkeit stellt. Das Teilen der Macht ist das Wesen der Partnerschaft; Macht wird erlöst, wenn sie in den Dienst für andere gestellt wird. Eine neue dynamische Partnerschaft zwischen Männern und Frauen könnte uns jene Lektionen der Macht beibringen, die beide Geschlechter lernen müssen. Partnerschaft der Geschlechter ist die wesentliche Voraussetzung gesellschaftlicher Transformation.

Prophetischer Feminismus

Eine Freundin und Feministin, die mein Leben und unsere Gemeinschaft tief berührt hat, war Virginia Earnest, die 1993 im Alter von nur 41 Jahren an Krebs gestorben ist. Als Frau voller Geist und Kraft, als Gemeinschaftsgründerin, als Künstlerin, als Freundin für viele, als Partnerin für Rob und als Mutter von Anne und Jake war sie die Art von Frau, die im Leben anderer einen tiefen Eindruck hinterlassen.

Sie war bekennende und engagierte Feministin. Durch ihre Ein-

---

36 Rosemary Radford Ruether, Gaia and God. Ecofeminist Theology and Earth Healing. San Francisco 1992, S. 266.

sicht, Hartnäckigkeit, Ermutigung und unablässige Herausforderung wurden wir alle eingeladen, unser Ja zum Feminismus in Wort und Tat zu vertiefen. 1988 schrieb Ginny über Spiritualität und Politik des Feminismus. Sie wußte, daß eine neuartige Politik der Geschlechter nötig ist und war sich klar darüber, daß dies eine vertiefte Spiritualität voraussetzt. Ginny repräsentierte einen »prophetischen Feminismus«, der mit großer Konsequenz sowohl auf Gleichheit als auch auf Gemeinschaft zielte. Ich zitiere sie abschließend ausführlich – wegen der Weisheit ihrer Worte und als Tribut an ihr Vermächtnis.

»Das feministische Axiom besagt, daß das Persönliche immer auch *politisch* ist. Der einzigartige Beitrag, den gläubige Frauen zum Feminismus beisteuern können, ist die Einsicht, daß sowohl das Persönliche als auch das Politische immer *spirituell* sind. Die Forderungen des Feminismus – in unserem persönlichen Leben *und* auch in der Gesamtgesellschaft – sind zu groß, als daß eine einfache Reform des Status quo oder ein paar Anpassungen ausreichend wären. Feminismus ist eine Bewegung, die auf radikale Veränderung und Transformation zielt. Ihre Durchsetzung erfordert Bekehrung; und Bekehrung ist immer eine spirituelle Frage, die geistliche Kraft voraussetzt.

Als christliche Feministinnen finden wir uns in einer paradoxen Lage wieder. Wir stehen innerhalb einer Tradition, die repressiv war und auch immer noch ist, die aber zugleich in ihrem Leben und ihrer Lehre die Samenkörner unserer Ermächtigung und Tranformation birgt. Die Weisheit und die prophetischen Aufzeichnungen unserer Heiligen Schriften stellen uns Bilder, Anleitungen und Ermutigung zur Umkehr zur Verfügung. Unser Glaube hat seine Mitte in Jesus Christus, der gekommen ist, um eine andere Art des Menschseins vorzuleben. Im Zentrum des Lebens und der Lehre Jesu stand die Botschaft der Befreiung – die gute Nachricht von Gottes neuer Ordnung, in der die Mächtigen gestürzt und die Niedrigen erhöht werden . . . Unsere Befreiungsvision muß auf eine gründliche, verantwortete Analyse der Unterdrückung aufgrund von Geschlechts-, Rassen- und Klassenzugehörigkeit aufbauen, damit wir nicht aus unserem Ghetto klettern, indem wir auf die Schultern anderer steigen. Wir leben in einer Gesellschaft und darüber hinaus in einer Welt, in der alle ›Ismen‹ zusammenhängen, und es ist schwierig, auch nur an einen davon heranzukommen, ohne dabei über einen anderen zu stolpern. Es ist eine Versuchung, die Analyse übermäßig zu vereinfachen, um zu Klarheit zu gelangen. Aber der Preis dafür ist zu hoch. Wir müssen Möglichkeiten finden, über unsere Erfahrung zu reden, ohne Unterdrückungshierarchien zu konstruieren oder die Erfahrung anderer Menschen zu leugnen. Wenn wir einen Lebensstil wählen, der von Entfremdung und Wut bestimmt ist, werden wir bloß selbst immer entfremdeter und wütender werden, ob wir das wollen oder nicht. Es ist zwar wahr, daß Wut, wenn sie erkannt und kanalisiert wird, zu einer positiven und wirkungsvollen Veränderungsmacht werden kann. Aber Befreiung muß auch immer schon in ihren Prämissen die Möglichkeit von Heilung und persönlicher Ganzwerdung enthalten. Deshalb muß sie immer die Möglichkeit für Versöhnung offen halten.«[37]

Elisabeth Cady Stanton hat einmal gesagt:»Die wahre Frau ist erst noch ein Zukunftstraum.«Dasselbe gilt für den wahren Mann.

---

37 Ginny Earnest, On a Firm Foundation. Building on the History and Achievements of Feminism. Sojourners Magazine. Jg. 17, Nr. 9 (Okt. 1988), S. 29–32.

ICH KAUFE, ALSO BIN ICH
Verwundete Herzen, verwundete Erde

Der Steward der British Airways gab bekannt, daß während des Fluges der Spielfilm »Chariots of Fire« gezeigt werden würde. »Ist das der einzige?« fragte ich. »Wir zeigen außerdem ›Gandhi‹«, antwortete er. »Wo muß ich mich hinsetzen, um den zu sehen?« wollte ich wissen. »Tut mir leid, Sir, aber ›Gandhi‹ zeigen wir nur in der Ersten Klasse.« Das Paradoxe der Aussage schien ihm zu entgehen.

Das Fliegen ist weitgehend eine Fortbewegungsart der Mittel- und Oberschicht. Auf Reisen, bei denen man lange Zeit in Flugzeugen, Wartesälen und Zubringerbussen verbringt, kann man mustergültige Unterhaltungen der wohlhabenden Klasse verfolgen. Beim Zuhören habe ich entdeckt, daß sich ein überwältigender Teil des Gesprächsstoffs um Konsum dreht: Wo wir gestern abend gespeist haben und wo wir heute abend zu speisen gedenken; in welchem Hotel wir nächtigen werden; wo wir im letzten Urlaub waren und welchen Urlaub wir als nächstes planen; wo man am besten einkaufen kann.

Anläßlich eines Heimfluges befand ich mich vor etlichen Jahren einmal in einem Zubringerbus. Zwei gutaussehende weiße Paare unterhielten sich lautstark über ihre Lieblingsrestaurants in aller Welt. Viele von uns übrigen hätten wohl lieber nicht zugehört, aber die drangvolle Enge ließ uns keine Wahl. Schließlich pries einer der Gesprächspartner sein Lieblingsrestaurant begeistert an, indem er ausrief: »Das ist einfach ein himmlischer Freßtempel – da kann man zu zweit 300 Dollar fürs Abendessen ausgeben, ohne mit der Wimper zu zucken!«

An meinen Reisezielen angekommen, hat das Gespräch meist ganz andere Inhalte und dreht sich oft ums reine Überleben: Woher nehmen wir die nächste Mahlzeit? Wie können wir die Hütte gegen Regen abdichten und die Kinder trocken halten? Wo finden wir genügend Trinkwasser? Werden wir je ein eigenes Stück Land besitzen? Und wieder frage ich: Wie hängt das alles zusammen?

UNSER MODERNES GLAUBENSBEKENNTNIS

Das Credo des modernen Konsumismus sprang mir von einem Autoaufkleber ins Gesicht:»Ich kaufe, also bin ich!« Diese heutige Version der Maxime Descartes':»Ich denke, also bin ich« ließ mir einen Moment lang den Atem stocken, weil sie so kraß und pointiert unser materialistisches Zeitalter auf den Punkt brachte. In derselben Woche, in der ich den Aufkleber sah, ereignete sich in meinem Viertel wieder einmal ein Mord – diesmal wegen eines Paares Basketballschuhe.

In vielen amerikanischen Großstädten gehört es schon fast zur Tagesordnung, daß sich Jugendliche um schicker Turnschuhe, Lederjacken oder eines anderen begehrten Gegenstandes willen umbringen. Ich empfinde die Definition des Lebenssinnes in unserer Zeit, die auf dem Autoaufkleber stand, eher als brutal denn witzig, wenn am Bodensatz der Konsumgesellschaft Großstadtkinder einander für ein paar Schuhe töten.

Eine Kultur von KonsumentInnen

Konsum scheint für alle – Reiche wie Arme und alle dazwischen – Top-Priorität zu haben. Unsere Gesellschaft hat es geschafft, fast alles zu kommerzialisieren (und zu trivialisieren). Konsum *bestimmt* die Kultur nicht, sondern der Materialismus *ist* zur eigentlichen Kultur des Westens geworden. Unser Besitz beginnt uns zu besitzen; und wir selbst werden als KonsumentInnen von den Experten der Konsumindustrie fast nur noch als Objekte behandelt. Die durch und durch ökonomische Definition des Lebens in unserer Gesellschaft hat ohne Frage den Wert unserer menschlichen Existenz gemindert. Das Ergebnis ist eine Kultur, die seelenlos wird.

Das Problem besteht nicht darin, daß die Jugendlichen unsere Werte nicht übernommen hätten. Es besteht darin, daß sie es getan haben! Sie durchschauen unsere sozialen und religiösen Sprüche und sehen, was uns in Wirklichkeit wichtig ist. Die Hauptbotschaft unserer Kultur vermittelt sich laut und deutlich: Ein gehobener Lebensstil macht Erfolg und Glück aus. Aber wir scheinen mitunter zu erschrekken, wenn sich die Jungen unsere Konsumentenwerte wirklich zu Herzen nehmen – und dabei herzlos werden.

Wir sind in der Tat zu einer süchtigen Gesellschaft geworden. Viele PsychotherapeutInnen und professionelle HeilerInnen, die mit Drogenabhängigen arbeiten, kommen zu der Schlußfolgerung, daß der gesellschaftliche Gesamtkontext, in dem wir heute leben, von Sucht bestimmt ist. Drogen und Alkohol sind nicht unsere einzigen Abhängigkeiten. In der Innenstadt von Washington, D. C., ist z. B. das Geld, das aus dem Drogengeschäft kommt, eine Abhängigkeit, die Gewalt zeitigt.

Diese Sucht – die Abhängigkeit vom Materialismus – wird täglich und stündlich in dieser Gesellschaft genährt. Es ist nicht nur nicht verboten, dieser Sucht zu frönen, sondern es ist Sinn und Zweck des Systems. Unser Lebenssinn als Volk besteht im Besitzen und Verbrauchen.

Die Bilder tanzen in jedem wachen Moment vor unseren Augen. Sie ziehen an, verlocken, erregen Begierde; sie wecken die Habsucht und Begehrlichkeit unserer schlechten Seite. Unsere Kinder kleben an der Glotze, und der Rhythmus eines unendlichen Konsums dröhnt in ihren Ohren. In jedem Stadium des Lebenskreislaufs werden unsere Hoffnungen und unsere Ängste, unsere Eitelkeiten und unsere Unsicherheiten, unsere Träume und unser Appetit genauestens registriert und gnadenlos vermarktet. Unsere vielen Abhängigkeiten werden systematisch geschaffen, kreativ kultiviert und unaufhörlich manipuliert.

Alles und jedes hat jetzt einen Sponsor. Jeder Moment jedes Tages wird uns von jemandem präsentiert, der uns etwas verkaufen will – wovon das meiste für uns nachweislich schädlich oder für ein sinnvolles Leben unnütz ist. Der Anfang der Weisheit in Sachen Konsum besteht darin, daß wir begreifen, daß wir selbst Teil der Handelsware geworden sind. KonsumentInnen werden heutzutage selbst gekauft und verkauft.

Idole als Leitbilder

Amerika idolisiert kaum noch seine Führungspersonen, es idolisiert Idole. Was ist ein Idol? Ein Idol ist jemand, der dir etwas verkaufen will, um dadurch reich und berühmt zu werden.

Sportidole vermarkten sich für Turnschuhe, Bier und Lipton Tee. Pepsi Cola konnte einen Schimpansen dazu bewegen, mit einem Jeep den Strand entlangzufegen (der beliebteste amerikanische Werbespot – was beweist, das jede und jeder zum Reklameidol werden kann). Selbst frühere Woodstock-Musiker wie Country Joe Macdonald und John Sebastian inszenierten für Pepsi eine Pseudo-Neuauflage des Musikfestivals, das in den sechziger Jahren immerhin der Inbegriff des antikapitalistischen Protests war. Sie haben sich vermarktet und sind dadurch erneut zu Idolen geworden.

Fernsehspots und Werbegagen bringen mehr Ruhm und Geld ein als das, wofür das Idol ursprünglich berühmt war. Werbung bedeutet einen höheren Bekanntheitsgrad. Das wiederum bedeutet mehr Geld. Geld ist gleich Status eines Idols ist gleich gesellschaftlicher Einfluß. Brauchen diese Leute all das Geld?

Ich kaufe, deshalb gehöre ich dazu

Einkaufszentren sind die Tempel, Schreine und kommunalen Mittelpunkte des modernen Amerika geworden. Sie verbinden alle Arten von Geschäften mit Kinos, Restaurants, Videoarkaden, Fitness-Klubs und neuerdings sogar Apartements, damit man das eigene Zuhause gar nicht erst verlassen muß. Der allumfassende Konsumpark ist vielleicht der markanteste Archetyp unserer entwickelten Konsumkultur.

Konsumismus bietet uns eine eigene Definition von Gemeinschaft an. Zeitschriftenartikel wollen uns allen Ernstes einreden, es sei ein Zeichen der globalen Gemeinschaft, daß wir in alle Welt reisen können und dort die goldenen Bögen von McDonald's wiederfinden. Anzeigen für Coca Cola stellen junge Menschen aller Rassen und Nationen dar, die fröhlich miteinander singen und in jeder Hand eine Flasche Coke halten – während in Wirklichkeit der inzwischen weltbekannte Coca-Cola-Schriftzug überall auf dem Globus über der Misere und dem Tod in Slums und Elendsvierteln aufgeht.

Es geht hier um ein grundlegenderes Thema als Habsucht und Ego-

186

ismus. Materieller Konsum – Dinge zu kaufen und zu besitzen – ist in Amerika und weltweit zum primären Mittel der Zugehörigkeit geworden. Wenn wir nicht kaufen und verbrauchen können, sind wir einfach nicht »dabei«. Kürzlich fiel mit eine Zeitungsspalte auf, in der ein neues nachgeahmtes Autotelefon angekündigt wurde. Für fünf Dollar kann man jetzt ein Stück Plastik kaufen, das wie ein Autotelefon aussieht. Es funktioniert zwar nicht; aber von ferne wirkt es echt. Nicht Habsucht bringt solche Produkte hervor, sondern die Sehnsucht, dabeizusein.

Unsere gemeinsamen gesellschaftlichen Werte spiegeln die Sinnentleerung unserer jetzigen Lage vielleicht besonders stark wieder. Das Fernsehen regiert die Volkskultur, und die Werbung regiert das Fernsehen. Das Fernsehen ist zum wesentlichen Vehikel der Verbreitung des Konsumismus geworden. Er ist die Botschaft dieses Mediums. Das Verbrauchen ist zum gesellschaftlichen Höchstwert und -zweck avanciert. Materieller Konsum ist letztlich die einzige Form sozialer Dazugehörigkeit, die es in der westlichen Welt noch gibt. Die frenctische Sucht nach Dingen hat alles andere entweder an den Rand gedrückt oder gar gänzlich aufgesogen.

Konsum als Bürgerrecht

Die Staatsbürgerrechte selbst sind durch Konsum ersetzt worden. Das Einkaufen ist zu *der* großen gemeinsamen Aktivität geworden, und der Konsumismus ist in unser Gesellschaftsleben eingefallen und hält es besetzt. Die Menschen haben das Gefühl, sie hätten nicht mehr die Macht, ihr Gemeinwesen oder das Land zu verändern, sondern sie könnten nur noch zwischen Produkten wählen. Die Teilnahme am politischen Leben ist dramatisch zurückgegangen, während die Rituale des Konsums das gesellschaftliche Leben immer mehr beherrschen. Poltik ist zum Zuschauersport geworden, während der eigentliche Sport sich immer totaler der Macht des Geldes und der Werbung unterwirft. Wir nehmen an der Debatte über Ideen, an der Ausformulierung öffentlicher Politik und an der Gestaltung der Gesellschaftsordnung nicht teil. Stattdessen gehen wir einkaufen. Wir KonsumentInnen stimmen nur noch über die unendliche Zahl von Gütern und Geräten ab, die man uns anbietet. Demokratie reduziert sich auf die Freiheit, zwischen vierzig Zahnpastamarken wählen zu dürfen.

187

Selbst die Nachrichten nehmen immer mehr Unterhaltungscharakter an und werden ebenfalls von der Werbung regiert. Die Stars der Kommerzsender präsentieren »Fernsehmagazine« voller hirnloser und erregender Themen, die vielen ihrer journalistischen Vorläufer geradezu peinlich gewesen wären. Selbst die politische Stimmabgabe gestaltet sich immer mehr wie das Einkaufen von KandidatInnen: Sie werden nach denselben Methoden und von denselben Leuten verpackt und verkauft, die auch alles andere vermarkten.

DAS RECHT AUF ÜBERMÄSSIGEN KONSUM

Ein Großteil der Kriminalität, die in unserer Gesellschaft überhandnimmt, geht direkt auf die Werte einer durch und durch materialistischen Kultur zurück – kombiniert mit der Beobachtung vieler Jugendlicher, daß sich die reichen und mächtigen Leute (und Völker) im allgemeinen nehmen, was sie wollen, ohne zur Rechenschaft gezogen zu werden. Immer mehr dieser Jugendlichen kommen zu dem Schluß: »Wenn die, warum wir nicht auch?«

Die Werbung erzählt uns nicht bloß, daß es wundervoll wäre, all diese Sachen zu haben, sondern auch, daß wir »sie verdienen«. Materielle Bereicherung ist zu einem Menschenrecht geworden, ohne das das Leben leer und sinnlos ist. Paradoxerweise ist das genaue Gegenteil der Fall. Die Darstellung des übermäßigen Konsums als verdientes Recht hat das menschliche Leben des Sinnes beraubt und uns in immer gewalttätigere Kreaturen verwandelt. Wenn man Leuten im Fernsehen erzählt, sie hätten alle Güter des amerikanischen Lebens verdient, um ihnen anschließend den Erwerb dieser Güter zu verweigern, gehen immer mehr Menschen dazu über, sich das Zeug einfach zu nehmen.

Ja, wir durchleiden eine Wertekrise. Der Vorwurf mangelnden Wertebewußtseins wird normalerweise an den Bodensatz der Gesellschaft gerichtet, an Jugendliche in den Innenstädten, die Straßendelikte verüben. Oft hören wir, wie die politische Klasse von einer kriminellen Schicht redet, die hinter Schloß und Riegel gehöre. Nachdem jedoch in den Vereinigten Staaten mehr Menschen im Verhältnis zur Gesamtbevölkerung im Gefängnis sitzen als in irgendeinem anderen Land der Welt, ist es wohl an der Zeit zu fragen, weshalb. Offenkundig leiden wir unter einer massiven Erosion moralischer Werte. Aber woher kommt sie?

In einer Artikelserie mit dem Titel »Die Wurzeln der Gewalt« beschrieb die »Washington Post« im Jahre 1989 den ungeschriebenen Verhaltenskodex der Drogendealer mit deren eigenen Worten: »Bloß nie nachgeben . . . Bereit sein zu töten oder zu sterben, um die eigene Ehre zu verteidigen . . . Schütze deinen Ruf und deine Männlichkeit um jeden Preis . . .« Die Drogendealer, die diesem Kodex folgen, nennt man auf der Straße »Soldaten«. Ein Reporter fragte einen von ihnen, weshalb sie immer schußbereit seien. »Ich nehm' an, weil ich die Kohle will«, war die Antwort. Die »Post« kommentierte den Kodex der Straße mit den Worten: »Das ist eine Verhaltensweise, die traditionellen amerikanischen Werten geradezu ins Gesicht schlägt.«[1]

Die Wurzeln des übermäßigen Konsums

Hatte der Artikelschreiber recht? Welche Werte spiegeln sich denn in der amerikanischen Außenpolitik wider? Welcher Moralkodex regiert die Börsenschlachten an der Wall Street? Inwiefern bestimmen die alltägliche Verklärung der Habsucht und die Glorifizierung der Gewalt auf den Fernsehschirmen und in den Kinos unsere nationalen Werte?

Welche Botschaft im Blick auf das, was im Leben wirklich zählt, vermittelt die Gesellschaft jungen Leuten Tag für Tag? Überzeugt man sie nicht ebenso wie die meisten anderen AmerikanerInnen davon, daß sich Status und Erfolg auf dem Weg materieller Bereicherung einstellen? Spielt es wirklich eine Rolle, auf welche Weise die Leute in Amerika reich werden?

Unter großen Gefahren für sich selbst und andere laufen die Kinder der Armen demselben materialistischen Glitzertraum nach wie alle anderen, wobei sie den kürzesten und vielleicht einzigen Weg benutzen, der ihnen offensteht. Ist es nicht ein Treppenwitz, wenn sich hochbezahlte Entertainer und Profiathleten als Identifikationsfiguren hinstellen und junge Schwarze beschwören, das dicke Geld abzuweisen, das sich beim Drogenhandel verdienen läßt, und mit Minimallöhnen zufrieden zu sein? Wenn die Regierung ihren Krieg gegen

---

1 Leon Dash, A Dealer's Creed. Be Willing to Die. Washington Post. 3. April 1989, S. A1 und A8.

189

die Drogen aufnimmt, achtet sie sorgsam darauf, daß die tieferen Ursachen des Problems übergangen werden und läßt dann Schüsse los, die sogar die Symptome verfehlen. KritikerInnen rufen nach mehr Geld zur Symptombehandlung, während sie die Gründe und die Korruption ignorieren, die hinter den Drogen stehen.

Nach einer Rede des Präsidenten zur Drogenkrise sprachen zwei inhaftierte Drogenhändler in den Spätnachrichten geradezu prophetische Worte aus. Einer sagte: »Ich denke, in der Vergangenheit haben wir in diesem Land eine riesige Verwüstung erlebt, die mit einem gewissen materialistischen Ideal oder mit einer materialistischen Einstellung zusammenhängt. Aber das ist nicht die Antwort. Wir brauchen eine moralische Schulung.« Der andere sprach von der Anziehungskraft »der goldenen Ketten« und »der großen Autos«. Die beiden Gefängnisinsassen waren sich darin einig, daß die Kombination dieser zwei Sachverhalte – einer systematischen sozialen Ungerechtigkeit und einer unersättlichen Begierde nach materiellen Besitztümern – die Formel sei, die Tod und Zerstörung verursache.[2]

Frustriertes Begehren

Wir müssen damit aufhören, den moralischen Dreck eines zügellosen Konsums fortwährend in die Hirne und Herzen der Jungen zu pumpen. Solange wir damit fortfahren, haben wir kein Recht, schockiert zu sein, wenn sie sich als egoistische Materialisten entpuppen. Indem wir erst die Begierde nach Reichtum schaffen, um anschließend ihre Befriedigung zu verhindern, liefern wir den Treibstoff für den Motor aus Frustration und Wut. Wir können nicht länger ganze Gemeinwesen vom wirtschaftlichen Hauptstrom ausschließen, die betroffenen Menschen an die Peripherie verbannen, ihnen auf tausenderlei Weise zu verstehen geben, daß ihre Arbeit und ihr Leben nicht gebraucht werden, und ihr soziales Umfeld dem Verfall und der Anarchie preisgeben – um dann überrascht zu sein, wenn solche Gemeinwesen explodieren.

Wenn es an der Spitze der Gesellschaft keine Ethik gibt, ist es wahrscheinlich, daß sie auch unten fehlt. Unsere Großstadtkinder haben unsere Werte übernommen. Die Blutspur in unseren Innen-

---

2 Reaction to Bush's Anti-Drug Speech, ABC's Nightline, 5. Sept. 1989, offizielle Nachschrift.

städten ist die Kehrseite einer Konsumgesellschaft, die Gewalt zur eigenen Unterhaltung benutzt. Plünderungen sind Karikaturen der Einkaufsorgien und Spiegelbilder eines Systems, das seinerseits den Rest der Welt ausplündert und vergiftet.

Als die Straßenkids während der Krawalle in Los Angeles über die Plünderungen sagten: »Das haben doch alle gemacht«, meinten sie nicht nur ihre Nachbarn und Bekannten. Auch Kredithaie und Zinswucherer sind Plünderer – ebenso wie Militärlieferanten, die immer das Budget überschreiten, Insider der Börse, die mit Aktien spekulieren, und Konkurspiraten.

In einer Welt der Trennmauern und Polarisierungen werden wir Zeugen nihilistischer Gewalt und wachsender Verzweiflung. Es ist in der Tat an der Zeit, der Plünderung Einhalt zu gebieten – angefangen beim Haupt und dann bis in die Glieder.

Die Jugendlichen der Innenstädte mögen ungebildet sein; blöd sind sie nicht. Sie wissen, daß man sie abgeschrieben hat. Sie wissen, daß für sie kein Platz ist. Viele von ihnen haben kaum eine Zukunftsaussicht. Und sie sind wütend darüber.

Durchsickernde Gewalt

Die verzweifelte Gewalt der Verstoßenen und Ausgebeuteten ist immer eine Karikatur der herrschenden Gesellschaft. Es ist sehr ungemütlich, wenn wir die Werte unserer Kultur im Zerrspiel der frustrierten Wut unserer Kinder wiederentdecken. Aber wenn wir uns jetzt weigern, in diesen Spiegel zu blicken, wird das Spiegelbild nur noch schlimmer werden.

Trotz der Versprechen von Politikern und Ökonomen ist mit Händen zu greifen, daß Reichtum eben nicht von den Reichen zu den Armen »durchsickert«. Wenn die Reichen reicher werden, werden die Armen meist ärmer. Aber im Gegensatz zum Reichtum sickert die Gewalt durch. Die Sickertheorie der Gewalt bestätigt sich auf den Straßen sämtlicher Stadtviertel dieses Landes als eine Epidemie von Verbrechen, die außer Kontrolle zu sein scheint.

In meiner Heimatstadt Detroit ist in den späten achtziger Jahren ein neues Phänomen aufgekommen. Man sprach in der Stadt der Motoren von »Autoentführung«. Wenn du an einer Ampel anhältst oder in einer Tankstelle oder auf einem Parkplatz den Wagen verläßt, steht plötzlich jemand vor dir, hält dir eine Pistole an den Kopf und fordert dich auf, das Auto herzugeben – andernfalls würdest du umgelegt. Als ich meine Familie in Detroit besuchte, erfuhr ich, daß in den wenigen Wochen, seit die Sache »Mode« geworden war, bereits mehr als 300 Wagen abhanden gekommen waren. Sechs Menschen waren bereits umgebracht worden, weil sie Widerstand geleistet hatten. Die Gepflogenheit, sich das zu nehmen, was man will (und dazu jedes notwendige Mittel einzusetzen), ist auch den Reichen und Mächtigen geläufig; sie ist seit vielen Jahren Handlungsmaxime amerikanischer Außen- und Militärpolitik.

Die Regeln einhalten, hart arbeiten, fair handeln, die Rechte und das Leben anderer zu achten – das ist weder typisch für die Wall Street noch für das Pentagon. Daß solche Werte an der Spitze der Gesellschaft fehlen, entgeht denen nicht, die unten sind. Es ist schwierig, zynische Jugendliche davon zu überzeugen, den schwierigeren, aber rechten Weg einzuhalten, wenn viele der erfolgreichsten Leute und Firmen ihres Landes und sogar ihre Regierung routinemäßig den leichteren, wenn auch destruktiven Weg wählt.

Eine Rundfunkreportage berichtete kürzlich von einer siebzehnjährigen jungen Frau in Milwaukee, die ein anderes junges Mädchen erschossen hatte, weil es seine Lederjacke nicht hergeben wollte. Der Anwalt der Mörderin sagte, sie sei Opfer einer »gesellschaftlichen Psychose« – in einem Umfeld der Gewalt, das verhindert, daß Kinder lernen, richtig und falsch zu unterscheiden.

Womöglich ist es lohnender, einige Ursachen der Kriminalität bei der Bestechung, bei den Insidergeschäften und bei den Spekulationen mit wertlosen »Wert«papieren zu suchen, die das Vermögen unserer erfolgreichsten Finanzmagnaten geschaffen und dabei Bankkrisen verursacht und die Wirtschaft ruiniert haben. Könnte es sein, daß die andauernde Rede von »Gesetz und Ordnung« in den achtziger Jahren die nationale Mentalität weniger beeinflußt hat als die zügellose Habgier der oberen Ränge, wie sie uns im »Hol-dir-Jahrzehnt« schamlos vorgeführt wurde? Verstehen wir die gesellschaftsweite Gewaltbereitschaft womöglich besser, wenn wir uns die militärischen Führer ansehen, die davon reden, wie man den Feind auf Radarschirmen, die an Videospiele erinnern, »eliminiert«, oder Präsidenten, die sich gerühmt haben, in Nahostkriegen jemandem »in den Hintern zu treten?« Vielleicht sollten wir jene Werbestrategen unter die Lupe nehmen, die Sex verkaufen und die Sex benutzen, um alles andere zu verkaufen, damit wir die Ursachen wachsender Gewaltverbrechen gegen Frauen finden. Denn Frauen werden in den Massenmedien als Konsumobjekte benutzt.

Unsere materielle Welt

In unserer Konsumkultur sind Dinge weit wichtiger als Menschen. Menschen sind selbst in Dinge verwandelt worden, die man ge- und mißbrauchen kann – wie alles in unserer Gesellschaft zur Ware wird, die sich kaufen und verkaufen läßt. Der moralische Rahmen unseres materialistischen Systems besteht darin, daß das menschliche Leben zur Ware wird. Es ist das System als solches, das die Amoralität hervorbringt, unter der wir jetzt leiden.

Das bereits zitierte biblische Sprichwort »Ohne Vision geht das Volk zugrunde« kann auch anders übersetzt werden: »Ohne prophetische Weissagung wird ein Volk zügellos« (Sprüche 29, 18; Die Gute Nachricht). Die bittere Wahrheit dieses Satzes ist mir inzwischen in meinem Stadtteil hautnah begegnet. Wenn eine echte Vision fehlt, lassen sich Menschen leicht von ihren übelsten Antrieben dazu verleiten, gewalttätig und destruktiv aufzutreten.

Martin Luther King erkannte bereits vor mehr als 25 Jahren den unmittelbaren Zusammenhang zwischen unserem Materialismus und all unseren übrigen Problemen, als er schrieb, wir müßten uns als Nation einer radikalen »Werterevolution« unterziehen.

> »Wir müssen uns sehr rasch . . . von einer ›sach‹bezogenen Gesellschaft in eine ›personen‹bezogene Gesellschaft wandeln. Wenn Maschinen und Computer, Profitinteressen und Eigentumsrechte als wichtiger angesehen werden als Menschen, kann das mächtige Trio Rassismus, Materialismus und Militarismus niemals besiegt werden.«[3]

25 Jahre später müssen wir uns noch immer mit der geistigen Krise herumschlagen, die die Anbetung der Dinge mit sich gebracht hat, denn wir ernten jetzt ihre gewaltsamen Konsequenzen.

---

3 Martin Luther King, Where Do We Go from Here? Chaos or Community? Boston 1967, S. 186.

DIE VERWUNDETE ERDE

Der Häuptling der Aborigines nahm seine Nahrung und entfernte sich ein wenig von der kleinen Menschengruppe, die sich in einer von den Ureinwohnern Westaustraliens betriebenen Gemeinschaftseinrichtung zum Mittagessen versammelt hatte. Ich folgte dem Stammesführer hinaus auf die staubige rote Erde, wo er mich einlud, bei ihm zu sitzen. Wir hatten zuvor über die dortige Gemeinschaft gesprochen, über die Projekte, die die Leute in Angriff nahmen, und über seine Entschlossenheit, den Jungen eine bestimmte Lebensart weiterzugeben. Jetzt begann er davon zu erzählen, was es heißt, ein australischer Ureinwohner zu sein.

Er bückte sich und berührte mit der Hand den Boden unter uns. »Die Erde ist unsere Mutter«, sagte er. Dann legte er die Hand auf die Brust und fuhr fort:»Ich kann die Erde in den Knochen, im Fleisch und im Blut fühlen, das durch meinen Körper fließt.« So wie unser Leben von der Erde abhängig sei, so müßten wir uns auch voneinander abhängig machen, erklärte er mir.»Deshalb teilen wir alles, was wir haben. Hier gibt es niemanden, der leer ausgeht. Wir würden das nicht zulassen.«

Die Verbindung zur Erde und das Teilen der Lebens-Mittel gehören zum Kern der Spiritualität australischer UreinwohnerInnen. Diese Spiritualität ist noch lebendig – trotz der völkervernichtenden Folgen von zwei Jahrhunderten weißer Besiedlung. Am deutlichsten findet man dieses geistige Erbe bei den Großeltern, die Führung in der Gemeinschaft wahrnehmen, indem sie die Geschichten jener »Traumzeit« vor der weißen Besiedlung erzählen und die Erinnerung und die Traditionen der UreinwohnerInnen an die nächste Generation weitergeben.

Der alte Mann, mit dem ich zusammensaß, erzählte mir, daß die Aborigines ein spirituelles Volk seien und daß ihre Spiritualität das Wesen ihres Lebens ausmache. Ohne sie würden sie sicher zugrunde gehen. Er hatte den Eindruck, die meisten Weißen hätten eine ganz andere Spiritualität.

Seine Beobachtung bestätigte sich eindrücklich in den australischen Zeitungen desselben Tages. Auf der Titelseite sah man George Bush, wie er in seinem Golfwägelchen sitzt und über ein Mobiltelefon die amerikanischen Truppen an den persischen Golf befehligt. Der Kontrast zwischen diesen beiden Führern hätte krasser nicht sein können.

Ich befand mich im August 1990 mitten in Australien, als Saddam Husseins irakische Armee in Kuweit einmarschierte und die Kettenreaktion von Ereignissen auslöste, die schließlich zum Golfkrieg führte. Eines Nachts blieb ich in Australien sehr lange auf, um mir Präsident Bushs erste Rede an das amerikanische Volk nach Ausbruch der Krise *life* anzuhören.

Während ich einige Stunden lang nervös auf Bushs Auftritt wartete, strahlte das australische Fernsehen eine Dokumentation zur Situation der Umwelt aus. Es ging vor allem um die wachsende Gefährdung des Ökosystems durch den globalen Treibhauseffekt und die Luftverschmutzung – Folge der massiven Abhängigkeit der industrialisierten Welt von fossilen Brennstoffen, sprich Erdöl. Unmittelbar danach sah ich, wie George Bush dem amerikanischen Volk erklärte, wir müßten bereit sein, Krieg zu führen, um den Ölnachschub zu verteidigen. Nichts Geringeres stehe auf dem Spiel, sagte der Präsident, als »unsere Lebensweise«.

Mitten in der Nacht und auf der anderen Seite des Erdballs bot sich mir ein überaus anschauliches und erschreckendes Bild meiner eigenen Nation, die von einer Lebensweise abhängig ist, die uns allmählich umbringt. Bei all der Berichterstattung und allen Kommentaren über diese Krise rund um das Erdöl stellten nur wenige die wichtigste aller Fragen: Wen oder was treibt dies Öl eigentlich an?

Die ökonomische Erde

Das Öl treibt ein globales Wirtschaftssystem an, das oben von massivem Verbrauch und unten von massivem Elend gekennzeichnet ist und das der natürlichen Ordnung, in der wir leben, unkalkulierbaren Schaden antut. Der Westen verbraucht einen völlig unverhältnismäßig großen Anteil der Weltressourcen und erstickt dabei am eigenen Wohlstand, während selbst in den wohlhabenden Nationen immer mehr Menschen an die Armut ausgeliefert sind. Die Vereinigten Staaten, mit nur sechs Prozent der Weltbevölkerung, verbrauchen noch immer 35 Prozent der Rohstoffe dieser Erde. Und auch innerhalb der Vereinigten Staaten kann man sehen, wie geradezu obszön ungerecht diese Mittel verteilt sind.

Die ökonomische Weltordnung ist nicht nur ungerecht, sie ist auch instabil, wie der Golfkrieg gezeigt hat. Selbst wenn man die Saddam Husseins loswird, ist damit die grundlegende Instabilität des Nahen

Ostens nicht beseitigt. In Wahrheit hat der Westen selbst dazu beigetragen, die Situation zu schaffen, in der wir uns jetzt befinden. Westlicher Kolonialismus und die Gier nach Erdöl hat die Landkarte des Nahen Ostens bis hin zu den Grenzziehungen jener arabischen Staaten diktiert, die an den heutigen Konflikten beteiligt sind. Kuweit und Saudi-Arabien wurden geschaffen, um den fortwährenden Nachschub mit Billigöl für den Westen zu garantieren. Reiche Ölstaaten werden von korrupten und brutalen Eliten regiert, die das eigene Volk darben lassen, jede Opposition im Keim ersticken, sich untereinander um Reichtum und Macht bekriegen, in unglaublichem Luxus leben und ihr unerhörtes Vermögen im Westen investieren, während die arabischen Massen arm und abgeschoben dahinvegetieren. Die feudalen Ölscheichs waren bereit, mit ihren kolonialen Wohltätern vorteilhafte Deals auszuhandeln, die ein Schlag gegen den arabischen Stolz sind und den arabischen Nationalismus anheizen.

Manchmal, wie im Falle Saddam Husseins, geraten Habgier und Ehrgeiz außer Kontrolle und bedrohen den Ölkontrakt, der die eigentliche Grundlage der Beziehung zum Westen darstellt. Der Westen bewaffnet den gesamten Nahen Osten (und hat auf diese Weise die gesamte Region mit raffinierten Waffensystemen überschwemmt). Er wechselt seine Verbündeten so schnell, wie der Treibsand die Wüste verändert, und versucht, die Ereignisse im Griff zu behalten, wobei er keinen erkennbaren Grundsatz durchhält – außer unseren unstillbaren Durst nach Erdöl. Die USA haben sich verpflichtet, die königliche Familie von Kuweit wieder einzusetzen, die bisher jeden demokratischen Impuls im Lande unterdrückt hat, und die Saudimonarchie zu stützen, die eine der trübsten Menschenrechtsbilanzen der Welt aufweist. Das berechtigt zur Annahme, daß wir eher den Feudalismus und das Verprassen von Energie verteidigen als die Demokratie.

Der hohe Preis des Öls

Es ist klar, daß es in den USA während der Golfkrise hauptsächlich ums Erdöl ging. Die Vereinigten Staaten waren bereit, einen hohen Preis zu entrichten, um weiterhin zu unseren Bedingungen Zugang zum Öl haben. Der Golfkrieg kostete das Leben von mehr als 100 AmerikanerInnen und von mehr als 100 000 irakischen Soldaten und ZivilistInnen. Der Preis des Krieges umfaßte auch das Risiko, daß chemische und sogar taktische Kernwaffen eingesetzt werden könnten.

Die eigentliche Angst und Sorge vieler AmerikanerInnen um den möglichen Verlust ihrer Lieben im Sand der arabischen Halbinsel wurde nicht nur von einem sogenannten Verrückten im Irak ausgelöst; sie stammte auch daher, daß man womöglich ernten würde, was man gesät hat. Der schnelle Erfolg des Krieges verdrängte die tieferen Fragen, die dieser Krieg aufgeworfen hatte.

»Das Signalhorn aus dem Nahen Osten«, schrieb die Kolumnistin Ellen Goodman, »bläst eine unschöne Weckfanfare!«[4] Wir stehen vor Fragen, die unsere Seelen heimsuchen und einfach nicht weichen werden. Was sind wir eher bereit zu opfern – einen Lebensstil, der auf massivem Überkonsum basiert, oder das Leben junger Amerikaner-Innen und ganzer Völker, die es kosten könnte, wenn wir so weitermachen wie bisher? Wie viele Pfennige pro Liter Benzin gleichen den Preis so vieler potentieller Toter aus? Was wollen wir riskieren – Veränderungen unseres Lebensstils oder die Aussicht auf endlose künftige Konfrontationen?

Sind wir bereit, uns um der Erde und um unserer Kinder willen zu weniger Abhängigkeit vom Erdöl, zum sparsamen Energieverbrauch und zum Wechsel zu sichereren, verläßlicheren und erneuerbaren Energiequellen zu entschließen? Sind wir bereit, ein ernsthaftes Gespräch darüber anzufangen, wie eine gerechtere und solidere Wirtschaft aussehen könnte? Oder sind wir bereit, noch einmal die Kinder in Bagdad oder woanders zu bombardieren, wenn das nötig ist, um »unsere Lebensweise« zu verteidigen?

Der Bauer und Dichter Wendell Berry reflektierte am Ende des Golfkriegs:

»Wir müssen erkennen, daß die Maßstäbe der Industriewirtschaft unausweichlich zum Krieg gegen Menschen führen, so wie sie unausweichlich zum Krieg gegen die Natur führen. Wir müssen lernen, Qualität vor Quantität, Dienst vor Profit, Nachbarschaftshilfe vor Konkurrenzkampf, Menschen und andere Geschöpfe vor Maschinen, Gesundheit vor Wohlstand, eine demokratische Güterverteilung vor Ballung von Geld und Macht, wirtschaftliche Gesundung vor Wirtschaftswachstum zu stellen . . . Wenn wir Frieden wollen, müssen wir weniger verschwenden, ausgeben, nutzen, wollen und brauchen. Das alarmierende Signal

---

4 Ellen Goodman, Making War over What We Waste. Washington Post. 25. August 1990, S. A21.

für den jetzigen Zustand unserer Gesellschaft ist, daß unsere Führer zwar den Mut haben, das Leben unserer Jugendlichen im Krieg zu opfern, aber nicht den Mut aufbringen, uns zu sagen, daß wir weniger habgierig und weniger verschwenderisch sein müßten.«[5]

Der Schrei des Herzens

Wir haben bereits den Schmerz und die Gewalt eines Lebens am unteren Ende der Weltwirtschaft angesprochen. Aber dasselbe Problem kehrt in den urbanen Einkaufstempeln wieder, wo das menschliche Herz langsam dahinsiecht, weil wir nicht merken, daß wir für mehr geschaffen sind als für bloßen Konsum. Am oberen Ende der hierarchischen Klüfte der Welt ertrinken die Reichen in Einsamkeit und Angst, und ihre Kinder schweifen ziellos in einer Gesellschaft umher, die zwar immer noch mehr Käufliches anbietet, aber nirgendwo Sinn. Dies sind die spirituellen Konsequenzen unsrer Abschottung voneinander und von der Erde. Die Verunsicherung und Verzweiflung reicher Kulturen ist eine direkte Folge ungerechter Beziehungen zu verarmten Völkern und Nationen. Der Grundsatz bestätigt sich einmal mehr: Wir hängen auf Gedeih und Verderb zusammen.

Hören wir angesichts des geräuschvollen Chaos unserer Konsumkultur, des schnellen Wechsels der Medienbilder, die unsere Wirklichkeit bestimmen, und des unablässigen Drucks eines Lebensstils, der unsere Seele von uns fordert, überhaupt noch den Schrei der Armen? Und können wir in, mit und unter ihrem Schrei den Schrei der ganzen Schöpfung vernehmen? Ja, können wir ganz in der Tiefe den Schrei des eigenen Herzens noch hören?

Die Konservativen sagen, das Problem sei der Werteverfall, die Linken sagen, das Problem sei die Armut. Sie haben beide recht und beide unrecht. Unsere Werte sind zusammengebrochen. Das elementarste Einvernehmen über Anstand und Achtung kann nicht mehr als selbstverständlich vorausgesetzt werden. May Sarton schreibt in ihrer Einleitung zu LeCarrés Buch »Das Rußland-Haus«: »Man muß heldenhaft denken, um sich wie ein einigermaßen anständiger Mensch zu benehmen.«[6] Wir haben eine amoralische Ära

---

5 Wendell Berry, What We Learned from the Gulf War. Progressive. Jg. 5, Nr. 11 (Nov. 1991), S. 26.
6 May Sarton, Einleitung zu »Das Rußland-Haus« von John LeCarré. Köln 1989.

betreten, wo uns die Begriffe von Recht und Unrecht, die einst Gemeingut waren, nach und nach entgleiten.

DIE SPIRITUELLE FATA MORGANA

Ich habe mehrere Pilgerreisen in die Wüste Nevada unternommen, an jenen Ort, wo alle US-amerikanischen Atomwaffen getestet werden. Schon vor Sonnenaufgang kann man die Hitze der Wüste spüren, wenn man die Schotterstraße entlanggeht, die zu jener Stelle führt, wo die Regierung seit mehr als vier Jahrzehnten die Generalproben für den Atomkrieg abhält. Es gibt dort wenig anderes als Sand, Wüstengesträuch, Kakteen und ein paar Eidechsen. Die öde Landschaft erstreckt sich, soweit das Auge reicht, in alle Himmelsrichtungen. Gegen acht Uhr morgens ist es bereits heiß, und die Sinne beginnen, die Entbehrung zu spüren. Alles in der Wüste ist kahl, und weil es keine Ablenkung gibt, werden die Gedanken lebendig. Man kann gut verstehen, weshalb die Propheten oftmals in die Wüste gingen, um nachzudenken, zu beten und darauf zu warten, daß ein neues Wort hörbar werde.

Eine religiöse Delegation wanderte zum Camp »Desert Rock«, wo vor 40 Jahren amerikanische Soldaten bewußt atomarer Bestrahlung ausgesetzt worden waren, weil man die Wirkung der Bombe testen wollte. Riesige Krater, Folge jahrelanger überirdischer Tests, sind noch immer als häßliche Narben in der Wüste sichtbar. Jetzt geschieht das alles unterirdisch, aber die Explosionen erschüttern weiterhin die Erde. An diesem speziellen Tag ist eine Gruppe spiritueller PilgerInnen gekommen, um den 40. Jahrestag des ersten Atombombenabwurfs auf die japanische Stadt Hiroschima zu begehen.

Nur wenige Meilen entfernt befindet sich Las Vegas, die leibhaftige Umsetzung des materialistischen Glitzertraums; Luxus, Glücksspiel, Essen, Sex, Entertainment und vor allem Geld werden dort protzig zur Schau gestellt. Zu dieser deplazierten Spielwiese in der Wüste strömen Menschen aus aller Welt, um sich in Lichtern zu sonnen, die heller sind als der strahlendste Traum von materiellem Erfolg und Vergnügen. Hierher kommen die Lebenshungrigen und Lebensdurstigen. Las Vegas – die große Fata Morgana in der Wüste.

Las Vegas ist das karikierte Symbol einer Kultur, in der es von

Trugbildern wimmelt. Das ist ja der Sinn moderner Reklame: die gekonnte Herstellung von Schein. Eine Fata Morgana in der Wüste sieht wie das Wasser aus, das dringend gebraucht wird. Wenn man eine Fata Morgana erblickt, stürzt man auf sie, rennt immer schneller, bis man am Ende der Länge nach hineinfällt. Und alles, was man kriegt, ist ein Mund voll Sand. Werbung ist die falsche Spiritualität des Materialismus, die verspricht, was sie niemals halten kann. Selbst die Werbeslogans klingen oft religiös und benutzen die Sprache letzter Gewißheiten (»Auf diese Steine können Sie bauen«, »Eine Allianz fürs Leben«, »Manche lieben's sicher«). Die Fernsehbilder von jungen, schönen, erotischen und erfolgreichen Menschen, die das Leben in vollen Zügen genießen, umgeben fast jedes Produkt. Die Reklame suggeriert: »Du kannst genauso sein wie sie. Wenn du dieses Bier trinkst, jene Zahnpasta benutzt, ein bestimmtes Auto fährst, das neue Parfum benutzt oder eine besondere Jeansmarke trägst, dann gehört auch dir dieses Leben.« Ist nicht genau dies das Wesen des Götzendienstes – eine fehlgeleitete Art der Anbetung?

Aber diese Versprechen entpuppen sich als Mogelpackungen, als sehr gefährliche Fata Morgana. Das gesamte Leben ist auf Konsum reduziert. Wir opfern die Seele für ein glitzerndes Trugbild und kriegen nichts als den Mund voll Sand. Wir sind in der Wüste einer Fata Morgana nachgerannt, und jetzt ist die Wüste in uns.

Jesus hat sich diesbezüglich ganz klar geäußert:

»Niemand kann zwei Herren dienen; denn ein Diener wird entweder den einen hassen und den anderen lieben, oder an dem einen hängen und den anderen verachten. Ihr könnt nicht Gott dienen und dem Mammon. Deswegen sage ich euch: Sorgt euch nicht um euer Leben, was ihr essen oder trinken sollt, oder um eueren Körper, was ihr anziehen sollt. Ist das Leben nicht mehr als Nahrung, der Körper mehr als Kleidung? Seht euch die Vögel des Himmels an: Sie säen und ernten nicht und sammeln nichts in Scheunen, und doch ernährt sie euer himmlischer Vater. Seid ihr nicht wertvoller als sie? Und kann jemand von euch durch Sorgen seine Lebensspanne auch nur um eine Stunde verlängern? Und was sorgt ihr euch um das Anziehen? Betrachtet die Lilien auf dem Feld, wie sie wachsen; sie arbeiten und spinnen nicht. Aber ich sage euch, daß Salomon in seiner Herrlichkeit nicht gekleidet war wie eine von ihnen. Aber wenn Gott das Gras auf dem Feld so kleidet, das heute wächst und morgen in den Ofen geworfen wird, wird er nicht euch erst recht kleiden –

ihr Kleingläubigen? Sorgt euch also nicht und sagt nicht: ›Was werden wir essen?‹ oder: ›Was werden wir trinken?‹ oder: ›Was werden wir anziehen?‹ Denn die Heiden, die Gott nicht kennen, sind auf all diese Dinge aus; euer himmlischer Vater weiß in der Tat, daß ihr all das braucht. Aber kümmert euch zuerst um Gottes Reich und um Gottes Gerechtigkeit, und all diese Dinge werden euch als Zugabe geschenkt werden.« (Matthäus 6, 25–33)

In dieser Weisheit des Evangeliums liegt der Beginn einer gelasseneren und ausgeglicheneren Perspektive, die wir benötigen werden, um materiellen Dingen endlich wieder den ihnen gebührenden Platz zuzuweisen und den Vorrang des menschlichen Lebens, echter Beziehungen und der Bewahrung der natürlichen Ordnung wiederherzustellen.

Ein Autoaufkleber, den ich gesehen habe, lautet:»Lebt *einfach,* damit andere einfach *leben* können!« Dieser Slogan kommt dem Kern der Dinge nah. Wir alle sind vernetzt. Solange die einen bloß von ihrem Materialismus sprechen, können die anderen bloß von ihrem Überleben reden.

Eine der dringlichsten individuellen und sozialen Eigenschaften, die in der gegenwärtigen politischen Krise nötig sind, ist *Mitgefühl.* Mitgefühl meint ein radikales Sich-Einfühlen in all jene, die unter den jetzigen Gegebenheiten leiden. Das schließt Leiden in all seinen Formen ein: die Unterdrückung der armen und marginalisierten Mehrheit dieser Welt – und den spirituellen und psychischen Niedergang der wohlhabenden Minderheit aufgrund derselben Unterdrückung.

Die Internalisierung repressiver Werte ist eine der wesentlichsten Ursachen für die Entfremdung der Wohlhabenden und die Verelendung der Armen. Dramatische Illustrationen hierzu finden sich in den gewalttätigen Vierteln der amerikanischen Innenstädte. Wir erleben gerade das tragische Paradox, wie eine zunehmende Anzahl von Angehörigen der Mittelschicht von der Furcht gepackt ist, die soziale Leiter hinunterzustürzen. Zugleich erleben diese Menschen persönlich und in ihren Familien die Begleiterscheinungen der sinnlosen und auf Konkurrenz gegründeten Werte einer materialistischen Gesellschaft. Wir haben Angst davor, das zu verlieren, was uns jetzt bereits umbringt.

DER PREIS DER VERÄNDERUNG

Die Schöpfung und all ihr Überfluß sind gut. Sie will geteilt und genossen werden. Aber unser übermäßiger Konsum beschädigt die Schöpfung, unser Materialismus macht unser Herz kaputt, die Ungerechtigkeit verwundet unsere Seele. Die Gewalt, die wir einander durch die ungerechten Strukturen des Welthandels oder durch Straßenkriminalität antun, ist die moralische Folge. Und die Veränderung wird teuer sein.

Wir brauchen eine Bürgerbewegung gegen diesen übermäßigen Konsum. Die beste Art, den materialistischen Werten einer Konsumgesellschaft zu widerstehen, ist einfach die Weigerung, mitzumachen – und die Suche nach alternativen Lebensweisen, die kreativer, gesünder, vitaler – und sogar fröhlicher sind. Das ist nicht einfach, aber möglich, insbesondere mit der Unterstützung und der Energie, die entsteht, wenn Menschen so etwas gemeinsam tun. Es geschieht bereits an vielen Orten, wo exzessiver Reichtum, Sorge um die Umwelt und die Sehnsucht nach Gerechtigkeit Unzufriedenheit und die Suche nach neuen Formen des Gebrauchs von Rohstoffen hervorgebracht haben. Menschen finden neue Möglichkeiten, ihre berechtigten Bedürfnisse zu stillen, ohne die Erde, ihre »Nächsten« in aller Welt, den Charakter ihrer Kinder und ihr eigenes Menschsein im Verlauf des Prozesses zu schädigen. Die Anonymen Alkoholiker und ähnliche Selbsthilfegruppen für Suchtabhängige sind zur geistlichen Heimat und zum Zufluchtsort für viele Menschen auf dem Weg der Genesung geworden. Solch ein »Genesender«, mit dem ich befreundet bin, drückt das so aus: »A.A. ist nicht für Leute, die nicht in die Hölle kommen wollen, sondern für Leute, die schon dort waren.« Die standardisierte Selbstvorstellung eines Mitglieds lautet: »Guten Abend! Ich heiße Bill und bin Alkoholiker.« Worauf die gesamte Gruppe mit Annahme reagiert: »Guten Abend, Bill!«

Vielleicht müssen wir vor den bewährten Grundsätzen der Anonymen Alkoholiker lernen und Versammlungen abhalten, die anfangen: »Guten Abend! Mein Name ist Bill, und ich bin ein materialistischer Überkonsument!« Das klingt natürlich komisch; aber wenn wir unser gemeinsames Problem begreifen würden, könnte der Prozeß der Heilung und Genesung beginnen. Es geht bei unserem zerstörerischen Überkonsum nicht nur um politische Fragen; es geht um den spirituellen Kern unserer Identität und unserer Bedürfnisse.

Ausgehend von solch einer spirituellen Veränderung könnte ein BürgerInnen-Boykott gegen verschwenderischen und zerstörerischen Konsum im Laufe der Zeit eine nachhaltige Wirkung auf die Umgestaltung des Marktes und die Veränderung der Werte unserer Kultur ausüben. Die WerbestrategInnen haben vor nichts so sehr Angst wie davor, daß die Leute einfach aufhören könnten, ihrer hirnlosen und manipulativen Reklame zuzuhören. Warum versuchen wir das nicht? Einfach abschalten! Laßt sie doch mit ihren Banalitäten wuchern – wir achten nicht darauf! Wir können einfach nicht so weiterleben wie bisher, verbrauchen, worauf wir gerade Lust haben, profitieren, soviel wir können, und die Wirtschaft so laufen lassen, wie sie ist – um vielleicht ein paar übrige Groschen dazu zu benutzen, »den Armen zu helfen«. Es wird nicht genug »übrig« bleiben, und die Armen werden die politische Diskussion verlieren.

Wir sind es, die sich ändern müssen; unsere Muster und Institutionen sind es, die transformiert werden müssen. Es gibt viel zu tun, und viele Arbeitsplätze könnten geschaffen werden, die uns all das bringen, was wir wirklich brauchen – Bildung, Gesundheit, effiziente Energie, eine sichere und geschützte Umwelt, gesunde Nahrung, umweltfreundliche Verkehrsmittel, bezahlbare Wohnungen, stabile Familien und lebendige Gemeinwesen.

So etwas wird nur durch eine Kombination von soliden Werten und einer vernünftigen Sozialpolitik erreicht werden. Und es wird eine Reihe fundamentaler Verschiebungen voraussetzen – vom grenzenlosen Wachstum hin zu einer sich selbst versorgenden Gesellschaft, vom endlosen Güterkonsum zu einer neuen Wertschätzung sozialer Güter, von einer Ethik der Konkurrenz zu einer Ethik der Gemeinschaft. Solche Verschiebungen werden weder einfach noch billig zu haben sein. Aber der Preis, den es kosten würde, sie *nicht* zu vollziehen, wäre noch viel höher.

DRITTER TEIL

HIN ZU EINER ALTERNATIVEN VISION

SIGNATUREN DER TRANSFORMATION
Wegweiser einer
künftigen prophetischen Vision

Ich befand mich in Canberra, der Hauptstadt Australiens, mitten in einem langen Streitgespräch mit einer Gruppe von Wirtschaftsexperten. Nach über zweistündiger Diskussion gaben diese Politikmacher des privaten und öffentlichen Sektors zu, daß beide Wirtschaftssysteme der Welt gescheitert sind, insbesondere in Fragen der sozialen Gerechtigkeit, der Bewahrung der Umwelt und der spirituellen Werteorientierung. Wir waren uns einig, daß die bisherigen ideologischen Leitbilder im Blick auf grundlegende Sinnfragen, Lebensqualität und ethische Redlichkeit schlichtweg verbraucht sind.

Die unmittelbare Reaktion dieser Analytiker bestand darin, sich in eine akademische Diskussion zu stürzen und sich auf die Suche nach dem Entwurf eines neuen Wirtschaftssystems zu machen. Ich unterbrach die Unterredung und stellte die These in den Raum, daß diese Ansatzweise nicht mehr funktioniert. Selbst wenn sich diese Experten (allesamt weiß und männlich) sechs Monate lang verbarrikadierten und nicht eher wieder auftauchten, bis sie ein neues System gebastelt hätten, würden sie niemals die Antwort finden. Die Vorgehensweise selbst würde dafür sorgen, daß dabei genau die falsche Antwort herauskäme.

Wir haben keine Entwürfe für ein neues System, und wir sollten sie nicht einmal suchen. Wir haben bestenfalls einige wenige spirituelle Leitplanken und Straßenkarten. Der Veränderungsprozeß wird eher einer Abenteuerreise gleichen als einer politischen Konferenz oder einem Vorstandstreffen. Und die Art der Suchbewegung ist selbst Teil der Lösung für viele Probleme. Wir haben keine ideologischen Manifeste und Positionspapiere, um allen Eventualitäten zu begegnen, aber wir haben Kernwerte, die den Weg in eine andere Zukunft bahnen könnten, und wir haben entlang der Strecke ein paar Weg-weiser, die uns zeigen könnten, wo es lang geht. Worin bestehen die Anzeichen der Transformation in einer Gesell-schaft, was sind die Indikatoren neuer Visionen für das öffentliche Leben? Solche Visionen müssen spirituell *und* politisch sein und kon-krete soziale, wirtschaftliche und kulturelle Konsequenzen haben. Neue Visionen drücken sich in der Regel eher als Bewegung aus als in Parteien und Bürokratien. Selbst in unserer mediengelenkten Gesell-schaft entstehen sie oft eher an den Rändern oder am unteren Ende der sozialen Hierarchie als im Zentrum oder ganz oben. In einer Zeit, in der die Eliten der Wirtschaft, der Politik, der Medien und der Un-terhaltungsindustrie zu dominieren scheinen, wird von gewöhnli-chen Menschen eine neue moralische Sensibilität ausgehen. Es sind ja gerade die moralische Schwäche unserer mächtigen Institutionen und die ethische Verarmung unserer Erfolgseliten, die das Bedürfnis nach neuen Visionen und Ansätzen wecken.

Sozialbewegungen, die die Geschichte verändern, müssen *letzt-endlich* die führenden Institutionen erreichen. Aber neue Visionen können nicht von alten Strukturen ausgehen, neue Werte werden nicht von alten Ansätzen her entstehen, neue Führungspersönlichkei-ten entstammen nur selten der Riege alter Eliten, weil sie mehr als alle anderen Gefangene des bestehenden Systems und seiner Möglichkei-ten sind. Eine neue Vision muß von neuen Ansatzpunkten herkom-men – auch von neuen Ansatzpunkten *in uns allen.* Vision entsteht eher durch Erneuerung als durch Reaktion. Die tiefgreifendsten Ver-änderungen entstammen eher einer Revolution des Geistes als einer Revolution der Gewehrläufe. Hoffnung ist schon immer eine macht-vollere Kraft zur Veränderung gewesen als Verzweiflung. Die Wie-dergewinnung unserer besten Werte und moralischen Empfindungen hat die besten Chancen, einen »neuen Bund« zuwege zu bringen. Menschen und Gesellschaften werden auf eine neue, höhere Ebene gehoben, indem sie das beste, was in ihnen und in ihren Traditionen steckt, umsetzen. Unter und hinter all den gescheiterten gesellschaft-lichen Werten, all den korrumpierten Institutionen und all dem destruktiven Sozialverhalten gibt es ein Reservoir des moralischen Gewissens. Unsere religiösen Traditionen nennen es »das Antlitz Got-tes«, das in unsere Herzen eingeprägt ist. Gleichzeitig hat uns das 20. Jahrhundert vor Augen geführt, wie weit menschliche Bosheit und Brutalität gehen können. Die Bibel nennt dies unser »Gefallensein«.

Der Appell an das Bild Gottes in uns ist die überzeugendste Waffe gegen das menschliche Gefallensein. Neue Gesellschaftsbewegungen werden durch diesen Appell hervorgebracht. Politischer Realismus erfordert es, daß wir die menschliche Fähigkeit zum Bösen niemals unterschätzen. Doch politische Hoffnung ruft uns auf, die Möglichkeiten menschlicher Transformation ebenfalls nie abzuschreiben. Sowohl der Realismus als auch die Hoffnung haben tiefgreifende theologische Wurzeln. Eine dynamische Beziehung zwischen Politik und Spiritualität erfordert, daß wir beide sehr ernst nehmen.

Neue Visionen werden von deutlichen Zeichen begleitet. Diese Zeichen bestehen in der ausdrücklichen Verbindlichkeit, mit der alte ethische Werte und neue soziale Möglichkeiten umgesetzt und gelebt werden. Sie wurzeln in der menschlichen Gottebenbildlichkeit und stellen einen kräftigen Kontrapunkt zu unseren übelsten soziokulturellen Instinkten und Verhaltensweisen dar. Die Zeichen einer neuen Vision sind Indikatoren einer neuen Ausrichtung und Hinweise auf spirituelle Transformation. Gemeinsam deuten sie auf eine andersgeartete politische Zukunft.

Die folgenden Geschichten weisen auf die Veränderung des Herzens, die Transformation des Denkens und die Befreiung des Geistes hin, die jedes ernstzunehmende Unternehmen zur Gesellschaftsveränderung untermauern müssen. Diese Geschichten beantworten nicht alle Fragen, denen wir uns stellen müssen, aber sie können uns helfen, unseren konzeptionellen Horizont und unsere spirituelle Empfänglichkeit zu erweitern und den Grundstein zu einem wirklich neuen Sozialexperiment zu legen. Sie bieten keine systematischen Lösungsansätze, aber sie weisen einen praktikablen Weg. Gemeinsam sind sie Zeichen einer künftigen prophetischen Vision.

BEKEHRUNG
Der Vorrang der Armen

Vor vielen Jahren war ich Mitglied einer Gruppe von Seminaristen in Chicago. Wir hatten beschlossen, alle biblischen Bezugnahmen zu einem bestimmten Thema zu suchen – nämlich zur Frage nach den Armen und Unterdrückten. Wir durchforschten die Heilige Schrift nach jeder Erwähnung dieses Themenkreises und fanden zu unserem eigenen Erstaunen heraus, daß sich in der Bibel Tausende von Versen über die Armen finden. Diejenigen, die von allen anderen an den Rand gedrängt und vergessen, mißhandelt und ans untere Ende der Gesellschaft abgeschoben werden, erscheinen in der Bibel fortwährend als zentrales Anliegen. Wir entdeckten, daß es in der Bibel quasi von Armen nur so wimmelt. Noch überraschender war es zu entdecken, daß Gott in der gesamten Bibel als der Befreier der Unterdrückten dargestellt wird. Im Alten Testament ist die Frage nach den Armen das zweitwichtigste Thema. Das wichtigste Thema ist der Götzendienst, und beide Themen sind oft miteinander verknüpft. Im Neuen Testament handelt jeder sechzehnte Vers von den Armen. In den Evangelien ist es jeder zehnte Vers, im Lukasevangelium gar jeder siebente und im Jakobusbrief jeder fünfte.

Ein besonders eifriger Seminarist in unserer Gruppe beschloß, ein Experiment anzustellen. Er fand eine alte Bibel, nahm sich eine Schere und schnitt jede einzelne Bezugnahme auf die Armen aus der Bibel aus. Das nahm sehr viel Zeit in Anspruch.

Er kam zum Propheten Amos und las: »Hinweg mit dem Geplärr eurer Lieder! Ich will dein Harfenspiel nicht hören, sondern das Recht ströme wie Wasser, die Gerechtigkeit wie ein nie versiegender Bach« (Amos 5, 23 f.). Dann schnitt er die Passage aus. Er kam zum Jesajabuch und fand das prophetische Donnerwetter: »Ist nicht das ein Fasten, wie ich es liebe: Die Fesseln des Unrechts zu lösen, die Stricke des Jochs zu entfernen, die Versklavten freizulassen, jedes Joch zu zerbrechen, an die Hungrigen dein Brot auszuteilen, die Obdachlosen und Heimatlosen ins Haus aufzunehmen, wenn du einen Nackten siehst, ihn zu kleiden und dich deinen Verwandten nicht zu entziehen?« (Jesaja 58, 6 f.) Auch das schnitt er aus.

So wurden die Bücher der Propheten der Reihe nach dezimiert, ebenso die Psalmen, in denen Gott als Tröster der Beladenen offenbart wird. Die Exodusgeschichte im 2. Buch Mose, in der berichtet wird, wie Gott ein versklavtes Volk aus der Hand seiner Unterdrücker befreit, verschwand ebenfalls. Dasselbe geschah mit der Tradition des Erlaßjahres oder Jubeljahres, einem hebräischen Brauch des periodischen Schuldenerlasses, der Neuverteilung von Land und der Verteilung des Reichtums.[1]

---

1 Vgl. Levitikus/3. Mose, Kapitel 25. *Anm. d. Übers.*: Unsere deutsche Redewendung »alle Jubeljahre« geht auf diese biblische Forderung zurück. Nach den Anweisungen des Buches Levitikus sollte dem Land alle sieben Jahre ein Brachjahr

Im Neuen Testament setzte der junge Seminarist abermals die Schere an, als er zum Magnifikat kam, dem Lobgesang der Maria, das den Auftrag des Kindes beschreibt, das sie im Leibe trug:»Er zerstreut, die im Herzen voll Hochmut sind; er stürzt die Mächtigen vom Thron und erhöht die Niedrigen. Die Hungrigen beschenkt er mit seinen Gaben und läßt die Reichen leer ausgehen« (Lukas 1, 51 b–53). Weg damit! Man kann sich ausmalen, wie es der Rede Jesu in Matthäus 25 erging, die von der Zuwendung zu den »Geringsten« handelt.

Der junge Mann entfernte die erste Predigt Jesu in Nazareth, in der dieser das Manifest seines Dienstes verkündet:»Der Geist des Herrn ruht auf mir, denn der Herr hat mich gesalbt. Er hat mich gesandt, damit ich den Armen eine gute Nachricht bringe; damit ich den Gefangenen die Entlassung verkünde und den Blinden das Augenlicht; damit ich die Zerschlagenen in Freiheit setze und ein Erlaßjahr (!) des Herrn ausrufe« (Lukas 4, 18 f.). Ratsch! Die prophetische Vision des Auftrags Jesu war getilgt. Ebenso mußten die Seligpreisungen der Bergpredigt:»Selig seid ihr Armen« (Lukas 6, 20 b) bzw.»Selig sind die, die im Geiste arm sind« (Matthäus 5, 3 a) dran glauben. All diese Aussagen mußten entfernt werden, weil sie eine völlig neue Lebensweise verkünden, die unsere kulturellen Selbstverständlichkeiten und die bestehenden Verhältnisse völlig auf den Kopf stellt. Der klare Befehl des Jakobusbriefes, die Reichen nicht anders zu behandeln als die Armen (Jakobus 2, 1–7), entging der Schere ebensowenig wie der lakonische Hinweis im 1. Johannesbrief, daß wir, wenn wir unseren bedürftigen Nächsten nicht lieben, Gott nicht lieben (z. B. 1 Johannes 3, 17 f.). Natürlich fiel auch das Zeugnis der Urkirche, in der Güter und Besitz so freizügig geteilt wurden, daß es unter ihnen »niemanden gab, der Not litt« (Apostelgeschichte 4, 34 a), der Schere zum Opfer.

gegönnt werden. Alle 49 Jahre sollte es ein »Jubeljahr«, d. h. eine Landreform geben: Die ursprünglichen Besitzverhältnisse wurden wiederhergestellt, so daß auch diejenigen, die in Schuldknechtschaft geraten waren, wieder eine Chance zum Neuanfang hatten. Vor allem durfte nach diesen Anweisungen das Land nicht endgültig verkauft werden, da Gott als der eigentliche Landbesitzer angesehen wurde und Menschen gleichsam nur »Pächter« des Bodens waren. Diese radikalen Forderungen im Blick auf das Bodenrecht (Brachjahr und Erlaßjahr) wurden in Israel regelmäßig umgangen. Das 2. Chronikbuch (36, 21) begründete denn auch das babylonische Exil damit, daß das Land die Brachjahre nachholen müßte, die man ihm aus wirtschaftlichen Erwägungen nicht gegönnt hatte.

All dies und viel mehr wurde aus der Bibel entfernt. Als der Seminarist fertig war, hing die alte Bibel in Fetzen. Sie hielt nicht mehr zusammen und fiel in unseren Händen auseinander. Es war eine Bibel voller Löcher. Ich pflegte diese löchrige alte Bibel auf die Kanzel mitzunehmen, wenn ich predigte. Ich hielt sie amerikanischen Gemeinden entgegen und sagte: »Liebe Leute, das *ist* die amerikanische Bibel – voller Löcher, weil wir so vieles ausgemerzt haben.« Evangelische und Katholiken, Juden, Progressive und Konservative – wir alle haben sehr löchrige Bibeln.

Gleichzeitig wunderte ich mich, weshalb ich von all diesen wichtigen biblischen Themen nichts gehört hatte, als ich kirchlich sozialisiert wurde. Wie hatte man ein so zentrales Anliegen derart beiseite schieben können, insbesondere in Kreisen, in denen der Glaube angeblich einzig und allein die Bibel zum Maßstab hat?

In Amerika und in der gesamten westlichen Welt haben wir im Blick auf das, was die Bibel über die Armen sagt, so getan, als stünde es einfach nicht da. Wir haben die Armen aus der Bibel entfernt.

Der Gott der Bibel ist der Retter der Armen. Dieser Gott hegt eine besondere Liebe für die, die entrechtet und an den Rand gedrängt sind – für diejenigen, die auf der Prioritätenliste der anderen ganz unten stehen. Wenn das nicht aus der Bibel klar ersichtlich ist, dann ist nichts aus der Bibel ersichtlich. Es ist offenkundig von Anfang bis zum Ende.

Deswegen können aus biblischer Sichtweise Fragen nach den Armen und Unterdrückten nicht als rein politische Angelegenheit behandelt oder an den diakonischen Arbeitskreis der Gemeinde[2] delegiert werden. Es geht vielmehr um nichts Geringeres als darum, zu biblischer Redlichkeit zurückzufinden. Es geht um Bekehrung.

Wenn wir die Realität der Armen ins Zentrum unserer Aufmerksamkeit rücken, wird dies eine grundlegende Veränderung unserer Prioritäten und unserer Ausrichtung zur Folge haben. Es geht um etwas wesentlich Tiefgreifenderes als um sozial-karitative Bedarfsdeckung. Es geht vielmehr darum, daß wir unsere dezimierte Bibel wieder zusammenfügen und die Bedeutung der heiligen Texte für unser persönliches Leben, für unsere Gemeinden und Kreise sowie für unsere Welt neu entdecken. Treue zur Bibel erweist sich letztlich nicht

---

2   *Anm. d. Übers.*: Hier ist wohl für den deutschen Sprachraum und unser Kirchen- und Sozialwesen zu ergänzen: »... und auch nicht an karitative und diakonische Großkonzerne, wie wichtig deren Arbeit auch sein mag!«

im Fürwahrhalten von Dogmen und Lehrsätzen, sondern indem unser Leben bezeugt, daß wir die Bibel ernst nehmen. Glaube führt zum Gehorsam. In wohlhabenden Nationen ist die Nagelprobe dieser Treue vor allem unsere Beziehung zu den Armen.

Jesus ist kein blauäugiger Rechter, wie ihn manche hinstellen; er ist auch kein Linker voller sozialer Schuldkomplexe und kein kompromißlerischer Mann der Mitte. Jesus ist derjenige, der unter Entrechteten und Ausgestoßenen in die Welt kam, um eine völlig neue Denk- und Lebensweise zu zeigen. Der Weg Jesu und der Propheten ist kein Wohlfahrtsprogramm. Er ruft zu einer Veränderung des Herzens, zu einer Revolution des Geistes und zu einer Transformation des Gewissens. Er führt uns über jene landläufigen Ansätze hinaus, die die Armen links liegen lassen, unter Kontrolle halten oder ihnen von isolierter und bequemer Warte aus »helfen« wollen. Er führt uns vielmehr in eine neue Beziehung zueinander, in eine tiefe Neu-Verbindung, in die Wiederherstellung des zerbrochenen Bundes.

Eine Ureinwohnerin Australiens, die anonym bleiben möchte, trifft den Nagel auf den Kopf. Sie sagte zu mir: »Wenn ihr kommt, um mir zu helfen, verschwendet ihr eure Zeit. Aber wenn ihr gekommen seid, weil eure Befreiung und meine zusammenhängen, dann laßt uns gemeinsam ans Werk gehen.« Die gute Nachricht ist, daß die Bibel an vielen Orten bereits wieder zusammengefügt wird. Biblische Redlichkeit erneuert sich in unserer Zeit – wenn man weiß, wo man hinsehen muß.

Die biblische Vorrangstellung der Armen ist in den Kirchen immer eines der bestgehüteten Geheimnisse gewesen. Die Leidenschaft Gottes für die Unterdrückten der Erde ist ein Geheimnis, das lange Zeit vor Gläubigen wie Ungläubigen verborgen wurde. Aber jetzt wird dieses Geheimnis gelüftet.

Die Armen sind es, die sich das Geheimnis aneignen. Sie machen inzwischen die Mehrheit der Weltbevölkerung aus und stellen weltweit die größte Anzahl der Kirchenmitglieder. Das Wissen, daß Gott beim Kampf um ihr Leben, um Gerechtigkeit und um eine menschenwürdige Zukunft für ihre Kinder auf ihrer Seite steht, ist für sie zu einer ungeheuren Quelle der Hoffnung, des Trostes und der Kraft geworden.

Diese Hoffnung zu erleben, bedeutet, von ihr evangelisiert zu werden. An den am meisten vergessenen Orten dieser Erde passiert etwas, was den Rest der Erde tiefgreifend verändern wird.

Um mein Ziel in den Philippinen zu erreichen, hatte ich im Jet den Pazifik überquert. Mein Freund Karl Gaspar holte mich vom Flughafen in Manila ab. Karl, ein Redemptoristenbruder, der bei der Gründung von Basisgemeinden unter den ärmsten LandbewohnerInnen mithilft, war mein Reiseführer. Ich hatte gelernt, seiner Sichtweise Vertrauen zu schenken. Und ich freute mich ungemein auf diese zwei Wochen auf den Philippinen, weil ich mir dabei ein klares Bild von der Situation würde machen können – und weil ich wieder mit Karl zusammen war. Karl und ich stehen uns seit Jahren nahe. Auf einer gemeinsamen Konferenz von TheologInnen aus der Ersten und der Dritten Welt haben wir uns schnell angefreundet. Unsere Herkunft aus der Studentenbewegung beider Länder ist sehr ähnlich; dasselbe gilt für unsere Auffassung, was der Glaube für unsere gegenwärtige Lage bedeutet. Kurz nach unserer ersten Begegnung war Karl unter dem Unterdrückungsregime des berüchtigten philippinischen Diktators Ferdinand Marcos ins Gefängnis gesperrt worden. Die andauernden Bemühungen, Karl am Leben zu halten und ihn schließlich aus dem Gefängnis freizubekommen, festigten die Bande zwischen uns ebenso wie unsere umfangreiche persönliche Korrespondenz. Karls Briefe glichen modernen Gefängnisepisteln und hinterließen bei Menschen in aller Welt einen ungeheueren Eindruck. In der Einleitung zu jenem Sammelband, in dem sie später herausgegeben wurden, schrieb ich:

»Sie haben Deinen Körper eingesperrt, aber sie konnten Deinen Geist nicht gefangensetzen. Sie haben Dir die Freiheit genommen, aber Du bist noch immer frei. Sie haben Deine Bewegungen kontrolliert, aber sie konten Dein Gewissen nicht kontrollieren. Sie haben Dich lügnerisch beschuldigt, aber sie waren nicht in der Lage, die Wahrheit zu unterdrücken. Sie haben versucht, Dich zum Schweigen zu bringen, aber Deine Stimme ist stärker denn je. Sie haben Dir die Gemeinschaft genommen, aber Du hast hinter Gittern eine neue Gemeinschaft gegründet. Sie haben versucht, Deinen Glauben zu zerbrechen, aber die Feuer der Verfolgung haben ihn nur stärker gemacht.«[3]

Eine Propellermaschine brachte uns nach Davao City auf der Insel Mindanao. Tage später saßen wir in einem überfüllten Bus, der über holprige und staubige Landstraßen schaukelte und rumpelte, um in

---

3 Jim Wallis in der Einleitung zu: Karl Gaspar, How Long? Prison Reflections From the Philippines. Maryknoll 1986, S. 165.

die Provinz Bukidnon in der Mitte von Mindanao zu gelangen. Hier arbeitete Karl mit einem Team junger Leute in den ländlichen Elendsvierteln des Gebirgslandes unter einigen der ärmsten Bauern der Philippinen. Wir setzten die Reise in einem taxiartigen Lastwagen fort, den man »Jeepney« nannte – und schließlich auf einem noch kleineren motorisierten Dreirad.

Als wir die Stadt Fernando erreichten, konnte ich die Auswirkungen der Rodung sehen, von der mir Karl so viel erzählt hatte. Holzfällerfirmen waren gekommen und hatten die Bäume von Hügeln und Bergen abgeholzt und dabei enorme ökologische Schäden angerichtet. Einst wunderschöne Hügellandschaften trugen die Narben zahlloser Baumstümpfe auf ihren kahlen Hängen.

Schließlich gelangten wir zu dem kleinen Konvent, der dem Missionsteam als Station diente. Weiter konnte kein Fahrzeug vordringen. Der restliche Weg zum Elendsviertel würde zu Fuß zurückzulegen sein. »Bereit zu einem Spaziergang?« fragte Karl und zwinkerte mir zu.

»Klar«, antwortete ich voller Begeisterung.

»Wir müssen einen Fluß überqueren, um zur Ansiedlung zu kommen«, sagte Karl.

»Schön«, meinte ich. »Wie tief?«

Karl lächelte. »Na ja, das Wasser könnte bis zu den Knöcheln gehen. Es könnte bis zur Hüfte reichen. Es könnte dir auch bis zum Hals stehen! Vielleicht müssen wir sogar schwimmen. Du kannst doch schwimmen?« wollte er wissen. Ich erklärte ihm, daß ich früher Rettungsschwimmer gewesen war.

»Dann los!« sagte Karl.

Nach etwa einer Stunde erreichten wir die Stelle, an der wir den Fluß überqueren wollten. Wir waren fünf Kilometer gewandert, meist durch Morast. Der Fluß wirkte breit und tief. Das Wasser würde uns sicher bis zur Brust reichen. Wir hielten unser Gepäck über den Kopf und wateten in die schnelle Strömung hinaus. Das Gestein unter unseren Füßen war schlüpfrig. Ich bemerkte, daß sich der Karibu, der in unserer Nähe den Fluß überquerte, viel leichter tat.

Sobald wir das andere Ufer erreicht hatten, belohnten wir uns mit einer Rast, um uns von der Sonne trocknen zu lassen. Nach einer Weile begann die Sonne über diesem wundervollen und friedlichen Flußufer unterzugehen. Karl sagte mir, dies sei einer seiner Lieblingsorte auf dieser Erde, und ich konnte verstehen warum.

Wir redeten lange über unser Leben und über die Menschen, die wir lieben, über unsere Gemeinden und Familien, über mein Stadtviertel zu Hause in Washington, D. C., und über sein Elendsquartier Candelaria, zu dem wir gleich gelangen würden. Die meiste Zeit jedoch redeten wir beide über die Lebensentscheidungen, die wir gefällt hatten. Während wir dasaßen und redeten, gingen viele andere über den Fluß. Alle waren Freunde und Freundinnen von Karl, hielten an und begrüßten uns. Junge und Alte überquerten diesen Fluß an vielen Tagen ihres Lebens. Es ist der einzige Weg, um zum Markt, zur Schule, zur Arbeit außerhalb des Elendsviertels oder zu einem Arzt zu gelangen. Schließlich luden wir uns das Gepäck auf den Rücken und wanderten die letzte halbe Stunde bis zur Siedlung – durch noch mehr Morast. Ich hatte nie zuvor so viel Morast gesehen.

Es war fast dunkel, als wir zu der kleinen Hütte gelangten, in der wir die Nacht verbringen sollten. Ich traf die Gastfamilie – Mutter, Vater und acht Kinder –, mit der Karl und ich dieses einfache Ein-Zimmer-Haus teilen würden.

Innerhalb des kleinen strohgedeckten Hauses gab es einen einfachen Rost, der über einem Holzfeuer lag und auf dem das Abendessen gekocht wurde. Normalerweise bestand das Mahl aus Reis und vielleicht ein paar getrockneten Fischstückchen. Heute abend wurde wegen der Gäste ein besonderes Menü aus Reis, Trockenfisch, grünen Bohnen, Nudeln und ein paar kleinen Sardinen serviert. Die Frau war wegen der grünen Bohnen eigens über den Fluß zum Markt gegangen, und wir halfen ihr beim Entschoten. Karl sagte, das Abendessen stelle einen seltenen Genuß dar. Das Haus war voller Kinder, und die Kinder waren ein einziges Lächeln. Ging-Ging war vier Jahre alt und hatte tiefe, suchende Augen. Ihre zehnjährige Schwester besuchte erst die erste Klasse. Als ich Karl nach den Gründen fragte, sagte er, die Ältere sei schwächlich und würde viele Schulstunden versäumen, weil sie oft den Fluß nicht überqueren könne. Alle waren quicklebendig und voller Fragen an den neuen Besucher.

Nach dem wunderbaren Abendessen kamen andere Familien aus den umliegenden Hütten dazu. Sie wollten gemeinsam die Predigt für den kommenden Sonntag vorbereiten, eine Aufgabe, die in ihrer christlichen Basisgemeinde im Rotationsverfahren von allen wahrgenommen wird. Aber erst einmal tauchte irgendwo eine Gitarre auf, und alle begannen zu singen. Die glücklichen Gesichter der Kinder zeigten mir, daß dies ihr Lieblingsteil war.

Dann begann der Austausch über die Bibel. Die junge Mutter, bei der wir zu Gast waren, war Leiterin und, wie Karl sagte, Katechetin der Gruppe. Die Szene fesselte mich. Es war die lebendige Erfahrung, wie arme Reisbauern mit zusammengekniffenen Augen nach harter Tagesarbeit beim Licht von Kerosinlaternen die Bibel lesen. Karl übersetzte leise für mich, wie diese demütigen Gotteskinder um die Botschaft des Evangeliums für ihr Leben und ihre Lage rangen.

Das ist die eigentliche Bedeutung der Befreiungstheologie: biblische Reflexion, die nicht aus intellektuellen Akademien stammt, sondern unter den Armen dieser Erde aufbricht. Elementare Fragen wurden gestellt. Was bedeutet dieser Bibeltext für uns und unsere Familie? Was sagt die Gute Nachricht über unsere Zukunft? Was will Gott von uns? Wie wird in unserem Land Gerechtigkeit einziehen?

Karl sagte, die Leute stellten oft die Verbindung zwischen der Lehre des Evangeliums und den praktischen Problemen her, vor denen sie stünden – wie zum Beispiel die Umweltzerstörung durch die Rodungsindustrie. Diese christlichen Basisgemeinden hatten bereits eine Kampagne gestartet, um die Entwaldung aufzuhalten und ihr Gemeinwesen zu schützen. Die Kampagne hatte schließlich Erfolg. Aber am deutlichsten war, welche starke Kraft der Glaube im Leben dieser Menschen darstellt. Er ist tatsächlich das Zentrum ihres Daseins.

Dieser Abend lag mitten in der Woche, und es wurde spät. Reisbauern müssen sehr zeitig aufstehen. Trotzdem dauerte der Austausch und das Singen zwei Stunden. Hinterher blieben alle noch beisammen, um Klebereis zu genießen, der mit Kokosmilch gesüßt war. Weitere Geschichten machten die Runde, und man nahm sich viel Zeit, um zu lachen und den Kindern zuzuhören, die noch ein paar Lieder sangen. Die Leute wollten auch Geschichten aus den Vereinigten Staaten hören – und waren erstaunt, als sie erfuhren, daß es auch in Amerika arme Leute gibt.

Diese Kleinbauern waren vor allem überrascht, daß ich nie zuvor Reisanbau gesehen hatte. Sie wollten mir unbedingt den Prozeß des Reisanbaus vorführen und schienen stolz darauf zu sein, daß ich von ihnen etwas lernen konnte. Als alle außer unseren Gastgebern gegangen waren, wurden Grasmatten für all jene hervorgeholt, die den Boden des Ein-Zimmer-Hauses teilen sollten. Mosquitonetze wurden von den Wänden herabgelassen, und in Kürze waren wir fest eingeschlafen.

Zuvor mußte ich noch an den neunjährigen Andreas denken, der eine Stunde vorher auf meinen Schoß gekrabbelt war. Er war Karls Liebling. Seine Eltern machten sich oft Sorgen um ihn, wenn er nachts spurlos verschwand. Nach langer Suche pflegten sie ihn auf einem Baumstumpf zu finden, von wo er zum Sternenhimmel emporsah. Ich fragte mich, welche Zukunft er sich wohl erträumte.

Um halb sechs am nächsten Morgen standen wir auf und frühstückten – natürlich wieder Reis! Bald sagten wir Lebewohl und machten uns auf den Weg. Als ich durch den Morast stapfte, eilte unsere junge Katechetin und Mutter an uns vorbei in Richtung Markt. Sie lächelte über meine unbeholfene Gangart, und ich bewunderte, wie sie das Leben so vieler Menschen mit Würde und Freude zusammenhielt. Unter diesen Menschen gibt es eine echte spirituelle Kraft, die mir eine große Verheißung für die künftige Entwicklung der Gemeinschaft und für die soziale Umgestaltung in sich zu bergen schien. Aber sicher wird diese Veränderung nicht ohne Leiden und Kampf zu haben sein.

Mehr als 2000 Meilen von Candelaria entfernt erlebte ich, wieviel Mut solch ein Kampf erfordert. Wir befanden uns in einem schwarzen *Township* namens Duncan Village am Ostkap Südafrikas. Ein junger Gemeindeleiter namens Jam Jam führte uns gerade im Viertel herum, als uns plötzlich Dutzende von südafrikanischen Sicherheitskräften umzingelten, die uns nicht mehr aus den Augen ließen. Sie hielten die Gewehrläufe martialisch auf uns gerichtet und beförderten mich, meinen Begleiter und Jam Jam auf die Polizeiwache des *Townships*. Man zwang uns, eine Stunde lang auf den Sicherheitsbeamten zu warten, der uns daraufhin eine weitere Stunde lang verhörte. Dieser Elitekommandeur war ein Kerl wie ein Schrank und wurde von mehreren weiteren Beamten gedeckt, die die Waffen fortwährend auf uns gerichtet hielten. Der Zweck war Einschüchterung, Drohung und das Ausforschen von Informationen.

Nachdem er uns viele Fragen gestellt hatte, ohne die Antworten zu bekommen, die er wollte, begann der militärische Befehlshaber Jam Jam zu bedrohen. Der junge Mann war gerade aus dem Gefängnis gekommen, wo er 18 Monate gesessen hatte und wo er – wie die meisten jungen schwarzen Südafrikaner vor der Wende – gefoltert worden war. Der Koloß beugte sich über das Gesicht des jungen Mannes und sagte:» Wir wissen, wer du bist und was du machst. Und wenn du dich nicht in acht nimmst, sperren wir dich gleich wieder in den Knast; und du weißt, was das heißt!«Umgeben von feindseligen Drohungen und entsicherten Gewehren faßte Jam Jam in die Hosentasche und holte ein Neues Testament hervor. Der 24jährige Dissident blickte seinem Ankläger direkt in die Augen und sagte:»Ich bin Christ.« Er ließ sich nicht einschüchtern.

Nachdem wir schließlich freigelassen worden waren, nahmen wir Jam Jam aus dem *Township* mit. Er wollte sich eine Weile in Sicherheit bringen, bis die Lage sich abgekühlt hätte. Ich fragte ihn, weshalb er ein solches Risiko eingehe, bloß um zwei weißen Fremden sein Umfeld zu zeigen. Jam Jam redete über den »Nicht-Rassismus«, der das Herz des neuen Südafrika sei, das er und seine FreundInnen aufbauen wollten – und darüber, wie wichtig es sei, daß Leute in den *Townships* Weiße sehen, die beim Kampf auf ihrer Seite stehen:»Wir kämpfen nicht gegen Weiße; wir kämpfen gegen Ungerechtigkeit. Wir gehen einfach vorwärts. Wir haben keine Zeit, Angst zu haben.« Ich spürte, daß sich solcher Mut schließlich stärker erweisen würde als das Apartheidsystem.[4]

In Südafrika hörte ich noch eine weitere beeindruckende Geschichte: Es ging um eine junge Witwe, deren Mann gestorben war und sie und acht Kinder zurückgelassen hatte. Sie war arm, schwarz, eine Frau und Südafrikanerin, was alles zusammen so ungefähr das unterste Ende der Weltrangliste ausmacht. Die Witwe und ihre Kinder lebten in einem alten, verfallenen Haus, das sie herrichten wollte. Aber als Näherin mit zwei Dollar Wochenlohn mußte sie viele Überstunden machen, um genug Geld für Ziegelsteine zusammenzusparen. Als sie endlich genug beisammen hatte, bestellte sie 400 Steine. Aber als der Lastwagen kam und sie anlieferte, zählte sie nach und fand nur 250.

Die Frau fragte den Lieferanten, wo die restlichen seien. Er war reich und mächtig; und er sagte ihr, sie solle ihn nicht belästigen. Mehr würde sie nicht kriegen. Da sagte sie zu ihm:»Das werde ich nie vergessen. Aber es ist in Ordnung. Kümmern Sie sich nicht um die Ziegelsteine. Der Gott, an den ich glaube, ist der Beschützer der Witwen und Waisen. Und irgendwie werden Sie das merken.«

Eines ihrer Kinder, ein zwölfjähriger Junge, hörte das. Die Worte

---

4 Jim Wallis und Joyce Hollyday, Crucible of Fire. The Church Confronts Apartheid. Maryknoll 1989, S. 122 ff.

seiner Mutter machten einen tiefen Eindruck auf ihn. Zwei Wochen später fuhr plötzlich der Mann mit seinem Lastwagen wieder vor und lud mit einer Hilfskraft die restlichen Steine ab. »Was wollen Sie hier?« fragte die Frau.

Er erzählte der Witwe, daß zwei der Häuser, die er gerade baute, auf mysteriöse Weise abgebrannt seien und daß er das Gefühl habe, ihr Gott habe irgend etwas damit zu tun. Er war verlegen und hatte Angst; deshalb beendeten die Männer ihre Arbeit so schnell sie konnten und verschwanden. Der Sohn der Frau sah wiederum zu. Es handelte sich um Allan Boesak, der später eine führende Figur im Kampf seines Volkes gegen die Apartheid wurde. Er erzählte mir:

»Ich sah all das, als ich zwölf war, und es hatte einen riesigen Eindruck auf mich gemacht. Ich sah, daß sich Gott ganz unmittelbar um die Armen und Schwachen und Unterdrückten kümmert. Das habe ich nie vergessen. Deswegen bin ich heute in dieser Sache ganz leidenschaftlich. Ich sage den Leuten immer wieder, daß dies die biblische Botschaft ist und daß es egal ist, wie die Lage aussieht: Gott wird seine Verheißungen wahrmachen. Daran habe ich keinerlei Zweifel.«[5]

Der Glaube an die Wahrhaftigkeit und Verläßlichkeit der Verheißungen Gottes ist in der Kirche der Armen tief verankert. Ich erlebe das andauernd in unserem Nachbarschaftszentrum in der Innenstadt von Washington. Ende 1992 lud ich einige potentielle SpenderInnen zu einer Begegnung ins Zentrum ein. Ich hoffte, ich könnte ihnen ein wenig von der Vision unserer Gemeinschaft vermitteln. Um acht Uhr morgens kam ich, um Stühle aufzustellen und Kaffee zu kochen. Aber ich entdeckte, daß Doris Knight bereits um sieben dagewesen war, weil sie gehört hatte, daß Gäste kommen, und nun war der Kaffee bereits fertig.

Doris war da, um den Lieferwagen für eine frühe Lebensmittel-Sammelaktion startklar zu machen[6] und um die Lebensmittelverteilung des kommenden Tages vorzubereiten. Der Geruch von frischem Kaffee und von Frühstückswürstchen erfüllte den Raum –

---

5 wiedergegeben ebenda, S. 43.
6 *Anm. d. Übers.*: Kirchliche Suppenküchen und Lebensmittelstellen in den USA sammeln Nahrungsmittel in der Regel bei Großmärkten und Hotels ein, die ihre Überschüsse oder Ware, die kurz vor dem Verfallsdatum steht, für karitative Zwecke spenden.

und außerdem das Lachen und Singen der Freiwilligen, die bereits voll damit beschäftigt waren, für Hunderte von Bedürftigen, die kommen würden, Pakete fertigzumachen. Als meine Gäste erschienen, war Doris zur Stelle, um sie zu begrüßen. Sie hatte die Schürze der »Sojourners' Lebensmittelhilfe« an, auf der der Vers von Matthäus 25 steht: »Ich war hungrig, und ihr habt mir zu essen gegeben.« Wie die meisten der Freiwilligen hatte Doris selbst früher in der Essensschlange gestanden und verkündete nun unseren Gästen voller Stolz, daß sie bereits seit zehn Jahren mit »Sojourners« zu tun hätte.

Ray Ford war bereits draußen vor der Tür fleißig damit beschäftigt, Bäume und Büsche anzusäen, die er überall im Stadtteil anpflanzen wollte, um es schöner zu machen. Arthur Harrington stand in der Küche und briet den Wels, den er gefangen hatte, damit alle mittags etwas zu essen hätten. »Wenn wir alle geben, was wir haben, ist genug für alle da«, sagte er zu mir. Ich merkte, daß die Vision, die ich den Besuchern umständlich erklären wollte, längst für jedermann sichtbar war. Die Leute im Zentrum sind ein Gleichnis für das, was uns das Evangelium zu lehren versucht.

Zum jetzigen kritischen Zeitpunkt der Weltgeschichte geschieht etwas Neues, und es kommt von ganz unerwarteten Seiten. Sein Einfluß ist innerhalb der Kirche weltweit so deutlich zu spüren, daß man von einer neuen Reformation sprechen muß.

Die Reformation des 16. Jahrhunderts hatte als zentrales Thema die »Rechtfertigung allein durch den Glauben«. Die einfache und klare Einsicht dieser neuen Reformation lautet: »Das Evangelium ist gute Nachricht für die Armen.« Wie die erste Reformation verspricht auch diese, die Kirche und die Gesellschaft um sie herum zu verändern. Es geht dabei nicht nur um das Wunder persönlicher Bekehrung, sondern um die Bekehrung der Kirche insgesamt, bei der die Armen die eigentlichen Evangelisten sind.

Wir befinden uns womöglich am Wendepunkt. Unsere Gesellschaft hat etwas sehr Wichtiges vergessen, das uns jetzt fehlt und wiederentdeckt werden muß. Es geht um die Würde, die allen zusteht und die niemandem verwehrt werden darf. Unsere sozialen Axiome und unsere ökonomischen Strukturen haben uns bisher erlaubt, diese Würde großen Teilen der Kinder Gottes vorzuenthalten. Die meisten AmerikanerInnen der Mittelschicht glauben, wenn sie ehrlich sind, nicht daran, daß die verwundbaren Kinder an der Südspitze Afrikas, auf den Straßen Kalkuttas oder in den Obdachlosenasylen der eigenen Stadt genauso wertvoll sind wie ihre eigenen Kinder. Doch das Evangelium sagt uns, daß wir uns mit der Abwendung von den Armen von Jesus selbst abgewandt haben. Mutter Teresa von Kalkutta und Dorothy Day[7] von den »Catholic Workers« haben davon gesprochen, daß Jesus in der »bedrückenden Verkleidung der Armen« zu uns kommt. Einige, die in einer wohlhabenden religiösen Welt aufgewachsen sind, nennen es ihre »zweite Bekehrung«, wenn sie endlich das Antlitz Gottes im Gesicht der Armen entdecken.

Ich hatte das große Glück, Dorothy Day mehrfach zu begegnen, und ich fand bei ihr eine Klarheit im Blick auf diese »zweite Bekehrung«, die ich selten zuvor erlebt hatte. Sie war von der amerikanischen Linken zum Katholizismus konvertiert und setzte fortan ihr Leben für die Armen ein. Die Bewegung, die sie anführte, hat das Leben Tausender beeinflußt. In ihrer Gegenwart wurde alles einfach und klar. Ich habe gehört, dies sei der gemeinsame Nenner im Leben von Heiligen. In den Häusern der »Catholic Workers« im ganzen Lande wird das Evangelium unter den Armen neu entdeckt, und der Glaube wird wieder glaubwürdig. In ihrer Autobiographie »The Long Loneliness« beschreibt Dorothy, wie die katholische Arbeiterbewegung entstanden und immer weitergegangen ist:

»Wir saßen bloß da und redeten, als sich Menschenschlangen bildeten, die sagten: ›Wir brauchen Brot!‹ Wir konnten nicht sagen: ›Geht und sättigt euch!‹ Wenn es sechs kleine Brotlaibe gäbe und ein paar Fische, dann müßten wir sie verteilen. Es gab immer Brot.

---

7 *Anm. d. Übers.*: Dorothy Day war die Begründerin der radikal sozialkritischen »Catholic Worker«-Bewegung in den zwanziger und dreißiger Jahren dieses Jahrhunderts in New York (und anderen amerikanischen Großstädten). Sie setzte der atheistischen Arbeiterbewegung eine Bewegung entgegen, deren Gesellschaftsanalyse mindestens ebenso radikal war wie die kommunistische, die aber auf der Grundlage des katholischen Glaubens stand und versuchte, die radikalen prophetischen Forderungen der Bibel angesichts des Massenelends der Arbeiterklasse ernst zu nehmen. Dorothy Day wurde vom Staat und von offiziellen katholischen Stellen beargwöhnt und verfolgt. Sie ließ sich aber von ihrem Weg nicht abbringen. Heute gibt es in allen amerikanischen Großstädten Zentren der katholischen Arbeiterbewegung, in denen unter anderem eine ausgedehnte Arbeit mit Obdachlosen stattfindet.

Wir saßen bloß da und redeten, und die Leute zogen einfach bei uns ein. Wer es fassen kann, fasse es! Einige zogen wieder aus, und das schuf Platz für andere. Und irgendwie weiteten sich die Wände.«[8]

Dorothy verstand, daß wir durch unsere Beziehung zu den Armen auf geheimnisvolle Weise zu Christus bekehrt werden. Sie sagte:

»Wie könnte ich an etwas anderes, als an diese Dinge denken, wenn ich mich in der Chrystie Street oder auf der Peter-Maurin-Farm hinsetze und die Tische betrachte, an denen die unaussprechlich Armen sitzen, die eine fortwährende Kreuzigung durchleiden. Es ist sicherlich für alle von uns eine Glaubensübung, Christus in anderen zu sehen. Aber durch diese Übung wachsen wir, und die Freude unserer Berufung bestätigt uns, daß wir auf dem richtigen Weg sind.
Das Geheimnis der Armen besteht darin, daß sie Jesus sind und daß du das, was du für sie tust, für Christus tust. Dies ist der einzige Weg, den wir haben, um die eigene Liebe zu erkennen und an sie zu glauben. Das Geheimnis der Armut besteht darin, daß, indem wir teilen und uns selbst dadurch arm machen, unsere Erkenntnis der Liebe und unser Glaube an die Liebe wachsen.«[9]

Dorothy Day war eine amerikanische Vorläuferin der zweiten Bekehrung und der neuen Reformation.

Jedes Projekt, jede Idee, jedes System muß daraufhin ausgewertet werden, ob es uns näher zusammenbringt. Ein gutes Beispiel hat die katholische Diözese von Saginaw im amerikanischen Bundesstaat Michigan gegeben. Dort hat man beschlossen, vor jeder Entscheidung der Diözese, die Programme, Bauvorhaben oder Veranstaltungen betrifft, eine einfache Frage zu stellen: »Wie wird sich das für die Armen auswirken?« Welch eine Revolution müßte sich ereignen, wenn öffentliche politische Entscheidungen einem vergleichbaren Prozeß unterworfen würden!

Bekehrung ist ein Zeichen der Transformation.

8 Dorothy Day, The Long Loneliness. An Autobiography. San Francisco 1952, S. 285.
9 Dorothy Day, By Little and By Little. The Selected Writings of Dorothy Day. New York 1983, S. 330.

MITGEFÜHL
Nicht mehr »wir« und »die«

Die EvangelistInnen dieser neuen Reformation sind gewöhnliche Menschen wie du und ich. Eine solche Geschichte von ganz einfachen Leuten stammt aus Brasilien: Einige Kleinbauern sollten ihr Land an ein Regierungsprojekt verlieren; und sie wußten, der Verlust des Landes würde bedeuten, *alles* zu verlieren. Für *Campesinos* bedeutet Land Leben, und wenn das Land weg ist, klopfen Armut und Tod an die Tür.

Die Leute trafen sich, um zu beschließen, was zu tun sei. Die meisten waren ratlos; vergangene Proteste gegen große Regierungsprojekte waren gescheitert, und viele Protestierende waren beschossen und getötet worden. Im Senat stand die Abstimmung über das besagte Projekt an, und das Ergebnis schien bereits festzustehen. Niemandem fiel etwas ein, wie das Land gerettet werden könnte.

Aber da hatte eine Frau eine Idee. Auf ihre Anregung hin beschlossen alle Frauen, am Tag der entscheidenden Abstimmung samt ihren Kindern in das reiche Viertel zu marschieren, wo die meisten Senatoren wohnten. Als sie ankamen, waren sie erstaunt über die Größe der Häuser und besonders über die schönen grünen Rasenflächen mit so vielen herrlichen Bäumen, die in der Hitze des Tages Schatten boten. Die armen Frauen setzten sich mit ihren Kindern auf die Rasenflächen und sorgten dadurch im ganzen Stadtteil für erhebliches Aufsehen. Nach einer Weile schickten die Frauen der Senatoren Dienstpersonal hinaus und ließen anfragen, ob die Besucherinnen etwas zu essen haben wollten. »Nein danke«, antworteten die Frauen, »wir sind nicht gekommen, um zu essen.«

Die Frauen der Senatoren waren irritiert und kamen schließlich selber, um die armen Frauen zu fragen, ob sie Geld bräuchten. »Nein danke, wir sind nicht wegen des Geldes hier«, sagten die Frauen. Jetzt waren die Frauen der Senatoren noch verunsicherter. Schließlich fragten die Frauen aus den großen Häusern ganz bestürzt: »Was wollt ihr denn? Warum seid ihr hergekommen?«

Die armen *Campesino*frauen sahen den reichen Senatorengattinnen in die Augen und sagten: »Wir werden sterben. Das hier scheint ein wundervoller Platz zu sein. Da dachten wir, wir und unsere Kinder könnten einfach hierbleiben, um zu sterben.« Die wohlhabenden Frauen waren schockiert und wollten wissen, weshalb diese Leute meinten, sie müßten sterben. Die *Campesino*frauen erzählten ihre Geschichte – warum Land für sie so wichtig sei, wie sie im Begriff seien, ihr Land zu verlieren, und was das letztendlich für sie und ihre Familien bedeuten würde. Kurze Zeit später wurden die Frauen und ihre Kinder in die großen Häuser eingeladen, und sie erzählten weitere Geschichten. Die Frauen der Senatoren hörten an diesem Tag einfach zu. Und einige von ihnen erzählten sogar ihre eigenen Geschichten. Kurz danach klingelten im Senat pausenlos die Telefone, und vielbeschäftigte Gesetzesmacher wurden durch dringliche Anrufe von zu Hause von der Ausübung ihres Amtes abgehalten. Sie erfuhren, was an diesem Tag passiert war – und was sie nach Meinung ihrer Frauen zu tun hätten. Das Regierungsprojekt wurde abgeblasen, und die *Campesinos* behielten ihr Land. Das alles geschah, weil ein paar Leute angefangen hatten, einander zuzuhören. Mitgefühl fängt immer mit Zuhören an. Mit-fühlen heißt, sich in die Situation einer anderen Person zu versetzen und eine Weile »in ihren Schuhen zu gehen«. Das Zuhören, das zum Mitfühlen führt, ist der Anfang des Verstehens. Wir haben bisher nicht gut genug hingehört. Wir haben uns mit vorschnellen Antworten, raschen Rechtfertigungen und rhetorischen Floskeln begnügt, die es möglich machen, das Leiden anderer Menschen beiseite zu schieben. Es genügt uns, zu behaupten, wir wüßten genug über »die«: wie sie sind, warum sie Probleme haben, weshalb es größtenteils ihre eigene Schuld ist oder wie gefährlich sie sind. Wir sagen uns und anderen, man solle das Problem nicht überzeichnen, es würde schon irgendwie für alle gesorgt werden, man könne nichts Wirkungsvolles unternehmen oder jemand anders sei verantwortlich.

In Amerika gibt es eine Redewendung, die oft benutzt wird, um Probleme auf Sicherheitsabstand zu halten: »Not in my backyard.«[10] Dieses »NIMBY-Syndrom«, wie es einige genannnt haben, ist verbreitet und kennzeichnet jene Barrieren, die, wie wir inbrünstig hoffen, andere Menschen von uns fernhalten sollen. Aber diese Mauern sind letztendlich nicht in der Lage, uns die Konsequenzen vom Leib zu halten, die aus der Ausgrenzung unseres Nächsten folgen. Die Mauern trennen uns zwar, aber sie schützen uns nicht.

Diese illusorischen Mauern der Unterdrückung müssen fallen.

---

10 *Anm. d. Übers.*: Das bedeutet in etwa: »Solange es nicht in meinem Hinterhof stattfindet ...«

Und nichts trägt so sehr dazu bei wie die Erfahrung, die man macht, wenn man Menschen unmittelbar zuhört, die auf der anderen Seite der Mauer leben. Es macht einen Riesenunterschied, wenn man nah genug herangeht, um die Lebensrealität anderer Menschen zu sehen, zu hören, zu berühren, zu riechen und zu schmecken. Indem wir die Geschichten derjenigen hören, die anscheinend so anders sind als wir, stoßen wir auf ähnliche, aber bisher nicht artikulierte Stimmen in uns selbst. Die Geschichten der anderen anzuhören ist der Anfang eines neuen Verstehens und die Grundlage mitfühlenden Handelns.

Ich erinnere mich an einen Tag Mitte der achtziger Jahre. Ich befand mich in Cleveland im Bundesstaat Ohio, wo ich ein Team von Leuten besuchte, die gerade aus Nicaragua zurückgekehrt waren. Sie hatten sich an der Aktion »Zeugnis für den Frieden« beteiligt. Wir diskutierten gerade die wechselvollen Ereignisse, als ich einen dringenden Anruf von zu Hause bekam. Es gab sehr schlechte Nachrichten. Unser Büro hatte von den Maryknoll-Schwestern in Ocotal, Nicaragua, erfahren, daß ihre kleine Stadt nahe der Grenze zu Honduras von den *Kontras* angegriffen worden war. Am frühen Morgen waren 600 *Kontras* einmarschiert, und viele ZivilistInnen waren bereits verwundet oder getötet worden.

Als ich der Gruppe aus Ohio die Hiobsbotschaft überbrachte, konnte ich in vielen Augen Tränen sehen. Ich konnte nicht ganz verstehen, warum sie so angerührt waren, bis ich erfuhr, daß diese Leute während ihres Aufenthalts in Nicaragua in Ocotal gelebt hatten. Sie hatten die Gastfreundschaft dieser Menschen erfahren, mit ihren Kindern gespielt, mit den Eltern gebetet, die Hoffnungen, die Ängste und den Glauben der Familien geteilt. Nun wurden ihre neuen FreundInnen attackiert, und vielleicht waren einige von ihnen bereits tot. Ich teilte ihre Gefühle; denn auch ich war in Ocotal gewesen. Wir beugten die Köpfe, um für unsere gefährdeten Geschwister zu beten.

Plötzlich begriff ich, daß da etwas ganz Besonderes geschah. Ich hörte, wie AmerikanerInnen aus dem mittleren Westen der USA namentlich für einfache Leute in einer weitentfernten mittelamerikanischen Stadt beteten und daß sie dadurch ihre Verbundenheit zwischen Menschen aus den USA und aus Nicaragua festigten, die schließlich den US-Krieg gegen dieses Land lahmlegen sollte.

Tausende von Menschen haben die Kriegszonen Nicaraguas besucht, sind anschließend nach Hause gekommen und haben berichtet, was sie gesehen und gehört hatten. Diejenigen, die das gemacht haben, waren anschließend nicht mehr dieselben. Sie waren verändert, und ihr Handeln wurde zum Spiegelbild dieser Transformation. Am Tag, nachdem im US-Kongreß die letzte Abstimmung über Hilfsgelder für die *Kontras* gescheitert war, gab das Außenministerium den Kirchen die Schuld. Mit Recht. Es überraschte mich nicht. Mit dem Leben anderer in echten Kontakt zu treten, schafft Mitgefühl; und dieses Mitgefühl führt zum Einsatz für Gerechtigkeit und Frieden.

Eines Abends sprach ich in Nordirland im Rahmen einer einwöchigen Tagung zum Thema der biblischen »Seligpreisungen« zu einer Versammlung von 2000 KatholikInnen und ProtestantInnen. Mich überraschte die Reaktion einiger Frauen, die in der ersten Reihe der Kirche saßen. Sie weinten, aber ihre Gesichter ließen sowohl Schmerz erkennen als auch ein unübersehbares Strahlen, als sie einander still bei den Händen nahmen.

Im Anschluß wurde ich diesen Frauen vorgestellt und erfuhr, daß es sich um katholische und protestantische Mütter handelte, deren Männer oder Kinder von der Gegenseite getötet worden waren. Nun standen sie in ihrer Trauer zusammen – fest entschlossen, sich der Gewalt entgegenzustellen. Ihre gemeinsame Leiderfahrung hatte ihnen dieses Mitgefühl füreinander und für ihr umkämpftes Land geschenkt und sie zum Handeln motiviert.

Ähnliche Müttergruppen habe ich auch anderswo getroffen. Manchmal heißen sie »Die Mütter der Verschollenen« oder »Die Mütter der Märtyrer«; sie sind inzwischen weltweit zu einer der potentesten Kräfte im Dienst der Versöhnung und der Gerechtigkeit geworden. Manchmal meine ich, das stimmigste Gottesbild für unsere Zeit ist eine schwarze Ghetto-Großmutter in den Vereinigten Staaten oder eine Mutter der Verschollenen in Argentinien, oder es sind die Frauen, die frühmorgens aufstehen, um in Flüchtlingslagern Tortillas zu backen. Sie alle weinen um ihre Kinder, und unter ihren Tränen des Mitgefühls wächst jenes Handeln heran, das die Welt verändert.

Die Mütter zeigen uns, daß die Berührung mit dem Schmerz der anderen der Schlüssel zur Veränderung ist. Kein Buch, kein Kurs, keine Idee verändern uns, so nötig sie auch sein mögen; es ist vielmehr die Erfahrung. Die Grenzüberschreitung, bei der wir mit der Wirklichkeit anderer Menschen in Kontakt kommen und ihre Geschichte anhören, verändert uns. Für Angehörige der Mittelschicht im reichen Westen ist das oft der Weg in die Quartiere der Armen in der eigenen Stadt. Oder eine Reise nach Mittelamerika, Indien oder Südafrika wird zum Schlüssel der Bekehrung. Unsere Wirklichkeit wird für immer anders aussehen, sobald wir die Realität der anderen erlebt haben – vor allem, wenn dies erfordert, daß wir jene Grenzlinien überschreiten, die uns trennen. Wenn das wahr ist, dann müßten solche Erfahrungen in unser Leben systematisch eingebaut werden. Religiöse Gemeinden, Gruppen und Schulen sollten solche Überschreitungserfahrungen zu einem Pflichtteil der religiösen Unterweisung und der Erwachsenenbildung machen. Eine Reihe von US-amerikanischen Kirchen und Synagogen haben Partnerschaften mit entsprechenden Gemeinden in El Salvador, Südafrika oder der früheren Sowjetunion aufgenommen. Solche Verbindungen haben für beide Seiten bedeutende Auswirkungen.

Überschreitungserfahrungen können sich auch direkt bei uns zwischen Gruppen am wohlhabenden Stadtrand und Gruppen in großstädtischen »Glasscherbenvierteln« ereignen. Der Austausch und die Kontaktaufnahme zwischen der Mittelschicht und der Unterschicht könnte jener verdeckten Politik ernsthaft in die Quere kommen, die die armen Schichten letztlich abschreibt. Solch eine Begegnung könnte auch den notwendigen zwischenmenschlichen Dialog fördern, der zu schöpferischen neuen Ideen führt. Vor allem aber könnte er unsere Sichtweise verändern und jenes Mitgefühl erzeugen, das die Mauern zwischen »uns« und »denen« sprengt und das die spirituelle Grundlage für gesellschaftliche Veränderung darstellt. Mitgefühl ist ein Zeichen der Transformation.

GEMEINSCHAFT
Eine ethische Grundlegung der Wirtschaft

In Mexiko hat es eine Organisation gegeben, die »Wohnraum für die Menschheit« hieß und die Häuser für arme Leute errichtete. Die Familien, die hier einmal wohnen sollten, halfen beim Bau aller 50 Häuser mit. Am Tag, an dem die Häuser fertig waren, trat jede Familie vor, um ihr Haus in Besitz zu nehmen. Eine Schüssel enthielt die Schlüssel zu allen Häusern, und ein Familienmitglied griff jeweils hinein und zog einen. Mit dem Schlüssel in der Hand zogen sie dann los, um ihr Haus zu finden. So lernten alle eine Lektion der Gemeinschaft.

Jahrzehntelang waren wir in zahllose Streitgespräche um die beiden Alternativen »Planwirtschaft« (staatsgelenkte sozialistische Systeme) und »Marktwirtschaft« (der Weltkapitalismus) verwickelt. Das Versagen beider Systeme, das wir bereits eingehend diskutiert haben, ruft nach etwas Neuem. Was könnte das sein? Vielleicht läßt sich das neue Konzept, das wir suchen, am besten als »Gemeinschaftswirtschaft« beschreiben.

Ich werde nicht den Versuch unternehmen, detailliert zu schildern, wie eine solche Gemeinschaftswirtschaft aussehen könnte. Ich möchte vielmehr die Frage stellen, welche Verschiebungen in unserer Wirtschaftsethik, unseren Axiomen und unseren Denkmustern *jetzt* nötig sind. Grundlegende Fragen aufzuwerfen kann ein Beitrag zur Neuorientierung sein. Anstatt nur darauf zu achten, was profitträchtig ist oder was eine Zentralbürokratie bewirken kann, könnten wir uns fragen, was den Bedürfnissen einer menschlichen und ökologischen Gemeinschaft am dienlichsten wäre.

Ohne Frage, Güter und Dienstleistungen müssen produziert werden; aber die Einkünfte der Produktion könnten sicherlich gleichmäßiger verteilt werden als bisher. Die enormen Einkommensunterschiede zwischen den Top-ManagerInnen des industriellen Amerika und den »WasserträgerInnen« der Wirtschaft können einfach nicht mit dem Hinweis auf unterschiedliche Klassenzugehörigkeit, Bildung oder Befähigung gerechtfertigt werden. Zum Beispiel bekommt der Chef einer großen Fluglinie das Hundertfache vom Anfangsgehalt eines Mitglieds des Begleitpersonals. Wie können wir Menschen solch unverhältnismäßig große Unterschiede im Lebensstil zuweisen? Wie bringen wir diese enormen Gegensätze damit in Einklang, daß unsere ethischen und religiösen Traditionen jedem einzelnen Menschen einen ungeheuren und einmaligen Wert beimessen? Ist die Arbeit eines bestimmten Menschen wirklich hundertmal mehr wert als die Arbeit eines anderen?

Es ist nicht einfach, in Gesetzesparagraphen festzuschreiben, wie man die finanzielle Kluft zwischen den Klassen verkleinern und so den Beitrag jeder Einzelperson zum Produktionsprozeß angemessener würdigen könnte. Dennoch könnten wir uns auf eine gemeinsame Linie zubewegen, wie das Mindestmaß einer menschenwürdigen Existenz aussieht und wo die Obergrenze finanzieller Entlohnung liegt. Was Gesetzeszwänge nicht vermögen, könnten vielleicht solch neue Maßstäbe gesellschaftlicher Anerkennung oder das soziale Schamempfinden zuwege bringen. Anstatt mit exzessivem Wohlstand zu protzen, was noch immer anerkannte gesellschaftliche Praxis ist, könnte ein extravaganter Lebensstil angesichts des bitteren Leidens so vieler Menschen eine Art von »sozialer Peinlichkeit« erzeugen. Statt Fernsehsendungen, die den Lebensstil der Reichen und Berühmten zelebrieren, sollte man dokumentieren, wie er sich auf das Ökosystem und auf den Überlebenskampf der Armen und Machtlosen auswirkt. Statt durch medienerzeugte Faszination Neid auf die Gehälter von Sportstars, TalkshowmoderatorInnen und Firmenbosse zu schüren, sollten wir einen produktiven Wetteifer fördern, indem wir diejenigen herausstellen, die aufgrund ihres sozialen Verantwortungsgefühls auf lukrative Entlohnung *verzichten*.

Einige Klein- und Mittelunternehmen sind bereits dabei, Spitzenpositionen weniger zu versilbern als bisher und so die Kluft zwischen oben und unten zu verringern. Gleichzeitig leisten sie bedeutende Beiträge zum Umweltschutz oder zur Entwicklungshilfe für die Armen. Auf diese Weise profitiert die gesamte Gemeinschaft ungleich mehr von ihnen. In Wahrheit gibt es für Menschen viele andere Anreize als nur finanzielle, und das Wohlbefinden der Menschen und Gemeinschaften wird durch vieles andere nachhaltiger gefördert als durch endlose Geldvermehrung. Die Tatsache, daß nicht-ökonomische Anreize auf dem gegenwärtigen Markt wie Fremdkörper wirken, ist ein Zeichen dafür, wie weit wir von einer ausgewogenen Lebensqualität abgedriftet sind.

Wieder andere neue und schöpferische Ansätze motivieren Besserverdienende, durch verschiedene Formen der Selbstbesteuerung oder eines freiwilligen »Zehnten« – das ist eine Tradition, die in religiösen Gemeinschaften bekannt, aber vielfach vergessen ist – zum Prozeß des Lastenausgleichs beizutragen. Immobilienbesitz und individueller Wohlstand haben immer auch gesellschaftsbedingte – und nicht nur individuelle – Ursachen; deshalb kann man sich freiwillig verpflichten, einen bestimmten Teil des Einkommens an Projekte zu überweisen, die wirtschaftliche Entwicklung dort fördern, wo sie am dringendsten gebraucht wird. Solch ein Prozeß der Umverteilung basiert auf der spirituellen Idee der Rechenschaftspflicht, die tiefer ansetzt als bloßes Almosengeben.

Weshalb betrachtet man Immobilienspekulationen, die den Armen das Dach über dem Kopf wegnimmt, bei uns eher als clevere Investition statt als unakzeptables und antisoziales Verhalten? Weshalb kommt der Wertzuwachs von Grundbesitz in aufblühenden Gebieten nur seinen individuellen BesitzerInnen zugute, wenn doch der aktuelle Wert von Grund und Boden vor allem von sozialen Faktoren und kommunalen Investitionen bedingt ist? Gleichzeitig trägt der Wertverfall von Immobilienbesitz in wirtschaftlich abwärts tendierenden Gegenden zur Verarmung derer bei, die zufällig am falschen Ende eines lukrativen Immobilienmarktes leben. Ist nicht die religiöse Auffassung von »Haushalterschaft« und Rechenschaftspflichtigkeit eine angemessenere Art, die Riesenprobleme von Bodenrecht und Ressourcen anzupacken, als die Idee des exklusiven Privateigentums, das vor niemandem verantwortet werden muß?[11]

Neuartige individuelle, familiäre und kooperative Besitzformen sowie dem Gemeinwohl verpflichtete Maßstäbe der Landnutzung könnten für mehr Gleichgewicht und Verantwortung für die Umwelt sorgen. Vielfältige Experimente mit kooperativer Land- und Bauwirtschaft weisen in Richtung möglicher Alternativen. Die Bereitschaft von Menschen und Institutionen, einen Teil des Sozialwertes ihres Haus- und Grundbesitzes oder ihres Einkommens als »Zehnten« für die Anstellung, Grund- und-Bodennutzung oder Unterbringung der Armen abzuzweigen, hätte eine schöpferische Umverteilung der Mittel zur Folge.

Letzlich müssen wir auch in den sogenannten entwickelten Ländern auf eine Landreform – die demokratische Neuverteilung nutzbarer Bodenflächen – zugehen. Das ist bei uns genauso nötig wie in den sogenannten Entwicklungsländern. Die Zerstörung unserer Wälder, Anbauflächen, Wasserreservoirs und Wildbestände kann nur aufgehalten werden, wenn Menschengruppen in überschaubaren Zusammenhängen verbindlich haushalten, anstatt einem kurz-

---

11 *Anm. d. Übers.*: Im deutschen Grundgesetz ist die soziale Verpflichtung des Eigentums festgelegt. Die soziale Marktwirtschaft ist vom Ansatz her der Versuch, die Härten des Marktgeschehens abzubauen. Tatsächlich läßt sich aber feststellen, daß gerade in Zeiten der Rezession, die die ärmeren Bevölkerungsteile besonders trifft, eher auf Sozialabbau als auf Umverteilung gesetzt wird. Auch die Formel im deutschen Einigungsvertrag, die »Rückgabe vor Entschädigung« festschreibt, ordnet den sozialen Frieden und die Gerechtigkeit im Zweifelsfall dem Privatbesitz unter und verhindert eine gerechte Güterabwägung. De facto ist im real existierenden Kapitalismus das Privateigentum der ausschlaggebende Wert.

sichtigen Profitstreben zu folgen, das die Erde und unser empfindliches Ökosystem zugrunderichtet. Bisher ignorierte biblische Forderungen und Traditionen könnten uns heute neu leiten. Dazu gehören die Gepflogenheit, die Feldränder nicht abzuernten und die Nachlese den Armen zu überlassen, die periodische Landbrache zur Wiedergewinnung der Fruchtbarkeit, die Beobachtung des Sabbats als Ruhepause und zur Verhinderung von Überproduktion und der regelmäßige Schuldenerlaß sowie die Neuverteilung des Landes, wie sie im erwähnten hebräischen Gedanken des »Jubeljahres« niedergelegt sind (Levitikus/3. Mose 25). Moderne Nachahmungen dieser biblischen Ansätze werden dringend benötigt. Es gibt beispielsweise keinen Grund, solche Grundprinzipien *nicht* auf das internationale Schuldenproblem anzuwenden, das Entwicklungsländer lähmt und ihren Aufstieg aus der Armut verhindert. Weshalb muß bei Kapitalinvestitionen kurzsichtiges Profitdenken prinzipiell alle anderen Erwägungen ausstechen? Weshalb kann es keine sozialen und ökonomischen Anreize für Investitionen in wichtigen Bereichen geben, wie z. B. für den Aufbau von Kleinunternehmen durch Menschen mit niedrigem Einkommen, für bezahlbaren und energiesparenden Wohnraum, für landwirtschaftliche Familienbetriebe, für die Wiederherstellung zerstörter Infrastrukturen, für sichere und umweltfreundliche Verkehrsmittel, für Gesundheitsvorsorge und -fürsorge, für Bildung und Umschulungsmaßnahmen in einer sich wandelnden Gesellschaft, für die Bewahrung der Umwelt?[12] Wenn doch das Gemeinwesen so klar erkennbare Bedürfnisse hat, weshalb können wir dann nicht in solche Ziele investieren, anstatt eine endlose und größtenteils unnütze Menge von Luxuskonsumgütern zu produzieren?

Auch Sozialinvestment kann ökonomische Belebung, Arbeitsplätze und Wohlstand schaffen – und zugleich einen Ausgleich herstellen und die Erde bewahren. Es läßt sich nachweisen, daß in den obenerwähnten ökonomisch-ökologischen Handlungsfeldern mehr Arbeitsplätze geschaffen werden könnten als in jener globalen High-Tech-Konzernwirtschaft, auf die die gegenwärtigen Wirtschaftseliten der Welt einseitig setzen. Zur Zeit siechen einige der kreativsten Projekte in den erwähnten Feldern wegen mangelnder Mittel dahin,

---

12 *Anm. d. Übers.*: Spätestens diese Auflistung des Autors zeigt, wie ähnlich die Problemlage in allen Industrienationen ist.

weil sie die rigiden Profitkriterien für finanzielle Investitionen nicht erfüllen. Pioniere der Neuorientierung sind gemeinnützige Kreditfonds, die konventioneller Finanzweisheit zum Trotz erfolgreich vorführen, wie sich konstruktive Sozialprojekte bezahlen lassen. Es gibt bereits soziale Investitionen in großem Umfang, wobei die Rückzahlungsbilanz in den meisten Fällen gleich gut oder sogar besser aussieht als bei vielen der herkömmlichen Investitionsangebote.[13]

Vor allem sollte sich die religiöse Gemeinschaft, die selbst über enorme finanzielle Mittel verfügt, herausfordern lassen. Die 250 römisch-katholischen und protestantischen Orden, Diözesen, medizinischen Einrichtungen und Agenturen, die sich am US-amerikanischen »Faith Center for Corporate Responsibility« (ICCR) beteiligen[14], horten in ihren Aktienpaketen Investitionen im Werte von 35 Milliarden Dollar. Bis 1993 wurden von dieser gewaltigen Summe ganze 250 Millionen Dollar in gemeinnützige Entwicklungsprojekte investiert. Das ist weit weniger als ein Prozent! Das übrige Geld wurde auf herkömmliche Weise und an den üblichen Stellen investiert.[15]

Am Ende einer ganztägigen Anhörung des »Großstadt-Strategie-Komitees« des Nationalrats der Kirchen, die nach den Ausschreitungen von Los Angeles stattfand, stellte ich eine Frage. Wir hatten in Los Angeles einen ganzen Tag lang über eine Neuverpflichtung der Kirchen für die Großstädte geredet. Als ich den Vorschlag machte, als Zeichen dieses Engagements zunächst einmal kirchliche Gelder

---

13 Die Angaben entstammen verschiedenen Quellen, insbesondere kommen sie von der »National Association of Community Development Loan Funds«, 924 Cherry Street, Third Floor, Philadelphia PA 19107-2401, USA.
   Anm. d. Übers.: Im deutschsprachigen Raum sind in den letzten Jahren zahlreiche Publikationen und Materialsammlungen zu diesem Thema erschienen, insbesondere beim Bücherdienst von PUBLIK-Forum, Postfach 2010, 61410 Oberursel. So z. B. die von Wolfgang Kessler herausgegebene Materialmappe »Alternative *im* Kapitalismus oder Alternative *zum* Kapitalismus«, Oktober 1991.
14 etwa: »Glaubenszentrum für gemeinsame Verantwortung«.
15 Angaben von Tim Smith vom ICCR. Seit 25 Jahren hat das ICCR für US-amerikanische Kirchen Aufgaben im Bereich der wirtschaftlichen Gerechtigkeit und der Verantwortung gegenüber dem Gemeinwesen koordiniert.
   Anm. d. Übers.: In Deutschland sieht das Bild nicht viel anders aus als in den USA. Gruppen, die sich mit dem Thema »Kirche und Geld« befassen, klagen immer wieder darüber, daß die Landeskirchen und Diözesen nicht bereit sind, kirchliche Geldanlagen offenzulegen. In vielen Kirchen sind die Finanzchefs ausdrücklich angewiesen, kirchliche Gelder möglichst gewinnbringend zu investieren, während eine ethische Verpflichtung der Geldanlage zum Teil überhaupt nicht im Blick ist.

umzuverteilen, hätte man eine Stecknadel fallen hören können. Im Anschluß erklärten mir mehrere Kirchenfunktionäre, ich hätte mit meinem Vorschlag heiligen Boden verletzt.

Und recht hatten sie: Geld ist tatsächlich ein zutiefst spirituelles Thema. Weshalb sonst hätten Jesus und die Propheten soviel Zeit damit zugebracht, über Geld zu reden?»Wo dein Schatz ist, wird auch dein Herz sein«, sagt das Evangelium (Lukas 12, 34). Man bemerke, daß es nicht heißt:»Wo dein Herz ist, wird auch dein Schatz sein.« Nein: Wo unser Herz wirklich ist, zeigt sich darin, wo wir unser Geld hintun.

Zahllose Projekte und Ideen zur wirtschaftlichen Entwicklung und zur ökologischen Erneuerung warten nur noch auf die notwendigen Finanzmittel, um verwirklicht zu werden. Vielfach wird einfach Startkapital benötigt, damit es losgehen kann. Oft könnte man weitere Summen lockermachen, wenn sich zunächst einmal ein Investor bereit erklärt hätte, voranzugehen. Wem stünde solch eine Führungsrolle im Bereich alternativer Investitionen besser zu Gesicht als der religiösen Gemeinschaft und anderen sozial motivierten Organisationen? Ein weites neues Feld kommunaler Wirtschaftsentwicklung möchte erblühen. Es kommt nur darauf an, daß jemand voranmarschiert. Die Entscheidungsfindung ist nach wie vor der wunde Punkt der Wirtschaftspolitik. Es zeigt sich, daß die Entscheidungen, die in den oberen Etagen und Aufsichtsräten des Monopolkapitalismus gefällt werden, genauso wenig mit demokratischer Kontrolle zu tun haben wie jene Fünfjahrespläne unseligen Gedenkens, die von den rigiden bürokratischen Kommissaren des Staatssozialismus verfolgt wurden. Die Wall Street und der Kreml haben beide als elitäre hierarchische Kontrollzentren funktioniert, denen die Bedürfnisse gewöhnlicher Sterblicher gleichgültig sind. Großkonzerne und Zentralbürokratien sind beide Feinde echter Bürgerbeteiligung beim Entscheidungsprozeß in Wirtschaftsfragen.

Was berechtigt die Regenten des sogenannten freien Marktes oder die Manager geschlossener Gesellschaften eigentlich dazu, fast alle Entscheidungen allein zu fällen, die doch die Lebensqualität von Millionen bestimmen? Heutzutage wird die Politik maßgeblich von der Wirtschaft gelenkt; und einige SozialkritikerInnen fragen angesichts dieser Situation mit Recht, ob politische Demokratie ohne mehr wirtschaftliche Mitbestimmung überhaupt funktionieren kann. Wenn einige TeilnehmerInnen am politischen Prozeß aufgrund ihrer

ökonomischen Macht einen um ein Vielfaches größeren Einfluß ausüben als andere, wird die Behauptung der politischen Gleichheit aller
BürgerInnen zur Farce. Über die meisten wirklich relevanten gesellschaftspolitischen Themen wird niemals abgestimmt. Es gibt z. B.
keine Volksabstimmungen über die wirtschaftlichen Entscheidungen, die unsere Lebensweise am nachhaltigsten betreffen. Zur Wahl
stehen bestenfalls Detailfragen, nachdem die großen Entscheidungen
längst gefällt sind – an Orten, die von der politischen Diskussion
sorgsam ausgenommen wurden.

Weshalb sollten BürgerInnen nicht mehr mitzureden haben, als
nur als KonsumentInnen zwischen sehr beschränkten Möglichkeiten
»wählen« zu dürfen? Wie können KonsumentInnen über weniger
Spritverbrauch und sicherere Autos, gesündere Nahrungsmittel, bezahlbare medizinische Versorgung, bessere öffentliche Verkehrsmittel oder ein Lebensumfeld ohne Giftstoffe mitbestimmen?

Weshalb sollten ArbeiterInnen nicht am Management der Unternehmen beteiligt werden, die einen Großteil ihrer Existenz bestimmen? Weshalb sollen nicht kommunale Gruppen einen gewissen Einfluß darauf haben, was in und mit unserer Umwelt geschieht?

Planung geschieht in jedem Wirtschaftssystem; die Frage lautet:
Wer plant? ArbeitnehmerInnen, KonsumentInnen und Kommunen
müssen – zusammen mit der Geschäftswelt – Hauptakteure der Wirt-
schaftsplanung und des Entscheidungsprozesses sein, wenn der Begriff »Demokratie« einen realen Sinngehalt haben soll.

Eine Bewegung in Richtung Dezentralisierung, kommunales Wirt-
schaften, ökologische Planung, angepaßte Technologie, familienbe-
triebene organische Landwirtschaft und ein vernünftiges Maß an regionaler Selbstversorgung ist zukunftsentscheidend. Eine Reihe von
vielversprechenden Projekten für mehr Demokratie in der Wirtschaft, für Arbeitnehmermitbestimmung, für die Rechte der Ver-
braucherInnen, für kommunale Selbstverwaltung und für die Erhal-
tung der Umwelt sind bereits im Gange.

Die Schlüsselfrage betrifft die Werte. Wichtige Fragen von Lohn-
skalen, Technologiearten und Eigentums- und Entscheidungsformen
erfordern kreative Denkansätze und praktische Experimente. Aber
der entscheidende Punkt ist eine Veränderung der Ethik und ihrer
Grundaxiome im Blick auf wirtschaftliche Aktivität. Der wesentliche
Veränderungsschub muß in Richtung Gemeinwohl gehen. Letzteres
muß zum Kriterium werden, aufgrund dessen wir unsere Wirt-

schaftsstrukturen und -praktiken bewerten. Gemeinschaft ist ein Zeichen der Transformation.

Ein Traum

Träumen wir uns einige Augenblicke lang in die Zukunft. Es beginnt in der Mitte der neunziger Jahre. Und es fängt alles ganz unerwartet an . . . Die Gewalt in den Großstädten ist unglaublich eskaliert. Parteipolitisch motivierte Gesetzesvorlagen zur Verbrechensbekämpfung scheitern und können das Ausufern des Blutvergießens nicht eindämmen. Die Eliten der Politik, der Wirtschaft und der Medien haben keinen Schimmer davon, was man machen soll. Übrigens haben die Kirchenoberen genauso wenig Berührung mit der (auch für sie verwirrenden) Lebenswirklichkeit am unteren Rand der Gesellschaft wie ihre weltlichen KollegInnen. Wo Visionen fehlen, verkommen die Menschen . . . Buchstäblich.

Da ertönt ganz unerwartet eine neue Stimme. In einer Reihe von Großstädten beginnen die Mitglieder von Jugendgangs, Waffenstillstand miteinander zu schließen. »Wir sind einfach aufgewacht«, sagen sie. Ihre Sprache erinnert seltsam an die biblische Rede von der Bekehrung. Ihre Bemühungen, die zunächst ganz unkoordiniert sind, schaffen allmählich ein Netzwerk von Koalitionen im ganzen Land. Noch überraschender ist, daß diese Großstadtjugendlichen Kirchenleute, die auf der Straße einen guten Ruf haben, einladen, gemeinsam mit ihnen zu versuchen, das Steuer herumzureißen. Eine Anti-Gewalt-Bewegung beginnt sich auszubreiten.

Die Diagnose des Problems geht tiefer als bisher. Die jungen Leute und ihre Verbündeten aus der Kirche wissen, daß es um eine fundamentale »spirituelle Krise« geht. Die Gewalt sitzt viel tiefer als jene zufällige, chaotische und sinnlose Zerstörung, die das Land lähmt und in Angst versetzt. Die unsichtbare Gewalt ungerechter Strukturen, einer destruktiven Sozialpolitik und pervertierter Werte macht den eigentlichen Kern des Problems aus.

Die neuen BündnispartnerInnen machen sich an die Arbeit, und andere folgen ihnen. Die Gewalt, sagen sie, sei die Folge eines spirituellen und ökonomischen Vakuums im urbanen Umfeld. Eine neue Vision muß her. Die altbekannten Appelle, die Gewalt einzustellen, fruchten nicht. Die jungen Leute und die Kirchen beginnen danach zu suchen, wie die menschliche, moralische und ökonomische Infrastruktur wiederhergestellt werden kann, die in weiten Teilen der Großstädte kaputtgegangen ist. Sie beschließen, in ihren Stadtteilen von ganz unten anzufangen. Viele ihrer Versuche setzen bei Kirchengemeinden vor Ort an, die risikobereit sind und sich auf den Prozeß einlassen. Kirchen öffnen sich und werden zu Räumen der Geborgenheit und zu Zufluchtstätten vor der Gewalt. Pfarrer, PastorInnen und »StadtmissionarInnen« gehen auf die Straße und tun, was sie können – angefangen von der persönlichen Evangelisation an Drogenhändlern bis hin zur Begleitung und Unterstützung von Jugendlichen im Justizvollzug. Dann fangen die Kirchen an, selbst über Fragen der Wirtschaft nachzudenken. Ist die Ökonomie nicht auch ein *geistliches* Problem? Kann die Kirche das Vakuum füllen, das von Firmen hinterlassen worden ist, als sie die Innenstädte aufgegeben und die Arbeit in Billiglohnländer verlegt haben? Kann die Kirche dazu beitragen, die verwüstete Stadtlandschaft wieder aufzubauen?

Vielerorts ist der Drogenhandel die einzige funktionierende Marktwirtschaft. Wie in den Herkunftsländern ernährt auch bei uns der Drogenhandel viele Menschen. Wovon sollen all diejenigen leben, die aufhören, mit Drogen zu handeln? Gutbezahlte Jobs, die Familien unterhalten können, gibt es für Großstadtjugendliche einfach nicht. Teilzeitarbeit bei Schnellrestaurants ohne soziale Absicherung wird das Problem nicht lösen.

Weitere Fragen kommen auf. Der wachsende Materialismus zerstört auch gutsituierte Kirchengemeinden und Kommunen am Stadtrand. Sinnleere, Einsamkeit, Angst, Isolation, Individualismus und der Mangel an echter Gemeinschaft sind nicht nur alarmierende Kennzeichen des Lebens der Mittelschicht; sie sind auch die Haupthindernisse für die Verlebendigung der Kirchen.

Doch dann entstauben die Leute ihre Bibeln. Zu ihrem großen Erstaunen finden sie heraus, daß die Heilige Schrift voll ist von Themen wie Geld, Wohlstand, Armut, Land, Arbeit und Lebensstil. Insbesondere entdecken sie eine überwältigende Anzahl von Bibelstellen, die sich mit den Armen befassen und damit, wie man mit ihnen umgehen soll. Obwohl sie in den Kirchen lange Zeit ignoriert worden sind, sind diese ökonomischen Fragen in der Bibel offenkundig zentrale geistliche Anliegen. Die Bibel bietet eine Vision von Gerechtigkeit, die nicht nur die Armen in den Ballungsräumen betrifft. Sie eröffnet eine Ethik der Veränderung, die für alle Menschen und alle Gemeinschaftsformen gilt. Kleingruppen bilden sich, um die Bibel zu lesen, zu beten und sich selbstkritisch zu prüfen. Es dauert nicht lange und diese Reflexion führt zum Handeln. Neue Strategien entwickeln sich. Im Geist des Propheten Nehemia lassen sich religiöse Gruppen und Gang-Mitglieder auf eine ungewöhnliche Koalition ein, um die zerbrochenen Mauern der Großstädte gleichsam wieder aufzurichten.[16] Einige entwickeln eine Vision von zahllosen Kleinunternehmen, die die Großstadtviertel wiederbeleben könnten. Anfangs gibt es genügend Ideen und genügend Energie. Was fehlt, sind Kapital und technische Ausbildung, um die neuen Projekte anzuschieben. Großbanken wollen ehemaligen Gang-Mitgliedern und armen Familien, die keine Bürgen haben, keine Kredite geben. Viele Jugendliche strotzen von unternehmerischem Elan, aber wer bietet ihnen eine Chance?

Wiederum fangen die Kirchen erst einmal bei sich selbst an. Ein paar Leute weisen darauf hin, daß die Kirchen ungeheure Reserven an totem Kapital haben – abgesehen davon, daß die Kirchen durch ihre Investitionspolitik auf Gedeih und Verderb in den wirtschaftlichen Status quo verfilzt sind. Ein Großteil ihrer Aktienpakete stammen aus Pensionskassen, Stiftungen und anderen stillen Reserven. Es gibt zwar einige wenige Ansätze, sozialethisch verantwortliche Investitionen zu tätigen, aber der größte Teil der kirchlichen Gelder arbeitet in Unternehmen und Einrichtungen, deren Zielsetzungen mit den biblischen Maßstäben von ökonomischer und ökologischer Gerechtigkeit nicht das Geringste zu tun haben.

Einige von denen, die sich in Kleingruppen mit diesen Dingen befassen, fangen an zu fragen:»Fordert Jesus nicht von uns, daß wir all dieses Geld einfach verschenken?«[17] Andere antworten, man solle

---

16 *Anm. d. Übers.*: Fast das gesamte Buch Nehemia in der hebräischen Bibel handelt vom Wiederaufbau der Stadtmauern Jerusalems nach der babylonischen Verschleppung. Es geht Nehemia nicht nur um den Wiederaufbau des Tempels als spirituellem Zentrum, sondern zugleich um den Wiederaufbau der Stadt als bergendes Gemeinwesen – und dabei vor allem um die Beseitigung der Beschwerden der Armen, die Land und sogar Söhne und Töchter verpfänden müssen, um zu überleben. Nehemia fordert von den Reichen einen sofortigen Schuldenerlaß und die Landrückgabe an die Armen und droht jedem, der sich nicht daran hält, mit der sofortigen Exkommunizierung aus dem Gottesvolk (Nehemia 5, 1–13).
17 *Anm. d. Übers.*: Dietrich Bonhoeffer, dessen Satz:»Kirche ist nur Kirche, wenn sie für andere da ist« immer wieder gern zitiert wird, hat genau diese Konsequenz von

das Geld zumindest so einsetzen, daß es Gutes stiftet. Wieder andere schlagen vor, man könne die kirchlichen Finanzen in all die Visionen und Ansätze investieren, hinter denen die Kirchen erklärtermaßen stehen. Es geht um ziemlich kontroverse Fragen. Seit Jahren geht die Kirche mit ihren Geldern fast ausschließlich nach »gesunden« Grundsätzen treuhänderischer Verantwortung (sprich: Gewinnmaximierung) um. Dabei wird nur selten der ernsthafte Versuch unternommen, Theologie und Spiritualität der Kirche auf den Bereich der Geldanlage anzuwenden. Aber genau damit fangen jetzt ein paar Leute an.

ExpertInnen, die im Bereich kommunaler Wirtschaftsentwicklung tätig sind, beginnen mit den Kirchen zu kooperieren. Sie weisen zur allgemeinen Überraschung darauf hin, daß die Rückzahlungsmoral bei vielen Projekten von Leuten mit kleinen Einkünften besser funktioniert als bei herkömmlichen Schuldnern. Erfahrungen mit gemeinnützigen Kreditfonds und anderen alternativen Wirtschaftsinstituten zeigen, daß eine Kombination von sozialem Engagement und gezielter technischer Hilfe sehr wohl erfolgversprechend ist. Sie verweisen auf Beispiele wie die »Grameen Bank« in Bangladesch, eine Bank der kleinen Leute, die Tausenden von Familien ermöglicht, Kleinunternehmen zu starten, die das Leben ihrer Familien und Kommunen drastisch verändern. Großkonfessionen, religiöse Ordensgemeinschaften und Ortsgemeinden fangen an, ihr Finanzgebaren und ihre Prioritätenliste ernsthaft und grundsätzlich zu überprüfen.

Schon bald kommen finanzielle und personelle Mittel der Kirchen einer ganzen Reihe kommunaler Projekte und Initiativen zugute. Land- und Baugenossenschaften, Banken und Kreditanstalten für die

---

der Kirche gefordert: »Um einen Anfang zu machen, muß sie alles Eigentum den Notleidenden geben. Die Pfarrer müssen ausschließlich von den freiwilligen Gaben der Gemeinden leben, eventl. einen weltlichen Beruf ausüben. Sie muß an den weltlichen Aufgaben des menschlichen Gemeinschaftslebens teilnehmen, nicht herrschend, sondern helfend und dienend. Sie muß den Menschen aller Berufe sagen, was ein Leben mit Christus ist, was es heißt, ›für andere dazusein‹ . . . nicht durch Begriffe, sondern durch ›Vorbild‹ bekommt ihr Wort Nachdruck und Kraft.« (Dietrich Boenhoeffer, Widerstand und Ergebung. Neuausgabe München 1970, S. 415 f.) Die gegenwärtige Unfähigkeit unserer deutschen Kirchen, solidarisch zu leben, ist auch eine Folge ihrer fast völligen Übernahme staatlicher Gehaltsstrukturen und sonstiger staatlicher Finanzgebaren. Nicht zuletzt die Umstrukturierung der Pfarrerbesoldung und das Aufgeben von Absicherungen und Privilegien um der Armen willen könnte der Kirche eine neue und glaubwürdige Leitbildfunktion in der Gesellschaft geben.

unteren Einkommensgruppen, Arbeitnehmer- und Konsumenten-kooperativen, demokratisch geleitete Körperschaften zur Gemeinwesenentwicklung und unzählige Kleinunternehmen blühen auf. In großstädtischen Zentren der Gewalt verbindet sich der Aufruf zu kommunaler Wirtschaftsentwicklung mit evangelistischer und seelsorgerlicher Arbeit, sexualethischer Unterweisung, Rassenversöhnung, der Stärkung von Frauen und gewaltfreier Konfliktregelung.

Die diakonischen Ausschüsse und die Finanzausschüsse der Kirchengemeinden kommen nun regelmäßig zusammen – manche zum ersten Mal. Die alten Gegensätze von »bewährten Investitionsgrundsätzen« hier und der »Fürsorge für die Armen« da verwischen sich allmählich, weil alle anfangen zu begreifen, welches Potential die Gemeinschaft hat, wirtschaftliche Kraft zu entwickeln. Erst langsam, aber dann mit immer bedeutenderen Beträgen, beginnen die Kirchen mit einem ansehnlichen Finanztransfer – von selbstbezogenen »ertragsträchtigen« Finanzentscheidungen hin zu dem, »was dem Frieden dient« (Lukas 19, 24). Jesus hat über die Stadt Jerusalem geweint und darüber geklagt, daß die Menschen dies eine vergessen haben. Nun endlich erinnern sich die Kirchen daran.

Katholische Frauenorden machen den Anfang. Mutige Bischöfe und andere führende Kirchenleute ziehen mit ihren Institutionen nach. Schließlich machen zahlreiche Konfessionen und christliche Organisationen mit. Wenn sich plötzlich aus dem Nichts neue Kapitalquellen erschließen, zeigen sich auch neue Möglichkeiten.

Kapital ist mitunter mit Vögeln vergleichbar, die auf einer Stromleitung sitzen. Sobald ein Vogel hochfliegt und sich beispielsweise auf einer Hühnerstange niederläßt, folgen andere Vögel nach. Binnen kurzer Zeit haben alle Vögel den Weg zum neuen Rastplatz gefunden. Bei finanziellen Investitionen ist oft jemand nötig, der das Anfangsrisiko übernimmt. Andere können dann mit einem sichereren Gefühl folgen.

Die Kirchen stellen also das Startkapital für eine ganze Reihe neuer und kreativer ökonomischer Initiativen bereit. Aber für die Kirchenleute, die inzwischen bis ins Portemonnaie hinein bekehrt sind, handelt es sich gar nicht mehr nur um »Startkapital«; sie wenden einfach ihren Glauben auch auf die Finanzen an.

Mit dem kirchlichen Beispiel vor Augen und angesichts der beträchtlichen Mittel, die die Kirchen zur Verfügung stellen, entscheiden sich nun auch herkömmliche Finanzinstitute dafür, sich einzubringen. Banken, die nach Möglichkeiten suchen, in die eigenen Kommunen zu investieren, und Firmen, die den Eindruck haben, sie sollten dem Gemeinwesen etwas zurückerstatten, finden jetzt neue Möglichkeiten, positive Beiträge zu leisten.

In einer Gesellschaft, die bisher von oben durch eine kleine Zahl von Großkonzernen bestimmt worden ist, beginnt eine neue Basiswirtschaft aufzublühen. Nach Beendigung des Kalten Krieges setzt sich die allgemeine Meinung durch, daß neue ökonomische Ideen, Werte und Optionen nötig sind, die sowohl den Konzernkapitalismus als auch den Staatssozialismus überwinden. Das Entstehen konkreter kommunaler Wirtschaftsinitiativen ermöglicht eine völlig neue Art, miteinander zu reden. Die Menschen überlassen die Wirtschaft nicht länger den ExpertInnen, sondern beteiligen sich selbst, indem sie fragen, welche Art von Wirtschaftspolitik sie für sich, ihre Kinder und die Erde wollen.

So hat alles angefangen. Es wächst ständig weiter. Resignation hat der Hoffnung Platz gemacht. Statt Drogenhandel gibt es wirtschaftlichen Aufschwung, und die Gewalt ist einem neuen Geist der Verantwortung für die Gemeinschaft gewichen. Erstmals glauben einige der früheren Gang-Kids, daß sie eine Zukunft haben und buchstäblich »gerettet« sind. Und im Verlauf des Prozesses merken die Kirchen, wie auch sie gerettet werden. Indem sie für die Jugend einstehen, entdecken religiöse Gemeinschaften den Sinn und die Kraft des eigenen Glaubens. Indem sie den biblischen Ruf nach Gerechtigkeit wiederentdecken, kommt ihr persönliches Leben und das Leben der Gemeinden wieder in Ordnung.

In den Kirchen gibt es wieder junge Leute, und viele sagen, ein Traum sei wahr geworden.

EHRFURCHT
Die ganze Schöpfung achten

Die Farben am Horizont explodieren wie auf einer riesigen Malerleinwand mit ausgesuchter Schönheit. Rote, orangefarbene, gelbe und ein paar blaue Flecken und Tupfen scheinen aus dem Meer emporzusteigen, um den morgendlichen Himmel zu färben. Zu Hause in der Großstadt nehme ich den Sonnenaufgang nur selten wahr. Aber hier am Ufer des Ozeans ist es ein Anblick, den man einfach nicht versäumen darf. Angesichts der täglichen Verlockung solch eines Sonnenaufgangs stelle ich fest, daß ich etwas eher zu Bett gehe als gewöhnlich. Der Spätimbiß von Nachrichten und politischen Diskussionen im Fernehen ist plötzlich weniger anziehend als das Festmahl für die Sinne, das mich allmorgendlich erwartet. Ein Nachmittagsausflug entlang der Wasserstraße zwischen den Küsten sorgt für zusätzliches Entzücken. Am Ponce Inlet in Mittelflorida schafft der Gezeitenwechsel Sandbänke, die Tag und Nacht auftauchen und wieder verschwinden. Die Gelegenheit, auf den Spitzen der kleinen Sandbänke von Insel zu Insel zu waten, kann das Gefühl vermitteln, man ginge übers Wasser. Aber die so witzig wirkenden Pelikane scheinen nicht beeindruckt. Wie die hochflatternden Möwen und die herumhüpfenden Uferläufer gehen sie eigenen Sonntagnachmittagsbeschäftigungen nach. Das Wasser fühlt sich kühl und erfrischend an, und der Horizont schimmert in der warmen Märzsonne. Auf dem Nachhauseweg entdecken wir, daß wir nicht allein sind. Silberne Delphine tauchen an der Seite des Bootes auf und führen im blaugrünen Atlantik mühelose und graziöse Tauchkunststücke aus. Geschichten von Walen machen die Runde. Kinder toben, plantschen, lachen und scheinen sich im Wunder der Natur ganz zu Hause zu fühlen.

Dies ist meine Zeit zum Schreiben; aber es ist auch die Saison der Ruhe und Reflexion. Bei Spaziergängen am Strand scheinen mein Großstadtkopf und mein Großstadtherz anders zu reagieren, während die Wellen an meiner Seite sind. Irgendwie haben wir inmitten unserer technologischen und von den Medien beherrschten Zeit jenen Zugang zur Schöpfung verloren, der heilt und erneuert. Religiöse Weisheit verweist darauf, daß das so ist, weil wir mit der Schöpfung verbunden, ihr Bestandteil sind. Wir Menschen sind ein Strang im Gewebe des Lebens, aber wir haben uns vom Kreislauf der Schöpfung abgesondert. Die Fähigkeit, uns wirklich lebendig zu fühlen, ist oft einfach verschwunden. Mein kurzer Pilgerweg ans Meer beginnt, diese Fähigkeit wiederherzustellen. Ich kann in meinem Körper fühlen, was mir der Großvater der Aborigines in Australien erzählt hat. Jahrhundertealte Vorstellungen aus der Epoche der Aufklärung und aus der Zeit der industriellen Revolution haben uns erlaubt, die Erde im Namen der Entwicklung und des Fortschritts zu verwüsten. Reli-

242

giöse Mißverständnisse darüber, was es heißt, über die Erde zu »herrschen« (Genesis/1. Mose 1, 28), haben für die theologische Rechtfertigung der Ausbeutung gesorgt. Die Vergiftung der Umwelt bedroht uns jetzt alle, angefangen vom Ozonloch über den sauren Regen, die Zerstörung der Regenwälder, die Erosion riesiger Landstriche, die Verschmutzung von Wasser und Nahrung, die Luftverpestung, Gift- und Atommüll, die Gefährdung und das Aussterben vieler Tiergattungen bis hin zum globalen Treibhauseffekt.

Weil wir mit der Erde nicht freundlicher umgegangen sind als mit den Armen, zahlen wir alle den Preis; die Ökofachleute sagen, daß wir weniger als vierzig Jahre zur Verfügung haben, um das Steuer herumzureißen, weil dann der Schaden massiv und irreparabel sein wird. Die enorme Bedrohung der natürlichen Ordnung nimmt täglich zu, und die Erde weint und trauert, schreit um unser Erbarmen, bettelt uns an, aufzuhören, bevor es zu spät ist, und beschwört uns, die fragilen und bereits deformierten Beziehungen wiederherzustellen, auf denen das gesamte Leben basiert. Wir brauchen eine grundlegende Einstellungsänderung gegenüber der natürlichen Ordnung. Vielleicht übernehmen unsere Kinder die Führung auf diesem Weg. Sie scheinen für die Bewahrung der Umwelt besonders sensibel zu sein. Die Veränderung greift, sobald immer mehr Menschen den Schritt von der Ethik der Ausbeutung zur Ethik der Bewahrung, von der Ethik des Profits und des Wachstums zur Ethik des Ausgleichs und der Genügsamkeit vollziehen.

Doch noch immer ist das Thema heiß umstritten. In Zeiten des wirtschaftlichen Niedergangs werden gefährdete Tierarten gegen gefährdete Arbeitsplätze ausgespielt. Angesichts bitterster Armut konkurriert das Überleben von Kleinbauern in der Dritten Welt mit dem Überleben der Regenwälder. Und unsere Gesellschaft »entsorgt« ihre giftigsten Abfälle in einem unverhältnismäßigen Ausmaß in den Gegenden der Armen und Farbigen.

Die Hauptinstitutionen unserer Gesellschaft fühlen sich inzwischen immerhin herausgefordert, dem wachsenden Wandel des öffentlichen Bewußtseins irgendwie Rechnung zu tragen. Aber bisher sehen die meisten Großunternehmen echte Veränderungen in der Umweltpolitik noch immer als Bedrohung des Profits an. Sie reagieren, indem sie eher die Sprache der Werbung und die Etiketten der Produkte verändern als ihre grundlegenden Geschäftspraktiken. Einige Unternehmen haben sogar beschlossen, das Umweltbewußtsein profitabel auszubeuten. Dennoch wird der Druck auf die sozialen und ökonomischen Strukturen, wirkliche Veränderungen vorzunehmen, wachsen. Die entscheidende Frage lautet allerdings, ob das noch rechtzeitig geschehen wird. Letztlich reicht eine Ethik des Umweltschutzes nicht aus. Wir brauchen statt dessen eine Ethik der Beziehung zur Umwelt. Der Schritt vom »Schutz« zur »Beziehung« ist entscheidend. An dieser Stelle kann die Weisheit und Spiritualität sogenannter Eingeborener wegweisend sein. Von den Aborigines in Australien bis zu den indianischen Bevölkerungen Nord- und Südamerikas besitzen native Völker noch immer Wissen und Erfahrung von einem Leben im Einklang mit der Erde, das von jenen Gesellschaften dringend benötigt wird, die völkermörderische Verbrechen gegen diese Urbevölkerungen begangen haben. Es ist ein bemerkenswertes und göttliches Paradox, daß uns gerade diejenigen Völker, die von den herrschenden Zivilisationen zerstört werden sollten, in der Zeit der Umweltkrise wichtige Lektionen erteilen können.

1991 wurde in Washington, D. C., der »Umweltgipfel farbiger Menschen« abgehalten. Die Bedeutung des Ereignisses lag darin, daß es das Bild der Umweltbewegung zu verändern begann. Bis dahin war die Umweltsache – vor allem in den USA und in Europa – vornehmlich als Sorge wohlhabender Weißer empfunden worden. Führung und Zielsetzungen aller großen Umweltorganisationen waren fast ausschließlich weiß. Man ging davon aus, daß die ökologische Krise armen Leuten weniger zu schaffen macht.

Aber das ist nicht wahr. Die Kommission für Rassengerechtigkeit der »United Church of Christ« hat eine bahnbrechende Studie vorgelegt, die zeigt, daß Giftmüll praktisch ausschließlich in Kommunen abgeladen und gelagert wird, in denen die Mehrheit aus Menschen mit niedrigem Einkommen und aus rassischen Minderheiten besteht. Die Kommission legte zwei inzwischen berühmte Landkarten der USA vor. Auf der einen waren die Giftmülldeponien farblich herausgehoben, auf der anderen die Wohngebiete der Armen und Farbigen. Dann wurden beide Karten zusammengefügt, und die Farben überlappten sich fast vollständig.[18]

Die Tatsache, daß die Menschen am unteren Ende der Gesellschaft

---

18 Vgl. Toxic Waste and Race in the United States, Report von Charles Lee. Erhältlich bei: United Church of Christ Commission for Racial Justice, 475 Riverside Drive, Ste. 1950, New York, NY 10115.

von der Umweltzerstörung am stärksten betroffen sind, wurde von den UmweltschützerInnen aus der Mittelschicht kaum jemals erwähnt. Umweltzerstörung hat unmittelbar mit Gesundheitsproblemen, Kindersterblichkeit, wirtschaftlichem Überleben und Lebensqualität zu tun; Farbige haben seit Jahren an diesen Themen gearbeitet. Der Gipfel brachte viele dieser AktivistInnen zusammen. Auf der Versammlung wurde denn auch der Begriff *Umweltrassismus* geprägt.

Außerdem entstand auf dem Gipfel der Farbigen das Konzept der *Umweltgerechtigkeit*. Dieser breit angelegte Begriff hat tiefe und weitreichende Bedeutung. Umweltgerechtigkeit meint die Herstellung ausgewogener Beziehungen innerhalb der gesamten Schöpfung. Sie beseitigt die Diskrepanz zwischen der Sorge um Menschenrechte einerseits und um die Naturordnung andererseits. Das Konzept der Umweltgerechtigkeit ist wesentlich inklusiver und birgt in sich das Potential, vormals unverbundene Interessengruppen und Anliegen zusammenzubringen.

Die Idee der Umweltgerechtigkeit ist bereits im biblischen Konzept des *Schalom* angelegt, einer Ethik ausgewogener Beziehungen und des Gemeinwohls für alle Geschöpfe Gottes und ihre natürlichen Lebensräume. Die Vision des Propheten Jesaja bringt es auf den Punkt: »Auf meinem heiligen Berg wird niemand verletzen noch zerstören; denn die Erde wird so voll sein von der Erkenntnis des Herrn, wie die Wasser das Meer bedecken« (Jesaja 11, 9).

Von nun an müssen alle unsere Visionen auf ihre Beziehung zur Erde überprüft werden. Ehrfurcht vor der gesamten Schöpfung ist ein Zeichen der Transformation.

UNTERSCHIEDLICHKEIT
Mehr als Integration

Ein Mädchen weinte. Eine Freiwillige im Nachbarschaftszentrum der »Sojourners« fragte das Kind, was ihm fehle.

»Ich bin häßlich«, sagte das Mädchen unter Tränen.

»Das stimmt nicht«, sagte ihre Freundin. »Du bist ein ganz wunderhübsches Kind.«

»Nein, ich bin häßlich«, kam als Antwort.

245

»Warum sagst du das?« fragte die junge Frau.

»Ich bin häßlich, weil ich schwarz bin«, antwortete das Mädchen.
Aus diesem Grund sind Selbstwertgefühl und Selbstachtung solch wichtige Anliegen im Kinderprogramm unseres Zentrums. In unserem armen und schwarzen Stadtteil verfolgen wir einen afrozentrischen Ansatz – einen, der jungen Männern und Frauen den Reichtum und die Kraft des eigenen Erbes vermittelt. Die Kinder beschäftigen sich mit den großen schwarzen FreiheitskämpferInnen und lernen den Weg dieser Menschen zum Freiheitskampf kennen. Vor der Silhouette Afrikas verkündet ein schwarz-rot-grünes T-Shirt stolz das Thema des diesjährigen Sommerprogramms: »Erinnert euch an eure Vergangenheit, schafft eure Zukunft!«

Dies sind die Kinder der Integration, die lange Zeit nach der historischen Bürgerrechtsgesetzgebung der sechziger Jahre zur Welt gekommen sind. Und doch hat die Integration in ihnen kein Gefühl von Freiheit, Würde oder Sicherheit hervorgebracht. Das Konzept der Integration hat bei diesen Kindern versagt; die Theorie hat die in sie gesetzten Erwartungen nicht erfüllt.

Was stimmt nicht mit dem Ansatz der Integration? Eine ganze Menge, antwortet eine wachsende Flut von Stimmen, insbesondere aus der schwarzen Gemeinschaft. Integration, das herrschende nationale Konzept der Rassenbeziehungen in den Jahrzehnten nach der Bürgerrechtsbewegung, hat nicht zuwege gebracht, was es einst versprach. Statt Gleichheit zu schaffen hat sich Integration als die selektive Assimilierung von Schwarzen der Mittelschicht erwiesen, während die städtische Unterschicht und die Armen auf dem Lande dabei zurückgelassen wurden.

In Schlüsselbereichen wie Einkommen und Anstellung, Bildung, Wohnung und Gesundheit ist das Leben für die meisten SchwarzamerikanerInnen noch immer separiert und sehr ungleich. Trotz verstärkter Sichtbarkeit von Schwarzen in den Medien und in der Popkultur hat das schwarze Amerika den Anschluß an den sozialen und wirtschaftlichen Hauptstrom bisher nicht geschafft und, das ist besonders wichtig, noch keinen wirklichen Anteil an der politischen Macht in einer nach wie vor weißen Gesellschaft.

Aber nicht nur Gerechtigkeit müßte mittels Integration noch immer hergestellt werden. Das schwarze Selbstwertgefühl, sagen viele kritische Stimmen, habe sich rapide verschlechtert. Der Hauptfehler der Integration besteht darin, daß sie schon immer und nach wie vor nach den Bedingungen der Weißen vollzogen wurde und wird.

Die sich rapide ändernde demographische Zusammensetzung der USA wird das Versagen und die Widersprüche der Integration nur noch greller ans Licht bringen, bis die wachsenden lateinamerikanischen und asiatischen Völkergruppen gemeinsam mit den AfroamerikanerInnen Amerikas rassische Minderheiten zur nationalen Mehrheit machen werden. Die Volkszählung von 1990 offenbarte bereits dramatische Veränderungen im Zahlenverhältnis von weißen AmerikanerInnen zu Farbigen. Im selben Jahr brachte das »Time Magazine« eine Titelgeschichte über »Die sich ändernden Farben Amerikas« und fragte: »Wie werden die USA aussehen, wenn Weiße nicht mehr die Mehrheit sind?« Diesen Zustand sagt das Magazin für das Jahr 2056 voraus. Es ist eine kulturelle und psychische Verschiebung größten Ausmaßes, wenn ein Land, das von Europäern für Europäer errichtet wurde, zu einer Nation wird, deren BewohnerInnen ihre Wurzeln in Afrika, Lateinamerika oder Asien haben. Das weiße Amerika, das endlich mit seinen Minderheiten klarkommen muß, ist völlig unvorbereitet auf den eigenen Minderheitenstatus. Dennoch ist diese fundamentale Identitätsverschiebung unausweichlich und ereignet sich in vielen Teilen des Landes schon jetzt. Angesichts dieses künftigen Erdbebens in der amerikanischen Geschichte wirkt das gegenwärtige Integrationskonzept noch überholter.

Vielleicht sollte man als erstes fragen, ob Integration je das Ziel der schwarzen Freiheitsbewegung der fünfziger und sechziger Jahre gewesen ist. Vielleicht muß man das Konzept der Integration, das in den Jahren nach der Bürgerrechtsbewegung entwickelt wurde, eher als Versuch der weißen Gesellschaft bewerten, mögliche Auswirkungen der Bewegung zu begrenzen, zu kontrollieren und zu reduzieren. Sicherlich sind die Motive und Zielsetzungen sozialer Bewegungen und ihrer TeilnehmerInnen vielfältig, unterschiedlich und oft sogar widersprüchlich. Und sicher waren viele, die bei der Bürgerrechtsbewegung dabei waren, einfach daran interessiert, die legale Rassentrennung zu beenden und Schwarzen Gelegenheit zu verschaffen, sich individuell in den Hauptstrom der weißen amerikanischen Gesellschaft einzureihen. Der Kern des schwarzen Freiheitskampfes jedoch war, wie einige andere betonen, die seinerzeit zur Bewegung gehörten, ein Ruf nach *Gesellschaftsveränderung*.

Falls die Bewegung tatsächlich nicht nur Integration in die vorherrschenden Werte und Strukturen der weißen Gesellschaft angestrebt, sondern vielmehr eine grundlegende Transformation der Sozialordnung anvisiert hat, eröffnet die Wiederaufnahme dieser Fragen in der Tat eine gefährliche Diskussion. Die Antworten auf diese Fragen hängen weitgehend damit zusammen, auf welche damals und jetzt führenden Gestalten der Bewegung man Bezug nimmt. Es ist klar, daß Martin Luther King, vor allem in seinen späten Jahren, und Malcolm X beide eher nach radikaler Gesellschaftsveränderung riefen als nach Assimilierung. Aber mit der Ermordung der beiden wichtigsten Führungspersönlichkeiten der Bewegung hat die Assimilierung nach und nach der Transformation den Rang abgelaufen. Das Ergebnis ist die ausgewählte Integration eines Teils der schwarzen Mittelklasse, die soziale und ökonomische Preisgabe der schwarzen Mehrheit, die verbreitete weiße Einstellung, das »Rassenproblem« sei gelöst, und ein Land, dessen Grundstrukturen unverändert geblieben sind.

Mit anderen Worten: Die Integration wurde weitgehend unter weißen Bedingungen und weißer Kontrolle durchgeführt. Integration war nie eine Straße mit zwei Richtungen – und auch nie so gedacht. Sie war schon immer und in jeder Beziehung weiß gelenkt.

Ein Beispiel ist meine eigene *High School,* die völlig weiß war, als ich sie vor fast drei Jahrzehnten besuchte. Heute ist sie zu mehr als einem Drittel schwarz. Bei einem Gespräch fragte ich kürzlich einen Lehrer, inwieweit sich der Lehrplan im Laufe der Jahre geändert habe. Überhaupt nicht. Afroamerikanische Geschichte, Kultur und Sichtweisen bleiben bis heute außen vor. Und als einige Schülerinnen und Schüler einen schwarzen Schulverein gegründet haben, hatten die Weißen den Eindruck, Integration funktioniere nicht.

In einer Titelgeschichte der »Time« vom 13. März 1989 über die schwarze Mittelschicht berichtete das Magazin, »die Leiden und Kämpfe der Bürgerrechtsbewegung mündeten, wie es gedacht war, in die Freuden und Schmerzen des Mittelklasse-Daseins«. Das ist Wunschdenken der »Time«! Das Problem besteht jedoch nicht nur darin, daß »Time« die eigentliche geistige Mitte der Freiheitsbewegung verfehlt. »Time« hat vielmehr – wie alle herrschenden Institutionen des amerikanischen Lebens – ein starkes und vitales Interesse daran, das Ziel der Bewegung als *Assimilierung* und nicht als *Transformation* zu definieren. Auf diese Weise kann das bedrohliche Potential des schwarzen Freiheitskampfes begrenzt, domestiziert und sogar nutzbar gemacht werden, indem man etwa Martin Luther Kings Geburtstag zum Nationalfeiertag erhebt, der von Coca Cola gesponsert wird. Es muß hinzugefügt werden, daß die Integration liberalen Weißen erlaubt, angesichts des »Rassenfortschritts« und des eigenen Beitrags zur »Unterstützung« der Schwarzen gute Gefühle zu kultivieren. Indem die Integration weiße Macht und weiße Privilegien unangetastet ließ, hat sie auf je verschiedene Weise dem Eigeninteresse weißer Konservativer wie weißer Liberaler gedient. Vincent Harding, ein aktiver Teilnehmer an der Bürgerrechtsbewegung und jetzt einer ihrer herausragendsten Chronisten, glaubt, daß die Freiheitsbewegung noch nicht vorüber ist. In einem persönlichen Gespräch im Sommer 1987 sagte er mir:

»Wir haben seinerzeit nicht gesehen, wie tief das ging, was wir tun mußten. Sachen, die Jahrhunderte tief reichen, an der Wurzel auszurotten, dazu braucht man ungeheuer viel Imagination und Experimentierfreude. Wir haben viel zu oberflächlich darüber nachgedacht, was Integration heißt. Wenn wir unser Land heute genau ansehen, werden wir entdecken, daß die notwendigen Veränderungen nicht ohne großen Einsatz und große Opfer kommen können.

Wir dachten, wir hätten unsere Opfer schon in den sechziger Jahren gebracht, und fragten uns, warum es nicht funktioniert hat. Aber ganz am Anfang des Prozesses haben wir einmal gesagt, wir wollen ›die Seele Amerikas erlösen‹. So etwas schafft man nicht in einem Jahrzehnt. Wir dürfen uns nicht mit elitären Lösungen zufriedengeben, sondern müssen das Herz für die Verletzungen und den Schmerz der Menschenmassen aufmachen.«

Der Begriff Integration wirft eine wesentliche Frage auf: Integration wohin? Was für eine Gesellschaft ist das, die die Assimilation einiger Auserwählter der eigenen Transformation vorzieht? Die Antwort lautet: eine Gesellschaft, die nach wie vor versucht, die fundamentalen Fragen nach Gerechtigkeit und Mitgefühl zuzudecken. Die Integration hat dieser Kaschierung gedient. Die Herrschaft, die ein unersättlicher Materialismus in der amerikanischen Gesellschaft über die Menschenwürde ausübt, zerstört die Seelen der Reichen und der Armen gleichermaßen. Die Akzeptanz eines Wirtschaftssystems, das vom Raub an den Armen im eigenen Lande und in aller Welt lebt, wird weiterhin Massen von Menschen ganz unten halten. In einer von Weißen kontrollierten Gesellschaft wird eine unverhältnismäßig große Anzahl der Betroffenen farbig sein. Als die »Sojourners«-Kommunität 1975 in die Innenstadt von Washington, D. C., umgezogen war, haben wir bald gemerkt, daß die schwarzen BewohnerInnen unseres Stadtteils an der Gründung einer rassich integrierten Gemeinde nicht besonders interessiert waren. Sie waren allerdings an einer Zusammenarbeit in Bereichen wie Wohnraumbeschaffung, Ernährung und Bildung und im Zusammenhang mit den Krisen, denen ihre Kinder ausgesetzt waren, interessiert. Erst aus dem gemeinsamen Handeln ergab sich auch das Teilen von Glaube und Kampf in Bibel- und Gebetskreisen, bei Einkehrtagen und Dankfesten für die Arbeit, die wir gemeinsam vollbringen durften. Langsam lernen wir, daß sich Gleichheit eher aus der Partnerschaft im gemeinsamen Kampf ergeben wird als durch Integration um ihrer selbst willen.

Wir müssen die Bewegung von der Integration zur Transformation vollziehen. Die Integration weißer und schwarzer Eliten in einer ungerechten Gesellschaft schließt zu viele Menschen aus und läßt die fundamentalen Fragen nach Gerechtigkeit unbeantwortet. Das spirituelle Erbe der Freiheitsbewegung betrifft die persönliche und soziale Transformation. Dieser Geist muß heute erneut in Anspruch genommen werden.

Die weiße Gesellschaft hat die Integration der Gleichheit vorgezogen. Die Integration von Paternalismus[19] und Abhängigkeit muß endlich aufhören. An ihre Stelle wird eine multikulturelle Partnerschaft von Gleichberechtigten treten – eine Partnerschaft für die demokratische Transformation der Vereinigten Staaten. Unterschiedlichkeit ist ein Zeichen der Transformation.

---

19 *Anm. d. Übers.*: Paternalismus ist die gönnerhafte Gewährung gewisser Rechte durch eine herrschende Gruppe, die diejenigen, denen diese Zugeständnisse gemacht werden, weiterhin in einem Verhältnis der Abhängigkeit (und womöglich »Dankbarkeit«) beläßt, anstatt sie wirklich an der Macht zu beteiligen.

GLEICHHEIT
Mehr als Zulassung

Damit Gerechtigkeit zwischen den Geschlechtern möglich wird, müssen Männer sich verändern. Einer der prägnantesten Augenblicke des bereits beschriebenen Bandengipfels ereignete sich während des Abschlußgottesdienstes. Ein junger Afroamerikaner aus Washington, D. C., ging zur Kanzel und forderte alle Männer auf, sich hinzusetzen. Dann bat er in einem Gebet im Namen schwarzer Männer, wie er selbst einer war, die Frauen um Verzeihung:

»Ich bete darum, daß du den Brüdern vergibst. Wir erflehen deine Barmherzigkeit und deine Vergebung dafür, daß wir zulassen, daß unsere Frauen ihre Kinder mit Wohlfahrtskäse großziehen. Daß wir sie im Sozialamt anstehen lassen und sie Arzttermine verpassen, weil wir nicht da sind.

Ich bitte die Schwestern, ihr Herz weichzumachen, nachdem wir umgekehrt sind, und ihre Tür der Gnade aufzumachen und uns reinzulassen. Wir sind zurückgekommen. Ich bitte euch, uns zu vergeben, daß wir zugelassen haben, daß ihr unsere Kinder austragt, und wir waren nicht da.

Ich bitte euch um Vergebung, daß wir zugelassen haben, wie unsere Söhne von gelbem Klebeband eingerahmt auf der Straße liegen[20], und wir waren nicht da. Ganz demütig und inständig bitten wir euch, Schwestern, uns zu vergeben. Dieser Tag gehört euch genauso wie uns.

Wir bitten euch bloß, daß ihr uns wieder in die Arme und in euere Herzen und in euren Kopf laßt. Wir sind zu Hause, Schwestern. Sie werden nicht mehr sagen müssen: ›Na, wo ist denn euer afroamerikanischer Mann?‹ Wir sind zu Hause!«

Die Integration rassischer Minoritäten in eine weiße Gesellschaft verändert nicht genug. Ähnlich wird auch das bloße Zulassen von Frauen in männlich dominierten Strukturen nicht ausreichen. Soziale Transformation ist die Verheißung, die auf einer ernsthaften Auseinandersetzung mit der rassischen und kulturellen Unterschiedlichkeit Amerikas liegt. Ebenso ist die Verheißung von echter Geschlechtergleichheit und -partnerschaft die Vision, auf die wir uns zubewegen müssen, um die Beziehung zwischen Männern und Frauen zu verändern.

---

20 *Anm. d. Übers.*: Die amerikanische Polizei markiert Schauplätze von Verbrechen mit gelbem Klebeband. Das Gebet bezieht sich also darauf, daß schwarze Männer zulassen, daß ihre Kinder Gewaltverbrechen zum Opfer fallen.

Wenn Frauen nur die Muster einer männlich betriebenen Gesellschaft übernehmen, verarmen wir alle zusammen noch mehr. Ich möchte an diesem Punkt ganz klar sein: Genausowenig, wie es ein Makel ist, weiß zu sein, ist es ein Makel, Mann zu sein. Das Problem sind die Muster der Dominanz. Diese Muster unterdrücken nicht nur Farbige und Frauen, sondern sie zwängen auch Weiße und Männer in Strukturen und Verhaltensweisen, die ihre Menschlichkeit einschränken und ihre vollständige Entfaltung verhindern. Frauenbewegungen ist es gelungen, in fast allen Bereichen der Gesellschaft mehr Raum für Frauen zu schaffen. *Falls* wir uns weigern, es bei bloßer Zulassung bewenden zu lassen, beinhaltet diese Öffnung eine ungeheure Gelegenheit zur Veränderung. Der Zugang muß als Gelegenheit zur Transformation begriffen werden. Echte Gleichheit von Frauen und Männern wird nur möglich sein, wenn wir unsere Denkmuster über die Geschlechter fundamental verändern, wenn wir in unseren gesellschaftlichen Institutionen die Begabungen und die Partizipation aller Menschen wecken und wenn wir Entscheidungsstrukturen entwickeln, bei denen mehr Menschen beteiligt sind. Es geht darum, wie wir Familienleben und Kindererziehung organisieren und wie wir den persönlichen und öffentlichen Bereich verbinden.

Der wahrscheinlich größte Unterschied einer neuen Generation von Männern gegenüber ihren Vätern besteht darin, in welchem Ausmaß sie sich an der Kindererziehung beteiligen. An Arbeitsstellen wie dem »Sojourners Magazine« haben die männlichen Angestellten ihrer Vaterrolle grundsätzlichen Vorrang eingeräumt. Eine institutionalisierte flexible Arbeitszeit ist Grundlage des Stundenplans von Männern und Frauen, damit die Bereitschaft zu geteilter elterlicher Verantwortung verwirklicht werden kann. Söhne wie Töchter erleben alternative Modelle von Mutter- und Vaterrolle, was für die nächste Generation eine Reihe völlig neuer Voraussetzungen schafft.

Arbeit und Beruf sind für die Männer und Frauen von »Sojourners« noch immer sehr wichtig, aber das Verhältnis von Arbeitsplatz und Zuhause hat sich verändert. Die Definition des Begriffs »Beruf« hat sich bei den Männern erweitert und schließt ihre Rolle als Väter ein – ebenso wie die Mutterschaft in der Geschichte einen bedeutenden Teil der weiblichen Berufsidentität eingenommen hat. Eine solche Balance ist weder am Arbeitsplatz noch zu Hause leicht herzustellen. Spannungen, Verhandlungen und Kompromisse werden zum

Normalfall des Lebens. Aber die meisten jungen Paare, die sich an diesem Experiment beteiligen, bezeugen, daß der Lohn und die Erfüllung den Preis wert sind.

Die Veränderungen fordern Männer vielleicht am deutlichsten heraus. Die meisten von ihnen sind mit einer anderen traditionellen Kollektion von Erwartungen aufgewachsen. Der Weg zur Gleichheit beinhaltet auch einen Prozeß, bei dem Männer vormalige Axiome und Erwartungen aufgeben. Es ist eine revolutionäre Veränderung in einer patriarchalischen Gesellschaft, wenn weibliche und männliche Berufsausübung wirklich gleichgestellt sind und gemeinsam Verantwortung für die Erziehung von Kindern wahrgenommen wird. Und das passiert nicht über Nacht.

Gleichheit am Arbeitsplatz und im öffentlichen Leben erfordert auch eine Revolution unserer Einstellungen und Grundannahmen. Es bedeutet, *andauernd* die Frage zu stellen, ob die Stimmen und Perspektiven der Frauen Gehör finden. Und es geht um mehr: Tragen die Erfahrung und die Begabungen der Frauen dazu bei, die Entscheidungen und den Ausgang unserer gemeinsamen Arbeit zu gestalten? Wenn Männer und Frauen bei Sozialprojekten partnerschaftlich zusammenarbeiten, wird dies Art und Ergebnisse solcher Projekte verändern.

Viele haben darauf hingewiesen, daß Sprache Macht bedeutet. Exklusiv männliche Sprache zugunsten einer mehr exklusiven Sprechweise zu verändern ist keine rein »symbolische« Randerscheinung, wie einige KritikerInnen behauptet haben. Sprache ist der Kern jeder Kultur und bestimmt, wie wir uns selbst definieren. Wenn eine generell männliche Sprache angeblich alle anderen »mitmeint«, beschreibt sie eine Gesellschaft mit männlichen Definitionen. Das hat weitreichende Konsequenzen. Kleine Mädchen lernen in jungen Jahren, daß sie nicht wirklich dazugehören. Indem sie sich an eine generell männliche Gesellschaft »anpassen«, wird ihr Selbstbewußtsein erfolgreich gemindert.

Inklusive Sprache ist für alle Beteiligten befreiend. Sie eröffnet Männern und Frauen neue Möglichkeiten und Selbst-Definitionen. Wenn von »Frauen, Müttern, Töchtern, Schwestern, sie und ihr« *und* von »Männern, Vätern, Söhnen, Brüdern, er und ihm« die Rede ist, kommen alle neu zu ihrem Recht – und niemand muß die Last tragen, entweder ausgelassen zu werden oder die »Generalbürde« der Gesamtgesellschaft herumschleppen zu müssen.

Beim Bandengipfel stand ein junger Mann auf und sagte:»Wir müssen endlich aufhören, immer *Brüder* zu sagen. Wir müssen anfangen, *Brüder und Schwestern* zu sagen.« Und ein älterer Bandenführer antwortete:»Starke Männer haben keine Angst vor starken Frauen.« Diese Themen sind in der religiösen Gemeinschaft besonders umstritten. Hier haben männliche Definitionen von Gott, Glaube und patriarchaler Autorität den Frauen lange Zeit eine untergeordnete Rolle zugewiesen. Gleichzeitig hat der Wesenskern derselben religiösen Traditionen den Frauenbewegungen für Gleichheit und Gerechtigkeit zu Befreiung, Bestätigung und Energie verholfen. An vielen Orten wie der»Sojourners«-Kommunität tragen der Gebrauch inklusiver Sprache im Gottesdienst, die seelsorgerliche und liturgische Leitungsfunktion von Frauen und das Bemühen, Gott in mehr inklusiven und biblischen Bildern darzustellen, dazu bei, den Raum zu schaffen, in dem sich Frauen in der religiösen Gemeinschaft bestätigt und geborgen fühlen können.

Die Gleichheit der Geschlechter ist wesentlich für politische Transformation. Frauen bringen die Außenseiterstimme und -perspektive ein, die für Veränderung nötig ist. Deshalb geht das schöpferische Potential der Frauen verloren, sobald sie sich einfach als»Insiderinnen« den Männern anschließen. Frauen haben oft auch eine erhöhte Sensibilität für den Vorrang der Kinder, den viele Männer häufig ignorieren, obwohl es für den politischen Prozeß so wichtig ist. Die tiefere Verbundenheit mit der Erde, die Frauen vielfach spüren, resultiert häufig in einem wacheren Bewußtsein für das Überleben der Umwelt. In vielen Bereichen sind es meist Frauen, die bei der Suche nach Konfliktlösungen die Führung übernehmen und nach Alternativen zu Gewalt und Krieg Ausschau halten. Weil sie auf vielfache Weise gelernt haben zu gebären, werden Frauen als politische Akteurinnen oftmals zu Hebammen neuer gesellschaftlicher Optionen.

Die Gleichheit der Geschlechter im politischen Bereich wird den Einfluß solcher Eigenschaften in der Öffentlichkeit verstärken. Nicht etwa, weil diese Werte nur bei Frauen vorhanden sind, sondern weil sie von jener engstirnigen Auffassung von männlicher Politik an den Rand gedrückt worden sind, von der auch so viele Männer befreit werden wollen. Wir brauchen jetzt einen offeneren, tieferen, umfassenderen, humaneren und inklusiveren Politikstil. Und die Präsenz der Frauen im öffentlichen Leben wird es Frauen wie Männern ermöglichen, diese neuartige Politik umzusetzen. Gleichheit ist ein Zeichen der Transformation.

FRIEDEN STIFTEN
Der Pfad zu echter Sicherheit

Ich werde nie die Erfahrung vergessen, die ich in einer frostigen Nacht in den Hügeln am Fuße der Rocky Mountains gemacht habe und die meine Auffassung von Friedensarbeit ein für allemal verändert hat. Es war zu Beginn des Frühjahrs 1978, und ich war Teil einer Gruppe religiöser und sonstiger FriedensaktivistInnen, die versuchten, die Züge zu blockieren, die Plutonium in die Rocky Flats-Atomwaffenfabrik am Rande von Denver in Colorado transportierten. In Rocky Flats wurden damals sämtliche Zündvorrichtungen für alle in den USA produzierten Kernwaffen hergestellt. An einem Samstagnachmittag ließen sich etwa 140 von uns auf den Gleisen nieder, ohne zu wissen, wann der Fahrplan den nächsten Zug vorsah.

Aber bald hatten wir andere Sorgen. Kaum zehn Minuten, nachdem wir die Gleise betreten hatten, setzte ein Gebirgssturm ein. Es begann, wie aus Eimern zu schütten; es gab einen Temperatursturz; der Regen war binnen kurzer Zeit eiskalt, verwandelte sich erst in Graupel und schließlich zu Schnee. Wir waren durchgeweicht bis auf die Knochen, und Schüttelfrost setzte ein. Ärzte kamen und beschworen die DemonstrantInnen, nach Hause zu gehen, weil die Gefahr der Unterkühlung bestand.

Einige von uns beschlossen, dennoch zu bleiben. Ich ließ mich unter nassen Decken nieder, um die kälteste Nacht meines Lebens durchzustehen. Während dieser langen und ruhelosen Nacht war mein Kopf voll von den Bildern jener Soldaten, die jahrhundertelang den Elementen getrotzt, Härten ertragen, Verwundung und Tod riskiert und buchstäblich das Leben gegeben haben, um Krieg zu führen. Dann dämmerte es mir. Weshalb sollten wir davon ausgehen, daß der Friede billiger zu haben sei? Was würde passieren, wenn wir mit derselben Disziplin, Opfer- und Leidensbereitschaft, die so viele Menschen akzeptiert haben, um Krieg zu führen, »Frieden machen« würden? In dieser Nacht wurde mir klar, daß Friede nicht zustande kommt, weil er eine bessere Idee ist als Krieg – sondern nur, wenn ihn eine hinreichende Anzahl von Menschen mit derselben Verbindlichkeit und Entschlossenheit verfolgt.

Der Jesuitenpater und Friedensstifter Daniel Berrigan schreibt:

>»Weil wir Frieden mit halbem Herzen und mit halbem Leben und Willen wünschen, geht der Krieg selbstverständlich weiter, weil Kriegmachen dem Wesen nach total ist – während das Friedenmachen aufgrund unserer Feigheit nur partiell ist. Deswegen siegen der ganze Wille, das ganze Herz und das ganze Nationalleben, die zum Krieg neigen, über den (bloßen Wunsch nach) Frieden.«[21]

Krieg ist nicht bloß eine Handlungsweise; Krieg ist ein System. Dieses System wird von wirtschaftlichen und politischen Voraussetzungen und Strukturen gestützt, die uns in Richtung Konkurrenzkampf und Konflikte treiben. Letztere werden dann wiederum durch ausgewählte Methoden der Gewalt »gelöst«. Wir müssen anfangen, solche Voraussetzungen und Institutionen zu hinterfragen. Die gängigen Methoden zur Beilegung unserer Dauerkonflikte müssen durch Praktiken ersetzt werden, die effektiver für echte Sicherheit sorgen und die zugleich für uns und die Erde weniger gefährlich sind.

Die meisten religiösen Traditionen gehen davon aus, daß das Wesen des Menschen widersprüchlich ist, was sich in unserer Neigung zu Egoismus und großer Bosheit einerseits und in unserer Fähigkeit zu erstaunlich schöpferischer Güte andererseits ausdrückt. Jeder ernstzunehmende Ansatz der Friedensarbeit muß auf einer realistischen Einschätzung unserer menschlichen Bedingung beruhen und darf nicht auf der illusorischen Annahme basieren, die Menschen könnten vollkommen werden. Mit anderen Worten: Es ist unvermeidlich, daß zwischen Menschen Konflikte ausbrechen – in ihren Beziehungen und Familien, zwischen Gruppen und Nationen. Menschliche Konflikte werden nie ans Ende kommen; anzunehmen, es könne so sein, ist moralisch naiv und politisch unverantwortlich. Wir müssen allerdings die Art und Weise, wie wir mit zwischenmenschlichen Konflikten umgehen, neu untersuchen.

Menschliche Konflikte sind unvermeidlich; Krieg jedoch nicht. Krieg ist ein System zur Beilegung zwischenmenschlicher Konflikte. Angesichts der Raffinesse und Zerstörungskraft moderner Waffen-

---

21 Daniel Berrigan, in: Seeds of Peace. A Catalogue of Quotations. Philadelphia 1986, S. 219.

arsenale erweist sich dieses System immer mehr als untauglich. Seine Kosten und Konsequenzen sind schlichtweg zu hoch – für die vielen Opfer, angesichts der finanziellen Belastung, für den Planeten und angesichts der gefährlichen Eskalation der Gewalt, die durch die Schlagkraft moderner Waffentechnik möglich ist. Der höchstdekorierte Soldat des Vietnamkriegs, Marineoberst David Hackworth, sagt heute:

>»Kriegsmaschinen . . . haben inzwischen eine so schreckliche Vernichtungskraft; Kriegswaffen sind inzwischen so horrend und vernichtend, daß es keine Gewinner gibt. Und dann muß man sich bloß die Kosten einer einzigen *Cruise Missile* ansehen – und wir haben Hunderte davon im Golfkrieg benutzt – eine Million grüne Lappen! Die Kosten eines B-2-Bombers: eine Milliarde Dollar! Wir können uns die Kriegsspielzeuge nicht mehr leisten.«[22]

Moderne Kriegführung hat uns nicht mehr Sicherheit gebracht, sondern weniger.

Genauso wie einst viele Leute der Meinung waren, es sei ein naiver und nicht durchführbarer Gedanke, man könne ohne Sklaverei leben, können sich die meisten Menschen heute nicht vorstellen, wir könnten ohne Krieg leben. Die wesentliche Aufgabe des Friedenstiftens besteht darin, genau diese Vorstellung zu schaffen.

Wir müssen damit aufhören, im Zusammenhang mit Krieg in Kategorien von Sieg und Niederlage zu denken. Krieg ist immer ein Zeichen des Unvermögens der kriegführenden Parteien, ihre Konflikte friedfertiger, effektiver, weniger kostspielig und weniger gewaltsam beizulegen. Krieg sollte daher nie Anlaß zum Feiern, sondern immer Anlaß zu Trauer und Buße sein. Alle Kriege, die geführt wurden, um »sämtliche Kriege zu beenden«, haben zu neuen Kriegen geführt. Gandhi sagt: »Ich bin gegen Gewalt, weil das Gute, das sie zu vollbringen scheint, immer nur temporär ist; das Böse, das sie anrichtet, ist permanent.«[23] Das einzige, was sich am Krieg geändert hat, sind die Waffen, die noch mörderischer und destruktiver geworden sind.

Wir müssen anfangen zu glauben, daß es einen besseren Weg gibt. Erstens haben sich gewaltfreie Konfliktlösungen in einer Vielzahl von Situationen bewährt. Gandhi und King sind nur die bekannte-

---

22 Colonel David Hackworth, Gulf War, One Year Later. Diskussion im »National Public Radio«, 18. Jan. 1992, Nachschrift 1992.
23 Mohandas K. Gandhi, On the Verge of It. Young India 21, Mai 1925.

sten Praktiker gewaltfreier Bewegungen, die Freiheit und Gerechtigkeit durchgesetzt und andere beschützt haben, ohne auf Gewalt zurückzugreifen. Ebenso haben ganze Menschengruppen und sogar Nationen lange Zeiten in Sicherheit gelebt, ohne Krieg zu führen oder mit Mitteln des Krieges Schutz zu suchen.

In Wahrheit lösen die meisten Nationen ihre Konflikte in der Regel mit Mitteln der Diplomatie, durch Verhandlungen, durch die Verhängung verschiedenster wirtschaftlicher und politischer Sanktionen, durch gegenseitige Sicherheitsabkommen und mit Hilfe von Schlichtungsverfahren durch internationale Organisationen. Diese Methoden funktionieren fast immer. Friedenstiften ist eine Strategie, um die Bandbreite und Zahl von Konflikten zu erhöhen, die ohne Krieg gelöst werden können.

Krieg ist eine Entscheidung, friedliche Mittel zugunsten von gewaltsamen abzulehnen, um auf diese Weise den ersehnten Sieg zu erringen; es handelt sich dabei darum, daß die Konzepte von Sieg und Niederlage in eine Konfliktsituation hineingetragen werden. Friedenstiften hingegen ist ein Versuch, die Ursachen des Konflikts zu beseitigen und eine gerechte und ausgeglichene Lage wiederherzustellen – und auf diese Weise die Notwendigkeit von Sieg und Niederlage abzuwenden. 1992 wurde in El Salvador nach zehn Jahren des blutigen Bürgerkriegs ein Waffenstillstandsabkommen geschlossen. Dabei hatten sich die Umstände nicht geändert, die zum Konflikt geführt hatten. Aber geändert hatte sich die Einsicht beider Seiten: Sie wußten, daß Krieg niemals zu einem Sieg führen würde. Es wurde ein Friedensabkommen geschlossen, um die Probleme, um die es ging, durch einen neuen politischen Prozeß im Lande zu lösen. Der frühere US-Botschafter in El Salvador, Robert White, meinte, dasselbe Abkommen hätte während der vorhergehenden zehn Jahre jederzeit zustande kommen können.[24] Aber alle beteiligten Parteien (einschließlich der USA) waren nicht gewillt, die Aussicht auf den totalen Sieg aufzugeben. Inzwischen war der Verlust von schätzungsweise 75 000 Menschenleben zu beklagen. Während die Beschwerden beider Parteien in einem Konflikt womöglich nicht ganz gerechtfertigt sind, haben sie doch in der Regel einen echten oder zumindest als echt empfundenen Anhaltspunkt in der gemeinsamen Geschichte beider

---

24 Robert E. White, Paying the Price. An Interview. Sojourners Magazine. Jg. 19, Nr. 10 (Dez. 1990), S.19–21.

Parteien. Selbst wenn solche Klagen benutzt und manipuliert werden, um selbstbezogene Gewaltanwendung zu rechtfertigen (wie im Falle Saddam Husseins im Irak), muß man sich mit ihnen auseinandersetzen, um gewalttätiges Verhalten aufzudecken und beizulegen. Hier wird die Weisheit des Ausspruchs Jesu relevant: »Warum siehst du den Splitter im Auge deines Bruders, nimmst aber den Balken im eigenen Auge nicht wahr? Entferne zuerst den Balken aus dem eigenen Auge!« (Matthäus 7, 3.5 a). Eine gewisse Anerkennung der Klagen, die die Gegenseite vorträgt, und ein Eingeständnis des eigenen Anteils am Konflikt sind in der Regel notwendig, damit Beziehungsprobleme im persönlichen und familiären Bereich beigelegt werden können. Weshalb sollte es bei Konfrontationen zwischen Nationen anders sein?

Es gibt noch einen anderen sachdienlichen Ausspruch aus dem Evangelium: »Liebe deine Feinde, tu denen Gutes, die dich hassen, segne, die auf dich fluchen, und bete für die, die dich mißhandeln.« (Lukas 6, 27 b–28). Diese Aussage ist wahrscheinlich die am meisten bewunderte und am meisten mißachtete Lehre Jesu. Es handelt sich dabei keineswegs um einen naiven und nicht praktikablen Ratschlag, sondern um das Herzstück effektiver Friedensarbeit.

Hier wird keiner idealistischen Gefühlsduselei das Wort geredet, sondern praktische Weisheit artikuliert. Jesus sagt, wir sollten unsere Nächsten – einschließlich unserer FeindInnen – lieben wie uns selbst (Matthäus 22, 39 b). Mit anderen Worten: Die Sicherheit und das Wohlergehen unseres Feindes muß uns ebenso wichtig sein wie unsere eigene Befindlichkeit. Hier liegt der Schlüssel zum Friedenstiften. Solange wir Sicherheit und Frieden auf Kosten anderer suchen, kann das nur den Teufelskreis der Vergeltung schüren. Indem wir unsere Sicherheit auf Waffen gründen, die uns schützen sollen, heizen wir den Teufelskreis an und produzieren endloses Wettrüsten – wohl wissend, daß unser Gegner dasselbe tut. Das war der Wahnsinn des atomaren Rüstungswettlaufs und der Abschreckungspolitik der Supermächte, die auf massive Vergeltung setzte und ganz offiziell »gegenseitig gesicherte Zerstörung« (!) hieß.

Nur indem wir die Sicherheit unserer FeindInnen garantieren, können wir die eigene Sicherheit garantieren. Indem wir ihr Wohlergehen und ihren Frieden obenanstellen, ermöglichen wir das eigene Wohlergehen und den eigenen Frieden. Für das Wohlergehen der FeindInnen zu sorgen – unsere FeindInnen zu lieben – ist das einzige, was den Kreislauf der Gewalt sprengen und unser eigenes Wohlergehen schützen kann. Paradoxerweise hängt unsere Sicherheit letztlich weniger von überlegener Waffentechnik ab als davon, daß sich unsere potentiellen Gegner sicher fühlen.

Friedensarbeit kann Konflikte lösen. Sie kann hingegen keine Imperien errichten, keine politische Vorherrschaft stabilisieren, keine unfaire Kontrolle über Land und Rohstoffe durchsetzen, keine Vorteile vor anderen erzielen und keine ungerechten ökonomischen Systeme der Herstellung und Verteilung stützen. Dies alles erreicht man am besten durch Krieg. Dies alles macht Krieg sogar erforderlich; deshalb war der Krieg bei den Supermächten aller Zeiten so beliebt. Um den Krieg zu überwinden, müssen wir daher die ungerechten Systeme angreifen, die von militärischer Gewalt abhängen und unweigerlich Aggression auslösen. Friedenstiften ist weit mehr als Problemlösung; es ist das Engagement, jene Ungerechtigkeit zu überwinden, die Konflikte schafft.

Deswegen ist Friedenstiften alles andere als passiv. Es erfordert Handeln, Mut, Verbindlichkeit und Opfer. Es erfordert, das wir mit Energie und Kreativität durchhalten, bis wir unsere Konflikte lösen können. Es lädt uns ein, bei uns selbst und auch bei unseren FeindInnen nach den Ursachen unserer Konfrontationen zu suchen. Es bedeutet, das Wohlergehen unserer FeindInnen ebenso hoch zu achten wie unser eigenes Wohlergehen. Es erfordert, daß wir nach jener Gerechtigkeit trachten, die die Vorbedingung des Friedens ist. Nur solch ein Verständnis von Friedensarbeit könnte ein moralisches Gegengewicht zum Krieg darstellen und eine gewisse Hoffnung beinhalten, daß Krieg überwindbar ist.

Bei der Konfrontation mit solch nackter Aggression und unmenschlicher Brutalität, wie sie uns in Bosnien begegnet, muß beispielsweise jeder gewaltfreie Lösungsversuch eine echte moralische Gegenmacht zum Krieg bilden, was größten Mut und ebensolche Risiko- und Opferbereitschaft erfordert. Die meisten PazifistInnen sind dazu nicht bereit; PazifistInnen sind noch immer vorwiegend dafür bekannt, was sie *nicht* tun wollen – und weniger für das, was sie für Gerechtigkeit, Freiheit und Frieden einzusetzen bereit sind.

Vielleicht ist es an der Zeit, sich damit zu befassen, wie jene gewaltfreie Armee aussehen könnte, von der Gandhi einst geträumt hat. Um eine strategische Veränderung zu bewirken, könnten ausgebildete und disziplinierte, aber unbewaffnete Menschen in ausreichender

Zahl in vielen nationalen und internationalen Konfliktsituationen stationiert werden – aber nur wenn sie bereit sind, Opfer zu bringen und Verluste zu erleiden, wie Soldaten es tun. Es handelt sich um eine riesige Herausforderung; aber nur eine solch kraftvolle Alternative kann uns hoffen lassen, das System des Krieges zu ersetzen. In einer Welt von gefährlich eskalierender Gewalt ist Friedenstiften ein Zeichen der Transformation.

GERECHTIGKEIT
Der Hunger, der heilt

Es war an einem Sonntagabend. Die »Sojourners«-Gemeinschaft war zum Wochengottesdienst zusammengekommen. Unser Prediger war Nathan Jernigan, ein junger Afroamerikaner, der einer der Leiter des »Sojourners«-Nachbarschaftszentrums ist. Sein Predigttext stammte aus den Seligpreisungen der Bergpredigt: »Selig sind die, die hungern und dürsten nach Gerechtigkeit, denn sie sollen satt werden« (Matthäus 5, 6). Wir befanden uns in einer Predigtserie über diese Grundaussagen Jesu. Jede Woche hatten wir uns eines dieser Worte vorgenommen und jemanden gebeten, der oder die ein spezielles Interesse an dieser Seligpreisung oder eine besondere Erfahrung mit ihr hatte, uns dabei zu helfen, den Sinn dieses Wortes für uns heute zu verstehen. Als ich Nathan fragte, welche der Seligpreisungen ihn besonders anzöge, nannte er sofort diese eine.

Im Laufe der Jahre hatte unsere Gemeinschaft viele Predigten zum Thema Gerechtigkeit gehört, aber ich spürte dennoch einen neuen Hunger in mir, als Nathan anfing. Als ich diesem jungen Mann bei der Predigt zuhörte, merkte ich, daß er beim Reden seine Zuhörerschaft immer hungriger und durstiger machte. Weshalb? Weil er selbst so leidenschaftlich, so hungrig und so durstig war. Die prophetische Tradition insistiert darauf, daß Religion, die sich nicht im Wirken für die Gerechtigkeit ausdrückt, falsche Religion ist. Die hebräischen Propheten verkündeten kühn, daß Gott jenen Gottesdienst und jene Gebete ablehnt, die soziale Ungerechtigkeit übergehen. Jesus fragte: »Weshalb nennt ihr mich, Herr, Herr, und tut nicht, was ich sage?« (Lukas 6, 46), und der Jakobusbrief behauptet: »Glaube allein, der keine Werke hervorbringt, ist tot« (Jakobus 2, 17).

Nathan Jernigan leitet das Kinderprogramm im Nachbarschaftszentrum. Was dieser junge Theologiestudent jeden Tag in unserem Stadtteil und im Zentrum sieht, läßt ihn nach Gerechtigkeit hungern und dürsten. Daraus ergibt sich der heilige Drang zu handeln. Dieses Handeln wurzelt im Hunger nach Gerechtigkeit.

Der Versuch, dort ein Nachhilfezentrum für Kinder zu beaufsichtigen, wo die Mehrheit der Jugendlichen nie den Schulabschluß schafft, läßt den jungen Mann nach Veränderung hungern. Mit Hilfe dieses Programms gelingt es immer wieder, die Situation der Kinder aus dem Viertel zu verändern, und es hat (bisher) jeden und jede einzelne von ihnen befähigt, den Übergang zur nächsten Klasse zu schaffen. Wenn man dann aber Mühe hat, genug Geld aufzutreiben, um weiterzumachen, dann dürstet Nathan danach, daß endlich jene Mittel fließen, die mehr Gerechtigkeit möglich machen.

Wenn Nathan, Elaine McLean und andere Angestellte des Zentrums zusammen mit Freiwilligen in einem Stadtteil mit höherer Kindersterblichkeit als in Jamaika auf die Mütter zugehen, dann hungern sie danach, gesunde Babys zu sehen. Wenn sie ein Sommerprogramm zum Thema Konfliktbewältigung für sechzig Kinder veranstalten, die allesamt Brüder, Schwestern und andere Verwandte oder FreundInnen durch Straßengewalt verloren haben, dürsten sie nach einem Ende des sinnlosen Blutvergießens. Nathan hungert nach Worten, die die Kids überzeugen, sich aus Drogen und aus dem lukrativen und mörderischen Drogengeschäft herauszuhalten, auch wenn die Arbeitslosenrate unter Jugendlichen über sechzig Prozent liegt und die allgegenwärtige Botschaft der Gesellschaft lautet, materieller Besitz sei der Maßstab des Lebens. Wenn er den buchstäblichen Hunger von Hunderten von Familien miterlebt, die in unserem Zentrum nach Lebensmitteln Schlange stehen, hungert Nathan nach ökonomischer und sozialer Gerechtigkeit. Wenn er sieht, wie seine jungen schwarzen Brüder im Gefängnis oder auf der Straße verkommen und wie seine Altersgenossen zu einer gefährdeten Menschenart werden, verursacht sein Hunger Herzschmerzen.

Vielleicht deshalb sprach die besagte Seligpreisung Nathan an. Er ist hungrig und durstig und sehnt sich danach, satt zu werden. Wir auch? Ich frage nicht, ob wir *für* Gerechtigkeit sind. Wir wissen, daß wir dafür sind. Aber *hungern* und *dürsten* wir danach? Oder werden wir ständig von anderen Sorgen und Beschäftigungen abgelenkt? Der Schritt von sozialer »Betroffenheit« hin zum Hunger nach Gerechtigkeit ist spirituell und politisch bedeutsam. Unsere Betroffenheit angesichts der Armen bewirkt wenig, um den enormen Abstand zwischen uns zu verringern. Sie erzeugt vielmehr eine Dynamik der Gönnerhaftigkeit: gutmeinende Menschen, die etwas »für andere« tun – ein Muster, das sich für alle Beteiligten destruktiv auswirken kann. Wenn man wirklich nach Gerechtigkeit *hungert*, wird es leichter möglich, sich wirklich mit den Armen und Unterdrückten und ihrem Ringen zu vereinen. Unser eigener Hunger – und nicht das Problem von irgend jemand sonst – ist es, der uns schließlich zum Handeln treibt. Gemeinsam ersehnen wir den Tag, an dem wir alle satt werden. Wenn hungernde Menschen lernen, das Brot der Hoffnung miteinander zu teilen, entsteht eine neue Art der Gemeinschaft – und man kann bereits jetzt die ersten Früchte der Gerechtigkeit genießen.

An jenem Tag, an dem eine hinreichende Anzahl von Angehörigen der Mittelschicht den Schritt von sozialer Betroffenheit zum Hunger nach dem, was recht ist, getan hat, wird Gerechtigkeit greifbarer sein. Solange die Armen isoliert am Rande stehen, während fürsorgliche Menschen vor lauter Betroffenheit und Schuldgefühlen gelähmt sind, ist echtes Handeln nicht möglich. Echter Hunger und Durst nach Gerechtigkeit, von dem die Seligpreisung redet, können uns vereinen und die politische Landschaft verwandeln. In diesem Prozeß könnten wir alle zu jener Heilung und Ganzheit finden, die wir verloren haben. Sie setzt zwischenmenschliche Kooperation und jene Abhängigkeit von Gott voraus, die unser Herz befreien könnte. Vielleicht ist es ja das, was Jesus gemeint hat. Gerechtigkeit ist ein Zeichen der Transformation.

KONTEMPLATION
Die Reise nach innen

Während des Golfkrieges fastete ich in der Passionszeit von Aschermittwoch an bis zum Morgen des Ostersonntags. Das war für mich das innere Schlachtfeld des Krieges. Ich ließ mich auf das Fasten ein, nachdem ich alles getan hatte, was in meiner Macht stand, um den Ausbruch des Krieges zu verhindern. Mutige Stimmen für den Frieden hatten alles Erdenkliche unternommen, aber ihre Bemühungen reichten nicht aus. Wir mußten mit ansehen, wie das Kriegsfieber vom Land Besitz ergriff, und wir konnten nichts tun oder sagen; es gab kein Opfer, das wir hätten bringen, keine Strategie, die wir hätten entwickeln können, um den Krieg aufzuhalten. Ich wußte, daß dies die Nation und die Friedensbewegung in eine spirituelle Krise stürzen konnte. Ich hatte nie zuvor über lange Zeiträume hinweg gefastet, nie mehr als ein paar Tage. Aber irgend etwas zwang mich, diesmal tiefer zu gehen als je zuvor, um durch Fasten und Beten zu jenen Orten in meinem Inneren vorzustoßen, die die Kriegsmaschinerie mitölten. Kontemplation ist für AktivistInnen vielleicht das schwierigste überhaupt; aber es ist womöglich auch das wichtigste. Aktion ohne Reflexion wird allzuschnell starr und sogar bitter. Ohne den Raum der Selbstprüfung und ohne die Fähigkeit zu innerer Verjüngung lauert die Gefahr der Erschöpfung und Verzweiflung. Kontemplation setzt sogar noch tiefer an. Sie konfrontiert uns mit der Frage nach unserer Identität und Macht. Wer sind wir? Zu wem gehören wir? Gibt es eine Macht, die größer ist als die unsrige? Wie können wir sie erkennen? Kontemplation kann Angst machen.

47 Tage ausschließlich mit Wasser und Saft bewirkten in mir viele Veränderungen. Als die Bodenoffensive anfing und dann so schnell vorbei war und als darauf die Euphorie folgte, wurde ich Zeuge davon, wie alles, was ich lange und aus tiefstem Herzen bekämpft hatte, öffentlich gerechtfertigt wurde. Aber ich erlebte dabei einen unerklärlichen und seltsamen Frieden des Geistes. Viele FreundInnen um mich herum befanden sich am Rand der Verzweiflung, wofür auch ich normalerweise anfällig bin. Aber diesmal erlebte ich eine ruhige Zentriertheit; und im Laufe der Wochen begann ich zu verstehen, weshalb. Allmählich wurde mir klar, daß das Fasten begonnen hatte, in mir und mitten in meiner Machtlosigkeit eine bestimmte Gelassenheit, einen neuen Glauben und sogar das Vertrauen auf eine größere Macht als mich selbst zu erzeugen. Das ist gewiß nicht typisch für mich; ich organisiere und rede und mache – und verzweifle mitunter daran, wie wenig Veränderung das alles bewirkt.

Die Frage war, worauf sich meine Hoffnung richtet. Hoffe ich auf die Kraft der Welt, sich selbst zu retten, zu erneuern oder gar zu transformieren? Hoffe ich auf unsere Macht, die Welt zu beeinflussen und zu verändern? Oder hoffe ich darauf, daß die Kraft des Geistes Heilung und Gerechtigkeit in unser Leben und auf diese Erde bringt? Wenn wir nur auf die Ergebnisse unserer Arbeit und unserer

Strategien hoffen, hoffen wir auf uns selbst – und damit letztlich auf die Kraft dieser Welt. Wie aber gelangen wir zu der Hoffnung auf jene Kraft, die uns übersteigt und die uns bevollmächtigt, mehr zu sein und zu tun, als wir es selbst je vermögen? Das ist die Frage nach der Kontemplation.

Ich rufe mir oft ins Gedächtnis, was meine FreundInnen aus den Straßenbanden »spirituelle *Power*« nennen. Diese jungen Leute haben gelernt, daß sie das eigene Leben und die Gemeinschaft um sich herum nicht einfach umdrehen können. Inzwischen lernen auch sie, inmitten harter Auseinandersetzungen und Diskussionen innezuhalten und zu schweigen, zu singen, ruhig zu sein und zu beten. In meiner eigenen Tradition nennt man das »Vertrauen auf die Macht Gottes«. Ob sich jemand als religiös bezeichnet oder nicht: Die Zeit und der Raum, in denen wir jene echte spirituelle Kraft reflektieren, die größer ist als wir selbst – oder die in uns ist oder beides – ist ganz entscheidend. Es geht darum, die eigene Mitte zu finden und unsere Ausrichtung wiederzuerlangen. Angesichts der manchmal überwältigenden Hindernisse auf dem Weg zu jener Gesellschaftsveränderung, die wir anstreben, ist solch spirituelle Disziplin absolut notwendig.

Walter Brueggemann sagt über die Zeit des Propheten Jesaja und über unsere Zeit: »Die Schlüsselfrage ist, ob die Möglichkeiten und Verheißungen Gottes angesichts der festgeklopften geopolitischen Realitäten eine Chance haben.«[25] Das Buch Jesaja drückt das tiefe Vertrauen aus, daß sich Gottes Verheißungen bewähren werden – in, mit, unter und gegen alle geopolitischen Realitäten. Ich glaube, allein solch eine Überzeugung kann die lange Reise in Richtung Gerechtigkeit und Frieden mit Energie und Durchhaltekraft versorgen. Denn ohne solche Leidenschaft und ohne solches Vertrauen werden wir uns früher oder später der Realpolitik unterwerfen – oder der Verzweiflung. Kontemplation hilft uns, zu diesem inneren Wissen zu gelangen, diese Wahrheit zu erkennen und dieses Vertrauen zu schöpfen. Gesonderte Zeit zum Schweigen und Zeit für die verschiedensten Formen von Gebet und Meditation, die uns etwas bedeuten, tragen dazu bei, unsere politische Hoffnung mehr in spirituellen als in sozioökonomischen Realitäten zu verankern.

---

25 Walter Brueggemann, Powered By the Spirit. Sojourners Magazine. Jg. 20, Nr. 4 (Mai 1991), S. 11.

Die MystikerInnen haben immer wieder betont, Kontemplation bedeute, sich der Gegenwart Gottes auszusetzen und in ihr zu verweilen. Stille Präsenz, sagen sie, bringe eine erhöhte Wahrnehmung der Liebe und Gnade und eine erneute Sicht der Ziele und Verheißungen Gottes für die Welt in unseren Alltag. Die Geschichte hat erwiesen, daß diejenigen, die an die Verheißungen Gottes glauben, von jeher die gefährlichste Bedrohung für ungerechte Gesellschaftsordnungen dargestellt haben.

Seit mehr als einem Jahrzehnt führt die »Sojourners«-Gemeinschaft einmal im Jahr gemeinsame Einkehrtage durch. Dieses Ereignis wird immer sehnsüchtig erwartet. Insbesondere die Kinder freuen sich, und es gibt keine andere Gelegenheit im Laufe des Jahres, bei der wir so viel ungestörte Freizeit haben, die wir einfach miteinander verbringen können.

Mehrmals übernahm Gordon Cosby die Leitung dieser Tage. Er ist Pastor der »Church of the Saviour« (Heilandskirche), einer kommunitären Gemeinschaft in Washington, D.C., und eine Art geistlicher Begleiter unserer Kommunität. Das spirituelle Markenzeichen seiner Kirche ist die Verbindung der »Reise nach innen« mit der »Reise nach außen«.

Weise und barmherzig hat uns Gordon geholfen, unser Schiff durch die vielfältigen Schwierigkeiten und Verführungen des Gemeinschaftslebens zu navigieren. Und er hat uns in die Stille geführt, in der jede und jeder von uns jenen leisen Punkt aufsuchen kann, an dem Gott durchzubrechen vermag. Für die meisten von uns ist das Schweigen genauso ungewohnt wie die stille, aber faszinierende Schönheit der Felder und Hügel von Maryland, in die wir uns zurückziehen. Der Verzicht auf die Schönheit der Natur, auf weiten Raum, auf Stille und Alleinsein – Konsequenz unserer Berufung in die Innenstadt – fordert einen höheren Tribut von uns, als wir merken. Lange Zeiten, in denen wir schweigend durch die liebliche Landschaft wandern, sind ebenso erfrischend wie die kühle Herbstluft.

Wir kommen seit Jahren an diesen besonderen Ort. Es handelt sich um eine frühere Plantage, die erst in eine Schule und schließlich in ein Einkehrhaus der Episkopalkirche umgewandelt worden ist. Wenn ich morgens in der Frühe über die Felder hinaus zur alten Scheune gehe, bewege ich mich auf einen Ort zu, der mir vertraut ist.

Es handelt sich um einen Sklavenfriedhof aus den alten Tagen der Plantage. Hier gibt es weder Hinweisschilder noch Gedenktafeln noch Grabsteine. Dies war eine gemeinsame Begräbnisstätte, umschlossen von einer hüfthohen Steinmauer, die jetzt an vielen Stellen zusammenfällt. Eine Baumallee umgibt die heilige Ruhestätte. Innerhalb der rechteckigen Mauern gibt es eine alte Bank, und hier finde ich gewöhnlich Ruhe. Oft sitze ich einfach eine Weile bei diesen Gotteskindern, die so viel Leid und Schmerz kannten und doch ihrem Schöpfer so viel näher standen, als die meisten von uns es je sein werden. Sie warteten ein Leben lang auf Befreiung, und sie kam nicht. Aber in ihrem Harren und Hoffen entdeckten sie eine Präsenz und Kraft, die ihre Unterdrücker nie verstanden. Wie ist zu erklären, daß aus jener Erfahrung von Gewalt und Leiden die stärkste Spiritualität erwachsen ist, die dieses Land je hervorgebracht hat? Die Spirituals, Predigten, Gospelsongs, Gebete und sozialen Veränderungen, die Ausfluß dieses mächtigen Stroms menschlichen Leidens waren, haben die erlösende Wahrheit des Evangeliums klarer bezeugt als fast 500 Jahre weißen Christentums in Nordamerika. Ich habe es nötig, hier bei den SklavInnen auszuruhen – auf sie zu lauschen, zu ihnen zu reden, mit ihnen zu beten. Ihr Glaube ist der einzige Glaube, der die Tiefen meines Herzens und meiner Seele zu berühren vermag. Nichts sonst reicht weit genug hinab.

Die SklavInnen wußten, was Machtlosigkeit ist. Aber gerade dadurch fanden sie jene Kraft, die größer ist als sie selbst. Für mich ist dies das tiefste Ringen. Es ist für mich viel einfacher, Leiden auf mich zu nehmen, als Machtlosigkeit zu akzeptieren – das große Ärgernis des Glaubens! Man nennt es das österliche Geheimnis des christlichen Glaubens: Tod führt zum Leben, Sterben zur Auferstehung. Die vollständige Hingabe setzt die Kraft frei. Nie sind es Leistung oder Erfolg – und das gilt ganz gewiß für Jesus –, sondern die Selbsthingabe im Glauben, die zum Leben führt. In dieser Machtlosigkeit ist die wirkliche geistliche Kraft verborgen.

Kontemplation ruft uns zu solch einer fundamentalen Veränderung. Nichts Geringeres als eine Verschiebung unseres gesamten *modus operandi* ist angesagt. Unsere Fundamente werden entwurzelt, damit wir in tieferen Grund und Boden eingepflanzt werden können.

Durch die Kontemplation begreifen wir, daß sich unsere eigene Kraft als unzulänglich erweist, und wir lernen, einer Kraft zu vertrauen, die über uns hinausgeht. Unsere natürlichen Talente werden erschüttert, damit wir unsere geistlichen Gaben annehmen. Allmählich bewegen wir uns vom Ehrgeiz zur Hingabe, vom Streben nach Erfüllung zur Entäußerung, vom Bedürfnis, der Mittelpunkt zu sein, zur Bereitschaft, ein Kanal zu werden. Erst dann werden wir endlich zur Ruhe kommen und mehr aus Dankbarkeit handeln als aus Pflichtgefühl, aus Gnade und nicht aus dem Gesetz, aus Hoffnung anstatt aufgrund bestimmter Erwartungen.

Aber Kontemplation ist mehr als Entspannung. Kontemplation heißt Loslassen.[26] Unser Getriebenwerden muß innerem Frieden Platz machen, unsere Ängstlichkeit muß der Freude weichen. Wir, die wir so sehr auf *Ergebnisse* gepolt sind, müssen lernen, uns mit *treuer Hingabe* zufriedenzugeben. So wird aus Strategie Vertrauen, aus Erfolg Gehorsam, aus Planung Gebet. Der Gehalt unseres Lebens bemißt sich eher nach unserer Treue und Aufrichtigkeit als nach dem, was wir letztendlich erreichen. Die Konsequenz unseres früheren Pfades ist Zerstreuung; aber am Ende unseres neuen Kurses steht eine Neu-Schöpfung.

Die SklavInnen haben uns die Frucht erlösenden Leidens und die elementare Macht der Machtlosigkeit hinterlassen. Ihr Erbe hat jede andere Erinnerung und Leistung überdauert. Durch ihren Glauben könnte auch der unsere gerettet werden. An einem stillen Herbsttag kann man ihre Stimmen auf den Feldern Marylands noch immer hören und ihren Mut spüren. Ihre Weisheit lehrt uns bis heute; und ihr Leben heilt das unsrige bis jetzt. Kontemplation ist ein Zeichen der Transformation.

MUT
Den ersten Schritt machen

In den Kapiteln drei und vier des 2. Mosebuches (Exodus) in den hebräischen Schriften findet sich die wundervolle Geschichte, wie Mose seine Berufung empfängt. Es handelt sich um einen außergewöhnlichen Dialog. Eigentlich ist es ein Streitgespräch zwischen Gott und Mose.

---

26 Vgl. Richard Rohr, Von der Freiheit loszulassen – Letting Go. München 1990, besonders S. 73 ff: »Kontemplation – die spirituelle Herausforderung«. Ferner: Franz Jalics, Kontemplative Exerzitien. Würzburg 1994, insbesonere S. 134 ff: »Kontemplation und Leer-Werden«.

Die Geschichte beginnt damit, daß Gott Mose verkündet: »Der Schrei der Israeliten hat mich erreicht; ich habe auch gesehen, wie die Ägypter sie unterdrücken. So komm! Ich werde dich zu Pharao senden, damit du mein Volk, die Israeliten, aus Ägypten wegbringst.« Aber Mose sagt: »Wer bin ich, daß ich zu Pharao gehen sollte?« Im Augenblick seiner großen Berufung reagiert Mose mit: »Wer? Ich? Nicht ich, Herr! Da muß ein Fehler vorliegen. Du mußt jemand anders meinen. Ich kann das nicht machen. Ich bin nicht bereit.« Das ist der Kern des Protests des Mose und der Anfang seines späteren Zauderns.

Gott sagt zu Mose: »Ich werde mit dir sein.« Doch Mose argumentiert weiter: »Aber sie werden mir nicht glauben. Sie werden mir nicht glauben, daß du mich geschickt hast. Ich werde nicht wissen, was ich sagen soll.« So erklärt Gott dem Mose, was er sagen soll. Dann zeigt Gott ihm große Zeichen und verspricht ihm, dieselben Wunder vor Pharao zu wiederholen, wenn es nötig sein sollte. Und es handelt sich um wirklich eindrucksvolle Zeichen! Gott verspricht Mose, die »Ägypter zu schlagen«, wenn sie die Forderung des Mose, die Sklaven freizulassen, zurückweisen.

Mose ist noch immer nicht überzeugt: »Oh, mein Herr, ich bin noch nie beredt gewesen . . . Das Sprechen fällt mir schwer; ich habe eine langsame Zunge.« Er behauptet also, kein guter Redner zu sein. Ich habe schon immer den Verdacht gehabt, Mose sei Stotterer gewesen und deswegen habe ihn solch eine Verpflichtung zu öffentlicher Rede nervös gemacht (ein Problem, das mir persönlich vertraut ist). Gott wird ärgerlich und fragt: »Wer hat den Mund des Menschen gemacht . . . nicht etwa ich? Ich werde dein Mund sein und dich lehren, was du reden sollst.« Aber obwohl Gott versprochen hat, mit ihm zu sein und ihm zu zeigen, was er zu sagen hat, erwidert Mose am Ende: »Oh, mein Herr, bitte sende doch jemand anders!«

Der Text fährt fort: »Da entbrannte der Herr im Zorn gegen Mose.« Inzwischen ist Gott reichlich frustriert. Schließlich sagt Gott dem Mose, daß sein Bruder Aaron als Helfer mitgeschickt werden würde (»Ich werde mit deinem und mit seinem Mund sein!«). Gott läßt keinen Zweifel darüber, daß Mose nach Ägypten gehen soll. Das ist kein sonderlich verheißungsvoller Anfang für das, was man mit Fug und Recht als die größte historische Befreiungsgeschichte bezeichnen könnte.

Obwohl Mose nie ganz damit einverstanden war, ging er, obschon zaudernd. Er ging zu Pharao und richtete des Wort Gottes aus: »Laß mein Volk frei!« Wir kennen den Rest des Geschehens, mit dem sich seither unterdrückte Völker in der gesamten Geschichte immer wieder identifiziert haben. Generationen von Menschen haben aufgrund des Exodus der HebräerInnen aus der Gefangenschaft Mut gefaßt, Stärkung erfahren und Hoffnung auf die eigene Befreiung geschöpft. Der Schrei des Mose:»Laß mein Volk los!« wurde in allen Zeitaltern zum Schlachtruf der Gebundenen (Exodus/2. Mose 3 und 4). Aber es handelt sich auch um die Geschichte des Mose. Und es ist unsere eigene Geschichte. Es ist die Geschichte all derer, die sich nicht fähig fühlen, das zu tun, wozu sie berufen sind, die angesichts der Aufgabe, die vor ihnen liegt, zaudern – die Geschichte all derer, die Angst davor haben, das zu tun, was sie als richtig erkannt haben. Die Ausreden des Mose gleichen den unseren. Mose fühlte sich nicht fähig. Mose fühlte sich nicht wie »Mose, der große Befreier«. Und es ist sicher, daß sich Mose nicht wie Charlton Heston fühlte, der diese Rolle in dem Breitwand-Bibelschinken »Die zehn Gebote« spielte. Heston erscheint allzeit bereit.

Im Dezember 1955 weigerte sich eine schwarze Näherin namens Rosa Park in einem Bus in Montgomery, Alabama, ihren Sitzplatz für einen weißen Mann freizumachen. Sie löste einen Busboykott aus, der zu einer Gesellschaftsrevolution führte. Aber sie fühlte sich nicht fähig dazu. Ein 26 Jahre junger Geistlicher names Martin Luther King wurde zum Führer des Boykotts – teilweise deshalb, weil er der jüngste Pfarrer der Stadt war und sich noch nicht viele FeindInnen gemacht hatte. Er führte eine Bewegung an, die die Nation und die Welt erschütterte; aber auch er fühlte sich nicht fähig. Er saß mitten in der Nacht an seinem Küchentisch und schrie zu Gott, weil er Angst vor den Todesdrohungen gegen seine Familie hatte.

Junge College-StudentInnen nahmen an Restauranttheken in Nord-Carolina Platz, Mütter ließen sich in Mississippi in Wählerverzeichnisse eintragen, und kleine Kinder marschierten, um in Birmingham die Gezeitenwende herbeizuführen. Keine und keiner von ihnen fühlte sich wirklich fähig, und sie alle hatten Angst. Inspiriert von ihrem Vorbild marschierte Desmond Tutu viele Jahre später mit anderen Kirchenführern in Kapstadt zur Zitadelle der Macht des weißen Südafrikas und kniete nieder, um für die Freiheit zu beten. Er wurde vor den Augen der Welt verhaftet. Später erzählte er mir:»Wenn du ganz nah gewesen wärst, hättest du hören können, wie meine Knie klapperten. Und ich hatte Schmetterlinge im Bauch.« Sie alle fürchteten sich ebenso wie all die anderen, die für Gerechtigkeit aufgestanden sind, Zeugnis für den Frieden abgelegt oder ihr Leben für die Freiheit gegeben haben. Aber jede und jeder von ihnen hatte jenen Ruf vernommen, eine Stimme, die sagte:»Es gibt eine Aufgabe für dich.« Die Pharaos unserer Tage seien gewarnt: Auch heute werden neue Berufungen vernommen, und es handelt sich dabei um Berufungen zu einer neuen Vision für diese Welt. Neue Visionen werden möglich, wenn Menschen in jeder Lage auf ihre Berufung antworten.

Die meisten von uns wissen vermutlich bereits, was wir tun müßten; aber wir fühlen uns unzulänglich und überwältigt von der eigenen Schwachheit und Furcht. Wir fühlen uns letztlich nicht fähig. Das ist in Ordnung. Wir müssen uns nicht fähig fühlen. Gott ruft immer wieder neu, schreit zu denen, die wissen, daß sie seine Kinder sind, und sagt:»Ich habe eine Aufgabe für dich.« Und das einzige, was von uns je verlangt wird, ist, den ersten Schritt zu tun.

Ein Song, den viele von denen, die sich nicht fähig fühlten, oft gesungen haben, ist die große Freiheitshymne»We Shall Overcome«. Ursprünglich handelt es sich um ein altes Kirchenlied, das später zu einem Arbeitersong und schließlich zum Thema der amerikanischen Bürgerrechtsbewegung wurde. Jetzt singt man den Song in aller Welt. Der Text jener Version, die wir heute singen, entstand im berühmten»Highlander Center« in den Hügeln von Tennessee, wo viele ArbeiterführerInnen und BürgerrechtsaktivistInnen ihre Ausbildung absolviert haben.

Eine Geschichte über diesen Text sagt, ein schwarzer Jugendchor sei übers Wochenende im»Highlander Center« zu Gast gewesen. Sie hätten gerade in der Kapelle den Tagesabschluß begangen und dabei viel gesungen. Plötzlich sei die Kapelle von Mitgliedern des»Weißen Bürgerrats« umzingelt worden, die Fackeln trugen und mit Flinten herumfuchtelten. Sie forderten die Jugendlichen auf, herauszukommen, aber die jungen Leute bewegten sich nicht. Die Eindringlinge wurden lauter und fordernder. Jemand machte das Licht aus und tauchte damit den Raum in Finsternis, während Spannung und drohende Gewalt die Nachtluft erfüllten.

Dann begann eine leise Stimme aus einer Ecke der Kapelle zu singen. Die Melodie war vertraut, aber die Worte waren neu. Die

Worte, die gesungen wurden, lauteten:»We are not afraid, we are not afraid, we are not afraid today. Oh deep in my heart, I do believe that we shall overcome someday.«[27] Bald wurden aus der einen Stimme viele, die alle immer wieder»We are not afraid«sangen. Die wütenden Stimmen der selbsternannten weißen Volkswarte wurden übertönt; sie verließen frustriert und geschlagen den Schauplatz. Ein altes Lied hatte soeben einen neuen Vers bekommen. Wir singen, weil wir uns fürchten, und unser Gesang macht uns stark. Von uns wird nicht verlangt, uns nie zu fürchten, aber wir sind eingeladen, weiterzusingen. Mut ist ein Zeichen der Transformation.

VERANTWORTUNG
Wie Veränderung anfängt

Ich lernte den jungen Alan Storey in Australien kennen. Ihm, einem weißen Südafrikaner, stand die Einberufung zum Armeedienst bevor. Alle weißen Männer in Südafrika wurden eingezogen, um in schwarzen *Townships* ihre Dienstzeit abzuleisten und die Gewaltherrschaft des Minderheitenregimes über die Bevölkerungsmehrheit durchzusetzen. Die südafrikanische Armee sorgte für die Durchführung des brutalen Apartheidsystems und war gleichzeitig ein unersetzbares Werkzeug zur Sozialisierung der jungen weißen Männer des Landes. Alan und seine Familie waren Gegner der Apartheid, und er wollte deshalb nicht zur Armee. Weil er wußte, daß er demnächst einberufen werden würde, verließ Alan Südafrika, um für eine Weile umherzureisen und seine Möglichkeiten auszuloten. Das Strafmaß für Militärdienstverweigerung betrug in Südafrika sechs Jahre Gefängnis. Als wir uns kennenlernten, steckte Alan voller Fragen: War bürgerlicher Ungehorsam die moralisch angemessene Antwort? Was sagt der christliche Glaube darüber? Was ist Gewaltlosigkeit? Wie käme er mit den persönlichen Konsequenzen zurecht? Wie können wir das System verändern? Was sollte er lesen? Wir redeten viele Stunden miteinander, und ich schlug ihm dieses und jenes zur weiteren Lektüre und Reflexion vor.

---

27 »Wir fürchten uns heute nicht . . . Tief im Herzen glaube ich, daß wir eines Tages überwinden werden.«

Ein Jahr später kehrte ich nach Australien zurück, um an einer landesweiten Jugendkonferenz teilzunehmen. Alan war der erste, der mich begrüßte. Er hatte alles gelesen und war bereit, die Einberufung zu verweigern. Aber nach der ersten Abendveranstaltung bekam es der junge Mann angesichts seiner folgenschweren Entscheidung mit der Angst zu tun. Sechs Jahre in einem südafrikanischen Gefängnis sind eine lange Zeit. Und nach seiner Entlassung würde er womöglich abermals einberufen werden. Im Laufe der Woche hatten wir noch viele weitere Gespräche. Manchmal reichten Worte nicht aus, und ich nahm den jungen Mann, der trotz seines geringen Alters bereits mit den Forderungen des Gewissens rang, mit seinen Tränen und Ängsten einfach in die Arme. Am letzten Abend lud ich die jungen Männer und Frauen ein, sich öffentlich auf den Weg des Evangeliums zu verpflichten, den wir im Lauf der Woche anvisiert hatten. Alan Storey war der erste, der auf einem der Zwischengänge des Stadions nach unten kam, um vorne auf der Bühne zu stehen. Ruhig und fest entschlossen erklärte er, er wolle nach Südafrika zurückkehren und seiner Regierung mitteilen, daß er den Militärdienst nicht ableisten wolle.

Alan fuhr nach Hause. Seine Entschlossenheit wuchs von Tag zu Tag, und als seine Zeit kam, gab er seine Entscheidung bekannt. Dieser Akt des moralischen Gehorsams (und bürgerlichen Ungehorsams) erregte im ganzen Land Aufsehen und verband Alan mit vielen anderen schwarzen und weißen Jugendlichen, die entschlossen waren, das eigene Leben für eine neue Zukunft Südafrikas in die Waagschale zu werfen. Angesichts wachsender Forderungen nach politischer Veränderung beschloß die Regierung schließlich, weder Alan noch andere junge Männer, die den Militärdienst verweigerten, strafrechtlich zu verfolgen. Alan war bereit gewesen, ins Gefängnis zu gehen; jetzt konnte er seiner eigentlichen Berufung folgen und Pastor bei den Methodisten werden. Das ist ein guter Anfang für einen Dienst in der Kirche. Der Entscheidungszwang hatte ihn gequält, aber er hatte auch zu einem persönlich verantworteten Handeln geführt, das schließlich sogar die Politik beeinflußte.

Der Raum war in gedämpftes Licht gehüllt, und im Hintergrund wurden leise Spirituals gespielt. Mehr als hundert Leute kamen, um noch einmal den Mann zu sehen, den so viele einen guten Freund genannt hatten. Sie wollten ihm ein letztes Mal Lebewohl sagen. Es war

die erste Totenwache, die wir je im »Sojourners«-Nachbarschafts-
zentrum hielten. Am nächsten Morgen wurde hier auch die Begräb-
nisfeier abgehalten. Es war der angemessene Ort – der Ort, an den
James Starks seit vielen Jahren fast täglich gekommen war. Hier
war er Teil einer Großfamilie geworden und hatte ein Zuhause gefunden.

Vor ungefähr zehn Jahren saß James eines Sonntagmorgens auf
der kleinen Veranda vor unserem Versammlungsgebäude; jemand
lud ihn ein, mit den »Sojourners« Gottesdienst zu feiern. Einige Wochen später, nachdem er immer wieder eingeladen worden war, kam
er tatsächlich – und blieb. Schon bald arbeitete James bei der Lebensmittelverteilung mit und wurde einer unserer unermüdlichsten MitarbeiterInnen.

Viele Geschichten kursierten bei seiner Beerdigung. Wir weinten
und lachten und waren sicher, daß James über beides glücklich gewesen wäre. Vor allem waren wir selbst trotz unserer Trauer froh und
dankbar für das Leben eines Menschen, das unser aller Leben berührt hatte.

An den meisten Tagen war James losgezogen, um Lebensmittel zu
ergattern, wo immer er welche kriegen konnte. Einer sagte: »Wenn
man den Lieferwagen sah, sah man James.« Ein anderer Mitarbeiter
erzählte, wie eines Tages im Winter mitten in einem wahnsinnigen
Schneesturm, der alle außer James abgeschreckt hatte, ein Kleinlaster
bei der Verteilstelle für Lebensmittel vorgefahren sei. Er schaffte den
gesamten Weg hin und zurück und machte nicht halt, bevor der Lieferwagen in einer Schneeverwehung in der Auffahrt zu unserem Zentrum abrupt zum Stehen kam. Am nächsten Tag konnten 300 Familien etwas zu essen mit nach Hause nehmen.

Aber am liebsten fuhr James Essen zu denjenigen aus, die es am
nötigsten hatten. Er war bekannt dafür, an einem Tag bis zu dreizehn
Lieferungen zu erledigen, insbesondere an SeniorInnen, die das Haus
nicht mehr verlassen konnten. Er brachte ihnen Essen, aber zugleich
sein berühmtes Lächeln und den Trost guter Gesellschaft. Er besuchte die Leute so gern, daß ein Mitarbeiter bei seiner Beerdigung
bezeugte: »Ich mußte ihn begleiten, bloß um dafür zu sorgen, daß er
nicht den ganzen Tag blieb.«

Wenn es keine Lebensmittel abzuholen oder auszuliefern gab,
machte sich James ums Zentrum herum nützlich und erledigte alles,
was anfiel. Er war der Prototyp eines »Ehrenamtlichen«.

Als ich eines Tages von einer Reise zurückkehrte, nahm ich erstaunt zur Kenntnis, daß die Veranda meines Hauses frisch gestrichen war. Überrascht fragte ich herum, wie das passiert sei. Am nächsten Tag kam ein strahlender James Starks vorbei und fragte mich, ob mir die Farbe gefiele. »Warum hast du das gemacht?« fragte ich. »Na ja«, antwortete James und versuchte, mich nicht in Verlegenheit zu bringen, »es war eben nötig!«

James war mit acht Jahren Alkoholiker geworden. Mit 53 war sein Körper viel älter als seine Lebensjahre und hat ihn schließlich im Stich gelassen. Der Weg zur Kirche und zu unserem Zentrum verschaffte ihm einen Neubeginn, obwohl der Kampf mit dem Alkohol mit vielen Aufs und Abs all die Jahre weiterging. Als er endlich trokken war und als eine Operation sein noch gutes Auge gerettet hatte, beschloß James, ein großes Fest zu feiern und alle seine FreundInnen zum Abendessen in ein mongolisches Grillrestaurant auszuführen. Es muß für jemanden mit einer mageren Schwerbehindertenrente ein Vermögen gekostet haben, aber er bestand darauf, »meine Freunde und Freundinnen, die mich durchgebracht haben«, zu verwöhnen. Er war wie ein Kind und behauptete, er könne wieder so gut sehen, daß er ins Virgina seiner Jugendjahre zurückkehren und sich »ein Eichhörnchen schießen« werde. Wir konnten an ihm eine überströmende Großzügigkeit erleben. Sie war das Markenzeichen dieses Mannes, der ein solch wichtiges Mitglied unserer kleinen Gemeinschaft geworden war.

Woche für Woche hat James nie den Gottesdienst verpaßt. Ich denke, sein Lieblingsteil war die Weitergabe des Friedensgrußes. James hatte ein Faible fürs Umarmen. Ich glaube, das Bild von James, das in mir bleiben wird, ist, wie er mir mit ausgestreckten Armen entgegenläuft. Manchmal drückte er mich so fest, daß ich dachte, er würde nie wieder loslassen.

Es war schließlich schwer für uns, *ihn* loszulassen, nachdem wir einander die Erinnerungen an sein Leben mitgeteilt hatten. Das Begräbnis brachte die Familie und die FreundInnen von James zusammen. Mehr als eine Person aus James' früheren Tagen bemerkte, sie hätten gar nicht gewußt, daß er dieses »andere Leben« bei »Sojourners« hatte. Sie waren angerührt davon, wie sehr James geliebt worden war und wie viele Menschen er berührt hatte. Eine Verwandte von ihm sagte: »Sein Leben hatte einen Zweck« – und dachte laut darüber nach, daß sie selbst gern eine ähnliche Arbeit anfangen würde, um ihrem Leben mehr Sinn zu geben. Selbst noch im Tod brachte James Menschen zusammen.

Wir begruben James auf dem Friedhof, und am Ende des Vormittags sagte jemand:»Ich bin sicher, dieser Tag hat James sehr froh gemacht – wahrscheinlich grinst er jetzt.« Wir werden uns immer an sein Lächeln erinnern und für den Segen seines Lebens dankbar sein. Ich werde James vermissen; er war mein Freund. Ich weiß, daß James jetzt glücklich ist und in der Umarmung seines liebenden Gottes endlich Ruhe findet. Es ist nie zu spät, für das eigene Leben Verantwortung zu übernehmen und die Verhältnisse umzukehren. James Starks hat das gelernt und gelehrt. Unser bescheidenes Lebensmittelprojekt und Tausende vergleichbare Projekte überall auf der Welt hängen von Leuten wie James Starks ab. Diese Leute machen den Unterschied aus. Angefangen bei der Spitze der Gesellschaft bis ganz unten beginnen sich die Dinge nur zu ändern, wenn Menschen persönlich Verantwortung übernehmen.

Es ist kein sonderlich prestigeträchtiges Amt, der katholische Bischof von Amarillo in Texas zu sein. Schließlich hat die Erste Baptistenkirche von Amarillo mehr Mitglieder als die gesamte katholische Diözese. Leroy Matthiesen, ein guter und anständiger Mann, war Football-Trainer an einer *High School* gewesen, bevor er Bischof wurde.

Eines Tages bekam Bischof Matthiesen einen Anruf, in dem er um seinen Besuch als Seelsorger gebeten wurde. Ein junger Priester, der nicht zu seiner Diözese gehörte, hatte etwas Ungewöhnliches getan: Mitten in der Nacht hatte der junge Mann den Zaun zur»Pantex«-Fertigungsanlage des Energiedepartements überklettert, den Hochsicherheitstrakt betreten und dabei nichts als eine brennende Kerze bei sich getragen. Er sagte, sie repräsentiere das»Licht Christi«. Seine einsame Nachtwache bei Kerzenschein, die das nukleare Wettrüsten aufhalten wollte, fand ein jähes Ende, als er von verblüfften Sicherheitsbeamten entdeckt, verhaftet und ins Gefängnis gesteckt wurde. Der Angerufene dachte, der priesterliche Eindringling sei vielleicht ein bißchen verrückt; aber immerhin handelte es sich um einen Priester, und ein Besuch des Ortsbischofs schien angebracht. Die»Pantex«-Anlage war der Ort, an dem alle amerikanischen Atomwaffen endgültig zusammengebaut wurden. Leroy Matthiesen begriff, daß er viele Male an der Atombombenfabrik vorbeigefahren war, ohne sich je irgendwelche Gedanken gemacht zu haben. Der Bischof hatte zwar einige Bedenken, aber er besuchte den Priester. Der junge Mann war nicht verrückt. Im Gegenteil: Als der Priester mit seinem Besucher über die Gefahr und Immoralität des atomaren Wettrüstens redete, dachte der Bischof, daß der Mann vernünftiger klinge als wir übrigen. Matthiesen war betroffen; der junge Mann hatte Sachen gesagt, die ihn bewegt und erschüttert hatten. Er begann, anders und tiefer nachzudenken als zuvor. Nach mehreren Monaten des Nachdenkens, nach weiteren Besuchen und vielen Gebeten schrieb Bischof Leroy Matthiesen einen Hirtenbrief an die KatholikInnen in der Diözese von Amarillo und forderte sie auf, zu erwägen, aus moralischen Gewissensgründen nicht länger bei »Pantex« zu arbeiten. Der Hirtenbrief geriet landesweit in die Schlagzeilen. Das war im Jahre 1981.[28]

Ungefähr zur selben Zeit kündigte ein Erzbischof namens Raymond Hunthausen an, er würde in Zukunft jenen Teil seiner Einkommensteuer nicht mehr bezahlen, der zum Bau von Atomwaffen verwendet würde.[29] Wiederum war ein Bischof durch das Zeugnis anderer berührt worden – in diesem Fall war es eine Handvoll mutiger KatholikInnen aus seiner Diözese gewesen, die wiederholt den Zaun zum Marinestützpunkt für Trident-Atom-U-Boote in Bangor im Staate Washington überklettert hatten. Später erinnerten beide Bischöfe daran, daß sich auch Erzbischof Oskar Romero aufgrund des Zeugnisses einiger tapferer Priester, die vom Militär umgebracht worden waren, zum Handeln für die Armen hatte bewegen lassen.

Sie alle beweisen, welche Kraft die Übernahme persönlicher Verantwortung entwickeln kann: ein Student, ein Freiwilliger aus dem Stadtviertel, ein Bischof. Durch solche und viele ähnliche verantwortliche Handlungen entstehen Alternativen, werden Visionen wach, entzündet sich neue Hoffnung und werden neue Lösungen für die vielen Krisen gefunden, vor denen wir stehen. Aber sie alle beginnen mit couragierten Glaubenstaten, die aus einem prophetischen Impuls kommen.

Wenn Männer Verantwortung übernehmen, indem sie *Eltern* wer-

---

28 Bischof Leroy Matthiesen, Bomb Builders Urged to Quit, Sojourners Magazine. Jg. 10, Nr. 1 (Oct. 1981), S. 8f.
29 Erzbischof Raymond Hunthausen, Archbishop Calls for Tax Refusal, Sojourners Magazine. Jg. 10, Nr. 8 (Aug. 1981), S. 6.

den und nicht nur *Väter*, tragen sie dazu bei, das Familienleben zu heilen. Wenn in einer Kultur der Untreue Eheversprechen geehrt werden und wenn Männer und Frauen den Einsatz für die Familie der Karriere und materieller Bereicherung vorziehen, wächst die Qualität und Kraft zwischenmenschlicher Beziehungen. Wenn sich junge Frauen und Männer dem Druck Gleichaltriger, unverbindliche Sexualkontakte aufzunehmen, widersetzen, beginnen sie, die Grenzen verantworteter Sexualität neu zu ziehen.

Wir brauchen Geschäftsleute, die gute Jobs, gesunde Arbeitsplätze und sinnvolle Produkte schaffen, anstatt ihre Angestellten auszunutzen oder die Umwelt zu vergiften. Wir brauchen Gewerkschaften, die die *wirklichen* Interessen der ArbeitnehmerInnen ehrlich und mutig vertreten. Wir brauchen LehrerInnen, die nicht bloß Zeit, sondern sich selbst in das Leben ihrer SchülerInnen investieren. Wir brauchen religiöse Leitfiguren, die für ihren Dienst – und nicht für Ihr Talent, Spenden einzutreiben – gerühmt werden. Wir brauchen JournalistInnen, die nach der Wahrheit forschen, anstatt Sensationsstorys zu produzieren. Und wir brauchen politische FührerInnen, die sich weigern, ihre persönliche Glaubwürdigkeit und ihr politisches Auftreten zu trennen.

Es ist wesentlich, persönlich Verantwortung zu übernehmen – gerade in einer Gesellschaft, in der man gerne den anderen die Schuld in die Schuhe schiebt und in der sich Leute für »schlau« halten, die soviel wie möglich für sich selbst herausholen. Führung zeigt sich noch immer am besten durch Vorbild. Und handfeste Beispiele persönlicher Verantwortung könnten bei der Suche nach gesellschaftlicher Neuorientierung den großen Unterschied machen. Verantwortung ist ein Zeichen der Transformation.

INTEGRITÄT
Die Qualität der Führung

Die Scheinwerfer für die Kameras rückten die Qual auf Joseph Bernardins Gesicht in grelles Licht, als er im November 1993 zur Jahresversammlung der katholischen Bischöfe der USA in Washington eintraf. Der hochgeachtete 65jährige Kardinal aus Chicago, der größten Erzdiözese der USA, war soeben von einem früheren Priesterseminaristen des sexuellen Mißbrauchs beschuldigt worden. Nach 43 Jahren als geweihter Priester beschrieb Kardinal Bernardin die folgenden Monate später als »die schlimmste Erfahrung meines Lebens«.

Während der Behandlung bei einem nicht approbierten Hypnotiseur in Philadelphia meinte Steven Cook, sich daran zu erinnern, daß ihn der jetzige Kardinal im Priesterseminar in Cincinnati, wo Bernardin seinerzeit Bischof war, sexuell belästigt hätte. Einen anderen Beweis gab es nicht. Kardinal Bernardin hatte sich den Ruf eines Mannes erworben, der über alle Zweifel erhaben ist. Er war als guter, anständiger, aufrechter und demütiger Mensch bekannt und stieg in der Rangleiter der katholischen Kirche auf. Auf jedem Posten, den er erst als Priester und dann als Bischof, Erzbischof, Kardinal, Generalsekretär und schließlich Vorsitzender der US-amerikanischen Bischofskonferenz bekleidete, war sein Auftreten tadellos, und es gab keine Spur von Skandal um ihn.

Bernardin wurde wahrscheinlich besonders bekannt dafür, daß er ein Pionier der ehtischen Vision vom »ungesäumten Gewand« war. So nannte er seine umfassende Ethik des Lebens, die sich auf alle gesellschaftlichen Themen gleichermaßen bezieht und den Kampf gegen Atomwaffen, Abtreibung, Armut, Euthanasie und die Todesstrafe umfaßt. Dadurch half Bernardin vielen katholischen (und auch anderen) ChristInnen, bei einer Reihe kontroverser Fragen die vorgefertigten Schablonen der Linken und der Rechten hinter sich zu lassen. Bernardin war auch Vorsitzender jenes wichtigen Ausschusses, der den bahnbrechenden Hirtenbrief über die Atomwaffen entwarf, der 1983 von den US-amerikanischen Bischöfen veröffentlicht wurde.

In der Frage des sexuellen Mißbrauchs durch Kleriker hatte Bernardin klar Stellung bezogen. Beim Umgang mit diesem Problem innerhalb der katholischen Kirche ist er vorangegangen, indem er mit den betroffenen Priestern konsequent verfuhr und sich selbst zum Anwalt der Opfer machte. Die Erzdiözese von Chicago hatte für den Umgang mit diesem sehr realen Problem des kirchlichen Lebens deutliche und strenge Richtlinien aufgestellt und in vielen Fällen gehandelt.

Im Februar 1994 gab der junge Mann, der die verletzende Anklage erhoben hatte, freiwillig zu, daß sein Gedächtnis »unzuverlässig« gewesen sei. Er entschuldigte sich in aller Form für die Vorwürfe. Cook ließ die Anzeige ohne Druck von außen, ohne Absprachen und Gemauschel fallen. Cooks Vorwürfe gegen einen anderen Priester in Cincinnati hingegen bleiben bestehen, und die Gerichtsentscheidung ist noch anhängig.

Die Art, wie Bernardin die peinliche Situation handhabte, zeigt seinen Charakter. Als er wegen sexueller Verfehlungen beschuldigt wurde, wies er die Anwürfe energisch zurück. Aber gleich danach überließ er die Angelegenheit jenem Procedere, das die Diözese für solche Fälle festgelegt hatte. Am wichtigsten aber war, daß Bernardin seine Anwälte anwies, Cook in keiner Weise unter Druck zu setzen, zu bedrängen oder in Mißkredit zu bringen. Bernardin ging es darum, nichts zu unternehmen, was andere Mißbrauchsopfer abhalten könnte, sich zu melden.

Barbara Blaine, selbst Opfer sexuellen Mißbrauchs, Anwältin und Vorsitzende des »Netzwerks der Opfer priesterlichen Mißbrauchs«, erklärte gegenüber der »Chicago Sun-Times«: »Unser Herz ist bei Kardinal Bernardin. Steven Cook hat das richtige gemacht, als er die Anklage zurückzog. Wir hoffen, daß andere beschuldigte Kirchenführer dem Beispiel des Kardinals Folge leisten, der sich verteidigt hat, ohne seine Ankläger zu attackieren.«

Bernardin wollte Cook nicht verdammen, der an AIDS erkrankt war und in dem schmerzliche Erinnerungen hochkamen. Der mächtige Bernardin ließ diese Auseinandersetzung nicht zu einer persönlichen Sache verkommen.

Wir haben zu viele Fälle miterlebt, in denen die Führergestalten von religiösen und anderen Organisationen geschickt und brutal vorgehen, um diejenigen zurückzuweisen, zu diskreditieren, zu kaufen oder gar zu vernichten, die es wagen, ihnen sexuelle Fehltritte vorzuwerfen. Leider sind Führungspersönlichkeiten, die für Besonnenheit, Integrität und Mitgefühl bekannt sind, dieser Tage selten. Aber Bernardin ist solch ein geistlicher Führer. Er handelte anders, und das hat der Kirche gut getan.

Trotz der eigenen schwierigen Erfahrung erklärte Kardinal Bernardin kürzlich anläßlich einer Pressekonferenz in Chicago, daß sich seine Entschlossenheit, sexuellen Mißbrauch innerhalb der Kirche zu eliminieren, nur vertieft habe:

»Die Prüfung der letzten Monate war schmerzlich, sehr schmerzlich. Ich wurde von dem öffentlichen Angriff auf meinen Charakter total gedemütigt. Ich habe ungeheueres Mitgefühl für alle, die zu Unrecht angeklagt werden. Ich möchte aber sofort hinzufügen, daß diese Erfahrung auch meine Entschiedenheit gestärkt hat, mich den Opfern von sexuellem Mißbrauch zuzuwenden und alles zu tun, was in meiner Macht steht, um Mißbrauchsfälle auszurotten, wo immer sie auftauchen.«[30]

Während Bernardin sagt, er hege »keinerlei negative Gefühle« gegenüber Cook, scheint der Kardinal noch immer besorgt und sogar ärgerlich über die Vorverurteilung zu sein, die einige Medien gefällt haben, bevor er überhaupt die Gelegenheit gehabt hat, Stellung zu nehmen, oder bevor das Rechtssystem entschieden hat.

Der Fall läßt viele Fragen für die Zukunft offen: das ständige Auftauchen von Mißbrauchsfällen im Raum der Kirche, die Qualen der Opfer, der Bedarf an eindeutigen und mutigen kirchlichen Richtlinien und Vorgehensweisen, die Anfälligkeit aller Kirchenführer für entsprechende Vorwürfe und die Erregung, die durch solche Fälle in den Medien unweigerlich ausgelöst wird. Wir sind noch weit davon entfernt, mit diesen Themen angemessen umzugehen. Aber Kardinal Bernardin hat uns einmal mehr eine großartige Hilfestellung und ein Beispiel von Führung geboten.

Penny Lernoux war erst 49 Jahre alt, als sie einer Krebserkrankung erlag. Die freie Journalistin, die mehr als zwei Jahrzehnte lang für uns aus Lateinamerika berichtet hatte, schwieg für immer. Ob sie für »Newsweek« gearbeitet hatte oder für den »National Catholic Reporter« – ihr Schreiben hatte prophetische Qualität.

Während einer Lesereise mit ihrem Buch »People of God« stellte ich sie anläßlich einer Autorenlesung in Washington, D. C., als »Journalistin« vor, »die die Wahrheit sagt und den Glauben bewahrt«. Diese Kombination machte Penny Lernoux zu einer so seltenen und außergewöhnlichen Frau unserer Zeit und aller Zeiten.

Sie war ein strahlendes Vorbild für andere JournalistInnen. Sie praktizierte ihren Beruf mit großer Redlichkeit und Courage und zeigte so, wie eine Christin Journalistin sein sollte – und wie eine Journalistin zugleich Christin sein kann.

Ein denkwürdiges gemeinsames Abendessen kurz vor ihrem Tode wurde angesichts ihres Heimgangs noch kostbarer. An diesem

---

30 Bernardin Ordeal Ends with »Deo Gratias«. National Catholic Reporter. Jg. 30, Nr. 19, 11. März 1994.

Abend äußerte Penny große Sorge um die eigene katholische Kirche. Sie glaubte, daß die Zukunft der Kirche bei den Armen liege, und fürchtete, Roms Angst vor den Basisgemeinden und vor der Befreiungstheologie könnte dazu führen, daß die Hierarchie einen entscheidenden historischen Augenblick verpaßt.

Bei all unseren Gesprächen rang Penny mit der Frage nach der Glaubwürdigkeit. Wie finden wir jene Stärke und Überzeugung, daß wir sagen und tun, was wahr ist? Vor allem: Wie bleiben wir auch angesichts von Widerstand, Einschüchterung und Drohungen energisch und aufrichtig bei der Wahrheit? Penny liebte die Kirche genug, um von ihr zu verlangen, daß sie das lebt, was alle Welt von der Kirche braucht. Einmal hat sie geschrieben: »Mumm – der Mut, anders zu sein wegen Jesus – war das Markenzeichen der christlichen Urgemeinde.«[31]

Ihre journalistische Arbeit wirkte den Bastionen festgefügter politischer, ökonomischer und kirchlicher Macht kräftig entgegen. Penny Lernoux war eine gründliche und hartnäckige Kritikerin der US-Politik in Mittel- und Südamerika. Aber sie brachte auch einige Ideologen der Linken in Rage, weil sie sich nie der Parteilinie unterwarf. Sie war auch für sie zu unabhängig und zu unbeirrbar.

Man konnte darauf zählen, daß Penny Lernoux die Menschen aufspürte, deren Rechte mit Füßen getreten wurden. Die Perspektive eines Kleinbauern war für sie fast immer wichtiger als die Perspektive eines Präsidenten. Penny Lernoux praktizierte als Journalistin die biblische Bevorzugung der Armen.

Die Armen waren wirklich die einzigen, die aus ihren Worten so etwas wie Trost ziehen konnten. In allem, was sie schrieb, gab Penny Lernoux dem »Schrei des Volkes« eine Stimme. Sie sagte einmal: »Es stehen zwei unterschiedliche Sichtweisen des Glaubens zur Auswahl: die Kirche des Kaisers, mächtig und reich – und die Kirche Christi, liebend, arm und geistlich reich.«

Als Journalistin bewies sie einen wahrhaft bemerkenswerten Mut. Welches Thema sie auch immer anpackte, sie wurde umgehend zur Expertin. Es gab auf ihrem Feld niemanden, der ihr das Wasser reichen konnte, wenn es um harte Arbeit, um Genauigkeit und um die Qualität des Schreibens ging. Die meisten JournalistInnen benutzen

---

31 Jim Wallis, Faithful to the Truth. Sojourners Magazine. Jg. 18, Nr. 4 (Mai 1989), S. 4.

Auslandsposten als Stufen auf der Karriereleiter. Penny Lernoux verharrte auf ihrem Posten. Indem sie über Lateinamerika schrieb, wurde sie selbst zur Lateinamerikanerin.

Als Frau zeigte sie, wie kraftvoll Mitgefühl sein kann. In einer Kirche, in der Frauen noch immer darum kämpfen müssen, ihre Stimme zu finden, gehörte die ihre zu den deutlichsten und überzeugendsten. Sie war Beraterin und Freundin der prophetischsten Kirchenführer Lateinamerikas. Über Leitung in der Kirche schrieb sie: »Die Macht . . . großer Kirchenführer kommt vom Volk, und sie wächst in dem Maße, wie sie für das Gemeinwohl eingesetzt wird.«³²

Die Berufung, die ihr am ernstesten war, war die, Christin zu sein. Ihr Glaube war wirklich das Herzstück ihrer Arbeit und ihres Lebens. Obwohl sie in der journalistischen und literarischen Welt äußerst erfolgreich war, maß sie den eigenen Erfolg am Evangelium. Sie glaubte, daß Glaube »durch den Dienst an der Gemeinschaft gelebt wird« und daß »dieser Dienst Ausdruck einer tiefen Spiritualität ist«.

Mit den abschließenden Zeilen ihres letzten Buches hinterläßt uns Penny einen Ruf zum Glauben:

»Das Volk Gottes wird seinen Marsch den Machtspielen und Intrigen in Rom zum Trotz fortsetzen. Und die Dritte Welt wird dem Westen weiterhin ein Zeichen sein und an die galiläische Vision christlicher Solidarität erinnern. Eine junge Frau aus Guatemala sagte wenige Monate, bevor sie von den Militärs umgebracht wurde: ›Wozu ist das Leben gut, wenn du es nicht hergibst – wenn du es nicht geben kannst für eine bessere Welt, selbst wenn du diese Welt selbst nie zu Gesicht bekommst, sondern nur dein Sandkorn zum Bauplatz beigetragen hast? Dann bist du als Person erfüllt‹.«³³

Penny Lernoux hat gewiß ihr Sandkorn auf dem Bauplatz für eine bessere Kirche und für eine erneuerte Welt hinterlassen. Sie hat uns fürwahr eine Menge hinterlassen, worauf wir bauen können. Obwohl Pennys Leben kurz war, war es erfüllt. Vor allem aber hat ihr Leben die Worte der ersten Predigt Jesu in Nazareth erfüllt: »Der Geist des Herrn ruht auf mir. Denn er hat mich gesalbt, den Armen gute Nachricht zu verkünden.« Penny nahm diese Worte als ihren eigenen Auftrag und führte ihn mit großer Treue, Courage und Liebe zu Ende.

---

32 ebenda, S. 5.
33 ebenda.

Der Kongreßabgeordnete Tony Hall hatte soeben erfahren, daß der Kongreßausschuß zur Frage des Hungers, dem er vorsaß, aus Gründen des Finanzbudgets gestrichen werden sollte. Das Hungerthema hatte das Herz, die Zeit und die Kraft des jungen Parlamentariers aus Ohio seit seinen frühen Tagen im Abgeordnetenhaus mit Beschlag belegt.

Im Laufe der Jahre war Hunger für ihn mehr geworden als nur ein »Problem«. Hall hatte das Gesicht des Hungers in aller Welt, dort, wo Hungersnöte wüteten, selbst gesehen – aber auch in den verarmten Innenstädten und vergessenen Landstrichen der eigenen Nation. Diese Gesichter verließen ihn nicht. Sie motivierten ihn, immer wieder neu zu versuchen, die U.S.-Regierung zum Handeln zu bewegen. Der Ausschuß gab gerade einmal 652 000 Dollar pro Jahr aus. James Grant von der UNICEF bestätigte, daß dieser Ausschuß dennoch Millionen von Menschenleben gerettet habe. Eine Vergleichszahl: Der Anschaffungsausschuß des Kongresses gab allein 19 Millionen Dollar im Jahr aus. Jedenfalls hatte der »Hunger«-Ausschuß keine Macht und fiel ohne Diskussion, Prozeß oder Benachrichtigung des Vorsitzenden dem Rotstift zum Opfer.

»Warum fastest du nicht? Warum gehst du nicht in den Hungerstreik?« Als Janet Hall ihren Mann mit dieser Frage konfrontierte, war er erstaunt. Er sagte, er habe schon einige Wochen vorher an so etwas gedacht, sich aber Sorgen gemacht, daß das für seine Familie bedrückend sein könne. »Manche Sachen verdienen es, daß man dafür aufsteht«, antwortete seine Frau. Gemeinsam lasen sie Jesaja 58: »Ist nicht das ein Fasten, das ich liebe? . . . Brich mit den Hungrigen dein Brot . . .«

Nach viel Gebet und Beratung mit Freundinnen und Freunden begann ein geachtetes und altgedientes Mitglied des Abgeordnetenhauses ein Wasserfasten mit offenem Ausgang, um Aufmerksamkeit auf die bedrängende Hungerfrage zu lenken. Hall gab zu, daß dies für ihn selbst alles andere als typisch war.

Am zwölften Fasttag sagte Hall zu mir: »Manchmal fühle ich mich mutterseelenallein, weil ich etwas gemacht habe, was in meinem Umfeld politisch nicht korrekt ist. Ich habe den Bereich meiner Bequemlichkeit verlassen und meine KollegInnen herausgefordert. Ich habe zu ihnen gesagt: ›Wozu seid ihr da? Wenn ihr nicht für die Armen und Hungrigen einsteht, für die 35 000 Menschen, die jeden Tag sterben, wenn ihr euch diesem Problem nicht zuwendet, dann ist irgend etwas mit dieser Institution grundverkehrt.‹ Als ich das tat, sonderte ich mich von meinen Kollegen und Kolleginnen ab. Ich habe das Gefühl, allein dazustehen.« Aber er fügte hinzu:»Ich bin im Frieden.«

Fasten bringt es mit sich, daß ein bestimmtes Thema konzentrierte Aufmerksamkeit erfährt, was auch Halls Ziel war:»Ich versuche, den Kongreß und das Land zu bewegen, sich der Hungerfrage zuzuwenden. Der Kongreß steht für alles und nichts. Wir subventionieren alles, aber lösen nie ein Problem, weil wir uns nie auf etwas konzentrieren. Wir entscheiden nie, was wirklich wichtig ist.«

Vor und während der Fastenaktion sprach ich mit Hall über die Macht des Fastens und seine spirituellen Folgen.»Eines der Dinge, die ich gelernt habe, ist, daß es sich um eine sehr demütigende Angelegenheit handelt«, sagte er.

»Ich lerne auch, daß ich will, daß das Fasten Erfolg hat. Aber Gott ruft mich nicht zum Erfolg. Er ruft mich zur Treue. Er sagt mir, ich soll die Ergebnisse ihm überlassen. Manchmal bin ich sehr einsam und muß mich deswegen ganz nah zu Gott wenden. Ich versuche zu lernen, wie ich mich durch dieses Fasten ganz an Gott ausliefern kann, und ich bin noch nicht da. Aber so bin ich immerhin bis hierher gekommen. Ich weiß nicht, was noch kommen wird.« Die Grenzen seiner politischen Welt waren für Hall sehr klar erkennbar.»Wir brauchen eine Politik des Gewissens. Wir Politiker leiden an einer Krankheit namens ›Alle müssen uns liebhaben‹. Wir haben immer Angst um unsere Wiederwahl und denken daran, wie wir Geld in die Wahlkassen kriegen. Deshalb bringen wir die Tagesordnung nie in Bewegung. Wir stopfen kleine Löcher, aber wir beziehen nie Standpunkt. Nach einer Weile fragt man sich: Wofür stehen wir eigentlich?«

Nach zwei Wochen des Fastens hatte Hall keine Hoffnung mehr, daß sein Ausschuß wieder eingerichtet werden würde. Aber das Fasten entwickelte einen breiter angelegten und tieferen Zweck. Anfangs wußten Halls KongreßkollegInnen nicht so recht, wie sie reagieren sollten. Aber in Ohio und im ganzen Land gab es viele andere, die reagierten.

OberschülerInnen und CollegestudentInnen, Bürgergruppen und ganz normale Leute wurden so tief davon angerührt, daß ein Kongreßabgeordneter persönlich auf eine solche Weise Stellung bezog, daß auch sie begannen, mitzufasten. Zum allgemeinen Erstaunen beteiligten sich schließlich 205 Universitäten und unzählige High

Schools. In 46 Bundesstaaten wurden Menschen aktiv. Tausende fasteten oder gaben Zeit und Geld für die Sache des Hungers. Halls Büro auf dem Kapitolhügel wurde bald vom öffentlichen Widerhall überwältigt, den diese so ganz andere Art von politischer Führung gefunden hatte.

Niemand war überraschter als Hall selbst, als der Landwirtschaftsminister Mike Espy in der dritten Fastenwoche den verschlankten Abgeordneten anrief und ihm nationale wie regionale Gipfeltreffen zum Thema »Hunger in Amerika« anbot. »Ihre Fastenaktion hat uns angerührt; wir wollen etwas tun«, sagte das Kabinettsmitglied der neuen Clinton-Regierung. Dann rief die Weltbank an und schlug eine Reihe ähnlicher Gipfeltreffen zum Welthunger vor.

Als Hall gebeten wurde, vor der demokratischen Fraktion des Repräsentantenhauses zu erscheinen, wußte er nicht, was ihn erwarten würde. Er war sicherlich nicht auf die stehenden Ovationen gefaßt, die ihm zuteil wurden. Nachdem Hall gesprochen hatte, stand der Fraktionschef Richard Gephardt auf und sagte: »Ich bin beschämt. Sie haben uns auf die richtige Art und Weise in Verlegenheit gebracht.« Gephardt sagte, die Rede, die Hall soeben gehalten hatte, sei eine der besten gewesen, die er selbst je auf dem Kapitolshügel gehört habe, und er versprach, sofort eine Projektgruppe »Hunger« zu installieren und anschließend die Einrichtung eines permanenten Kongreßausschusses zum Hungerproblem vorzuschlagen.

Nach Beendigung des Fastens fühlte sich Hall »richtig gut«. In gerade 21 Tagen hatte er miterlebt, wie sich der Wind in Washington gedreht hatte. Ein relativ unbekannter Politiker hatte einmal mehr gezeigt, daß die Standfestigkeit eines einzigen Menschen etwas bewirken und daß eine von Prinzipien geleitete direkte Aktion ungeheuer viel bewegen kann. Das wichtigste jedoch war vielleicht, daß Tony Hall selbst dem zynischen Establishment in Washington gezeigt hat, daß Politik tatsächlich moralisch sein kann.

Kardinal Joesph Bernardins Demonstration von Glaubwürdigkeit, selbst unter Beschuß, erinnert uns an Führungsqualitäten, die wir verloren haben und dringend wiedergewinnen müssen. Die Journalistin Penny Lernoux hat glaubwürdig gezeigt, wie man Berufung und Glaube vor die Karriere stellen kann. Und der Abgeordnete Tony Hall hat die ungewohnte politische Integrität eines Menschen bewiesen, der sein Gewissen dem Erfolg vorzieht.

Prominentenstatus darf nicht länger mit Führung verwechselt werden, und die Vorliebe Amerikas für Prominenz (anstatt für echte Führung) ist ein tödlicher Fehler. Ausstrahlung, Sexappeal und Flair wirken anziehend. Aber sie sind kein Ersatz für Integrität, wenn es um Führung geht. Gewissen, Ehrlichkeit, Demut, Anstand, Selbstdisziplin, Hingabe und Vertrauen sind die Führungsqualitäten, die es wiederzuentdecken gilt. Integrität ist ein Zeichen der Transformation.

IMAGINATION
Neue Möglichkeiten träumen

Der Prophet Habakuk lebte in einer Zeit, die der unseren ähnelte. Öffentliche Korruption, soziale Ungerechtigkeit und chaotische Gewalt waren an der Tagesordnung. Frustriert flehte er Gott um etwas Klarheit und Orientierung an. Er kletterte auf einen Turm, um zu warten und zu lauschen, bis er schließlich ein deutliches Wort vernahm. Der Prophet schreibt:

»Und der Herr antwortete mir: ›Schreib, was du geschaut hast, deutlich auf eine Tafel auf, damit es alle lesen können, die vorbeilaufen. Denn das Geschaute wartet auf seine Zeit. Aber es wird ans Licht kommen und sich als wahr erweisen. Wenn es sich hinzuziehen scheint, warte geduldig. Es wird gewiß kommen und nicht ausbleiben‹.« (Habakuk 2, 2–3)

»Denn das Geschaute wartet auf seine Zeit . . .« Die Visionen, die wir heute dringend brauchen, sind noch kaum erschienen. Aber sie sind unterwegs. Das ist die Hoffnungsbotschaft in diesem Text. Menschen, die wissen, daß die neuen Visionen kommen, können bereits jetzt anfangen, sie vorwegnehmend zu leben. Die Geschichte war immer auf VisionärInnen angewiesen, die dies getan haben. Und TräumerInnen brauchen die Kraft sozialer Phantasie.

Visionäre Personen und Gemeinschaften können auf unserem Weg in ein neues Jahrzehnt und in ein neues Jahrtausend eine entscheidende Rolle spielen. Sie können sich die neuen Ideen bereits plastisch vorstellen, die ausprobiert und aufbewahrt werden müssen, bis andere bereit sind, sie zu übernehmen. Im Mittelalter waren es klösterliche Gemeinschaften, die lebenserhaltende und humane Kraftquellen und Werte bewahrt haben, während die Gesamtgesellschaft schwierige Zeiten durchlebte.

Heutzutage werden von Gruppen und Kommunitäten, die bereit sind, einen alternativen Weg zu gehen, prophetisch-politische und wirtschaftliche Experimente durchgeführt. Diese Gruppen sind Laboratorien neuer demokratischer Visionen und Träume. Wenn es an der Zeit ist, wird es viel besser sein, neue Optionen aufzuzeigen, die Menschen bereits umzusetzten begonnen haben, als bloß Gedankenkonzepte zu entwickeln, die *andere* erproben sollen.

Wenn religiöse und sozial bewußte Gruppen den großen Gefahren des Rückzuges oder sektiererischer Selbstgerechtigkeit entgehen, können sie einen entscheidenden Beitrag leisten. Sie können ein Schmelztiegel sein, in denen neue Ideen geläutert werden, und sie können mit anderen Stimmen zusammenklingen, die ein neues Lied anstimmen. Kleingruppen und Institutionen, die alternativen Visionen verpflichtet sind, werden so zu Zentren der Zukunftsphantasie.

Unsere Fähigkeit, solche Gemeinschaften der Hoffnung aufzubauen, hängt von der Qualität und Vitalität unserer Imagination ab. Kreative und konstruktive Imagination hängt davon ab, wie weit wir wieder Verbindung zu spirituellen Traditionen bekommen, die uns bereits genährt haben und uns zu tieferen Perspektiven führen können als eine Konsumgesellschaft.

Deswegen ist es entscheidend, daß gewöhnlichen Menschen eine spirituelle Ausbildung zuteil wird. Heutzutage erleben Praktiken wie Exerzitien, Einkehrtage, stille Zeiten und Retraiten eine Renaissance. Ein lebendiges Netzwerk religiöser und spiritueller Einkehrhäuser wächst ständig weiter und kann der Nachfrage kaum Herr werden. Es sorgt für die spirituelle Verankerung neuer persönlicher und sozialer Optionen. Wir müssen lernen, unsere Seelen in jener Spiritualität zur Ruhe kommen zu lassen, die die Quelle unseres Lebens und das Saatbeet neuer Visionen ist.

Um unsere Imagination zu beflügeln, sind wir auch auf die Energie und die Perspektiven unserer KünstlerInnen, DichterInnen und MusikerInnen angewiesen. KünstlerInnen haben die Berufung, die Imagination zu nähren; sie haben schon immer Visionen für Volksbewegungen übersetzt. Einge der kreativsten Zeichen einer neuen Vision können schon jetzt in den Textschöpfungen der populären Kultur gefunden werden.

Vor allem junge Menschen achten oft mehr auf die Botschaften der Pop-Kultur als auf die der Zeitungen oder der religiösen Gemeinden. Es ist die Pflicht der Jungen, Fragen zu stellen und Wächter der Zukunft zu sein. Auf dem Ruf nach neuen Träumen und nach Phantasie einzugehen heißt auch, unsere Jugend anzusehen, denen die Kreativität noch nicht gänzlich ausgepreßt ist.

Vincent Harding hat mich oft an etwas Wichtiges erinnert: »Du kannst keine Bewegung anfangen, du kannst immer nur eine Bewegung vorbereiten!« Die nicht erzählte Geschichte der Freiheitsbewegung, die die USA in den fünfziger und sechziger Jahren erschütterte und deren Nachbeben um die ganze Welt gingen, spielte sich in jenen Jahren ab, die der Bewegung vorausgingen. Als schwarze Amerikanerinnen und Amerikaner ahnten, daß die Geschichte vor einem Wendepunkt stand, brachten sie Jahre damit zu, eine Bürgerrechtsbewegung vorzubereiten, sich dafür auszubilden und sie aufzubauen. Als sich die Gelegenheit bot und die Zeit reif war, waren Menschen und Gruppen vorbereitet.

Wieder steht ein geschichtlicher Wendepunkt vor der Tür. Die Tiefe der gegenwärtigen Krise erzwingt ihn geradezu. Die entscheidende Frage lautet, welche Veränderungen sich tatsächlich durchsetzen werden. Um die Gelegenheit zu positivem Wandel zu nutzen, müssen wir vorbereitet sein. Das ist die Bedeutung des Wortes *kairos*, das wir bereits weiter oben aufgegriffen haben. Jesus verwendet dieses Wort im Matthäusevangelium: »Ihr wißt, wie man die Himmelserscheinungen deutet, aber ihr versteht nicht, die Zeichen der Zeit (*kairos*) zu deuten« (Matthäus 16, 3 b). *Kairos* bezeichnet eine Zeit, die schwanger ist von bisher ungenutztem Potential, die an der Schwelle von etwas anderem steht, die vor Neuheit fast platzt, in der Möglichkeiten schlummern. Es handelt sich um einen Augenblick, dessen Zeit gekommen ist.

Unsere geschichtliche Krise mit all ihren Manifestationen könnte uns zusammenbringen. Ein *Kairos*-Moment schafft ja bereits jetzt eine neue spirituell begründete Gemeinschaft, die Antwort gibt. Obwohl sie am deutlichsten im Bereich sozialer Dienste und bei der Arbeit für mehr Gerechtigkeit sichtbar ist, ist soziales Engagement nur ihre öffentlichste Facette. An vielen Orten ereignen sich viele Formen von biblischer Reflexion, spirituellem Forschen und theologischer Klärung sowie viele Versuche, Gemeinschaft aufzubauen. Diese gemeinsame Aktivität und diese Suche bergen in sich die Verheißung, die alten Kategorien zu überwinden, die uns so lange getrennt haben, und die Glaubenstraditionen wiederzubeleben, aus denen wir stammen.

Eine dynamische Partnerschaft zwischen geistlichen Erneuerungsbewegungen und den Institutionen der Gesellschaft ist möglich. Erneuerungsbewegungen imaginieren Veränderung, und die gewachsenen Institutionen sorgen für historische Kontinuität. Dieses schöpferische Zusammenspiel macht viele Dinge möglich, die zuvor nicht denkbar waren. Beispielsweise war das enge Zusammenwirken zwischen bewegten kirchlichen Gruppen und der institutionellen Kirchenleitung das eigentliche Geheimnis hinter der Kraft des kirchlichen Widerstandes gegen den Krieg im persischen Golf. Prophetische Imagination braucht einen freien, sicheren, schöpferischen und heiligen Raum. Aus diesem Raum können gewiß ganz neue Visionen hervorgehen. Wir müssen an diesem Scheideweg der Geschichte um alternative Gesellschaftsoptionen ringen und konkret darstellen, wie solche Alternativen aussehen könnten. Phantasievolle große und kleine Aktionen können Menschen befähigen zu sehen, daß Gerechtigkeit, Friede, Wahrheit, Güte, Würde, Gnade und Liebe möglich sind.

Adam Michniks Ausspruch »Leben, als gäbe es politischen Spielraum«, gilt auch hier. Denn diese Lebensweise ist es, die die Zukunft ins Sein ruft. Im Licht der erhofften Zukunft phantasievoll zu leben – das ist eine prophetische Entscheidung.

Was bedeutet es, heute so zu leben, als hätten wir eine Alternative? Kirchen und andere religiöse Gemeinschaften könnten zum »Schutzraum« prophetischer Phantasie werden – für politisches Fragen, Gemeinschaftsexperimente und ökonomische Innovationen. In der DDR wurden die Kirchen zu genau diesem Forum. Religiöse und nichtreligiöse DissidentInnen kamen zusammen, um über ihre Unzufriedenheit zu reden und ihre Hoffnung auf eine andersgeartete Gesellschaft zu formulieren. In Südafrika füllten die Kirchen während der letzten zehn Jahre ein politisches Vakuum, nachdem die eigentliche politische Führung verbannt, eingekerkert, exiliert oder umgebracht worden war. Leute wie Desmond Tutu sagten, sie würden alles tun, was nötig ist, damit ihre Stimme am Leben bleibt. In El Salvador wurden das Blut von Erzbischof Romero und einer Märtyrerkirche zum Samen neuer Möglichkeiten und zum Samen der Gesellschaftsveränderung.

Vielleicht ist es an der Zeit, daß die Kirchen und religiösen Gemeinschaften des Westens insgesamt dasselbe tun. Viele sind willig, sich selbstproklamierten »neuen Weltordnungen« unterzuordnen, selbst wenn sie mit eigenen Augen sehen, wie sich die Ordnung der Welt auflöst. Aber andere wagen es, neue Träume zu träumen und aufgrund neuer Visionen zu handeln.

Trotz des vielfältigen Mißbrauchs der Religion läßt sich der Reichtum unserer religiösen Traditionen neu entdecken. Oder um Tim McDonald zu zitieren, einen guten Freund und großartigen schwarzen Prediger in Atlanta: »Es steht alles im Buch!« Die Vision rassischer und wirtschaftlicher Gerechtigkeit, nach der wir uns sehnen – steht alles im Buch. Die Auffassung, daß Gemeinschaft die moralische Grundlage der Wirtschaft ist – steht alles im Buch. Das Feiern der Vielfalt und sogar die Grundlage unserer Versöhnung – steht alles im Buch.

Die Weisheit, daß diejenigen unter uns, die am tiefsten verwundet sind, Prüfstein unseres Gottesdienstes und der moralischen Redlichkeit der Gesellschaft sind – steht alles im Buch. Und die Wiederentdeckung des Heiligen in der Beziehung zu unseren Nächsten und zur Erde, die wir vor allem anderen brauchen – steht alles im Buch. Die Grundwahrheit, daß spirituelle Veränderung die Voraussetzung sozialer Transformation ist – steht alles im Buch. Das alles findet sich in den Schriften und Traditionen, die das Fundament unseres religiösen Lebens sind. Und dies alles hat eine sehr radikale persönliche und soziale Bedeutung, insbesondere in Zeiten, wie wir sie jetzt haben.

Viele unserer Kirchen und Gemeinden befinden sich in einem rapiden Niedergang. Sie haben entsetzlich wenig Kontaktfläche zu jener Realität, die uns innerlich kaputtmacht und unsere Gesellschaft zersplittert. Aber vielleicht haben gerade deshalb religiöse Gemeinschaften heute besonders wenig zu verlieren.

Weshalb kehren wir in diesem kritischen Augenblick der Geschichte nicht zu unserer »ersten Liebe« zurück? Warum setzen wir nicht alles aufs Spiel für jene Vision, an die unser Herz noch immer glaubt? Warum tun wir nicht das, was in den vierziger Jahren ein Bauer im ländlichen Americus um Staate Georgia tat? Clarence Jordan richtete eine Gemeinschaft für Schwarze und Weiße ein und nannte sie *Koinonia* (griechisch: Gemeinschaft). Er erinnert uns daran, daß Glaube heißt, »dein Leben auf Sachen zu verwetten, die du nicht sehen kannst, und ein Leben zu führen, das über die Konsequenzen lacht«.[34]

Unsere Erfolgsmaßstäbe müssen nicht »unmittelbarer politischer Sieg« oder »gesellschaftliche Akzeptanz« heißen. Sonst kommt es nur zu Desillusionierung, *Burnout* und Verzweiflung, wie viele bezeugen können. Treu zu sein ist die Berufung, eine Vision lebendig zu halten und weiter wachsen zu lassen, bis die Zeit für breitere Zustimmung reif ist. Es ist eine geradezu evangelistische Verantwortung, solch eine Vision tapfer anzubieten. Aber ihre Annahme liegt einfach nicht in unserer Hand.

Imagination bedeutet die Fähigkeit, angeleitet von wesentlichen Werten und unabhängig von ideologischen Axiomen und strukturellen Gegebenheiten auf die Zukunft vorzugreifen. Imagination erfordert vor allem, daß wir die erstarrten Denksysteme, politischen Ansätze und gesellschaftlichen Organisationsmuster hinter uns lassen, die uns so lange schon regieren.

Wir stehen am Scheideweg. Eine neue Zeit kommt. Und die Frage lautet: Sind wir bereit?

Imagination ist ein Zeichen der Transformation.

RE-KONSTRUKTION
Vom Protest zum Wiederaufbau

Der oft übersehene Prophet Nehemia hält eine hochaktuelle Vision für unsere eigene Epoche des gesellschaftlichen Übergangs bereit. In der biblischen Geschichte befinden sich die IsraelitInnen im babylonischen Exil. Sie sind geschlagen und demoralisiert. Ihre Weisen klagen darüber, wie qualvoll und schwierig es ist, »das Lied des Herrn in einem fremden Land« zu singen. In der Erzählung kommen ein paar Leute zu Nehemia und berichten von der Lage der zerstörten Stadt Jerusalem und der Menschen, die der Verschleppung entkommen sind oder als Überlebende heimgekehrt sind. Sie sagen: »Die Heimkehrer leben dort im Land in großer Not und werden verhöhnt. Die

---

34 *Anm. d. Übers.*: Clarence Jordan hat das Neue Testament in den Sprachdialekt des amerikanischen Südens übersetzt. Vgl. Clarence Jordan, The Substance of Faith and Order and Other Cottonpatch Sermons. New York 1972, S. 42 f., und ders., The Cottonpatch Version of Hebrews 11. Clinton 1963, S. 35.

Stadtmauer Jerusalems liegt in Trümmern, die Tore sind durchs Feuer zerstört.« Nehemia schreibt:»Als ich das hörte, setzte ich mich hin und weinte. Tagelang trauerte und fastete ich, flehte zum Gott des Himmels und betete.« (Nehemia 1, 3 f.)

Nehemia begibt sich zum babylonischen König Artaxerxes, unter dessen Regentschaft die IsraelitInnen leben müssen und als dessen Mundschenk der Prophet arbeitet. Er berichtet:

»Der König sagte zu mir: ›Warum siehst du so schlecht aus? Du bist doch nicht krank. Irgend etwas muß dir das Herz schwer machen.‹ Ich fürchtete mich sehr und sagte zum König: ›Der König möge ewig leben! Muß ich nicht Trauer tragen, wenn die Stadt, in der meine Vorfahren begraben sind, verwüstet ist und ihre Tore vom Feuer zerstört sind?‹ Darauf fragte mich der König: ›Hast du einen Wunsch, den ich dir erfüllen kann?‹« (Nehemia, 2, 2–4)

Nehemia bittet um die Erlaubnis, Jerusalem wieder aufbauen zu dürfen. Er erhält sie, begibt sich nach Jerusalem und sammelt die Überlebenden in der Stadt und um sie herum:

»›Ihr seht die trostlose Lage, in der wir stecken. Jerusalem ist ein Trümmerhaufen, und die Stadttore sind verbrannt. Kommt, laßt uns die Mauern wieder aufbauen, damit diese Schande aus der Welt geschafft wird.‹ . . . Da sagten sie: ›Auf, an die Arbeit!‹ Und sie gingen mit frischer Kraft ans Werk für das gemeinsame Wohl.« (Nehemia 2, 17 f.)

Dies ist der prophetische Ruf nach dem Exil. Das jüdische Volk ist zerstreut. Sie haben kein Land und keine Heimat, und das ist der Anfang des Wiederaufbaus ihrer alten Stadt.

Worin besteht die Gemeinsamkeit mit unserer Lage? Das biblische Thema, das vielleicht unserer Situation am meisten entspricht, ist das Exilthema. Wir leben nicht im Gelobten Land, wie einige Mitglieder der Religiösen Rechten zu glauben scheinen. Und auch die, die die »drückende Hitze der Unterdrückung« durchlitten haben, wie es Martin Luther King auszudrücken pflegte, haben bisher noch keinen wirklichen Exodus erlebt. Das Exilthema entspricht der Erfahrung vieler Menschen im modernen Amerika. Malcolm X und radikale Christen wie Daniel Berrigan oder William Stringfellow haben Amerika dezidiert als »Babylon« bezeichnet.

Für viele junge Weiße war es eine Art Offenbarung, als wir in unseren Jugendjahren die Realität und das Ausmaß des weißen Rassismus entdeckten. Die Bürgerrechtsbewegung und die Explosion unserer Großstädte brachte die an die Substanz gehende, hausgemachte rassische Ungerechtigkeit ans Licht. Und dann kam Vietnam. Viele von uns wurden mit Vietnam erwachsen. Ob wir in diesem Krieg kämpften oder gegen ihn – wir alle sind seine Veteranen. Die Brutalität, die Lügen, der Tod und die Zerstörung öffneten uns die Augen für schmerzende Wahrheiten über unser eigenes Land. »Der Krieg«, wie er von vielen von uns immer genannt werden wird, war eine weitere Offenbarung. In den Ghettos von Detroit und im Dschungel Südostasiens haben wir die Unschuld verloren. Wir wurden Exilierte im eigenen Land.

Für diejenigen, die als SklavInnen nach Amerika kamen und nur »befreit« wurden, um von den Nachfahren ihrer früheren Besitzer verachtet und unterdrückt zu werden, ist Amerika schon immer Ort des Exils. Frauen, die im patriarchalen System oder in gewalttätigen familiären Umfeldern zu Bewußtheit kommen, kennen die Verwundbarkeit der Exilsituation nur allzu gut. In Mittelamerika haben wir neue Vietnams erlebt; wir waren ZeugInnen des atomaren Wettrüstens und brennender Städte, die sich jetzt in chaotische Gewalt auflösen. »Ihr seht die trostlose Lage, in der wir stecken. Jerusalem ist ein Trümmerhaufen, und die Stadttore sind verbrannt.« Wir fühlen uns wieder wie Exilierte.

Als der Oberbürgermeister von Washington, D. C., die Vollmacht verlangte, die Nationalgarde einzusetzen, um der eskalierenden Gewalt in der Stadt Herr zu werden, war das ein aussagekräftiges Symbol. Der Schritt offenbarte die Hilflosigkeit und Verzweiflung des Volkes und seiner politischen Führung. Aber es gibt noch eine andere Antwort. »Kommt, laßt uns die Mauern wieder aufbauen, damit diese Schande aus der Welt geschafft wird. An die Arbeit!« Aber wer wird mitbauen – und auf welchem Fundament?

Womöglich erleben wir bald schon einen fundamentalen Schub, einen Richtungswechsel. Es geht um die Wende vom Exil zum Wiederaufbau, vom Protest zur Re-Konstruktion. Die Werte und Erfahrungen, die in den Jahren des Exils feingeschliffen wurden, könnten jetzt für die Aufgabe des Wiederaufbaus zur Verfügung stehen. Es ist die Bewegung vom *ersten* prophetischen Auftrag, die Wahrheit zu sagen, hin zum *zweiten* prophetischen Auftrag, eine alternative Vision anzubieten. Nehemia redet zu uns in dieser Sprache.

Der Schub in mir selbst hat viele Ursachen. Zum Teil stammt er aus meiner Arbeit mit den Gangs. Nañe Alejandrez und die jungen Frauen und Männer von »Barrios Unidos« in Santa Cruz legten mir drei Ideen für auf das Gemeinwesen bezogene wirtschaftliche Entwicklungsprojekte vor, die frühere Gang-Mitglieder in den Wiederaufbau des Lebens in den Armenvierteln einbeziehen wollten. Als ich Nañe fragte, wieviel es kosten würde, diese drei Initiativen zu starten, sagte er mir, es ginge um eine Investition von 30 000 Dollar. »Für jede?« fragte ich. »Nein«, sagte er, »für alle drei«.

Einige Wochen später trafen wir mit Gaylord Thomas von der evangelisch-lutherischen Kirche in Amerika zusammen. Prompt wurden 50 000 lutherische Dollar samt technischer Assistenz für diese hoffnungsvolle Projekte überwiesen. Nañe sagte: »Nie zuvor habe ich gesehen, daß die Kirchen auf der Straße waren. Aber jetzt gehe ich mit der Hoffnung nach Hause, Santa Cruz wiederaufzubauen.« Nur wenige Wochen später hielten wir im November 1993 in Chicago ein weiteres Treffen ab, um ein kirchliches Unterstützungsnetz für junge Menschen im ganze Lande zu installieren, die die Gewalt beenden und ihre Stadtviertel wieder aufbauen wollen. Das Unterstützungs-Netzwerk wurde gemeinsam von mehreren Denominationen, landesweiten Organisationen und lokalen Gemeinden geschaffen. Die Mitglieder sind protestantisch, katholisch, schwarz und weiß. Es handelt sich um eine der breitesten religiösen Bündnisse, das je in diesem Land zustande gekommen ist.

Die Vision des Netzwerks ist *praktisch*. Ortskirchen und -gemeinden nehmen Verbindung mit jenen Jugendorganisationen auf, die versuchen, die Gewalt zu beenden und eine positive Gemeinwesenentwicklung zu fördern. Das Netzwerk will konkrete Hilfestellung im Bereich der Konfliktbewältigung geben. Ortsgemeinden werden ermutigt, das uralte Ideal des Kirchenasyls neu zu entdecken und inmitten urbaner Kriegszonen Räume der Offenheit und Geborgenheit zu schaffen. Der Plan des Netzwerks richtet die Aufmerksamkeit besonders auf die vordringliche kommunale Wirtschaftsentwicklung – als Alternative zu mörderischem Drogenhandel und als Weg zur Konsolidierung innerstädtischer Viertel. Und der Plan des Netzwerks fordert bestehende religiöse Strukturen heraus, dieser entscheidenden Aufgabe Geld und Investmentpakete zur Verfügung zu stellen.

Der Plan ruft Ortsgemeinden auf, sich zu Anwälten junger Menschen im Strafvollzug zu machen. Religiöse Gemeinschaften werden sich an der umstrittenen Aufgabe beteiligen, Drogen und Waffen aus ihrem Gemeindebereich fernzuhalten. Seelsorgerliche Kräfte sollen sich insbesondere den grassierenden Problemen einer unverantwortlichen Sexualität und des sexuellen Mißbrauchs zuwenden und zur Erneuerung des Familienlebens beitragen.

Die Vision unterstreicht, daß Strategien zur spirituellen Transformation genauso wichtig sind wie konkretes Handeln im Bereich des Gemeinwesen. Es werden konkrete Hilfestellungen gegeben, wie Ortsgemeinden die Zeichen der Zeit in der gegenwärtigen Krise biblisch deuten können und wie sie möglichst praktische Antworten finden. Eine der Hauptaktivitäten wird darin bestehen, Ortsgemeinden dabei behilflich zu sein, wirklich Kontakt zur Straße zu kriegen.

Gemeinden müssen sich beispielsweise auch als Anwälte im politischen Feld betätigen, wenn die Themen Kinder betreffen. Zugleich müssen sie jene ideologischen und aus persönlichem Ehrgeiz erwachsenden Zusammenstöße vermeiden, die solche politische Debatten zu begleiten pflegen. Sie werden ermutigt, jenen ethischen Höhenweg zu benutzen, der zum Handeln unten an der Basis führt. Viele hoffnungsvolle Beispiele solch neuer Aktivitäten gibt es bereits. In Kansas City erwuchs aus dem Gang-Gipfel von 1992 das *Break and Build*-Programm[35], das junge Gang-Mitglieder für ein Leben im Frieden und für tätige Arbeit fit macht. Ein schlagkräftiges Netzwerk meist schwarzer evangelikaler Stadtmissionen, das sich »Christlicher Verein für Gemeinwesenentwicklung« (Christian Community Development Association) nennt, erzeugt neue Hoffnung auf die Evangelisierung und die wirtschaftliche Entwicklung in den Ballungsräumen des ganzen Landes. Und die Kampagne der katholischen Bischöfe für humane Entwicklung ermöglicht unzählige auf das Gemeinwesen bezogene Projekte.

Eine Koalition von Großstadtkirchen in Boston bietet einen Zehnpunkteplan für die kirchliche Mobilisierung der ganzen Stadt an. Ihr Plan ist ein konkretes Beispiel dafür, was im ganzen Land geschehen könnte. Er wurde bereits von einer Reihe weißer und schwarzer Kirchen sowie von der katholischen Erzdiözese in Boston übernommen und ist sehr einfach, klar und konkret:

---

35 *Anm. d. Übers.*: etwa: Abbruch- und Aufbauprogramm.

Der Zehnpunkteplan

Der folgende Zehnpunktevorschlag für die stadtweite Mobilisierung der Kirchen entstammt der Alltagswirklichkeit unserer Arbeit mit Jugendlichen auf den Straßen, in den Drogenhöhlen und in den Gerichten und Vollzugsanstalten dieser Stadt. Wir möchten eine seriöse Diskussion darüber in Gang bringen, was die christliche Gemeinschaft konkret tun kann, um den Frieden Gottes in die Gewaltwelt unserer Jugend hineinzutragen.

Deswegen rufen wir Kirchen, kirchliche Einrichtungen und die akademische theologische Gemeinschaft in der ganzen Stadt auf, einen oder mehrere der folgenden Vorschläge zu diskutieren und allein oder miteinander umzusetzen:

1. Zusammenschlüsse von je vier oder fünf Gemeinden zu schaffen, die gemeinsam je eine Jugend-Gang »adoptieren«, um Jugendliche, die zu Gangs gehören, zu sammeln und zu evangelisieren. Innenstadtkirchen würden dabei als Anlaufzentren dienen, die Jugendlichen in Schwierigkeiten Zuflucht gewähren.

2. GefängnismissionarInnen anzustellen, die als AnwältInnen schwarzer und lateinamerikanischer Jugendlicher im Strafvollzug wirken. Sie würden eng mit BewährungshelferInnen und *Streetworkern* zusammenarbeiten, um gefährdete Jugendliche und ihre Familien zu unterstützen. Gipfeltreffen von SchulleiterInnen und schwarzen und lateinamerikanischen PastorInnen zu organisieren, um Partnerschaften zu entwickeln, die im Blick auf besonders gefährdete Jugendliche partnerschaftlich zusammenarbeiten. Wir schlagen vor, sich gerade den gewalttätigsten und schwierigsten Jugendlichen und ihren Familien seelsorgerlich zuzuwenden.

3. JugendevangelistInnen zu beauftragen, persönliche Evangelisationsarbeit unter jenen Jugendlichen zu betreiben, die in den Drogenhandel verwickelt sind. Solche EvangelistInnen würden dabei mitwirken, diese Jugendliche auf die Teilnahme am nationalen Wirtschaftsleben vorzubereiten. Die Arbeit könnte die Vorbereitung aufs College, den Aufbau legaler und steuerzahlender Kleinunternehmen, die Entwicklung von Verkaufstalenten sowie die Ermutigung umfassen, sich gewerkschaftlich zu organisieren.

4. Rechenschaftspflichtige kommunale Entwicklungsprojekte zu entwickeln, die die Alternative »Markt« oder »Staat« hinter sich lassen.

Solche Initiativen sind z. B. gemeinschaftliche Bodentrusts, kleinunternehmerische Projekte, Arbeiterkooperativen, kommunale Finanzierungsgesellschaften, Verbraucherkooperativen und demokratisch geleitete Körperschaften zur Entwicklung des Gemeinwesens.

5. Verbindungen zwischen Vorortgemeinden und innerstädtischen Gemeinden bzw. Diensten an der »Frontlinie« herzustellen, um für geistliche, menschliche und materielle Unterstützung zu sorgen.

6. Innerhalb des kirchlichen Gemeindebezirks Nachbarschaftsprogramme zur Verbrechensbekämpfung zu entwickeln und zu unterstützen. Wenn beispielsweise 200 Gemeinden jeweils die vier Ecken ihres Kirchengeländes im Auge behielten, wären 800 Häuserblocks sicherer.

7. Arbeitsbeziehungen zwischen Kirchengemeinden und kommunalen Gesundheitszentren herzustellen, um für Familien in Krisenssituationen seelsorgerlich ansprechbar zu sein. Wir schlagen ferner die Einrichtung abstinenz-orientierter Bildungsprogramme vor, die sich auf die Verhütung von AIDS und von anderen sexuell übertragbaren Krankheiten konzentrieren.

8. Einen Arbeitsgipfel schwarzer und lateinamerikanischer Männer zusammenzurufen, um die Entwicklung christlicher Bruderschaftsgruppen zu diskutieren, die klare Alternativen zum gewaltträchtigen Bandenleben darstellen würden. Solche Bruderschaften könnten auch beauftragt werden, Verantwortung für das Familienleben zu übernehmen und Gotteshäuser zu schützen.

9. In kirchlichen Räumen Anlaufzentren für vergewaltigte und geschlagene Frauen einzurichten. Für gewalttätige Männer, insbesondere für Teenager und junge Erwachsene unter ihnen, müssen Beratungsprogramme entwickelt werden.

10. Einen offensiven Lehrplan für schwarze und lateinamerikanische Geschichte zu entwickeln, der sich außerdem auf die Kämpfe der Frauen und der Armen konzentriert. Solch ein Lehrplan könnte in Kirchen verwendet werden, um Jugendlichen zu vermitteln, daß der Gott der Geschichte im Leben aller Völker aktiv war und bleibt.[36]

Der Schlüssel all dieser Bemühungen ist die Bereitschaft, den Glau-

---

36 vgl. Sojourners Magazine. Jg. 23, Nr. 2 (Febr./März 1994), S. 13.

ben auf die Straße zu tragen. Weder Kirchen mit hohen Kirchtürmen noch Hinterhofgemeinden können es sich leisten zu warten, bis Jugendliche von sich aus zur Tür hereinmarschieren. Kürzlich sprachen Mitglieder einer bekannten schwarzen Baptistengemeinde in Washington, D.C., mit mir darüber, wie gern sie sich für ihren Stadtteil einsetzen würden. Sie wüßten aber nicht wie.

»Fast keiner von uns wohnt noch hier. Vielleicht sollten einige von uns wieder herziehen«, schlug ein Kirchenältester vor. Eine Frau sagte: »Die Kids auf der Straße haben nicht die richtige Kleidung, um in unsere Kirche zu kommen. Sie fühlen sich nicht wohl, wenn sie sehen, was wir anhaben.« Als Reaktion darauf beschloß die Gemeinde, im Dezember einen »Komm, wie du bist«-Sonntag zu veranstalten, an dem alle in Alltagskleidung erscheinen sollten. Man wollte die Jugendlichen, die auf der Straße vor der Kirche herumhingen, an diesem Sonntag besonders dazu einladen, hereinzukommen. »Es funktioniert. Wir müssen uns vielleicht alle ändern«, bemerkte ein Gemeindemitglied.

Jim Offult, ein schwarzer Mennonitenpastor aus dem Raum Chicago, schlägt vor, daß Ortsgemeinden in gewaltträchtigen Kommunen »Friedenshäuser« einrichten.

»Diese kleine auf gegenseitige Zerstörung angelegte Welt auf dem Niveau des Armenviertels sorgt dafür, daß so viele unserer jungen Leute bis an die Zähne bewaffnet sind«, beobachtet er. »Ihre Bewaffnung ist eher ein Zeichen ihrer gemeinsamen Angst voreinander als ein Zeichen der Stärke.« Die Gangs würden einander nicht wirklich umbringen wollen, meint er. »Sie suchen verzweifelt nach einem Menschen, nach einem Ort, nach irgendwas, das sich um sie kümmert und ihnen hilft, sich voreinander zu retten.«

Jim berichtet, daß das Gemeindehaus der Kirche, in der er angestellt war, zur »Befreiten Zone« erklärt wurde. Oft kamen einander bekriegende Bandengruppen auf diesem neutralen Boden zusammen, um ihre Streitigkeiten friedlich zu regeln. »Wir hatten bei nicht nur einer Gelegenheit Erfolg damit, potentiell tödliche, explosive Situationen zu entschärfen.«

Jim schlägt vor, daß in den vielen von Banden beherrschten Gebieten im ganzen Land neutrale, befreite Zonen eingerichtet werden, in denen man an Konfliktlösungen arbeiten kann. Solche Einrichtungen, die er »Friedenshäuser« nennt, könnten in Krisensituationen rund um die Uhr arbeiten. Er schlägt ferner vor, den Gedanken neutraler Zonen auszuweiten, um Bereiche der Wirtschafts- und Handelsentwicklung zu markieren.

Pastor Jerry McAfee von der »New Salem Missionary Baptist Church« in Minneapolis, Minnesota, stammt aus einer alten Predigerfamilie, glaubt aber dennoch, daß Kirchen nicht Gebäude sind, sondern Menschen. Als Teilnehmer des Gang-Gipfels in Kansas City und des Anti-Gewalt-Netzwerks hat Jerry seine Berufung für die Straße entdeckt. Er ist überzeugt, die Kirche müsse wie Jesus »durch Samarien ziehen«. Samarien symbolisiert für ihn die üblen Straßen und gewalttätigen Viertel, den Rassenhader und das Gang-Terrain, um das religiöse Menschen von jeher einen großen Bogen gemacht haben. Wenn wir in die Gemeinschaft von Samarien gehen, würden wir merken, daß »die Leute, um die man einen Bogen macht, unsere Verwandten sind«.

»Das ist unsere Zeit«, sagt Jean Sindab, ein kirchlicher Langzeitaktivist und einer der Vorsitzenden des Antigewalt-Netzwerks. »Dies ist eine Zeit für die Kirche.« Die Glaubensgemeinschaften sind in Zeiten der gesellschaftlichen Krise gerade dann gefordert, wenn die Sache verloren scheint und die Umstände hoffnungslos aussehen. Der Schreiber des Hebräerbriefes sagt: »Glaube heißt, sich auf das zu verlassen, was man hofft, und fest mit dem zu rechnen, was man nicht sehen kann« (Hebräer 11,1). An entscheidenden historischen Scheidewegen ermöglicht der Glaube jene politische Phantasie, die Lösungen für scheinbar unlösbare soziale Probleme sieht.

Deswegen beginnen wir den Wiederaufbau unserer Städte mit dem Werk des Gebets und mit der glühenden Überzeugung, daß unsere Kinder es wert sind, daß wir für sie kämpfen. So hoffnungslos vieles aussehen mag, so hoffnungslos wir uns selbst fühlen mögen: Wir müssen jene Perspektive festhalten, die aus dem Glauben kommt, und daran glauben, daß unsere Kinder nicht auf verlorenem Posten stehen, daß die Gewalt nicht das letzte Wort haben wird und daß, wie die Bibel sagt, der Tod nicht siegen wird. Unsere besten religiösen Traditionen sagen, daß es einen Gott der Befreiung, der Erlösung, der Wunder, der zweiten Chancen, der Gesellschaftsrevolution gibt. In den schwarzen Kirchen hört man von einem Gott, der »einen Weg bahnt, wo kein Weg ist«. Aus der gegenwärtigen Krise wird ein neuer Weg erwachsen, wenn wir Augen haben, um zu sehen, und den Mut, unser Leben auf unsichtbare Realitäten zu gründen.

Der Schub vom Exil zum Wiederaufbau kommt teilweise aus dem

300

Gefühl, daß Protest und Widerstand allein nicht ausreichen. Die moralischen und politischen Grenzen jener philosophischen Bewegung, die sich »Dekonstruktion« nennt, werden immer deutlicher. Es ist zwar wesentlich, repressive Strukturen zu enttarnen, aber das kann nie das Endziel sein. Wenn »Dekonstruktion« zum Selbstzweck wird, sind wir schlimm dran. DekonstruktionistInnen, die außerhalb ihrer Gruppenerfahrung keinerlei echte Verantwortung gegenüber moralischen Werten übernehmen, können unabsichtlich zum weiteren gesellschaftlichen Niedergang und zur Zersplitterung beitragen. Die politische Linke ist inzwischen moralisch ebenso hohl wie die politische Rechte. Ein radikaler Individualismus beherrscht beide und regiert das gesamte politische Spektrum.

Die Bejahung grundlegender sozialer Wertmaßstäbe ist für das Wohlergehen jeder Gesellschaft unabdingbar. Es ist jetzt notwendig, nach neuen Grundlagen für den Konsens zu suchen, um eine zukunftsfähige politische Vision zu entwickeln. Die Zeit der Dekonstruktion ist wohl abgelaufen. Wenn wir in dieser Richtung weitermachen, hinterlassen wir womöglich nichts als eine zerstörte Wüste. Können diejenigen, die dazu beigetragen haben, repressive Strukturen aufzudecken, jetzt auch echtes Engagement für die Wertmaßstäbe und Erfordernisse gesellschaftlicher Transformation aufbringen?

Wer wird die Vision der spirituellen und politischen Bekehrung formulieren? Wer wird nach dem Gemeinwohl fragen und dafür arbeiten? Wer wird anfangen, das zu schaffen, was die katholische Sozialaktivistin Marie Dennis »Gesellschaften, die Werte repräsentieren« nennt? Die Energie für den Wiederaufbau entsteht bei vielen auch aus der Sehnsucht, nach Jahren der Zersplitterung und Gebrochenheit das eigene und familiäre Leben wiederherzustellen.

Aber vor allem entsteht die Sehnsucht nach Wiederaufbau aus jenen Tränen, die der Blick auf die Großstadt erzeugt. Der Wiederaufbau Nehemias war Frucht seiner Tränen. Es kam aus der Trauer über »das Leid, in dem wir stecken«. Wir alle kennen diese Tränen. Vielleicht ist es an der Zeit, unsere Tränen in Taten des Wiederaufbaus zu verwandeln.

Neue Führung wird nur von denjenigen ausgehen, die anfangen, etwas Neues zu bauen, und die nicht bloß das Alte kritisieren. Man hat einmal gesagt, die beste Kritik am Schlechten ist das Praktizieren des Guten. Nehemia und sein Volk bauten auf uralten Fundamenten eine neue Stadt.

Heute werden nur diejenigen gute BauarbeiterInnen sein, die in tragfähigen spirituellen Werten verankert sind. Man muß etwas haben, worauf man bauen kann. Kritische Gesellschaftsbewegungen haben die notwendige Vorarbeit geleistet, die darin bestand, die Wahrheit aufzudecken, Unrechtssysteme zu entmythologisieren und zu entlegitimieren sowie jene alten Strukturen niederzureißen, die versagt haben. Aber während man ohne einen klaren Orientierungssinn einreißen kann, kann man ohne Wertmaßstäbe nichts aufbauen. Das eine, was uns die Dekonstruktion auch jetzt noch lehren kann, ist vielleicht, *wer* diejenigen sein werden, die aufbauen: Schwarze, lateinamerikanische, feministische, »eingeborene« und konterkulturelle Bewegungen haben den Bankrott jener Systeme aufgezeigt, die alle, außer weiße Männer, von der Entscheidung der Frage ausschließt, wie unsere Gesellschaft regiert werden soll. Das nachhaltigste Erbe der Befreiungsbewegungen ist vielleicht ihr Insistieren auf inklusive Muster beim sozialen und politischen Einsatz – und darauf, daß diese zentrale Einsicht den gesamten Prozeß des Wiederaufbaus leiten muß. Das heißt: Die Perspektive und Partizipation *aller Betroffenen* ist erforderlich. Gerade deshalb können die Ergebnisse anders aussehen.

In Kapital 3 zählt Nehemia sehr ausführlich die Namen einzelner Bauleute und ihren Beitrag beim Wiederaufbau der Stadt auf: Diese Person erbaute einen bestimmten Teil der Westmauer, jene Person befestigte den Kreuzbalken auf der Südmauer und so weiter.

Erst überflog ich die Liste nur, weil ich sie für unerheblich hielt. Aber dann sah ich genauer hin und mir ging auf, wie wunderbar detailliert der Beitrag jedes einzelnen Bauarbeiters festgehalten wird. Es handelt sich um ein sprechendes Bild für die große Vielfalt von Bauleuten und Perspektiven, die wir heute brauchen.

Manchmal ist es einfacher, im Exil zu bleiben, als die Stadt neu zu bauen. Vielleicht haben wir uns in unserem Exilstatus ganz gequem eingerichtet. Manche würden lieber bloß protestieren oder einreißen anstatt aufzubauen, und einige sind skeptisch und vielleicht sogar wütend über den Wiederaufbau. Nehemia sah das. Er sagt, die Gegner seien wütend gewesen, als sie hörten, daß die Juden die Stadt wieder aufbauen. Sie verspotteten die Bauleute und sagten:

»Was bilden sich diese elenden Juden ein? Meinen die wirklich, sie könnten es schaffen? Oder glauben sie, daß ihre Opfer etwas bewirken? Das ist doch keine Arbeit von einem Tag! Sie wollen wohl die verbrannten Steine ihrer Ruinen zu neuem Leben erwecken? ... Wenn ein Fuchs an ihre Mauer springt, fällt die ganze Pracht zusammen!« (Nehemia 3, 34 f.)

Aber der Prophet antwortet auf den Spott: »Trotz der Anfeindungen konnten wir die Mauer wieder aufbauen. Bald schon war sie über die ganze Länge geschlossen und bis zu halben Höhe konstruiert, weil alle mit Eifer bei der Sache waren« (3,38). Wiederaufbau ist ein Zeichen der Transformation.

FREUDE
Das untrügliche Lebenszeichen

Eine gute Freundin, Yvonne Dilling, ging nach El Salvador, um dort unter den Flüchtlingen zu arbeiten. Schon während ihrer ersten Woche half sie Menschen, die dem salvadorianischen Militär entkommen wollten, bei der Überquerung des Flusses Lempe nach Honduras. Die Sache war ebenso dramatisch wie gefährlich, denn Kampfhubschrauber (*made in USA*) stießen von oben herab, griffen im Tiefflug an und wollten die *Campesinos* von der Flucht abhalten. Yvonne, die im College Schwimmerin gewesen war, brachte auf ihrem Rücken Kinder über den Fluß in Sicherheit. Das war ein beachtlicher Einstand in ihre neue Arbeit.

Ihre Mission verlief weiterhin äußerst aufreibend, und es sah so aus, als sei kein Ende abzusehen. Sie arbeitete Tag und Nacht. Eines Tages fragte eine alte Flüchtlingsfrau Yvonne, weshalb sie ständig arbeite. »Du hörst nie auf. Du kommst nicht zu uns, wenn es eine Fiesta oder was zu feiern gibt. Warum nimmst du dir nie Zeit, dich zu uns zu setzen und zuzugucken, wie unsere Kinder lachen – oder um einfach nachts die Sterne anzusehen? Wieso hast du nie Zeit zum Spielen oder zum Beten?« Etwas verblüfft antwortete Yvonne, daß die Arbeit, die sie tue, eine Sache von Leben und Tod sei. Das Leiden sei so entsetzlich, daß keine Zeit zum Ausruhen sei. Das war die noble Version des volkstümlichen Spruchs: »Irgendwer muß die Dreckarbeit ja machen.«

Die weise alte Frau schüttelte den Kopf. »Das ist nicht der Grund«, sagte sie. »Ich glaube, der Grund ist, weil du nicht lange bleiben willst. Du mußt planen, bald nach Hause zu fahren und in dein bequemes amerikanisches Leben zurückzukehren. Niemand kann tagaus tagein so weitermachen wie du. Wir wissen, daß wir für den Rest unseres Lebens in diesem Kampf stecken werden. Wir können nicht abhauen. Deswegen haben wir gelernt, auszuruhen, zu spielen und zu beten, zu feiern und Partys zu haben und uns über unsere Freunde und Kinder zu freuen.«

Yvonne erzählte mir, was diese Flüchtlingsfrauen taten, wenn sie neue Lager errichteten. Sie gründeten drei Ausschüsse: den Sanitärausschuß, den Bildungsausschuß und den Festausschuß. Yvonne hat von den Flüchtlingen manche Lektion gelernt. Heute kann sie die Feste feiern, wie sie fallen – inmitten ihrer immer noch wichtigen Arbeit.

Ich habe schon immer über die Fähigkeit der Armen gestaunt, dankbar und fröhlich zu sein. Und ich bin überzeugt, daß beides zusammenhängt. Es ist zutiefst paradox, zu sehen, wie diejenigen, die so wenig haben, für kleine Zeichen des Segens dankbar sind, während diejenigen, die den größten Anteil an den Gütern der Erde besitzen, oft so undankbar wirken.

Auch Großzügigkeit und Freude scheinen zusammenzuhängen. Ich habe herausgefunden, daß es in der Regel besser ist, sich in einer armen Umgebung zu befinden, wenn man Hilfe von anderen braucht. An »besseren« Orten bedürftig zu sein bedeutet in der Tat, einsam zu sein. Immer wieder habe ich erlebt, wie Leute, die sehr wenig haben, das Wenige mit anderen geteilt haben. Zugleich können die Wohlhabenden sehr egoistisch mit dem umgehen, was sie verdient zu haben meinen. Die Freude, die von einem dankbaren und großzügigen Geist ausgeht, ist mit Händen zu greifen.

Vielleicht muß man ein bißchen verrückt sein, um fröhlich zu sein. Es gibt immer genug Grund, entmutigt zu sein; und die zynische Logik dieser Welt kann leicht in die Verzweiflung führen. Aber die Bibel sagt: »Die Weiheit dieser Welt ist Torheit bei Gott« (1. Korinther 3, 19a). In Pat Conroys »Herr der Gezeiten« spricht der Held, Tom Wingo, wehmütig von seinem exzentrischen Großvater, den viele als religiösen Fanatiker angesehen hatten:

»Ich verstand nicht, mit Heiligkeit behutsam umzugehen, ich fand keine Möglichkeit, eine derart natürliche Unschuld, eine so großherzige Schlichtheit zu würdigen, sie mit meiner schwachen Stimme zu loben.

Heute weiß ich, daß ich eigentlich gerne so durch die Welt gegangen wäre wie er, ein Narr mit brennendem Glauben, ein Tor und ein Parzival, voll überschwenglicher Liebe zu Gott. Ich hätte gerne in seiner Welt des Südens gelebt; wie er hätte ich dann Gott gedankt für Austern und Tümmler, für den Gesang der Vögel und das Wetterleuchten. Ich hätte Gottes Bild in Bachtümpeln und in den Augen streunender Katzen gespiegelt gesehen und mit Hofhunden und mit Singvögeln gesprochen, als wären sie meine Freunde und Weggefährten auf den sonnenverbrannten Landstraßen, berauscht von der Liebe zu Gott. Nächstenliebe verströmend wie ein Regenbogen, der unbekümmert seine Farbe mischt und zwei weit entfernte Horizonte mit seinem prächtigen Bogen verbindet. Ich hätte die Welt mit Augen gesehen, die überall nur Wunder erkennen, und meine Stimme hätte nur das Lob Gottes verkündet.«[37]

Ein gewisser Sinn für Humor ist ein wichtiger Teil der Freude und hilft uns, unsere Perspektive zu bewahren. Eines Tages befand ich mich mitten in der Wüste von Nevada am Rande des Atomwaffentestgeländes der US-Regierung. Einige von uns hatten die Grenzmarkierung zum Gelände illegal überschritten, um gegen das eskalierende Wettrüsten zu protestieren. Wir wurden sofort verhaftet und in Polizeiautos verfrachtet.

Ich saß mit Handschellen auf dem Rücksitz des Wagens, der dem Vizesheriff gehörte. Vorne saß der Franziskanerprovinzial Louie Vatale. Louie unterhielt sich mit dem Vize; sie waren inzwischen ganz gute Freunde, da der Mann Louie schon so oft verhaftet hatte.

Plötzlich begriff der Polizeibeamte, daß er etwas falsch gemacht hatte. Er hatte versäumt, uns die Rechtsbelehrung zu erteilen, und diskutierte jetzt die Sache mit uns, den Beklagten. Ohne Umschweife stimmte er die vertraute Litanei an: »Sie haben das Recht, die Aussage zu verweigern . . .« Inmitten der Rezitation ging Louies Digitaluhr los. Es handelte sich um keine gewöhnliche Armbanduhr, sondern um eine Micky-Maus-Uhr, die die Erkennungsmelodie des Micky-Maus-Klubs spielte. Weil Louie Handschellen trug, konnte er die Uhr nicht abstellen. Der Polizist wurde noch lauter: »Sie haben das Recht auf einen Anwalt«, während seine Rechtsbelehrungen von der populären Weise »M-I-C-K-Y M-A-U-S« melodramatisch untermalt wurde. Ich krümmte mich vor Lachen auf dem Rücksitz und

---

37 Pat Conroy, Die Herren der Insel. Bergisch Gladbach [12]1992, S. 399. Verfilmt und bekannt geworden unter dem Titel »Herr der Gezeiten«.

staunte darüber, wieviel Spaß bürgerlicher Ungehorsam machen kann.

Vor einigen Jahren befand sich eine Gruppe entmutigter Kirchenleute in der Abflughalle des Flughafens von Bagdad. Wir waren in den Irak gekommen, weil wir hofften, wir könnten mir irakischen Führern darüber reden, wie sich ein Krieg am persischen Golf abwenden ließe. Es gab vieles, was geklärt werden mußte. Aber wir glaubten, daß Krieg nicht die richtige Antwort auf den Konflikt sei. Man hatte uns gegenüber den Eindruck erweckt, Saddam Hussein würde mit uns reden und einige irakische Führer wären wirklich auf der Suche nach einem Ausweg aus der Misere. Statt dessen verbrachten wir den größten Teil unserer Tage damit, die Stadt zu besichtigen, im Hotel herumzusitzen und auf ein Treffen zu warten, das niemals stattfand. Es zeigte sich, daß Saddam Hussein genauso wenig daran interessiert war, eine Alternative zum Krieg zu diskutieren, wie George Bush. Schließlich beschlossen wir, Weihnachten nach Hause zu fliegen.

Ich stand zusammen mit dem Leiter unserer Delegation Edmond Browning, dem präsidierenden Bischof der US-amerkanischen Episkopalkirche und mutigsten Kirchenführer in der Opposition gegen den Krieg, in der kleinen Abflughalle zusammen. Wir redeten über unsere fehlgeschlagene Mission und darüber, was er dem irakischen Präsident hätte sagen wollen, als mir an der Wand ein Portrait von Saddam Hussein auffiel. Dieses Abbild hatte uns in fast jedem Zimmer entgegengestarrt, das wir im Irak betreten hatten.

Ich schlug Bischof Browning vor, diese Chance zu nutzen und mit Saddam Hussein zu reden. Er lächelte schelmisch und sah sich im Raum um. Langsam ging der Bischof auf das Bild des Diktators zu und sprach aus, was er im Sinn hatte, begleitet von dramatischen Gesten. Andere Unterhaltungen im Raum verebbten und wichen dem Gelächter, das aufkam, als die Leute sahen, was ihr Leiter machte. Unsere irakischen Militärwachen waren weniger amüsiert, aber die Macht der Satire entging auch ihnen nicht ganz. Uns anderen verschaffte der Humor echte Entlastung und erinnerte uns, wie wichtig es ist, daß wir uns, selbst wenn unser Werk noch so intensiv ist, nicht zu wichtig nehmen dürfen. Chesterton hat einmal gesagt, die Engel könnten fliegen, weil sie sich selbst so leicht nehmen.

Die Kunst des Feierns ist eine Grundvoraussetzung der Freude. Ich erinnere mich daran, wie eine liebe Freundin einmal vierzig Tage lang nur mit Wasser gefastet hat. Wir luden sie und eine andere gute Freundin zum »Abendessen« ein. Als sie ankam, fuhren wir mehrere Servierwagen herein, die mit weißem Leinen und Blumen exquisit geschmückt waren. Auf jedem Wagen befanden sich mehrere Flaschen mit besten Mineral- und Quellwassern, die mit Zitronen-, Limonen- und Himbeeressenzen angereichert waren. Das war für eine Wasserfasterin (und für uns alle) eine veritable Gaumenfreude und wurde zu einem fröhlichen Fest. Es gibt immer etwas zu feiern, unabhängig davon, wie die Umstände aussehen. Freude ist ein Zeichen der Transformation.

HOFFNUNG
Das Tor zur Veränderung

Die St. Georgskathedrale in Kapstadt war zum Bersten voll. Eine Versammlung gegen die Apartheid war soeben von der Regierung verboten worden. So war hastig ein Gottesdienst anberaumt worden, der zur selben Stunde stattfinden sollte, zu der die Massenveranstaltung geplant war. Die Polizei hatte Straßenblockaden errichtet, um junge Leute aus den schwarzen *Townships* davon abzuhalten, zum Gottesdienst in der Stadtmitte zu kommen; aber viele hatten es trotzdem geschafft und strömten nun wie ein mächtiger Fluß von Energie, Entschlossenheit und militanter Hoffnung ins Gotteshaus.

Es gab in der Kirche keinen Platz mehr zum Sitzen oder zum Stehen. Überall waren Leute – in den Gängen, im Chorgestühl, hinter und vor der Kanzel. Menschen aller Farben warteten darauf, daß der Gottesdienst anfangen und die Bibel gepredigt werden sollte. Vor der Kathedrale zogen Verbände der Sonderpolizei auf.

Es war der 13. März 1988, unser erster Tag in Südafrika. Der Gottesdienst in der Kathedrale war der dramatische Auftakt einer vierzigtägigen Pilgerreise durch ein Land voller Leid und voller Hoffnung. Praktisch alle politischen Organisationen und Aktivitäten waren verboten. Nur wenige Tage vorher waren mutige Kirchenführer zum Sitz der Macht, dem Parlamentsgebäude, marschiert, das nur wenige Schritte von dieser großen Kathedrale entfernt ist, um dem weißen Regime zu signalisieren, daß die Kirchen vor ihm nicht in die Knie gehen würden; sie würden, wenn nötig, auch allein dastehen und den Freiheitskampf anführen.

307

Nie zuvor war der Konflikt zwischen Kirche und Staat größer gewesen. Die südafrikanischen Kirchen hatten einen Hilferuf an alle Welt ausgesandt. Unsere Einladung war wenige Monate zuvor eingetroffen. Wir waren hier, um die historischen Ereignisse zu unterstützen und über sie zu berichten.

Erzbischof Desmond Tutu begann seine Predigt:»Inmitten der Finsternis, die uns umgibt, und während die Lichter der Freiheit eines nach dem anderen ausgelöscht werden – trotz aller Beweise des Gegenteils sind wir hierhergekommen, um zu sagen, daß Bosheit und Ungerechtigkeit und Unterdrückung und Ausbeutung, die alle im Wesen der Apartheit verkörpert sind, auf Dauer keinen Bestand haben werden.« Er fuhr fort und sagte, wir müßten, auch wenn alles hoffnungslos aussieht,»darauf pochen, zuversichtlich darauf pochen, daß Gott regiert!« Bischof Tutu erklärte den weißen Machthabern, die das System der Apartheid aufrechterhielten, feurig und mit Nachdruck:»Sie mögen mächtig sein, in der Tat sehr mächtig, aber Sie sind nicht Gott! Sie sind gewöhnliche Sterbliche! Gott, der Gott, den wir anbeten, läßt sich nicht spotten. Sie haben längst verloren! Wir laden Sie ein, zu kommen und sich der siegreichen Seite anzuschließen!« Danach verwandelte sich der Schlußchoral dieses Gottesdienstes in einen Jubelsturm junger Menschen, die kühn ihre Freiheitslieder sangen.

Denselben Geist trotziger Hoffnung trafen wir in ganz Südafrika an, trotz der tiefen Verzweiflung, die die politische Situation markierte. Ich erinnere mich daran, wie ich in der Siedlung Mammelodi vor Pretoria einen vierzehnjährigen Jungen fragte, ob die Apartheid je enden würde.»Ohne jeden Zweifel!« sagte er, obwohl er dachte, das könnte bis zu seinem Lebensende dauern.»Werden deine Kinder eines Tages in Südafrika die Luft der Freiheit atmen?« fragte ich ihn.»Dafür werde ich sorgen!« war seine entschiedene Antwort.

In Südafrika stellte man während Zeiten des Protests brennende Kerzen in die Fenster, um Solidarität und Hoffnung zu zeigen. Es war bekannt, daß die Polizei in die Häuser der Leute eindrang und die Kerzen ausblies. Die Kinder machten Witze über eine südafrikanische Regierung, die Angst vor Kerzen hatte.

Im Juni 1990 erinnerte ich mich an diesen Vierzehnjährigen, als ich in New York gemeinsam mit anderen Kirchenleuten in einem Saal saß und auf die Ankunft Nelson Mandelas wartete, der soeben nach 27 Jahren Gefängnishaft entlassen worden war. Man schätzt, daß am ersten Tag von Mandelas Besuch in den USA eine Million Menschen kamen, um ihn zu sehen. Ungeheuere Menschenmassen, besonders aus den ärmsten Vierteln von New York, bereiteten der südafrikanischen Führergestalt den herzlichsten und erstaunlichsten Empfang, den diese zynische Stadt je erlebt hat. Der Gouverneur Mario Cuomo sagte, dies sei das emotionalste Ereignis gewesen, daß er in all seinen Jahren in der Politik erlebt habe. Nach unserem Treffen begaben wir uns in die überfüllte Riverside-Kirche. Mandela ging voran. Gardner Taylor, einer der hervorragendsten Prediger des Landes, begrüßte Nelson Mandela und sagte: »Dieser Tag und dieses Ereignis – unter diesen Umständen – wäre völlig undenkbar, es sei denn, daß es wahr ist, daß ein Gott ist, der über den Lauf der Geschichte herrscht, der die Anschläge der Bösen stoppt und der bestimmt, daß die Wahrheit, die zu Boden gestoßen wird, wieder aufstehen wird.« Nach einem Ausbruch von ohrenbetäubendem Applaus sagte Nelson Mandela in Anlehnung an die Worte des Propheten Jesaja: »Wir sind aufgefahren mit Flügeln wie Adler, wir sind gelaufen und nicht ermüdet, wir sind gegangen und nicht ermattet (Jesaja 40, 31) – und endlich ist unser Ziel in Sicht.« Derjenige Schwarze, der der weißen Minderheit seines Landes verhaßt war wie kein anderer, verkörperte plötzlich die große Hoffnung, Schwarze und Weiße könnten in einem neuen Südafrika zusammenfinden.

Biblisch gesprochen sind das »Heilsereignisse«. Es handelt sich um Ereignisse, die mit der Verheißung von Freiheit, Gerechtigkeit, Befreiung, Friede und Versöhnung geschwängert sind. Sie zerbrechen das Joch der Unterdrückung und bieten Balsam für tiefe Wunden an. Sie bezeugen Gottes Ziel und Willen mit der Erde.

Solche Ereignisse drehen den Spieß der Geschichte um; sie stellen die Welt auf den Kopf. Sie sind weder vorhersagbar noch zu beherrschen, schon gar nicht von Seiten der Machthaber. Diejenigen, die sich für allmächtig hielten, werden von solchen Ereignissen entmachtet. Das Schloß sogenannter historischer Notwendigkeit und Determiniertheit ist geknackt, und wieder offenbart sich eine Welt neuer Möglichkeiten.

Wenn die Geschichte erstarrt zu sein schein, dann sind die Unterdrückten immer die Ausgesperrten. Die Geschichte ist nicht nur irgendwie und allgemein »verschlossen«, sie ist *ihnen* verschlossen. Die Vergangenheit ist vergessen, die Zukunft ist verrammelt, und es gibt nur noch eine endlose Gegenwart, die zu erleiden ist. Den Armen erzählt man, so sei es immer gewesen und so werde es immer sein. Hoffnung auf einen neuen Tag darf einfach nicht zugelassen und ausgemalt werden. Hoffnung ist das, was repressive Systeme mehr als alles andere fürchten. Sie ist mächtiger als jede Waffe. Sie ist die große Feindin derjenigen, die die Geschichte kontrollieren wollen. Das Militär zertrümmerte Victor Jarra, einem chilenischen Musiker, die Hände, weil er auf seiner Gitarre Lieder der Hoffnung gespielt hatte. Heilsereignisse bringen der Welt vor allem Hoffnung, und die Unterdrückten der Welt sind immer diejenigen, für die dabei am meisten auf dem Spiel steht. Wirkliche Gesellschaftsveränderung hat nie nur mit großen Führergestalten zu tun. Es geht immer darum, daß die Sehnsüchte von Millionen von Menschen freigesetzt werden. Die wirklich großen FührerInnen wissen, daß sie gewöhnlichen Menschen und dem Gott der Geschichte dienen. Nelson Mandelas erste Rede in Kapstadt begann mit den Worten:»Ich stehe nicht als Prophet vor euch, sondern als demütiger Diener von euch, dem Volk.« Als er bei seinem ersten Auftritt in Soweto in einem überfüllten Stadion zu den Menschenmassen sprach, sagte er:»Ich bin mehr als je davon überzeugt, daß nicht Könige und Generäle die Geschichte verändern. Es sind die Massen der Menschen.«[38]

Wenn solche Heilsereignisse stattfinden, sind wir alle überrascht. Wir erwarten nicht, daß sie sich je ereignen könnten oder werden. Die meisten von uns akzeptieren mehr oder weniger die vorherrschende Denkweise der Welt und sehen eine wirkliche Veränderung als ziemlich unwahrscheinlich an. Wenn sie dann geschieht, sind wir sprachlos.

Selbst wir, die wir in Glaubensgemeinschaften leben (und es inzwischen besser wissen sollten), sind über diese Dinge erstaunt. Auch wir scheinen zu glauben, daß die Herrscher und Mächte alles unter Kontrolle haben – daß sie, nicht Gott, die Geschichte lenken. Weil auch wir Frommen dazu neigen, mehr an die Macht der Welt zu glauben als an die Macht Gottes, haben wir den Lauf der Dinge längst akzeptiert. Wenn die Weltläufte zugrunde gehen, gehen die Frommen oft mit zugrunde. Heilsereignisse bieten uns einmal mehr die Möglichkeit des Glaubens an. Die Geschichte ist wieder einmal offen, Gott handelt, wir können etwas tun, und es gibt Hoffnung.

---

38 Zitiert bei Jim Wallis, Drum Major in the Music of Freedom. Sojourners Magazine. Jg. 19, Nr. 7 (Aug./Sept. 1990), S. 50.

Durch Heilsereignise können wir auch von jenen Illusionen befreit werden, die uns allzuoft leiten. Die angemessenste Reaktion auf Heilsereignisse ist ein Dankfest. Die jubelnden Mengen auf der Berliner Mauer und die tanzenden südafrikanischen Massen, die Nelson Mandela willkommen hießen, sind passende Ausdrucksformen. Beide zeigen uns, wie man mit hoffnungsschaffenden Heilsereignissen umgehen kann. Wir sind, um C. S. Lewis zu zitieren, »überrascht von Freude«. Oft kling das Wort *Hoffnung* etwas mystisch und wird benutzt, um irgend etwas rhetorisch herbeizureden. Irgendwie scheint Hoffnung außerhalb jener Realität zu liegen, in der wir leben müssen. Hoffnung wird so zu einem Gefühl, zu einer Stimmung oder zu einem inspirierten Augenblick, zu etwas, das sich irgendwie oberhalb der schmerzlichen und öden Qualen der Geschichte abspielt. Wir durchleben das alles hier unten, und jemand sagt: »Du mußt eben Hoffnung haben!« Und sofort denken wir: »Ich soll etwas Bestimmtes fühlen, was ich nicht fühle. Oder mich in eine Stimmung versetzen, in der ich nicht bin. Ich muß mich wohl irgendwie über die Niederungen des Alltags erheben und hoffnungsvoll sein.« Aber je mehr ich mit diesem Wort *Hoffnung* ringe, desto überzeugter bin ich, daß wir Hoffnung anders, nämlich biblischer, betrachten müssen.

Aus biblischer Sicht ist Hoffnung nicht nur ein Gefühl, eine Stimmung oder ein rhetorischer Schnörkel. Hoffnung ist vielmehr die eigentliche Dynamik der Geschichte. Hoffnung ist die Energie der Transformation. Hoffnung ist die Tür, die von einer Wirklichkeit in die andere führt.

Dinge, die im nachhinein möglich, vernünftig, verständlich und sogar logisch aussehen – also Dinge, mit denen man umgehen kann, die nicht außergewöhnlich sind – sahen oft völlig unmöglich, unvernünftig, sinnlos und unlogisch aus, als wir noch davor standen. Die Veränderungen, Möglichkeiten, Gelegenheiten und Überraschungen, die sich niemand oder nur wenige vorher ausgemalt hatten, nennen wir, nachdem sie sich ereignet haben, »Geschichte«. Was vorher so aussah, als könne es nie geschehen, läßt sich jetzt ganz einfach verstehen. Sobald die erste multirassische Wahl in Südafrika stattfindet, ist uns klar, daß sie unausweichlich war, und wir vergessen die unerschütterliche Hoffnung eines Vierzehnjährigen, die sie möglich gemacht hat.

Im nachhinein können wir sehen, wie alles zusammenkam – und daß es ganz natürlich und sogar vernünftig war, daß es passiert ist. Es war unausweichlich. Jedenfalls sieht es hinterher so aus. Unausweichlich danach und unmöglich davor. Zwischen dem Unmöglichen und dem Möglichen befindet sich eine Tür namens Hoffnung. Die Möglichkeit, daß sich die Geschichte ändert, liegt jenseits der Tür.

Die gute Nachricht, die die Frauen vom Grab Jesu mitgebracht haben, ist für Abermillionen von Menschen die größte Hoffnung geworden, die die Welt je gekannt hat. Aber was haben seinerzeit all die männlichen Jünger dazu gesagt? »Unsinn!« Auf der einen Seite der Tür ist es Unsinn. Auf der anderen Seite ist es die beste Nachricht, die die Jünger Jesu je gehört haben. Und die Tür heißt Hoffnung.

Eine Hoffnung, die keinen Glauben findet, wird immer für Unsinn gehalten. Aber Hoffnung, die Glauben findet, ist Geschichte im Veränderungsprozeß. Der Unsinn der Auferstehung wurde zur Hoffnung, die das römische Imperium erschüttert und die christliche Bewegung begründet hat. Der Unsinn der Sklavenlieder in Ägypten und Mississippi wurde zur Hoffnung, die die Unterdrückten schließlich in die Freiheit geführt hat. Der Unsinn eines Busboykotts in Montgomery im Bundesstaat Alabama wurde zur Hoffnung, die eine ganze Nation verändert hat.

Der Unsinn von Frauenversammlungen wurde zur Hoffnung, die das Frauenwahlrecht und eine mächtige Bewegung, die die Gleichheit der Geschlechter fordert, hervorgebracht hat. Der Unsinn der Ungebildeten, der Unbedarften und des »Abschaums« wird zur Hoffnung, die bis heute Industriegewerkschaften, Landarbeiter-Kooperativen, Campesino-Kollektive und unzählige Basisorganisationen hervorbringt, die Monopole von Reichtum und Macht erschüttern und mitunter besiegen.

Der Unsinn unterdrückter Menschen wurde zum Gebet der Hoffnung, das Anastasio Somoza in Nicaragua und Ferdinand Marcos auf den Philippinen hinweggefegt hat. Und das unsinnige Gerede von Menschen, die der Gewaltlosigkeit verpflichtet sind, wird zur Hoffnung, die sich der Verwüstung des Krieges entgegenstellt und sie manchmal aufhält.

In jedem Falle sahen die Gewinne, Siege und Veränderungen anfangs unerreichbar aus. Sie konnten nur möglich werden, weil Menschen das Tor der Hoffnung durchschritten haben. Spirituelle Seher-Innen waren oft die ersten, die durch das Tor gegangen sind, weil man dieses Tor *sehen* muß, bevor man hindurchgehen kann. Und dann muß man glauben, daß es auf der anderen Seite etwas gibt. Nicht alle können das Tor sehen, und die meisten Menschen können sich nicht vorstellen, was auf der anderen Seite ist.

Diejenigen, die das Tor durchschreiten, müssen auch bereit sein, zu leiden und sogar zu sterben, weil das Tor der Hoffnung immer von einer Wirklichkeit in die andere führt. Die Geschichte sagt uns wieder und wieder, daß wir uns nicht von einer Wirklichkeit zur anderen bewegen können, ohne daß es etwas kostet. Es ist nie einfach, nie ohne Schmerz oder Leiden zu haben. Und es ist immer am härtesten für die wenigen, die als erste diese Schritte tun.

Aber nachem einige durch das Tor der Hoffnung geschritten sind, können andere ein wenig leichter folgen. Und wenn mehr und mehr folgen, transformiert sich die Geschichte. Es wird einfacher, hindurchzugehen, und schließlich vergessen alle, wie schwierig jene ersten Schritte waren.

Auch persönliche Transformation findet so statt. Wir können uns nicht vorstellen, daß wir anders sein könnten, als wir heute sind, oder daß wir von dem geheilt werden könnten, was uns bindet und belastet. Wir können uns nicht vorstellen, daß wir vollkommen versöhnt oder frei oder ganz sein könnten. Wir können uns die eigene Erlösung nicht vorstellen. Aber wenn wir jenes Tor der Hoffnung durchschreiten und dann ansehen, wo wir einst waren und wo wir jetzt sind, dann haben wir den Beweis der Gnade vor Augen.

Wir können auf dem Glauben derer aufbauen, die die Nachricht von der Auferstehung vor uns gehört haben und die immer wieder das Tor der Hoffnung durchschritten haben. Aufgrund ihres Glaubens und ihrer Hinterlassenschaft können wir sagen, daß es kein Unsinn ist zu glauben, daß auch wir von unseren Verletzungen, Ängsten und Schmerzen geheilt werden können. Es ist kein Unsinn zu glauben, daß unsere Familien erneuert und versöhnt werden können. Es ist kein Unsinn zu glauben, daß Friede auch nach Haiti und Bosnien kommen wird und Freiheit nach China. Es ist kein Unsinn zu glauben, daß anständiger und erschwinglicher Wohnraum auch für die Armen unserer Ballungsräume zur Verfügung stehen wird. Es ist kein Unsinn zu glauben, daß Drogen, Alkohol und Verbrechen, die so viele unserer Jugendlichen kaputtmachen, ihr Werk nicht ewig fortsetzen können.

Es ist kein Unsinn zu glauben, daß das Wettrüsten unnötig ist und daß Krieg nicht unausweichlich ist. Es ist kein Unsinn zu glauben, daß Rasse, Klasse und Geschlecht eines Kindes nicht immer den künftigen Anteil dieses Kindes an Glück und Wohlergehen bestimmen müssen. Es ist kein Unsinn zu glauben, daß wir, die wir voneinander getrennt sind, eines Tages gemeinsam am einladenden Tisch der Liebe und Gerechtigkeit sitzen können und werden. Diese Gedanken sind kein Unsinn. Mit Augen der Hoffnung können wir jene Tür sehen, durch die wir auch gehen können, durch die zu gehen wir alle eingeladen sind. Und wenn wir die Tür durchschreiten, werden wir auch die Nachricht der Auferstehung erfahren. Mit dieser Hoffnung können wir wissen, daß unser Leben ganz werden wird. Wir können unseren Kindern ins Gesicht sehen und glauben, daß es für sie eine Zukunft gibt. Mit dieser Hoffnung können wir den Armen, den Leidenden und den Entrechteten in die Augen blicken und glauben, daß Gott in der Lage ist, ihnen allen Recht zu verschaffen. Mit dieser Hoffnung können wir gemeinsam eine neue Gemeinschaft aufbauen, sogar in unseren alten Stadtteilen, die eines Tages die Barrieren von Rasse, Klasse und Geschlecht überwinden wird. Und mit dieser Hoffnung können wir uns sogar auf jenen Tag freuen, an dem wir unsere Sicherheit nicht mehr auf unsere Waffen gründen und unseren Status nicht mehr an unserem Besitz ablesen müssen.

Mit dieser Hoffnung können wir eine Welt anvisieren, die ohne Rassismus und Unterdrückung auskommt, aber nicht ohne Gerechtigkeit und Mitgefühl. Mit dieser Hoffnung können wir planen, säen und bauen und Visionen und Träume schaffen. Und mit dieser Hoffnung können wir den Glauben und den Mut finden, die Kosten aufzubringen, damit so etwas möglich wird. Hoffnung heißt, trotz aller Gegenbeweise zu glauben – und zuzusehen, wie sich die Beweise ändern. Und Hoffnung ist ein Zeichen der Transformation.

EPILOG
Eine Zeit zum Heilen, eine Zeit zum Bauen

Unsere persönliche Antwort auf die Fragen, die in diesem Buch aufgeworfen worden sind, ist vielleicht das Wichtigste. Wenn wir ehrlich sind, reicht die gegenwärtige Krise so tief, die nötige Transformation ist so fundamental, daß Veränderung manchmal völlig aussichtslos zu sein scheint. Wie verhindern wir, daß uns das einschüchtert oder überwältigt?

Während oberflächlicher Optimismus zu kurz greift, bleibt die Hoffnung eine dynamische und oft unerwartete Kraft, die die Möglichkeit offenhält, daß sich unser Leben und die Gesellschaft ändern. Hoffnung entspringt ja oft an den unwahrscheinlichsten und am wenigsten vorhersagbaren Stellen, was darauf hindeutet, daß auch an allen anderen Stellen Hoffnung möglich ist.

Meine eigene Hoffnung ist durch jene jungen Männer und Frauen von der Straße neu entfacht worden, die versuchen, die zerstörerische Gewalt in unseren Großstädten zu beenden. Was sie mir im Vorfeld des Gang-Gipfels in Kansas City 1993 und seither beigebracht haben, ist ein Beweis dafür, wie stark und hartnäckig Hoffnung sein kann. Der Gipfel und die Waffenstillstandsbewegung der Gangs ist in der Tat eine Fallstudie für Hoffnung. Sie umfaßt die meisten der Themen, die in diesem Buch angeschnitten sind, und stellt die Anfänge jener alternativen Visionen und Träume dar, die wir diskutiert haben – und zwar an einer der Stellen, wo sie am dringlichsten sind.

Und meine Hoffnung hat buchstäblich neuen Nährboden bekommen durch die wunderhaften Ereignisse in Südafrika. Ich war Zeuge der Transformation – der Gründungsfeier eines neuen Südafrika – und werde nie mehr derselbe sein. Nie wieder kann ich behaupten, daß Hoffnung keine sehr konkrete Wirklichkeit ist. Nie wieder kann ich sagen, irgend etwas sei unmöglich. Das Volk Südafrikas hat dem Rest von uns den Weg zum Glauben gebahnt.

Wann immer wir uns bewegungslos, gelähmt, eingeschüchtert oder überwältigt vorkommen, wann immer wir uns hilflos und hoffnungslos fühlen, wissen wir jetzt, daß unsere Lage niemals so festgefahren ist, wie sie erscheinen mag. Hoffnung rechnet immer damit, daß inmitten hoffnungsloser Umstände neue Möglichkeiten aufbrechen. Kern unserer besten spirituellen Traditionen ist ja die Weisheit zu glauben, daß Leben aus dem Tod entsteht.

Ans Ende möchte ich einige Szenen vom Gang-Gipfel und von den Gründungsfeierlichkeiten des neuen Südafrikas stellen. Es sind zwei Fallstudien für das Potential der Hoffnung in allen Umständen, die uns betreffen.

Keiner meiner Bekannten sah voraus, daß ausgerechnet von aktiven oder ehemaligen Gang-Mitgliedern eine neue Initiative ausgehen könnte, in den Großstädten Frieden zu schaffen und sich an den langen Prozeß des Wiederaufbaus zu machen. Wir alle wußten nur zu gut um Tod und Verderben im Zusammenhang mit dem Bandenwesen im ganzen Land und um die systemimmanenten Übel, die dafür mitverantwortlich sind. Das einzige, was wir nicht in unsere bekümmerten Erwägungen zur Überwindung der innerstädtischen Verwüstung einbezogen haben, war die Aussicht, daß dabei Jugendliche von der Straße selbst eine führende Rolle übernehmen könnten.

Der Gang-Gipfel erwies sich als eine Mischung aus Strategiesitzung, Gebetsversammlung und Familientreffen und pflanzte in viele den Samen der Veränderung ein. Die Medien waren von dem Gipfel ausgeschlossen; einmal, weil die meisten TeilnehmerInnen angesichts des Umgangs der Medien mit Großstadtthemen und mit allem, was die Gangs betrifft, eine alte Feindseligkeit verspürten, zum anderen, weil das Bedürfnis bestand, ernsthafte Überlegungen anzustellen, ohne dabei vom grellen Scheinwerferlicht abgelenkt zu werden. Ich gehörte zu einigen Leuten, die von den Organisatoren eingeladen worden waren, als BeobachterInnen und BeraterInnen teilzunehmen.
»Ich muß was sagen, was mir die Tränen ins Gesicht treibt. Seit 22 Jahren bin ich Rudelbumser.[1] Ich bin aus Compton in Kalifornien und

---

1 *Anm. d. Übers.*: Das amerikanische Wort »Gang bang« bezeichnet die Vergewaltigung derselben Frau durch mehrere Männer hintereinander.

bin dann nach Portland in Oregon gegangen. Da hab' ich Drogen geschoben, rumgevögelt und ihre Gemeinde kaputtgemacht. Da hab' ich 'nen Bruder[2] getroffen. Akili. Der Bruder steht heute hier. Der Bruder is' 'n *Blood*. Von heut' an gibt's 'ne Konterrevolution, sag' ich. Wenn ihr *Crips* hört und wenn ihr *Bloods* hört, habt keinen Schiß, weil wir jetzt 'ne Konterrevolution haben. Das ist der Bruder, den ich umlegen wollte. Heute liebe ich ihn.«

Das war eine öffentliche Beichte, wie ich noch keine zuvor erlebt hatte. Zwei junge Männer von rivalisierenden Straßenbanden – der eine ein *Crip*, der andere ein *Blood* – standen zusammen unter der Kanzel der baptistischen St. Stephen's Kirche und bekannten, daß sie beide seit einem Jahr versucht hätten, einander »kaltzumachen«. Und dann ließen die beiden Mitglieder verfeindeter Gangs an der Kanzel »die Farben fallen« und umarmten sich mit Tränen in den Augen. Von jetzt an, sagten sie, würden sie gemeinsam dieselbe Straße gehen. Genug des Tötens – es sei Zeit für einen Neubeginn.

Wenn ein Gang-Mitglied ein Taschentuch oder ein Kleidungsstück mit seinen Gang-Farben zu Boden fallen läßt, hat das eine ungeheuere Tragweite. Man kann für so etwas umgebracht werden. Aber dieses »Fallenlassen der Farben« war nicht das einzige Bedeutsame, was sich in Kansas City an jenem denkwürden Wochenende vom 29. April bis zum 2. Mai 1993 ereignet hat.

Die Initiative für den Gang-Gipfel ging von den Jugendlichen in den Ghettos und Armenvierteln selbst aus. Sie drückten ihre Enttäuschung über die etablierte Führung der Politik, der BürgerrechtlerInnen und der Kirchen aus und beschlossen, auf eigene Faust zu handeln. Das Datum, das sie wählten, war der Jahrestag des ersten Urteils in der Sache Rodney King und der nachfolgenden Explosion in Los Angeles.

164 aktive und ehemalige Gang-Führer und -Mitglieder aus 26 Städten sowie 53 BeobachterInnen versammelten sich in Kansas City zu einem Ereignis, das womöglich eines Tages als Wendepunkt im Leben amerikanischer Innenstädte gesehen werden wird. Die meisten der größten und mächtigsten Großstadtbanden des Landes waren vertreten – Crips, Bloods, Vice-Lords, Black Disciples, Gangster Disciples, Black Souls, El Rukhns, Cobras, Stones und Latin Kings.

---

2 *Anm. d. Übers.*: Schwarze bezeichnen andere Schwarze als »Bruder«, Weiße dagegen als »Mann«.

Während politische Führer nur Appelle von sich geben können, die Gewalt auf den Straßen zu beenden, war dies hier eine Versammlung von Leuten, die potentiell die Macht haben, die Gewalt zu stoppen.

Versammelt waren hartgesottene Bandenführer und ehemalige Schwerverbrecher, junge Männer, die schon Jahre im Gefängnis hinter sich hatten und solche, die Familienmitglieder und Freunde verloren hatten, Leute, die entsetzliche Gewaltakte gegen andere verübt hatten. Diese intensiven Tage waren von Spannungen, Ehrgeiz, Kontroversen und Konflikten belastet. Was den Gang-Gipel zusammenhielt und schließlich viele Widerstände überwand, war eine gemeinsame Leidenschaft, das Töten zu beenden. »Unsere *Barrios* leiden. Wir sind hier, um Frieden zu machen. Wir haben's satt, unsre Mütter zum Friedhof gehen zu sehen«, sagte Daniel »Nañe« Alejandrez aus Santa Cruz in Kalifornien der versammelten Menge. Ein jugendliches Gang-Mitglied brachte die Stimmung vieler Gipfelteilnehmer auf den Punkt: »Wir wollen lieber leben als sterben; so einfach ist das.«

»Wir haben eine Sendung«, verkündete Fred Williams, ein Jugendarbeiter aus Watts, der dazu beigetragen hatte, den Waffenstillstand in Los Angeles zustande zu bringen und durchzuhalten. Williams hatte selbst mit vierzehn Jahren einen anderen Jungen umgebracht und dafür im Gefängnis gesessen. Heute ist er Veteran unter denen, die die Straße organisieren. Er genießt unter den jungen Gang-Mitgliedern viel Respekt und setzt unermüdliche Energie ein, damit das Töten aufhört und die Gemeinschaft wiederaufgebaut wird. Wie sagt »Mr. Fred«? »Es ist Zeit, zum Geschäftlichen zu kommen.«

Pastor Ben Chavis unterstützte den Gipfel von Anfang an und erklärte vor der Pressekonferenz am Eröffnungstag: »Was uns zusammenbringt, ist Blut und sind Menschenleben.« Die GipfelteilnehmerInnen kamen zwar aus verschiedenen Städten, aber sie kamen aus derselben tiefen Not. Mac Charles Jones, einer der beiden gastgebenden Pastoren vor Ort, sprach in seiner baptistischen St. Stephen's Kirche, in der das Ereignis stattfand, Begrüßungsworte aus, die zugleich ein Bittgebet waren: »Wir sind hier, damit unser Schmerz einen Sinn bekommt. Wir möchten, daß unser Leiden erlösende Kraft hat.«

Von besonderer Bedeutung war das Zusammentreffen afroamerikanischer und lateinamerikanischer Gangs und deren Tagesordnungen. »Schwarz und braun!« wurde zum ständigen Schlachtruf. »Der Rassismus hat uns auseinandergetrieben«, rief einer der Redner. Ein echtes Ja zur Vielfalt war angesichts der RednerInnen, der Themen, des Sprachgebrauchs und der kulturbedingten Ausdrucksformen mit Händen zu greifen.

T-Shirts verkündeten: »Getrennt schaffen wir's nicht, aber zusammen!« Einheit kam in Kansas City nicht von selbst zustande, und es war den meisten TeilnehmerInnen klar, daß sie auch zu Hause auf den Straßen nicht ohne eine Menge Arbeit erreicht werden würde. Aber es wurde immer wieder betont, daß Einheit der Schlüssel zum Fortschritt ist. »Fliegen wir an einen besseren Ort«, verkündete ein Banner, das mit einem Regenbogen geschmückt war. Auch ein neues Siegeszeichen wurde von den TeilnehmerInnen des Gang-Gipfel kreiert: Anstatt des V-Zeichens, bei dem Zeige- und Mittelfinger auseinandergehalten werden, werden die beiden Finger eng zusammen und nach oben gehalten – »nicht getrennt, sondern gemeinsam«.

Die Leidenschaft, das Töten beenden zu wollen, war mit bemerkenswertem politischem Durchblick gepaart. »Bandengewalt ist nicht die einzige Form von Gewalt«, sagten viele. Ein junger Mann beschrieb seine Erfahrung: »Ich muß ohne Bücher zur Schule gehen. Das ist Gewalt. Ich sehe Fernsehprogramme, die meine Leute miesmachen. Das ist Gewalt. Ich sehe nie, daß jemand an der Macht ist, der aussieht wie ich. Das ist Gewalt.«

Ben Chavis sagte: »Die Beendigung der Bandengewalt ist nur ein erster Schritt – und nicht der letzte. Wenn wir bloß die Bandengewalt beenden, aber Rassismus, Armut, Drogen, Arbeitslosigkeit und Ausbeutung weiterhin unter uns dulden, haben wir unsere Aufgabe nicht erledigt.«

Einige betonten klipp und klar, dem Gipfel ginge es nicht darum, die Gang-Gewalt allein deshalb zu beenden, damit sich Weiße am Stadtrand sicher fühlen. Es ginge darum, das Töten zu beenden, damit die Leute in der Lage wären, ihren eigenen Lebensraum wiederaufzubauen.

Alle redeten davon, daß man Alternativen zum lukrativen und mörderischen Drogenhandel schaffen müsse, der Hauptstütze der wirtschaftlichen Aktivität der Gangs. »Wenn du Stoff schiebst, gehst du irgendwann unter. Wenn du Drogen verkaufst, kannst du dein Leben nicht mehr beherrschen.« Aber andere wiesen darauf hin, daß es für einen jungen Dealer, der mit seinen Profiten eine Großfamilie von dreißig Leuten unterstützt, heißt, nur einen Job bei McDonald's zu kriegen, wenn er »einfach nein sagt«.[3] Viele Leute redeten davon, daß man kleine Projekte, Geschäfte und Kooperativen aufbauen müsse, die der Gemeinschaft dienen könnten und ihr rechenschaftspflichtig wären. Der Gedanke an Unternehmen, die Gemeinbesitz sind und gemeinsam betrieben werden, löste viel mehr Begeisterung aus als der Vorschlag, Verkaufsrechte von Großkonzernen zu erwerben.

Bobby Lavender, Aktivist aus Los Angeles und einer der Moderatoren des Ausschusses für Wirtschaftsentwicklung, meinte: »Wir müssen die Gemeinschaft und nicht bloß die einzelnen aus der Armut herausholen. Wir müssen von mehr motiviert sein als nur davon, Geld zu scheffeln.« Lavender, der an Krebs leidet, sagte: »Wenn ihr nicht aufs Ganze seht, sondern bloß auf euch selber, werdet ihr am Ende verlieren.«

»Wenn du dich selber nicht liebst, kannst du auch niemand anderen lieben«, sagten mehrere Jugendliche. Selbstachtung, Selbstwertgefühl und Selbstkontrolle wurden so oft erwähnt, daß man gelegentlich den Eindruck hatte, sich auf einem Selbsthilfe-Kongreß zu befinden. In vielfacher Hinsicht war es ja auch so.

Genauso nachdrücklich wie über Wirtschaftsentwicklung wurde an jenem Wochenende über die Verbesserung zwischenmenschlicher Beziehungen gesprochen. Und es wurde ebensoviel Sorge um persönliche Transformation und Arbeit am eigenen Charakter geäußert wie über politische Veränderung. Das Wochenende setzte sich ständig über gängige Schablonen hinweg.

Kein Wort hörte man öfter als das Wort *Achtung.* »Mißachte deinen Bruder oder deine Schwester nicht!« lautete ein Dauerrefrain. Achtung ist das, was diese jungen Männer und Frauen von ihrer Gesellschaft am wenigsten erfahren haben; Achtung ist das, wonach sie für sich und ihre Leute am meisten suchen. Junge Menschen sprachen sowohl davon, wie sie das eigene Leben in den Griff kriegen könnten, als auch davon, welche Verantwortung die Gesellschaft ihnen gegenüber hätte. Einige, die selber fast noch Kinder waren, redeten leidenschaftlich davon, wie wichtig gute Elternschaft und traditionelle Fa-

---

3 *Anm. d. Übers.:* Die US-amerikanische Anti-Drogenkampagne benutzt den Slogan »Just say No!« (»Sag einfach nein!«).

milienwerte sind. Alle sprachen davon, daß sie das eigene kulturelle Erbe wieder in Anspruch nehmen müßten.

Der Wochenendgipfel hat die TeilnehmerInnen weit über eine »Waffenstillstandsbewegung der Gangs« hinausgeführt. Jetzt reden die Leute von Veränderung und Wiederaufbau. In den Gangs von Los Angeles gibt es allein 110 000 Jugendliche. Die Möglichkeit, daß sich Jugendliche in großer Anzahl von der Selbstzerstörung abkehren und sich dem Wiederaufbau ihres Gemeinwesens zuwenden, ist eine Hoffnung, die uns alle, die wir in kriegerischen Innenstädten leben und arbeiten, zutiefst anspricht.

Vielleicht die wichtigste Frage lautet: Lassen sich die Mittel aufbringen, um solche Basisbewegungen zu fördern, die für einen dauerhaften Frieden so wesentlich sind? Wird es genug politisches Engagement und ökonomisches Kapital für die notwendige auf das Gemeinwesen bezogene Entwicklung geben?

Die Wirtschaftsseite ist vielleicht die Hauptfrage. Stillstandsabkommen halten nicht ohne eine sichtbare und substantielle Alternative zu Drogenhandel und Gewalt. Die jungen Leute müssen sehen, daß es eine andere Möglichkeit gibt, und sie müssen etwas anderes hören als endlose Appelle, die Gewalt aufzugeben. Solch eine Entwicklung erfordert eine echte Investition von Zeit, Energie und privaten wie öffentlichen Mitteln.

Wohl, weil diese Fragen so weitreichend sind, redeten GipfelteilnehmerInnen ständig davon, daß spirituelle »Power« nötig sei. Ich bin seit Jahren bei keiner kirchlichen Versammlung gewesen, in der so viel gebetet wurde wie beim Gang-Gipfel. Jede Sitzung begann und endete mit Gebet; und immer, wenn Spannungen aufkamen, was häufig der Fall war, unterbrachen wir die Sitzung, um zu beten. Die Gebete waren christlich, moslemisch und indianisch und ein Spiegelbild der religiösen Erfahrungen und Bindungen der Anwesenden.

Ich werde nicht so schnell einen Moment ziemlich am Anfang vergessen, als die Sache fast aus dem Ruder gelaufen wäre. Inmitten von Geschrei und Chaos ging der Baptistenpastor Jerry McAfee ans Mikrophon und stimmte mit einer Stimme wie die von Luther Vandross die Gospelhymne »Precious Lord« von Thomas Dorsey an. Das beruhigte und besänftigte die Menge, führte schließlich ins Gebet und erlaubte uns, in einem viel besseren Geist neu anzufangen.

Zwei Predigten wurden gehalten. Die erste von Sam Mann, dem Pastor der St. Mark's Kirche, die den Gipfel mitsponserte. Es handelt sich um einen Weißen aus Alabama, der dafür berühmt ist, daß er während der Predigt herumspringt. Manns Bibeltext war der Abschnitt aus dem Buch der Offenbarung, Kapitel 7, wo Johannes überrascht davon ist, daß er einen Blick in den Himmel tut und Menschen aus allen Völkern und Stämmen sieht, die nicht zu seinem eigenen Volksstamm gehören. Ja, es sind mehr von den anderen Stämmen da als aus der eigenen Gruppe. »So haben viele über diesen Gipfel und die Leute gefühlt, die hier sind. Und die meisten Leute, die sich Sorgen machen, sehen aus wie ich!« sagte Mann. »Aber«, donnert er, »der Text sagt, du kommst nicht in den Himmel wegen denen, die dich erkennen – sondern wegen denen, die du erkennst!«

Dann stand Mac Charles Jones auf, um über das Gleichnis vom verlorenen Sohn zu predigen. Als es im Text hieß, der junge Mann sei am Schweinetrog »zu sich gekommen«, mußte ich an die Gang-Mitglieder denken, die uns oft erzählt haben, sie seien »einfach aufgewacht« und hätten beschlossen, damit aufzuhören, andere umzubringen. Tränen und Freudenrufe erfüllten das Gotteshaus, als die jungen Männer nach vorn zum Altar kamen.[4] An jenem Tag hatte man wirklich das Gefühl, Kirche zu erleben – und zwar so, wie Kirche eigentlich sein sollte. Und das mit Leuten, die seit Jahren in keiner Kirche mehr waren!

Später am selben Tag kam es zu einer mustergültigen Schlichtung eines Konflikts zwischen Gangs. Einige örtliche Gangs aus Kansas City waren nicht hinreichend in den Nationalgipfel einbezogen worden und waren nun offenkundig von lokalen Medien manipuliert worden, gegen den Gipfel Stellung zu nehmen. Die Führung des Gipfels reagierte, indem sie Repräsentanten dieser Gangs hinzuzog und ihnen half, die eigenen Differenzen beizulegen.

Schauplatz der angestrebten Beilegung war der Probenraum des Chors von St. Stephen's am Sonntagnachmittag. Man konnte lautstarkes und ziemlich gottloses Geschrei vernehmen – nicht gerade typisch für eine Baptistenkirche. Aber nach drei Stunden kam ein Abkommen zustande. Wollen wir lieber, daß unsere jungen Leute ihre Konflikte auf den Straßen mit Schießereien lösen oder daß sie sie in

---

4 *Anm. d. Übers.*: Der »Altarruf« gehört in den USA zum Ritual evangelistischer Erweckungsveranstaltungen. Am Ende der Predigt werden diejenigen aufgerufen, nach vorn zu kommen, die ein öffentliches Zeugnis der Abkehr vom alten Leben und der Hinwendung zu Jesus Christus ablegen wollen.

unseren Kirchen herausschreien? Welche Pfarreien, Moscheen und Gemeindehäuser werden sich für diese Männer und Frauen öffnen, die nach einem sicheren Ort suchen, an dem sie ihre Konflikte lösen und den Prozeß des Wiederaufbaus in Angriff nehmen können?

Die Hoffnung das Gang-Gipfels ist eine spirituelle Hoffnung, die sich ausbreiten kann – von einem der *Kids* zum anderen, von einer Gang zu anderen, von einer Stadt zur anderen. Sie wird durch Geduld, Hartnäckigkeit, anstrengende Arbeit und einer Liebe wachsen, die niemand leugnen kann. Sie wird sich wirksam ausbreiten, und zwar nicht aufgrund der Medien, sondern aufgrund von Hunderten von Bemühungen und Organisationen an der Basis, die jetzt dringend auf unsere Unterstützung angewiesen sind.

Als ich aus Kansas City abreiste, mußte ich an die Männer und Frauen aus den Straßen-Gangs denken, die einander und auch uns die Hand gereicht hatten. Die meisten der übrigen Leute bei diesem Gipfel kamen aus den Kirchen, obwohl unsere Kirchen diese Jugendlichen weitgehend aufgegeben haben. Und doch waren wir hier, alle zusammen.

Wer wird jetzt diese Brüder und Schwestern bei der Hand nehmen, die uns die Hand gereicht haben? Wer wird mit diesen hoffnungsvollen neuen Führerfiguren einen Pakt schließen und Partnerschaften eingehen, die die Landschaften der Ballungsräume verändern könnten? Gemeinsam haben wir über einen neuen Tag und über einen Neuanfang geredet. Jetzt beginnt die Arbeit.

Neue Visionen erfordern neue VisionärInnen. Und die werden wahrscheinlich aus den Reihen gewöhnlicher Leute kommen, die bereit sind, Teil der Veränderung zu werden, nach der sie für die ganz gewöhnlichen Umstände ihres Lebens und ihrer Gesellschaft suchen. Und genau dies wird das Außergewöhnliche sein.

Ich mußte einfach nach Südafrika. Die Geburt der Hoffnung an jener Stelle, die die Welt als völlig hoffnungslos abgeschrieben hatte, war ein Ereignis von weitreichender Bedeutung. Nachdem ich mit dem südafrikanischen Volk schwere Zeiten durchgemacht hatte, wollte ich jetzt auch beim Fest dabeisein. Meine Seele hat das gebraucht, Freundschaften haben es erfordert, und ich wußte, daß meine eigene Vision von politischer und spiritueller Transformation dadurch neu entfacht und erweitert werden würde.

Noch mit trüben Augen kam ich nach einem vierzehnstündigen

Flug nach Johannesburg im berühmten FNB-Stadion von Soweto an, wo zwei Tage vor der Amtseinführung Nelson Mandelas als erstem demokratisch gewählten Präsidenten Südafrikas ein »Nationaler Dankgottesdienst« angesetzt war. Brigalia Bam vom südafrikanischen Kirchenrat begrüßte die fröhliche Menge an diesem sonnenbeschienenen Nachmittag, indem sie die jüngeren Ereignisse in ihrem Land als »Wunder« bezeichnete. Ich sollte dieses Wort in den außergewöhnlichen Tagen, die noch folgen sollten, immer wieder hören.

Das FNB-Stadion war kurz vorher Schauplatz der Gedenkgottesdienste für den ermordeten ANC-Führer Chris Hanani und für den hochverehrten früheren ANC-Vorsitzenden Oliver Tambo gewesen – wie schon in den Jahren zuvor für zahllose andere Begräbnisfeierlichkeiten. Bei der Beerdigung von Hanani hatte ein Redner geklagt: »Wir haben uns daran gewöhnt, hierher zu kommen, um unsere Trauer zu teilen. Möge dies das letzte Mal sein, daß wir hier sind, um unseren Schmerz auszudrücken. Wann werden wir kommen, um unsere Freude zu teilen?«

Dieser Tag war jetzt da. Der schwarze *Township*-Pastor, der neben mir saß, nannte es einen »Tag des »Festes und der Freilassung«. Nun entlud sich im ganzen Stadion unter dem strahlend blauen Himmel Südafrikas neue Hoffnung.

Der enorme Kontrast zwischen dem alten Südafrika und der neuen Nation, die da geboren wurde, war geradezu überwältigend. 1988 war ich fast sechs Wochen lang dort gewesen. Seinerzeit waren fast alle politischen Führer und Organisationen eingesperrt, exiliert, gebannt, zum Schweigen gebracht oder tot.

Couragierte Kirchenleute wie Desmond Tutu, Frank Chikane, Alan Boesak und Beyers Naudé waren aufgestanden und hatten das Vakuum gefüllt, und die weiße Regierung war scharf gegen jene Kirchen und Kirchenführer vorgegangen, die sich erdreisteten, gegen die Apartheid zu opponieren. Wir mußten heimlich ins Land kommen, nachdem man uns eingeladen hatte, Unterstützung zu leisten und die Geschichte vom Widerstand der Kirche hinauszutragen.

Jener Besuch hatte zu einer Zeit stattgefunden, in der es unter dem Volk Südafrikas beides, große Furcht wie zähe Hoffnung, gab. Die Aussichten auf Veränderung sahen seinerzeit düster aus, der Preis des Widerstands war sehr hoch, und die Chance, daß Südafrika je frei sein würde, schien weit in die Ferne gerückt zu sein. Die ominöse Gegenwart der Polizei und des Militärs beherrschte alles. Die einfachsten Alltagsverrichtungen waren voller Spannungen, und das gesamte Leben glich für die Mehrheit der südafrikanischen Bevölkerung einem fortwährenden Belagerungszustand. Dennoch war ich durchweg erstaunt über den Geist der Entschlossenheit, den ich überall vorfand, obwohl fast alle Welt vorhersagte, daß ein freies Südafrika eine vergebliche und sehr weit entfernte Hoffnung sei. Die meisten erwarteten in diesem tragischen Land am Ende ein Blutbad. Selbst in den Tagen vor der Wahl im April 1994 hatten viele vor massiver Gewalt und einem Umkippen in den Bürgerkrieg Angst. Noch kurz vorher schien der erstaunliche Anblick jener friedlichen und geduldigen Schlangen schwarzer und weißer SüdafrikanerInnen vor den Wahllokalen, die gemeinsam die Apartheid beendeten, völlig unvorstellbar. Aber jemand sagte mir während dieser neuen Reise nach Südafrika:»Unterdrückte Leute können es sich nicht leisten, ›realistisch‹ zu sein.«

Nun stand ein ganzes Stadion voller Menschen, die soeben für eine politische Transformation gestimmt hatten, auf, um gemeinsam zu beten und für das Wunder zu danken:

> »O Gott, unser liebender ewiger Vater, unsere Mutter.[5] Wir preisen dich mit großem Freudengeschrei! Deine regierende Macht hat sich als siegreich erwiesen! Jahrhundertelang schien unser Land zu dunkel zu sein für einen Sonnenaufgang, zu blutig für Heilung, zu krank für Genesung, zu haßerfüllt für Versöhnung. Aber du hast uns ins Tageslicht der Befreiung versetzt; du hast uns mit neuer Hoffnung geheilt; du hast in uns den Glauben entfacht, daß unsere Nation neugeboren werden kann; wir sehen, wie die Augen unserer Schwestern und Brüder vor Entschlossenheit strahlen, ein neues Südafrika aufzubauen. Nimm unser Gebet der Danksagung an.«

Die Führer vormals getrennter Rassen und Kirchen bildeten einen Kreis um ein rohes, unbehauenes Kreuz herum, um eine Versöhnungsliturgie zu feiern. Abwechselnd lasen sie Abschnitte einer neuen Verpflichtung zum Engagement füreinander und für ein neues Südafrika. Dann bestätigte die gesamte Gemeinde:»Wir alle sind Afrikanerinnen und Afrikaner. Wir verpflichten uns, eine afrikanische Lösung zu finden, unter Gott.«

---

5 *Anm. des. Übers.*: Das englische Wort »parent«, das im Gebet im Singular genutzt wird, läßt sich im deutschen nur als »Elternteil« wiedergeben. Das Gebet vermeidet es, Gott einen männlichen oder weiblichen Titel zu geben.

Der anglikanische Erzbischof Desmond Tutu schloß mit ungezügelter Freude:»Wir pflegten zu sagen: ›Wir werden frei sein – schwarz und weiß gemeinsam‹. Heute sagen wir: ›Wir alle sind das Regenbogenvolk Gottes! Wir sind frei!‹«

In diesem Augenblick wurde das Friedenszeichen weitergegeben – über die Grenzen von mehr als 300 Jahren der Feindschaft in Südafrika hinweg. Es gab strahlende Gesichter, fröhliche Umarmungen, kräftiges Händeschütteln, und Menschen umarmten sich lange und unter Tränen, bis schließlich das ganze Stadion in Gesang und Tanz ausbrach. In seiner Predigt sagte ein methodistischer Bischof und ehemaliger politischer Gefangener auf Robben Island:»Unser geliebtes Land weint nicht mehr.«

Der designierte Präsident Mandela stand auf, um zu sprechen. Er bat uns, uns an diejenigen zu erinnern,»die heute gerne hiergewesen wären, das aber nicht mehr konnten.« Die emotionale Bewegung im ganzen Stadion war deutlich spürbar, als wir diejenigen ins Gedächtnis riefen, die im langen Kampf für die Freiheit umgekommen waren.

Im System der Apartheid habe das Volk von Südafrika unter den brutalsten Formen rassischer Unterdrückung gelebt, erklärte Mandela der Menge:»Nichts, was ich sagen kann, kann das Elend unseres Volkes im Gefolge dieser Unterdrückung beschreiben; aber der Tag, für den wir gekämpft, auf den wir gewartet haben, ist da. Wir sagen: ›Laßt uns das Vergangene vergessen, laßt uns einander bei der Hand nehmen, laßt uns neu anfangen.‹ Die Zeit ist da, daß afrikanische, farbige, indische, weiße, afrikaanssprachige und englischsprachige Männer und Frauen sagen: ›Wir sind *ein* Land, wir sind *ein* Volk.‹«

Immer wieder wurde in jenen historischen Tagen die Wahrheit über die Vergangenheit gesagt – und dann vergeben. Die Worte der Vergebung und Versöhnung konnte man von Mandela und vom bisherigen Präsident F. W. de Klerk hören, vom ANC bis hin zur Nationalen Partei und sogar zur Inkatha Freiheitspartei, von weißen StadtrandbewohnerInnen bis zu schwarzen Jugendlichen aus den *Townships*. Aber Mandela gab den Ton an. Er lud seine früheren Gefängniswärter als Ehrengäste zu seiner Amtseinführung ein, und er nahm seine Opponenten in die neue Regierung auf. Er rief militante junge Leute aus wütenden *Townships* auf, die Worte der Nationalhymne der Buren»Die Stem« (Der Ruf Südafrikas) zu lernen, und er forderte Weiße auf, die afrikanische Nationalhymne»Nkosi Sikelel'iAfrika«

(Gott schütze Afrika) zu lernen – die jetzt *beide* die neuen National-hymnen Südafrikas sind. Bei der Abstimmung für die politische Transformation hatten SüdafrikanerInnen aller Rassen und Kulturen an einem Heilungssakrament teilgenommen, und ihr neuer Präsident lud sie alle ein, beim Aufbau einer neuen Nation mitzuwirken.

Am Montag, dem 9. Mai, wurden in Kapstadt vormalige politische Gefangene als neue Parlamentsabgeordnete vereidigt. Ich verbrachte die Nacht vor der Zeremonie bei der Familie von Phumzile Ngcuka Mlambo, einer der neuen Parlamentarierinnen des ANC, in der von Gewalt gebeutelten *Township* Guguletu. Sie und ihr Mann Bulelani, die beide noch nicht vierzig sind, sind seit langem gesellschaftlich aktiv. Beide waren eingesperrt und wurden gefoltert. Aber sie verkörpern den hoffnungsfrohen Geist des neuen Südafrika. Die ganze Familie war an diesem Abend in ihrer Vorfreude auf die Ereignisse des kommenden Tages sehr aufgeregt.

»Ich habe noch nie die Schwelle zum Parlamentsgebäude über-schritten«, sagte Phumzile. »Immer, wenn ich hingegangen bin, waren da Hunde, und immer habe ich Schwierigkeiten gekriegt. Jetzt lächeln mich alle an: Das ist alles sehr seltsam.« Barney Pityana, ein alter Freund und früherer Gefährte von Steve Biko, kam vorbei, und wir redeten aufgeregt miteinander bis spät in die Nacht: über die Wahlen und die neuen politischen Chancen. Hoffnung pulsierte im Raum. »Seht ihr«, sagte Phumzile zu ihren amerikanischen FreundInnen, »ihr dürft die Menschheit nie aufgeben.«

Am nächsten Morgen luden Phumzile und Bulelani eine weitere Amerikanerin, Jean Sindab, und mich ein, mit ihnen zum Parlament zu kommen. Am riesigen und verrammelten Eingangstor zum Parlament – einem sprechenden Symbol des geschlossenen Systems der Apartheid – eilten Polizisten auf unser Auto zu. Bulelani drehte das Autofenster nach oben und sagte selbstbewußt. »Eine Parlamentsabgeordnete!« Wie durch ein Wunder öffnete sich das Tor des alten Südafrikas, und wir fuhren hindurch in das neue.

Drinnen standen wir gemeinsam auf den Stufen des Parlaments, als die neuen FührerInnen Südafrikas die Treppen erklommen, die ins Gebäude führten, um ihre Plätze einzunehmen. Thabo Mbeki, der im Exil gelebt hatte, seit er ein kleiner Junge war, und jetzt einer der beiden Vizepräsidenten war, schritt die Treppe nach oben. Ebenso Joe Slovo, der *elder statesman* des ANC, dessen Frau Ruth First einige Jahre zuvor von einer Briefbombe getötet worden war.

»Waren Sie immer hoffnungsvoll?« fragte die Presse Slovo. »Nicht immer«, antwortete das Mitglied der südafrikanischen kommunistischen Partei. »Manchmal hat man gefragt: ›Wie lange noch, o Herr?‹« Viele dieser vormaligen FreiheitskämpferInnen konnten offenkundig kaum glauben, daß dies alles wirklich geschah. Mehrere erzählten mir unabhängig voneinander, sie würden noch immer ein wenig damit rechnen, plötzlich aufzuwachen und allen zu erzählen, welch wundervollen Traum sie gehabt hätten.

Desmond Tutu, der glücklichste Erzbischof der Welt, kam und jubelte der Presse entgegen: »Es ist eine Verwandlung – das Land hat eine unglaubliche Verwandlung durchgemacht. Der Sieg ist unser – unser aller, schwarz und weiß, unser aller . . . Ha ha!«

In einer einfachen, feierlichen und bewegenden Zeremonie legten der neue Präsident und seine Stellvertreter sowie die Abgeordneten aller südafrikanischen Rassen und Parteien ihren Amtseid ab und verpflichteten sich zur Loyalität gegenüber dem neuen Südafrika. Albertina Sisulu, von vielen »Mutter der Bewegung« genannt und jetzt frischgebackene Parlamentarierin, war zu der ehrenvollen Aufgabe ausersehen worden, Nelson Mandela offiziell zum Präsidenten zu ernennen. In einem Parlament mit 400 Mitgliedern wurden achtzig Frauen ins Amt eingeführt, unter ihnen Frene Ginwala als Parlamentspräsidentin.

Danach verließen Präsident Mandela und seine beiden Stellvertreter, Mbeki und F.W. de Klerk, das Parlamentsgebäude, um sich der Presse zu stellen und für eine historische Aufnahme zur Verfügung zu stehen. Selbst die MedienvertreterInnen waren einen Augenblick leise und bezeugten Respekt, als die Kapelle beide Nationalhymnen spielte. Niemand sagte ein Wort; kaum ein Auge blieb trocken, als wir die von Emotionen geprägten Gesichter der drei politischen Führer ansahen, die eine neue südafrikanische Nation gestalten werden.

Als die Kapelle aufgehört hatte, »Nkosi Sikelel' iAfrika« zu spielen, stieß eine einsame Stimme den traditionellen Ruf »Amandla!« (»Macht«) aus, worauf die Menge antwortete: »Awethu!« (»für das Volk«). Mandela lächelte, und jemand anders stimmte »We Shall Overcome« an.

100 000 Menschen waren an der Grand Parade versammelt, um Mandela sprechen zu hören. Dies war die Stelle, an der er am 11. Februar 1990 erstmals zu den Menschen Südafrikas geredet hatte, nachdem man ihn nach 27 Jahren aus dem Gefängnis entlassen hatte.

Als Mandela jetzt als Präsident eines demokratischen Südafrika auf dem Balkon des Rathauses erschien, setzte ohrenbetäubendes Gebrüll ein.

»Das Volk Südafrikas hat bei dieser Wahl gesprochen«, sagte Nelson Mandela. »Es will Veränderung – und es wird Veränderung bekommen.« Der 75jährige Führer der Nation griff abermals das Versöhnungsthema auf: »Wir sprechen nicht als Eroberer, sondern als Mitbürgerinnen und Mitbürger, die die Wunden der Vergangenheit heilen wollen.« In einer eindrucksvollen Geste ließ Mandela zum Entzücken der unten versammelten Massen eine Schar wunderschöner weißer Tauben in den wolkenlosen Himmel flattern. Friede war nach Südafrika gekommen, in ein Land, das einst für Blut und Tod berüchtigt war.

Auf dem Weg zurück nach Johannesburg am Nachmittag saß ich im selben Flugzeug wie Desmond Tutu, und wir hatten Gelegenheit, miteinander zu reden. Nachem er bei der Rathausveranstaltung als Zeremonienmeister fungiert hatte, war er immer noch mehr aufgeregt als erschöpft. Am nächsten Tag sollte er bei der eigentlichen Amtseinführung des Präsidenten ein Gebet für die Nation sprechen. »Unglaublich« war das eine Wort, das er ständig wiederholte.

Ich erinnerte ihn daran, was er nur sechs Jahre zuvor in der überfüllten St. Georgskathedrale – auf der Höhe der Konfrontation zwischen dem weißen Südafrika und der Kirche – den Machthabern Südafrikas ins Stammbuch geschrieben hatte: »Sie haben bereits verloren ... Wir laden Sie ein, zu kommen und sich der Siegerseite anzuschließen.« Schließlich hatten sich die herrschenden Weißen tatsächlich entschlossen, dies zu tun, und die meisten von ihnen schienen dabei sogar glücklich zu sein. Der heutige Tag war die Rechtfertigung von Glaube und Hoffnung, der Beweis dafür, daß letzten Endes beide stärker sind als politische Macht.

Erzbischof Tutu drückte seinen Dank für die langjährige Unterstützung durch die FreundInnen der südafrikanischen Freiheit in Übersee aus und sagte mir, dies sei auch unser Tag. Das südafrikanische Wunder hat das echte Potential, jedem anderen Kampf für Freiheit, Gerechtigkeit und Friede in aller Welt Hoffnung einzuflößen. Die Ironie der Geschichte will es, daß jene Nation, die einst der Paria der Welt war, jetzt die Möglichkeit hat, jene Modelle zu entwickeln, die die Welt am dringendsten braucht.

Am Dienstag, den 10. Mai 1994, kamen zur Vereidigung Mandelas in Pretoria mehr Staatsoberhäupter zusammen als je zuvor seit der Beerdigung von John F. Kennedy. Aber sie waren nicht das wesentliche. Abertausende von SüdafrikanerInnen aller Rassen, Klassen und Generationen, Männer, Frauen und Kinder füllten die riesigen Rasenflächen vor dem historischen Unionsgebäude, während die ganze Nation zusah und Milliarden in aller Welt sich ihr anschlossen. An diesem Tag kleidete sich die Regierung Südafrikas endlich in die vielen Farben, die die Nation ausmachten. Niemals habe ich eine solch riesige Masse so unglaublich ordentlich, würdevoll, diszipliniert, kooperativ und vereint gesehen. Und nie bin ich mit so vielen glücklichen und fröhlichen Menschen zusammengewesen. Wenn die Menge aufstehen wollte, standen wir alle *gemeinsam* auf, um zu klatschen, zu singen oder zu tanzen. Wenn die Leute sich wieder setzen wollten, setzten wir uns *alle* hin. Trotz der heißen Herbstsonne[6] verlor die riesige Menge nie ihre Begeisterung. Tausend südafrikanische KünstlerInnen waren da und gestalteten mit den Menschen die großartigste Galafeier, die das Land je gesehen hatte.

Ein riesiger Fernsehschirm gestattete der versammelten Menge einen näheren Blick auf die Vorgänge. Mandelas Gesicht, das auf den Bildschirm projiziert wurde, zog mich in seinen Bann. Als die Nationalhymnen gespielt worden waren und er den Amtseid abgelegt hatte, konnte ich die Emotionen auf dem Gesicht des Mannes eingegraben sehen, der jetzt die Hoffnung Südafrikas – und in der Tat die der ganzen Welt – verkörpert. Dieses Gesicht war von Disziplin und Einsamkeit gezeichnet und von Trauer um gefallene KameradInnen, die jetzt nicht hier sein konnten. Ich glaubte sogar, Anflüge von Tränen darüber zu sehen, daß dieser Tag endlich da war. Sein Gesichtsausdruck vermittelte ruhige Entschlossenheit und Würde, Selbstbehauptung und Demut, Glück und das ernste Wissen um die gewaltigen Führungsaufgaben, die noch vor ihm lagen. Es war das stärkste und zugleich sanfteste Gesicht, das ich je gesehen habe, ein Gesicht, dem ich mich instinktiv anvertrauen würde. Und in diesem historischen Moment tat das der größte Teil der Welt.

Mandelas Vereidigungsrede beschwor ein »Regenbogenbündnis« von Verheißungen für sein Volk: »Wir schließen einen Vertrag, um eine Gesellschaft aufzubauen, in der alle Menschen Südafrikas,

---

6 *Anm. d. Übers.*: Südafrika liegt auf der Südhalbkugel der Erde. Daher ist an Weihnachten Sommer, im August Winter, im Mai Herbst.

Schwarze wie Weiße, aufrecht gehen können und ohne Furcht im Herzen, weil ihnen das unveräußerliche Recht menschlicher Würde zugesichert ist – eine Regenbogennation, die mit sich selbst und der Welt im Frieden ist.« Mandela schwor, daß »dieses schöne Land niemals, niemals und niemals mehr die Unterdrückung der einen durch die anderen erleben wird.«

Der Präsident appellierte mit allem Nachdruck für Versöhnung und sagte: »Die Zeit ist gekommen, die Wunden zu heilen. Der Augenblick ist da, um die Abgründe zu überbrücken, die uns trennen. Die Zeit ist gekommen, um neu aufzubauen.«

Dieses Buch endet damit, wie ich gemeinsam mit Tausenden feiernden südafrikanischen Menschen dastehe und diesen Worten lausche. Mit Tränen in den Augen und strahlenden Gesichtern hören wir, wie Mandela verkündet: »Wir haben triumphiert mit unseren Bemühungen, Hoffnung in der Brust von Millionen von Menschen zu pflanzen.« Es ist in der Tat diese Hoffnung, die die Seele unserer Politik transformieren wird.

NACHWORT

Von Prof. Dr. Kurt Biedenkopf

In seinem Buch:»Die schwierige Freiheit – Über die offene Flanke der offenen Gesellschaft« beobachtet Joachim Fest, daß der Zusammenbruch des sowjetischen Imperiums die freie Ordnung nicht nur von der Bedrohung befreit, sondern zugleich ihre inneren Schwächen und Gefährdungen zurückgebracht habe. Diese werden sich, so Fest, nur abwehren lassen in dem Bewußtsein, daß die Ursachen überwiegend ihr selbst entstammen: in »ihrer tiefen Gleichgültigkeit gegenüber der so leidenschaftlich erwarteten Antwort auf die Sinn-Fragen des modernen Menschen, ferner der Überdehnung der Freiheit im Namen der Freiheit, dem Abbau der Normen und Verbindlichkeiten, auch der Ermüdung der Institutionen«. Auf den Bürger komme damit »eine Verantwortung für das Ganze« zurück, die zur Idee der demokratischen Ordnung gehöre. »Die Frage lautet, ob der Bürger dieser Verantwortung gewachsen sein kann.«

Auf der Suche nach einer Antwort auf diese Frage führt uns Fest durch Stärken und Schwächen der liberalen Gesellschaft zu der Einsicht: »Die Schwierigkeit (einer Sinnstiftung) liegt für die liberale Ordnung darin, daß mit der Entkopplung der religiösen von der politischen Zone auch der Grundbestand an ethischen und sinngebenden Vorgaben verlorengehen kann, den ein Gemeinwesen benötigt. Wenn alle utopischen Modelle ... ins Ausweglose führen, zugleich aber die christlichen Gewißheiten ohne Kraft und weiterhin im Schwinden oder sogar im Absturz begriffen sind, muß man sich damit abfinden, daß es für das Verlangen nach Transzendenz keine Antwort mehr gibt. Dahinter steht die allgemeine Frage, wie ohne Religion überhaupt ein Ethos entwickelt und zur Richtschnur des Verhaltens ausgebildet werden kann.«

Für Jim Wallis ist die Antwort eindeutig und unzweifelhaft: Freiheit und Menschenwürde können nur *mit Gott* und *mit seiner Botschaft* gewonnen werden. Die Seele der Politik ist der Glaube. Aber beide sind nicht durch Institutionen miteinander verbunden. Ihre Verbindung ist in uns Menschen selbst begründet. Wir sind es, die an die Institutionen, die weltlichen wie die kirchlichen, die Forderung richten, unserer Welt mit ihren Möglichkeiten eine Ordnung zu geben, die es uns erlaubt, unserer Verantwortung als Menschen zu entsprechen, die in der christlichen Botschaft ihre letzten Werte sehen. »Wir stehen am politischen Scheideweg, und kritische Entscheidungen müssen jetzt fallen. Diese Entscheidungen«, so Jim Wallis, »sind ihrem Wesen nach religiös, weil sie unsere grundlegendsten Werte und moralischen Empfindungen aufdecken werden. Wir müssen unsere Orientierung wiedergewinnen und die Werte finden, die Menschen zusammenführen können, die uns Zusammenhalt geben und in die Zukunft weisen.«

Der Zusammenbruch des großen Antagonisten und seiner staatlichen Verkörperung im Sowjetimperium hat uns und die Nationen der freiheitlichen Welt auf die Grundfrage nach dem letzten Sinn des Daseins zurückgewiesen. Dies ist die eigentliche Chance, aber auch die wirkliche Herausforderung, vor die uns das Ende des kalten Krieges stellt. Die Geschichte hat nicht, wie Francis Fukuyama in der Euphorie des Jahres 1989 meinte, mit dem Zusammenbruch der sozialistischen Verheißung ihr Ende erreicht. Im Gegenteil: Der Zusammenbruch hat den Blick wieder freigegeben auf die Defizite unserer Art zu leben, auf den Preis der Freiheit und die Grundlagen ihrer Möglichkeit. Jim Wallis stellt sich dieser Herausforderung und zwingt uns mit seinem Buch, ihm zu folgen. Die Suche nach der Seele der Politik ist letztlich die Suche nach dem Sinn des Lebens.

Die Frage nach dem Sinn unseres gemeinsamen Tuns, nach der Antwort auf die Sinn-Frage ist es deshalb, die uns beschäftigen muß. In der Vergangenheit haben sich in Deutschland, in Europa und in der westlichen Welt Antworten entwickelt. Sie bieten uns als Inhalt die diesseitigen Ideologien des sozialen Liberalismus und des Sozialismus. Der Sozialismus hat mit der Wende, dem Ende des kalten Krieges und der nachfolgenden Öffnung Osteuropas seinen Anspruch auf die Beantwortung der Sinn-Frage praktisch verloren. Damit endete aber auch die bisherige ideologische Herausforderung für den Westen Europas. Mit dem Feind, mit dem Reich des Bösen, ist uns auch die Selbstvergewisserung der eigenen, der westlichen Sinn-Antwort abhanden gekommen. Sie wird durch die Öffnung Europas in zweifacher Weise in Frage gestellt.

Zum einen wollen nun alle nach unserer Lebensweise leben, an unserer Sinn-Antwort teilhaben. Wir werden, nach einiger Zeit der Konfrontation, die zugleich Abgrenzung und damit Verdeutlichung der eigenen Identität bedeutete, beim Wort genommen: mit allen Konsequenzen. Dem Gültigkeitsanspruch unserer Sinn-Antwort wird kein Widerstand mehr entgegengesetzt. Damit verliert sie einen Teil ihrer identitätsstiftenden Wirkung. Sie ist nicht länger eindeutig. Sie ist nicht länger durch die Konfrontation definiert. Sie ist nicht länger die Ideologie *allein des Westens.*

Zum zweiten können wir die Gültigkeit unserer Sinn-Antwort nicht mehr unbekümmert einfordern. Denn der Versuch, ihr Allgemeingültigkeit zu sichern, scheitert an praktischen Grenzen. Da unsere Sinn-Antwort auf das Diesseits bezogen ist, beansprucht ihre Verwirklichung materielle Ressourcen, und dies in wachsendem Umfang. Diese Ressourcen stehen bereits in Europa kaum mehr zur Verfügung. Noch weniger reichen sie aus, wenn es um die universelle Verwirklichung unserer Sinn-Antworten geht.

Welche Möglichkeiten bieten sich uns in dieser Situation?

Zunächst die naheliegende Möglichkeit einer *Fortführung des Bisherigen.* Zwar haben wir, was vergangene Antworten angeht, unsere Unschuld verloren. Gleichwohl vertrauen wir im Westen noch immer auf die Möglichkeit der Wiederbelebung des bisher Gültigen.

Im Kern lautet unsere Botschaft nach wie vor: *Sinn des Lebens ist die mehr oder weniger uneingeschränkte Selbstverwirklichung des einzelnen.* Damit sie möglich werde, nimmt der Staat dem einzelnen alle wesentlichen Lasten oder Verantwortungen ab, die der Selbstverwirklichung im Wege stehen könnten: die Lasten durch Kinder und Alte, die Last, sich selbst Arbeit zu schaffen durch ein Recht auf Arbeit, die Last, selbst für Wohnung sorgen zu müssen durch das Recht auf Wohnung, die Last, Vorsorge für Lebensrisiken treffen zu müssen durch umfassende kollektive Vorsorge. Die Sinn-Antwort verspricht Lebensglück durch lastenfreie Entfaltung der Persönlichkeit.

Voraussetzung für die Verwirklichung dieser Botschaft ist *wirtschaftliches Wachstum.* Transzendente Sinn-Antworten sind auf Wachstum nicht angewiesen. Die Erfüllung ihrer Versprechen vollzieht sich im Jenseits. Das Versprechen, dem einzelnen diesseitige Lasten abzunehmen und ihm damit eine weitgehend lastenfreie Selbstverwirklichung zu ermöglichen, ist dagegen ohne wirtschaftliches Wachstum nicht einlösbar. Denn die Ressourcen, die zur Verteilung zur Verfügung stehen, müssen ständig vermehrt werden. Da die Idee der Selbstverwirklichung vorrangig materiell definiert und expansiv verstanden wird, ist auch der Umfang des notwendigen Wachstums, soweit es der Einlösung des Sinn-Versprechens dienen soll, logisch nicht begrenzbar. Denn allein Wachstum vergrößert die Selbstverwirklichungsräume und stellt die zusätzlichen Mittel und Möglichkeiten bereit, die der Staat benötigt, um sein Entlastungs-Versprechen einzulösen. *Nur Wachstum erlaubt es, die Erwartungen zu erfüllen, die durch die Sinn-Antwort immer aufs neue ausgelöst werden.*

Deshalb sind die Regierungen der sieben größten industriellen Demokratien überzeugt, sie können ihre *Länder ohne Wirtschaftswachstum nicht regieren.* Deshalb sprechen wir ständig vom Wachstum, machen uns Mut, daß es wiederkehren werde, hoffen, daß es auch in Zukunft nicht ausbleibt, unterdrücken jeden Zweifel an der dauerhaften Möglichkeit exponentiellen Wachstums, verbrauchen enorme zusätzliche Ressourcen, um Wachstum zu initiieren. Wegen seiner Unverzichtbarkeit für unsere Sinn-Antwort hat der Glaube an die Allmacht des Wachstums – gegen alle wirtschaftliche Vernunft – pseudoreligiöse Formen angenommen.

Daß diese Antwort die Sinn-Frage auf Dauer nicht beantworten kann, zeigen uns die praktischen Erfahrungen der vergangenen Jahre. Ähnliches gilt für den Gedanken des Fortschritts. Auch er hat seine Überzeugungskraft, seine sinnvermittelnde Wirkung verloren. Ist es Fortschritt, immer schneller reisen zu können, die ganze Menschheit zu verkabeln, die Informationsflut nach exponentiellen Funktionen zu vermehren und so stark zu individualisieren, daß die Gesellschaft ihren Zusammenhalt verliert, während ein wachsender Teil der Menschheit verhungert? Die Spannungen zwischen Menschenrechts-Proklamationen und Wirklichkeit werden so unerträglich werden, daß auch die Medien und die immer intensivere Beschäftigung mit der Selbstverwirklichung sie nicht mehr werden unterdrücken können.

Den eigentlichen Anlaß für die Erkenntnis, daß das wachstums- und fortschrittsorientierte Sinn-Versprechen keine ausreichende Sinn-Antwort mehr sein kann, liefert jedoch die Öffnung des europäischen Ostens. Die Entgrenzung des Anwendungsbereichs unserer geltenden Antwort auf die Sinn-Frage hat die Begrenztheit der Antwort deutlich gemacht. Die Öffnung der Grenzen hat unsere Grenzen sichtbar werden lassen. Dies ist, von allen anderen Folgen abgesehen, *die wichtigste Folge der Wende* und der neuen Zeit.

Schon deshalb können wir den Glauben an die unbegrenzten Möglichkeiten wirtschaftlicher Expansivität nicht wiederherstellen. Er hat sich verbraucht. Eine neue Antwort auf die Sinn-Frage muß gefunden werden. Darin vor allem besteht das Wesen des Paradigmen-Wechsels, von dem auch bei Jim Wallis die Rede ist. Die Richtung, so scheint mir, in der wir suchen sollten, könnte lauten: *Der Sinn unseres Leben liegt in unserem verantworteten Tun, in der ausgeübten Verantwortung.* Oder, um mit Ignaz von Loyola zu sprechen: Der Weg ist das Ziel. Die Kultur, besser *unsere Fähigkeit zur Kultur*, das heißt aber, *unsere personale Kultur*, wird dabei über Erfolg oder Mißerfolg entscheiden.

Die Antwort muß gesucht werden auf dem Weg zurück zur Vernunft – wie Brecht es nannte, besser, zurück zur Einsicht in die Grenzen menschlicher Möglicheiten. Sie erschließen sich vor allem dem, der seine *Verantwortung praktisch lebt* und damit *erlebt*. Der einzelne findet Sinn im verantworteten Tun. Seine Verantwortung bleibt kein abstraktes Postulat, wie Verantwortung für die Welt oder für das Ganze. Beides kann der einzelne nicht übersehen. Deshalb kann er dafür auch keine Verantwortung übernehmen.

Verantwortungs*fähig* ist der Mensch für sich selbst und für die kleinen Lebenskreise, seine Familie, seine Nachbarn, sein Lebensumfeld. Verantwortlich ist er für die Ausübung seiner Teilnahmerechte am größeren Ganzen, soweit sie klar definiert sind. Voraussetzung für sein verantwortetes *Tun* ist die Kenntnis der Folgen seines Handelns. Nur wer weiß, was er mit seinem Handeln bewirkt, kann verantwortlich sein für das, was er bewirkt. Systeme, die den Zusammenhang zwischen Handeln und Folgen auflösen oder verschleiern, behindern verantwortliches Handeln. Freiheit hat der einzelne, frei ist er, weil er verantwortlich handelt. Seine Freiheit gründet in seiner Fähigkeit zur Verantwortung und rechtfertigt sich aus der praktischen Wahrnehmung seiner Verantwortung.

Eine politische Ordnung, die von gelebter Verantwortung als der Sinn-Antwort ausgeht, muß Möglichkeiten für gelebte Verantwortung schaffen. Wichtigster Ort für gelebte Freiheit ist die *überschaubare Gruppe, der kleine Lebenskreis.* Der Mensch organisiert sich und übernimmt Verantwortung in der Kleingruppe. Die Lebensbedingungen in der Gesellschaft müssen deshalb so gestaltet werden, daß er dies kann. Geschieht dies nicht, so wird ihm ein Leben in ausgeübter Verantwortung und damit die Erfüllung seines Lebens-Sinns erschwert oder unmöglich gemacht. Großorganisationen sind gelebter Verantwortung abträglich. Sie sind verantwortungsfeindlich und bürokratiefreundlich.

Was wir wieder entdecken müssen – und wozu uns Jim Wallis auffordert –, ist ein neues Gleichgewicht zwischen der Individualisierung der Gesellschaft und der Verantwortung der einzelnen der Gesellschaft. Es geht um die Wiedergewinnung einer *gesellschaftsbezogenen Verantwortung*. Auch dies ist eine kulturelle Aufgabe: *Die Aufgabe der Begrenzung*. In der Beschränkung erst zeigt sich der Meister, lehrt uns Goethe. Das gilt für den einzelnen ebenso wie für die Gesellschaft!

Die entgrenzte Gesellschaft ist eine kulturlose Gesellschaft. Sie mag längere Zeit vom kulturellen Erbe leben können. Aber mit der Entgrenzung baut sie die Widerstände ab, an denen allein sich Neues und dauerhaft Gültiges entwickeln und erproben kann. Es sind die Widerstände, die von bewährten Regeln und Erfahrungen ausgehen. Im Gefolge einer neuen Ideologie der Beliebigkeit, die Bindungslosigkeit zum freiheitlichen Prinzip überhöht, verzichtet sie auf die kulturellen und geistigen Maßstäbe, deren Überwindung oder Veränderung dem Neuen erst Gültigkeit verleiht.

Mit der Entgrenzung wird sie ihre Identität und damit ihre Fähigkeit zur inneren Ordnung verlieren – nicht im Sinne von Law and Order, sondern im Sinne gültiger, von einem geistigen Konsens getragener *kultureller Maßstäbe*. Am Ende einer solchen Entwicklung erschallt in der Regel der Ruf nach dem starken Mann – gefolgt vom Rückfall in die Barbarei der Unfreiheit.

Unsere Beschäftigung mit dem Sinn unseres Handelns, mit den kulturellen Grundlagen unseres Landes – und seiner Rolle in Europa und in der Welt –, führt uns letztlich zu einer Grundsatzfrage, in der sich Innen- und Außenpolitik mit der Entwicklung unserer Wert- und Lebensvorstellungen berühren. Es geht um die Frage, ob und für wie lange wir in der *einen Welt* und angesichts ihrer Medienvernetzung einen *Lebensstandard* aufrechterhalten können, der weit über dem aller Völker außerhalb der Europäischen Union liegt.

Können wir als Wohlhabende in einem Meer von Not leben, ohne daß die Unerträglichkeit der Widersprüche unsere Wertvorstellungen und unsere Kultur korrumpiert? Auch hier geht es um den Widerspruch zwischen dem Wohlstand, den wir zur Bedingung für ein menschenwürdiges Leben und damit für die Freiheit erklärt haben, und der Tatsache, daß unsere Maßstäbe für ein menschenwürdiges Leben niemals für alle Menschen Gültigkeit haben können. Keine Gesellschaft kann auf Dauer derartige Widersprüche *ohne Schaden für ihre Seele*, das heißt für ihre *Wertordnung und ihre kulturelle Substanz,* ertragen. Ich halte deshalb dafür, daß die Fortdauer dieser Widersprüche zu einer Relativierung der Bedeutung führen muß, die wir der materiellen Dimension des Lebensstandards und damit auch *der materiellen Dimension der Freiheit und der Menschenrechte* beimessen. Manche erwarten schon heute ein neues Heil von einer neuen Bescheidenheit, einem Verzicht auf Lebensstandard zugunsten einer neuen Geborgenheit.

Was die Versuche bringen werden, die Widersprüche unseres geltenden Paradigmas zu überwinden, vermag ich nicht zu sagen. Jim Wallis fordert uns auf zu einer *Neubesinnung auf die transzendenten Kräfte*, auf die Kraft des Glaubens. Sicher ist, daß wir die zunehmend selbstzerstörerische materielle Expansivität unseres Denkens nur überwinden können, wenn wir der Entgrenzung der Freiheit und der Entgrenzung der Ansprüche an das Gemeinwesen durch die *Begrenzung* begegnen, die in uns selbst liegt: in unserer Fähigkeit zur gelebten Verantwortung. Sie schließt unsere Bereitschaft ein, den Staat nicht länger in Anspruch zu nehmen, wenn es uns um eine Ausweitung unserer Möglichkeiten durch das Bündnis mit der staatlichen Gewalt geht, sondern nur dann, wenn es gilt, die Grundlagen und Voraussetzungen zu sichern, die verantwortetes Leben in Freiheit und die Solidarität mit den Schwachen erst gestatten.

Diese Neubesinnung, diese *neue Sicht der Dinge*, kann nur gelingen, wenn sie begleitet wird von einer Neubelebung der zentralen Rolle der Kultur in unserer Gesellschaft. Unsere kulturelle Substanz, unser kulturelles Erbe und die schöpferische Kraft der Kultur sind es, auf die wir zurückgreifen und die wir mehren und befördern können, ohne immer neue materielle Ressourcen in Anspruch nehmen zu müssen.

Der Kultur, dem Denken der Menschen, ihrer geistigen Entfaltung, *sind keine materiellen Grenzen gesetzt*: keine Grenzen durch die Knappheit materieller Ressourcen, keine Grenzen durch Umweltverbrauch, keine Grenzen durch die Rücksicht auf die Zukunftschancen der nachwachsenden Generationen. Damit will ich nicht sagen, daß wir zurückverwiesen werden allein auf die geistige Dimension des Lebens und des Wachstums. Was ich sagen will, ist: Wir haben die Chance, die *kulturellen Dimensionen unseres Lebens* zu aktivieren und zu erweitern und dadurch die Kräfte freizusetzen, mit denen wir die Herausforderungen unserer freiheitlichen Zukunft meistern können. Es sind die Herausforderungen, vor die uns die neue Wirklichkeit stellt: im geeinten Deutschland, in Europa und in der einen Welt. Mit Jim Wallis bin ich davon überzeugt, daß wir sie ohne den Verlust unserer Menschlichkeit nur werden bestehen können, wenn es uns gelingt, unserer Politik die Seele zurückzugewinnen.

Dresden, den 3. April 1995